쉽게 이해하고 적용하는

ESG

투자와 경영

ESG Investing for Dummies

브랜든 브래들리 지음

김효석, 박윤진, 윤진수, 류종기 옮김

박영사

일부에서는 ESG 투자를 비교적 새로운 현상으로 간주하지만, 다른 한편에서는 통찰력 있는 투자자들이 수년간 해온 사회적 책임, 임팩트 투자라고 말합니다. 원칙적으로 ESG 투자는 전통적인 형태의 투자와 보다 구체적인 윤리적 투자 사이의 가교 역할을 합니다.

ESG는 투자자에게 환경, 사회 및 지배구조 관행에 대한 특정 기업의 행동을 평가하는 방법을 결정할 수 있는 프레임워크를 제공합니다. 따라서 ESG 투자를 지원하는 것이 반드시 ESG 요소에 실질적인 영향을 미치는 것은 아니더라도 기준을 충족하려는 기업의 노력에 순위를 매기려는 시도라는 점을 깨닫는 것이 중요합니다.

그런 의미에서 이 책은 경험 많은 투자자에게 ESG 요소를 기존 투자에 통합하는 방법을 교육하고 신규 투자자에게는 투자 포트폴리오를 개발할 때 고려해야 할 요소에 대해 알려주기 위해 만들어졌습니다.

현재 유럽은 ESG 투자와 프로세스 관련 표준화를 통해 '좋은' 실천관행을 결정하고 일부 기업과 투자자가 잘 보이기 위해 고안할 수 있는 "그린 워싱" 활동을 감시하고 바로잡기 위해 노력하는 가장 적극적인 시장입니다. 한편 ESG 투자와 연계된 북미 지역에서 운용되는 자산은 ETF[1]와 같은 패시브 인덱싱을 통해 빠르게 증가하고 있습니다.

---

1 ETF(Exchange Traded Fund)는 투자자들이 개별 주식을 고르는 데 수고를 하지 않아도 되는 펀드투자의 장점과, 언제든지 시장에서 원하는 가격에 매매할 수 있는 주식투자의 장점을 모두 가지고 있는 상품으로 인덱스펀드와 주식을 합쳐놓은 펀드를 의미합니다.

한편, 아시아는 ESG 투자를 따라잡기 위해 가야 할 길이 있으며, 경제개발이 이루어지고 있는 여러 시장에서 ESG 관행 중 일부는 여전히 의문시되고 있습니다. 하지만, 다른 많은 분야에서도 보았듯, 아시아는 더 발전된 서구 국가들을 빠르게 능가했습니다. 아시아 경제는 ESG 활동을 수용하고 기업 구조와 투자 관행을 모두 추진할 수 있는 큰 기회가 있습니다.

유럽 최대 파생상품 거래소인 유렉스(Eurex)의 글로벌 혁신 책임자 및 이사회 집행 이사를 최근 겸임하면서 저는 ESG 시장에서 날로 커져가고 있는 엄청난 기회와 함께 ESG 지수들이 오늘날의 벤치마크 지수보다 더 널리 확산될 가능성을 보고 있습니다.

한국을 처음 방문한 지 거의 20년이 다 되어가지만 새로운 트렌드와 글로벌 관행을 배우고자 하는 한국인들의 호기심, 참여, 그리고 의지가 아직도 생생하게 기억납니다. 그래서 더욱 아시아에서 제 책의 첫 번역본이 한국어로 발간되게 되어 매우 기쁩니다. 이 책을 읽는 독자들이 ESG를 준비하고 추진하는 데 도움이 되고 궁극적으로 영감을 주기를 진심으로 기원합니다.

현재를 즐기세요
Carpe Diem

2022년 4월
영국 런던에서 **브랜든 브래들리**

지난해부터 ESG라는 용어가 각계의 화두가 되고 있습니다. 이는 우리나라만의 현상은 아닙니다. 몇 해 전부터 글로벌 업계에서 나오기 시작한 워딩이지만, 블랙록 CEO의 연례서한이 직접적인 도화선이 되었다는 평가도 있고, 탄소중립이라는 시대적 흐름상 피할 수 없는 대세라는 평가도 있습니다. 한때 기후위기란게 실재하는 위기인지 아닌지에 대한 정치인들과 과학자들의 의구심도 있었고, 지난번 미국 행정부에서는 이를 거스르는 조치들도 취해지고 했지만, 이제는 모든 게 명확해졌습니다. "일상이 되어 버린 이상기후"라는 말에서 보듯, 2020년의 코로나, 호주 산불, 중국 홍수, 일본 물폭탄, 시베리아 38도 폭염, 우리나라 54일 장마 등 기후위기는 세계인이 실감하게 된 것입니다.

중요한 것은 1.5°C로 상징되는 기후위기는 이제 어느 누구도 자신의 이해관계에 따라 왜곡하거나 외면할 수 없는, 앞날에 닥친 현실적 위기라는 것이며, 그와 관련되어 글로벌 비즈니스나 정책들은 재편될 수밖에 없다는 사실입니다.

기후위기가 어느 한 나라나 특정 기업군의 이슈가 아니라는 사실은 의외의 장점이 있습니다. 2050 탄소중립이나 각국의 NDC(탄소배출감축목표)처럼 누구나 다 따라야 할 절대적 룰과 목표가 있고, 같이 발맞춰나가야 할 다음 단계가 있다는 점입니다. 철강, 에너지 등 특정 사업부문이든 글로벌 비즈니스를 하는 기업이든, 앞으로 가야 할 길은 명확합니다. 투자자들이나 최고 경영진이 언급하는 ESG경영이란게 더 이상 구두선만은 아닌 현실입니다.

모든 것이 다 그렇지만 세상을 움직이는 힘은 미련할 정도로 우직한 한 사람의 믿음과 실천에서 나왔습니다. 지금은 누구나 다 아는 세계경제포럼(WEF, 다

보스포럼)도 클라우스 슈밥이라는 한 사람이 깃발을 들며 시작되었고, 뜻을 모은 이들이 많아진 덕분에 글로벌하게 주요 화두를 던지는 주목의 대상이 되었습니다. 같은 맥락에서 ESG라는 영역도 마찬가지입니다. 이제 시작되었으나 앞으로 계속 진화될 게 명백한 영역이므로 어느 누구라도 관심과 신념, 그리고 행동으로 옮기는 실천력이 있으면 자기의 영역에서 깃발을 드는 사람이 될 수도 있고, 일가를 이루는 사람이 될 수도 있습니다.

역자들은 각자의 영역에서 ESG와 탄소중립 관련 나름의 역할을 하고 있는 사람들이란 자부심을 갖고 있습니다. 2000년대 초 국내 최초의 CSR보고서 작성에 참여하는 등 오랫동안 기업일선에서 환경업무를 맡았고, 지금은 공무원으로 일하는 저로서는 오랫동안 기업 거버넌스와 비즈니스에 천착해 온 공동 역자들과 같이 일하게 되어 개인적으로는 무척 설레고 반가운 마음입니다. 이제 여러 독자분들도 우리와 같이 ESG의 길을 걷게 되길 기원하며, 이 책이 작은 등불이 되길 바랍니다.

역자 김 효 석

김효석

환경부 국립환경인재개발원장으로 2050 탄소중립, ESG 등 환경공무원 직무교육과 온실가스검증심사원, 석면해체감리원 및 법정교육 등 민간인 환경전문교육을 총괄하고 있다. 삼성SDI와 두산그룹 지주부문에서 환경안전과 CSR업무 등을 기획하고 운영했다.

***

2021년 연말, 상장회사 공시담당자 등에게 필요한 교육프로그램이 무엇인지 물어볼 기회가 있었습니다. 다양한 의견이 나왔지만, 가장 많았던 건 단연 ESG 교육이었습니다. ESG 열풍을 실감할 수 있었습니다.

하지만 열풍은 식기 마련입니다. 이명박 정부 때 유행했던 녹색성장이란 말이 있습니다. 관련 정책이 추진되면서 상장회사들은 '녹색경영정보 자율공시'를 했습니다. 박근혜 정부 때는 공기업 여성 임원 30% 의무할당, 미래 여성 인재 10만 명 양성 등 여성의 사회 진출을 확대하기 위한 정책들이 추진되었습니다. ESG 중 녹색성장은 E(환경), 양성평등은 S(사회)에 해당하지만, ESG 교육을 요청할 만큼 뜨겁지 못했던 것도 사실입니다.

그렇다면 ESG는 지금 왜 가장 뜨거운 이슈가 된 걸까요? 질문의 답을 찾다 보니, 얼마 전 개봉했던 영화 '돈룩업(Don't look up)'이 생각났습니다.

영화 내용은 이렇습니다. 인류를 절멸시킬 크기의 운석이 지구를 향해 날아오고 있습니다. 계산에 따르면 6개월 후면 지구와 충돌하게 됩니다. 이 말인즉슨, 이제 살아남기 위해 인류에게 주어진 시간은 6개월뿐이라는 겁니다. 선택은 두 가지. 그냥 있다가 모두 죽든지, 아니면 운석을 우주에서 폭발시켜 살아남을 것인지.

선택의 여지가 없어 보이는 이 상황은 묘하게 흘러갑니다. 일단 정치인들은 과학자들의 주장을 믿지 않다가, 불리한 선거 상황을 역전시킬 히든 카드로 삼습니다. 어떤 기업인은 운석에 매장된 다이아몬드와 희귀 광물 등에 눈독을 들입니다. 대통령은 운석을 우주에서 산산조각내는 대신, 기업인과 손잡고 날아오는 운석을 투자·개발하기에 적당한 크기로 나누는 쪽을 선택합니다.

과학자들은 난리가 납니다. 1초가 급한 상황에서 대통령과 기업인이 작당 모의하는 사이, 죽음의 운석은 이제 많은 사람들의 육안으로 볼 수 있을 정도로 가깝게 다가와 있습니다. 이제 과학자들은 대중에게 이 문제를 호소합니다. 이때 사용된 구호가 바로 'Look up!'입니다. 영화 제목 'Don't look up'은 정치인들이 look up 운동을 방해하기 위해 내세운 반대 구호입니다.

ESG 열풍은 어쩌면 인류 멸망을 몰고 올 운석이 하늘에 나타났기 때문에 생긴 것일 수 있단 생각이 들었습니다. 환경, 사회, 지배구조의 문제는 이제 발등의 불이 된 것입니다. 그럼 우리는 이 문제를 어떻게 해결해야 할까요?

오늘날 자본주의는 산소와 같습니다. 이 말은 ESG도 자본주의에 올라타야 생명력이 있다는 뜻입니다. 다시 영화 이야기를 하자면, look up 해야 제대로 대응할 수 있는 것입니다. 번역을 맡게 된 동기도 이 책이 바로 ESG 투자에 초점을 두고 자본주의를 이용해서 개별 기업들이 어떻게 ESG 전략을 짜야 할지 설득력 있게 설명하고 있다고 판단했기 때문입니다.

이 책에서 말하고 있는 ESG는 현실력이 있습니다. 돈이 왜 ESG에 모이고 있는지, 그 돈들이 본래 목적을 달성하기 위해 어떻게 사용되고 있는지 투자기술적으로 잘 설명하고 있습니다. 만약 ESG가 지속가능경영보고서를 잘 쓰는 것쯤으로 알고 있던 사람이라면 깜짝 놀랄 만한 새로운 이야기가 많습니다.

번역을 하면서 나름 자신 있었던 자본시장의 투자용어와 상품들을 새롭게 공부하게 되었습니다. 20년 넘게 자본시장에 몸 담고 있으면서 타성에 물들어 있었던 제 지적 수준의 나체를 보았습니다. 이렇게 부족한 사람에게 좋은 책을 번역할 수 있는 기회를 주셔서 감사할 따름입니다.

아무쪼록 이 책이 ESG 경영과 투자를 시작하는 분들에게 작으나마 도움이 되길 간절히 바랍니다.

역자 박 윤 진

박윤진

한국상장회사협의회에서 20년 이상 상장회사 감사제도, IR, 정책홍보, 교육연수 등 실무를 수행하고 있으며, 한국상장회사협의회 ESG 교육프로그램 기획 및 강연을 운영하고 있다. 철학 박사과정을 수료하고 『M&A와 투자, 기업재편 가이드』를 공저했다.

***

가볍지만 결코 가볍지 않은 지침서

2006년 PRI가 설립된 이후, 전세계 책임투자 규모는 지속적으로 성장하여 2020년 기준으로 글로벌 시장에서 책임투자 규모가 약 35.3조 달러로 추정되고 있습니다. 반면 우리나라는 2001년에 출신된 삼성증권의 에코펀드가 국내 책임투자의 효시로 알려져 있는데, 이후 국내 자본시장에서는 책임투자 또는 ESG투자가 해외 선진시장과 달리 활성화되지 못하고 일부 연기금 중심으로 유지되어 오면서 정부정책에 따라 일시적으로 확대되는 경향을 보였습니다.

그러나 2008년 금융위기를 겪으면서 기업의 사회적 책임에 대한 중요성이 높아지고, 기후위기에 대한 국가 간 공조가 강화되면서 ESG경영과 ESG투자에 대한 관심이 국내에서도 지속적으로 높아지다가 코로나19를 겪으면서 ESG경영과 ESG투자에 대한 관심은 그 어느 때보다 뜨거워져 있습니다.

이는 투자상품의 다변화로도 연결되어 일반적으로 주식자산군에 한정하여 적용되던 ESG투자가 최근에는 채권과 대체투자 자산으로 그 적용 범위를 확대하고 있는 상황입니다.

한편 이러한 규모적 확대에도 불구하고 국내 자본시장에서의 ESG 투자는 아직 초보적 단계로, 외부 전문 ESG평가기관의 평가등급을 활용하여 투자포트폴리오는 구성하는 수준에 그치고 있습니다. 이는 ESG투자를 담당하는 운용역의 ESG관련 전문성이나 관련 인프라 부족에 기인하는 것으로 판단됩니다.

그러한 점에서 국내에서 ESG투자가 진정성을 갖고 내실있게 운용되기 위해서는 운용역 개인의 역량뿐 아니라 조직 체계와 시장 인프라 측면까지 아우르는 ESG투자 프로세스 전반에서의 지속적인 개선 노력이 병행되어야 할 것입니다.

이러한 관점에서 'ESG Investing for dummies'는 ESG투자를 수행하는 기관투자자뿐 아니라 ESG경영을 실천하는 기업에도 상당히 유용한 자료로서 활용될 수 있을 것입니다. 최근 몇 년간 ESG와 관련하여 다양한 서적이 국내에서 발간되고 있으나 이 책처럼 실제 투자 측면에서 각 자산군에 적용할 수 있는 실무적인 아이디어를 다양한 관점에서 제시하고 있지 못하다는 점에서 차별성이 크다고 할 수 있습니다. 기업 측면에서는 기관투자자들이 어떠한 시각을 통해 투자대상기업의 ESG를 고려하는지 이해하고 어떻게 우호적 관계를 형성해 갈지 참고할 수 있을 것입니다.

이 책은 전체적으로 투자라는 영역에서 ESG를 어떻게 바라볼지, ESG 투자 과정에서 고려해야 할 이슈들을 편하게 풀어내고 있으나, 각각의 주제들이 가지는 무게는 결코 가볍지 않다는 점에서 이 책을 통해 국내 자본시장에서의 ESG 투자 활성화에 기여할 수 있기를 희망합니다. 그리고 이 책의 공동 번역자이신 김효석 국립환경인재개발원장, 류종기 IBM 이사님, 그리고 한국상장회사협의회 박윤진 연수 담당 부장님께 진심으로 감사드리며 박영사 모든 분들께도 감사의 말씀을 드립니다.

역자 윤 진 수

윤진수

한국기업지배구조원 사업본부 본부장으로 ESG평가 모형 제·개정 및 국내 기업의 ESG 평가를 총괄하고 있으며, 국민연금을 비롯한 기관투자자를 대상으로 책임투자 자문을 담당하고 있다.

***

3M과 셰브런(Chevron) 이사회에서 활동하고 있는 글로벌 이코노미스트 담비사 모요(Dambisa Moyo)가 2022년 1월 하버드비즈니스리뷰(HBR)에 기고한 "10 ESG Questions Companies Need to Answer" 글을 독자분들께 요약, 소개하며 역자 후기를 대신하려 합니다. 주주 우선주의에서 이해관계자 자본주의로 전환하겠다는 2019년 비즈니스 라운드 테이블 선언과 이러한 목표를 비즈니스에서 실질적이고 측정 및 추적 가능한 ESG 노력으로 전환하려는 기업의 고심은 계속되어 왔습니다. ESG 전략을 수립할 때 모든 기업이 다루어야 할 10가지 질문을 다음과 같이 제시합니다. 만약 제대로 답하지 못하거나 문제를 해결하지 못한다면, 기업은 경쟁사에 추월당할 위험이 있고, 극단적으로는 문을 닫아야 하는 상황까지 갈 것입니다. ESG 투자자 역시 다음의 질문들은 곱씹어볼 필요가 있습니다.

첫째, **ESG가 회사의 경쟁력을 약화시키나요?** 회사가 ESG 목표에 너무 많은 에너지를 쏟을 경우 성장, 시장 점유율 및 이익에 대한 집중력을 잃을 위험이 있다는 것은 터무니 없는 질문은 아닙니다. 그러나 ESG에 충분히 집중하지 않으면 시장에서 뒤처지고 직원, 고객과 투자자의 지지를 잃고 미국이나 유럽처럼 더 엄격한 규제, ESG 환경에서 비즈니스할 수 있는 면허마저 잃게 됩니다.

둘째, **ESG 추진이 회사 수익 희생을 의미하나요?** ESG 추진이 일부 주주들에게 해롭거나 재무적 주주 수익을 훼손하는 것으로 비칠 수 있는 위험을 인지하는 것은 필요합니다. 그러나 ESG 투자 펀드 수익률이 기존 주식형 펀드를 능가하고 있는 것 역시 사실입니다. 하지만 ESG 추진 자체가 수익을 내고 있는지, 아니면 단순히 가장 수익률이 좋은 산업 부문이 높은 ESG 점수를 가지고 있기 때문인지 질문해봐야 합니다. 투자자들은 적극적 ESG 추진이 정부, 규제 기관이 부여하는 사업 운영권과 관련하여 기업에 주는 가치를 무시해서는 안 됩니다.

셋째, ESG 균형을 어떻게 조정하고 있나요? 주주 우선주의에서 이해 관계자 자본주의로의 전환은 기후 변화, 근로자 옹호, 성별 및 인종 다양성 추구, 유권자 권리 등을 포함한 광범위한 의제를 포괄합니다. 이러한 ESG의 모든 측면에는 비즈니스 리더가 탐색해야 하는 상충관계가 있음을 고려해야 합니다. 예를 들어 비즈니스 리더들은 기후 행동과 탈탄소화에 대한 요구와 기존 에너지원 공급을 억제하면 더 비싼 전력, 난방, 전기 요금을 통해 인플레이션과 생활비를 상승시킬 수 있는 위험 사이에서 균형 맞추기를 고민해야 합니다.

넷째, ESG는 실사(due diligence)를 어떻게 변화시키나요? ESG 실사에는 제품과 서비스를 기후 친화적인 재료와 공정에 적용하고 다양성과 광범위한 고용 관행을 평가하고, 기업이 지역사회와 참여하는 방식을 개선하는 것이 포함됩니다. 오늘날의 기업은 행동과 결과를 통해 ESG를 준수하고 있음을 입증할 준비가 되어 있어야 합니다.

다섯째, 그럼 공익법인(public benefit corporation)이 되어야 하나요? 재무적으로, 기업은 유한책임회사(LLC)에서 공익법인 또는 비콥(B-corps)으로의 지위 변경이 미치는 영향(예: 공익법인이 전 세계의 다양한 주식 시장에서 거래할 수 있는지 여부, 공익법인 구조의 의사결정권 및 제약 등)을 면밀히 검토할 필요가 있습니다.

여섯째, 인종차별 같은 사회적 이슈를 어떻게 다루나요? 비즈니스 리더는 불의를 강조하는 시사 문제를 해결하는 데 있어 투명하고 일관된 프레임워크를 따라야 합니다. 불투명하고 일관성 없는 접근 방식은 직원들 간의 분열을 조장하고 "편 가르기" 문화를 조성할 위험이 있습니다.

일곱째, ESG에 대한 글로벌 접근 방식을 가지고 있나요? 더욱 포괄적인 ESG 접근 방식은 다양한 국가와 문화를 포함해야 합니다. 그리고 환경과 기후 변화의 경우, 비록 중국과 인도가 원하는 변화의 속도가 서구 세계와 실질적으로 다를지라도, 그들이 참여하지 않고서는 전 세계적으로 의미 있는 진전을 이루는 것은 불가능합니다.

여덟째, 미래 경제 현실에 대비하는 ESG 프레임워크를 세우고 있나요? 비즈니스 리더는 ESG 설계와 현재의 경제 구조뿐만 아니라 앞으로 다가올 미래 경제가 어떻게 형성될 것인지에(예: 자동화, 디지털화에 취약한 노동자를 새로운 역할로 전환하도록 재교육 지원 등 적극적 조치 필요) 적용되는 사고 방식에 초점을 맞춰야 합니다.

아홉째, **ESG 성과를 어떻게 평가하나요?** 현재로서는 독립 기업과 규제 기관이 측정과 평가 기준을 설계하기 위해 계속 노력을 하고 있지만, ESG 벤치마킹은 여전히 매우 분절화되어 있습니다. 얼마나 많은 기관으로부터 ESG 성과를 인정받았는지보다는 모두가 따를 수 있는 규칙으로 ESG 평가를 받는 공개 감사 시스템이 시장이 제 기능을 하는 데 필요합니다.

열째, **끊임없이 변화하는 ESG를 어떻게 헤쳐 나가고 있나요?** 글로벌 기업은 투명하고, 일관되고, 유연하며 혁신적이고, 지속 가능하고, 문화적 차이에 민감하고, 역동적이며 미래 지향적인 방식으로 ESG에 접근해야 합니다. 그리고 더 나아가, 기업은 ESG 리스크를 완화하는 것뿐만 아니라 인간의 발전을 계속 지원하기 위해 ESG가 제공하는 기회에도 초점을 맞춰야 합니다.

역자 류종기

류종기

기업 리질리언스, 리스크관리, ESG경영 전문 컨설턴트로 20년 넘게 활동하고 있다. 딜로이트 기업리스크자문본부 디렉터를 역임하였으며 IBM Business Development Executive, 울산과학기술원(UNIST) 도시환경공학과 겸임교수이다.

Part 1   ESG에 대해 알아보자

01
ESG 투자의 세계로

02

미래로 돌아가기: ESG 투자의 성장과 진화를 이해하자

05

내게 'G'를 보여주세요! ESG의 지배구조 구성요소 해부하기

10

파생상품 및 대체 금융상품을 찾아보자

11 ——————————————————————————

ESG 투자에서 지역적 차이를 알아보자

Part 3   ESG 철학을 적용하기

12 ——————————————————————————

ESG를 통한 기업 가치 창출

13

ESG 정책 마련하기

Part 4   ESG 관련 10가지

16
ESG 접근 방식에 대해 자주 묻는 10가지 질문

17
ESG 포트폴리오 구축과 관련된 10가지 문제

18
ESG 투자 성장에 영향을 미치는 10가지 요인

부록
ESG 경영, 투자 관련 주요 문헌, 출처

ESG 커뮤니티에 오신 것을 환영합니다! ESG 투자에 대해 자세히 설명하는 이 책을 읽어 주셔서 감사합니다. 아시다시피 ESG는 환경, 사회 및 거버넌스를 의미하며, 아마도 여러분이 관심을 갖는 이유는 ESG 요소를 투자 분석 및 포트폴리오 구성에 통합하여 투자자에게 장기성과 측면에서 이점을 제공할 수 있다는 증거가 증가하고 있기 때문일 것입니다. 또한 ESG 기준은 사회적 의식이 있는 투자자가 투자를 선별하고 기업이 세상에 미치는 영향을 평가하는 데 사용됩니다. 사람들은 자신이 투자하는 기업이 "올바른 일을 하고" 또는 "해를 끼치지 않으면서" 확실한 투자 수익을 창출하고 있는지 알고 싶어 합니다.

환경 및 사회적 영향을 고려하는 정부, 기업 및 투자자의 행동이 증가함에 따라 향후 언젠가는 모든 투자의사결정에 ESG 고려 사항이 포함되는 것이 불가피해 보입니다. ESG 평가등급이 높은 회사는 낮은 회사보다 수익 변동이 적고, 자본 비용과 시장 위험이 낮다는 점을 감안할 때 지속가능성은 투자를 위한 새로운 기준이 되어야 합니다. 또한 모든 투자신탁2은 투자를 할 때 아마도 전통적인 재무 요인과 함께 ESG 기준을 고려해야 할 수도 있습니다.

그러나 "약속의 땅"에 도달하기 전에 극복해야 할 많은 어려움이 있음을 유의하십시오. 공통된 지속가능성 기준 및 공시 기준의 표준화 부족으로 인해 다수의 다른 평가등급을 제공하는 기관들로부터 ESG 평가가 이루어질 수 있습니

---

2 일반대중으로부터 위탁회사가 자금을 모집하여 이를 투자가를 대신하여 유가증권·부동산 등에 투자하여 그 수익을 투자가에게 나누어주는 제도. 개별펀드를 모아서 합동으로 운영하는 펀드를 말합니다. collective investment funds

다. 요컨대, 투자 상품에 대한 ESG 기준의 이면에는 사용 가능한 데이터와 방법론이 여전히 불투명하기에, 투자자는 "내부"에 무엇이 있는지 주의깊게 모니터링하고 "그린워싱"의 희생자가 되지 않아야 합니다.

이 책에 대하여
About This Book

이 책을 쓸 때 저의 주요 목표는 잠재적인 ESG 투자자들에게 기회에 대해 교육하지만, 잠재적인 위험을 잊지 않도록 하는 것이었습니다. ESG와 관련하여 많은 책이 저술되었지만 불과 1년 사이에 상황이 너무 많이 바뀌어서 투자자 업데이트와 과대 광고 경계, 좋은 기회 상실 등에 대한 두려움에 사로 잡히지 않아야 한다고 느꼈습니다. 그래서 나는 특정 챕터에서 공시 개선 관련 개발에 집중했는데, 이는 주어진 기업의 데이터 품질과 정보에 입각한 평가로 이어지며, 이는 다시 더 나은 투자 상품으로 이어집니다. 자산운용업은 이러한 목표에 자발적으로 도달하는 데 초점을 맞추고 있지만, 이 부문으로 유입되는 "투자의 벽"을 고려할 때 행동을 의무화하기 위한 규제 요건도 증가할 것입니다.

여기서의 아이디어는 ESG 투자의 가장 중요한 측면을 실용적인 관점에서 제공하고, 이러한 책임투자에 대한 접근 방식이 기업이 더 나은 세상을 만드는 데 도움이 되는 동시에 강력한 수익을 제공하는 데 도움이 될 수 있다는 점을 강조하는 것입니다.

참고 사항: 사이드 바(음영 처리 된 텍스트 상자)는 특정 주제의 세부 사항을 파고들지만 이해하는 데 중요하지 않습니다. 자유롭게 읽거나 건너 뛰십시오. 기술 관련 내용 아이콘과 함께 텍스트를 전달할 수도 있습니다. 이 아이콘과 함께 표시된 텍스트는 ESG 투자에 대한 흥미롭지만 중요하지 않은 정보를 제공합니다.

서문

마지막 한 가지: 이 책에서 일부 웹 주소가 두 줄의 텍스트로 나뉘는 것을 볼 수 있습니다. 이 책을 인쇄판으로 읽고 이 웹 페이지 중 하나를 방문하려면 텍스트에 표시된 대로 정확하게 웹 주소를 입력하고 줄 바꿈이 없는 것처럼 표시하면 됩니다.

어리석은 가정
Foolish Assumptions

모든 투자자가 이해할 수 있도록 이 책을 썼지만 특정 유형의 청중을 가정했습니다. 다음 독자를 고려했습니다.

▶ ESG와 지속가능성에 대해 스스로 공부하고 싶은 금융 서비스 전문가
▶ ESG 기준에 대한 자산 비중을 늘리고자 고려 중인 적극적인 투자자
▶ 상대적으로 개념에 익숙하지 않고 미묘한 차이를 이해해야 하는 자산 소유자
▶ 자사의 ESG 점수를 향상시키기 위해 ESG 관련하여 개선 필요성을 인식하거나, 자사가 ESG 지수 및 포트폴리오에 적합한 기업으로 인정받아야 하는 회사의 경영진
▶ ESG 생태계에서 자신의 역할을 규정하고자 하는 회계사, 컨설턴트 및 변호사와 같은 전문 서비스 제공자
▶ 투자자 보호를 담당하는 규제 기관, 정치인 및 기타 업계 참여자

일반적인 가정은 당신이 전통적인 투자에 대한 경험과 이해가 있지만, 이 책을 통해서 ESG에 대한 이해를 형성하거나 자신의 역할이나 관심에 더 특화된 챕터(장)로 뛰어들 수 있다는 것입니다.

이 책에 사용된 아이콘
Icons Used in This Book

모든 For Dummies 책과 마찬가지로 이 책에는 정보를 탐색하는 데 도움이 되는 아이콘이 있습니다. 그 의미는 다음과 같습니다.

이 아이콘은 ESG 투자를 시작하는 데 특히 도움이 되는 조언을 강조합니다.

당신이 이 책을 읽고 뭔가를 얻어간다면 이 아이콘으로 표시된 정보여야 합니다.

이 아이콘은 ESG 투자 세계에서 피해야 할 상황과 행동을 나타냅니다.

이 아이콘은 특정 ESG 투자 주제에 대해 평소보다 조금 더 깊이 있는 정보를 표시합니다.

책을 넘어서
Beyond the Book

지금 읽고 있는 내용 외에도 이 책에는 중요한 ESG 용어에 대한 미니 용어집과 ESG 투자를 주도하는 주요 주제에 대한 개요를 제공하는 무료로 얻을 수 있는 치트 시트3가 함께 제공됩니다. 이 치트 시트를 얻으려면 www.dummies.com으로 이동하여 검색 상자에서 "ESG Investing For Dummies cheat sheet"를 검색하십시오.

---

3 빠른 참조를 위해 사용되는 간결한 노트 세트로 흔히 컨닝 페이퍼라고 함.

여기서부터 가야할 곳

Where to Go from Here

이 책을 엄격한 장 단위 순서로 읽을 필요는 없습니다. 각 챕터는 독립적이므로 원하는 만큼 이동할 수 있습니다. 특정 주제를 찾고 있다면 목차와 색인으로 넘어가십시오. ESG에 대해 자세히 알아보고 최신 개발 사항을 확인하려면 다음 객관적인 웹 사이트를 확인해야 합니다.

▶ 책임있는 투자를 위한 원칙: www.unpri.org/sustainability−issues
▶ United Nation Sustainable Development Goals: www.un.org/sustaina bledevelopment/sustainable−development−goals/
▶ 지속 가능성 회계 기준위원회: www.sasb.org/standards−overview/ materiality−map/
▶ 글로벌 리포팅 이니셔티브: www.globalreporting.org/how−to−use− the−gri−standards/
▶ 기후 관련 재무 공개 태스크 포스: www.fsb−tcfd.org/about/
▶ ESG Clarity: www.esgclarity.com/

Part

1

ESG에 대해 알아보자
GETTING TO KNOW ESG

쉽게 이해하고 적용하는 ESG 투자와 경영
ESG Investing (for dummies) by Brendan Bradley

이 파트에서는 . . .

✔ ESG 투자가 사회적 책임, 윤리적 또는 임팩트 투자와 어떻게 혼동되지 않는지 알아보십시오.
✔ 최근 몇 년 동안 ESG 투자의 진화와 주요 성장을 주도한 요인을 이해하십시오.
✔ ESG가 중요한 이유, ESG 평가 및 지표에 대한 기준, 기업이 ESG 점수를 높이기 위해 해야 할 일을 살펴보십시오.
✔ ESG의 각 측면*(환경, 사회 및 거버넌스)에 대한 주요 중대성 지표 및 위험을 조사합니다.
✔ ESG 투자가 급증함에 따라 "그린워싱"에 대한 우려를 파악합니다.

---

* ISO14001에서는 '측면'을 "상호작용하거나 상호작용할 수 있는 조직의 활동 또는 제품 또는 서비스 요소" 이며 "환경측면은 환경영향을 야기할 수 있다"고 정의함. '측면'은 원인에 해당하고, '영향'은 결과에 해당함. 예를 들어 '공장에서 유해물질을 유출하는 것'은 환경측면이며, '수질 대기 토양 오염 등이 발생한 것'은 환경영향임.

ESG 투자의 세계로
Entering the World of ESG Investing

이 장에서는 . . .

✔ ESG 영역의 기본 특징 소개
✔ ESG가 무엇인지를 정의
✔ ESG가 환경, 사회 및 거버넌스1에 미치는 영향 살펴보기
✔ 국제 규범을 사용하여 ESG 목표 파악

ESG라는 약어는 의심할 여지없이 최근 몇 년 동안 투자관리에서 가장 뜨거운 주제 중 하나가 되었습니다. "ESG 투자"라는 용어에 대한 Google 검색은 지난 3년 동안 기하급수적으로 증가하여 확실히 사람들의 관심을 끌었습니다(안 믿기시나요? 그림 1-1을 보십시오.). 그 결과, 지구 온난화 문제가 환경적(E) 문제를 야기하고 코로나19 팬데믹이 사회적(S) 문제를 더욱 강조한 지금 경영진은 다양한 새로운 스튜어드십 주제와 씨름해야 합니다(기업지배구조(G) 문제는 항상 투자 커뮤니티에서 면밀히 모니터링되었습니다.).

---

1 '거버넌스'의 맥락을 보면 '합리적 의사결정 구조'를 의미하는 걸로 보는 게 타당하지만, 국내에서 대부분 '지배구조'라고 번역하고 있으므로 독자들의 혼선예방을 위해 이 책에서는 맥락에 따라 '거버넌스', '지배구조', '의사결정구조' 등으로 혼용하기로 합니다.

→ **그림 1-1** Google Trends는 지난 3년 동안 "ESG 투자"검색을 차트로 표시합니다.

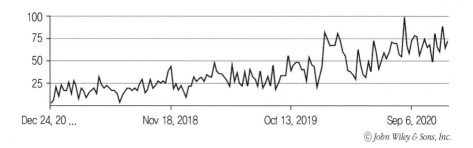

그런데 이러한 모든 소란은 무엇일까요? ESG 투자는 지나가는 유행일까요, 아니면 가까운 미래에 투자관리를 지배할 장기적인 추세일까요? 이 장에서는 ESG 투자 이면의 기본 사항을 살펴보고, 그 이면의 주요 동인을 강조하고, 설정된 목표와 표준 중 일부를 식별합니다.

ESG 현황 조망
Surveying the Current ESG Landscape

ESG는 기업의 환경, 사회 및 거버넌스 관행을 분석하는 것으로 광범위하게 정의되며, 2005년 UN Global Compact 보고서에서 ESG 요소를 자본시장에 통합하면 "선행을 통해 성과를 거둘 수 있을 것"[2]이라고 주장한 후 처음으로 금융계의 주목을 받았습니다. 그 이후로 ESG 문제의 중요성은 급격히 상승했습니다. 2006년 당시 책임투자원칙(PRI)에 서명한 투자자수는 자산소유자와 자산운용자 63명, 운용규모는 6조5천억 달러였는데, 이후 3,000명 이상의 자산소유자와 자산운용자가 참여하면서 운용 규모도 103조 달러 규모로 확대되었습

---

2 do well by doing good.

1부 ESG에 대해 알아보자

니다. 환경에 미치는 영향에 대한 이해관계자의 관심 증가와 강력한 ESG 성과가 회사의 성공을 보호할 수 있다는 것을 인식하는 투자자에 힘입어 ESG는 더 이상 틈새 투자 개념이 아니게 되었습니다.

세상이 변화함에 따라 기업의 장기적 전망을 결정할 수 있는 ESG 문제에서 직면한 위험이나 기회를 이해해야 하는 요구 사항이 더 커졌습니다. 코로나19 팬데믹으로 이러한 요인을 더욱 고려할 필요성이 강조되면서, 최근 이 분야에 대한 투자가 급증했습니다. 21세기 들어서도 기업의 경영환경은 급격하게 변했습니다. 기업은 일반적으로 경제 성장, 세계화, 소비 증가 및 화석 연료로부터 이익을 얻었고, 전 세계적으로 상품, 일자리 및 인프라의 주요 공급자로서의 역할을 강화하고 발전시켰습니다. 결과적으로 기후 변화, 생물 다양성, 사회 다양성 및 포용성과 같은 필수 지속가능성 문제에 대한 기여도 증가했습니다. 동시에, 기술의 부상으로 주주 뿐 아니라 이해관계자도 기업의 행동 방식에 대해 문제제기를 할 수 있게 되었습니다.

결과적으로, 지속가능성 성과의 투명한 측정과 공개는 이제 효과적인 비즈니스 관행의 필수 부분으로 간주되며, 선의의 힘으로 비즈니스에 대한 신뢰를 유지하는 데 필요합니다. 기업보고서는 기업이 내부적으로 보고를 통해 의사 결정에 정보를 제공하는 것처럼 투자자를 포함한 이해관계자가 기업의 성과를 식별하고 측정할 수 있는 수단입니다. 재무보고는 전 세계 금융시장에 투명성, 책임성 및 역량을 제공하는 국제적으로 인정된 회계표준의 결과로 발전했습니다. 따라서 지속가능성 공개는 재무보고보다 불가피하게 복잡하지만 국제적으로 인정된 지속가능성 표준은 관련 ESG 등급을 계산하는 기초가 될 것입니다.

ESG가 무엇인지 (그리고, 무엇이 아닌지)
Exploring What ESG Is(and Isn't)

최근 몇 년 동안 "ESG"라는 용어는 일반적으로 사회책임투자와 동의어로 사용되었습니다. 그러나 ESG는 독립적인 투자 전략이 아니라 기업 평가를 위한 위험 관리 프레임워크로 고려되어야 합니다. ESG는 기업 투자의 지속가능성과 사회적 영향을 측정합니다. 이러한 기준은 회사의 미래 재무성과를 더 잘 결정하는 데 도움이 됩니다. 마찬가지로 임팩트 투자3는 관리자가 목표로 하는 투자 유형에 관한 것이며, ESG 요소는 중대한 위험과 성장 기회를 식별할 때 관리자의 분석에 비재무적 요소를 적용하는 평가 프로세스의 일부입니다. 또한 임팩트 투자는 펀드 매니저가 구입하는 투자로 측정 가능하고 긍정적인, 환경적 또는 사회적 효과를 추구하는 반면, ESG는 "목표를 향한 수단"으로 자산의 가치에 중요한 영향을 미칠 수 있는 비재무적 위험을 식별하는 역할을 합니다.

더욱이 ESG는 종종 기업의 지속가능성 및 기업의 사회적 책임(CSR)과 같은 용어와 잘못 혼용됩니다. 일부 겹치는 부분이 있지만 다음 용어는 서로 바꿔서 사용할 수 없습니다.

▶ 기업의 지속가능성은 경제적, 환경적, 사회적 발전으로 인한 기회를 포괄하고 위험을 관리함으로써 이해관계자 가치의 장기적인 창출을 설명하는 데 사용되는 포괄적인 용어입니다. 많은 기업에게 기업의 지속가능성은 "선행"에 관한 것이며 정해진 조건이 필요하지 않습니다.

▶ 기업의 사회적 책임은 기업이 주요 이해관계자의 우려 사항을 운영 및 활

---

3 경제적·재무적 성과에 집중하던 기존 투자를 넘어 사회적·환경적 성과까지 추구하는 투자를 말합니다. 공공 예산만으로는 더 이상 사회 문제를 해결하기가 어렵다는 인식 하에 사회에 해를 끼칠 수 있는 기업에 대한 투자를 회피하는 소극적인 방식이 아닌, 긍정적인 영향을 미칠 수 있는 기업을 적극적으로 발굴하고 투자한다는 차이가 있습니다. 사회적 성과를 낼 수 있는 곳에 투자를 한 후, 예상한 성과를 내면 정부로부터 수익금을 받는 사회성과연계채권(Social Impact Bond, SIB) 방식이 있는데, 2012년 골드만삭스가 미국 뉴욕 시의 청소년 재범률을 낮추는 사업에 960만 달러를 투자한 바 있습니다.

동에 통합하는 내재된 관리 개념입니다. 이에 비해 ESG는 보다 전통적인 재무 측정과 함께 회사의 ESG 관행을 평가합니다.

마지막으로 ESG는 일반적으로 윤리적 투자와 혼합되기도 합니다. 그러나 ESG 접근 방식을 취하는 것은 사실상 투자 시점의 선구자입니다. 기업이 직면한 'E', 'S' 및 'G'문제를 고려하고 개별적으로 또는 집단적으로 점수를 매겨 서로 상대적인 위치를 식별할 수 있는 프레임워크를 제공합니다. 이로 인해 투자자는 ESG 점수를 통해 "산업별 우수기업"을 선별하거나, 환경 점수가 해당 가치를 반영하지 않는다는 이유로 완전히 배제할 수 있습니다. 윤리적 투자에는 윤리적 또는 도덕적 원칙에 따라 투자를 선택하는 것이 포함됩니다. 이러한 투자자는 일반적으로 ESG 배제 전략을 통해 구현할 수 있는 도박, 알코올 또는 총기류와 같은 "죄악 주식"을 피합니다(죄악 주식은 포트폴리오에서 명시적으로 제외됨).[4]

TIP

주식에 투자 할 때 상대 주가수익비율(P/E) 비율에서 EBITDA 마진까지 재무 비율을 측정하는 데 익숙할 수 있습니다. (맞아요. 저는 이자, 세금, 감가상각 및 상각 전 소득에 대해 이야기하고 있습니다. 사용할 약어가 있다는 게 좋습니다.) 이러한 비율은 모두 여전히 관련이 있지만 이제 추가적인 도구를 통해 동일한 주식을 볼 수 있습니다. 평가 기관의 지속가능성 평가는 일반적으로 투자 은행 및 중개인이 제공하는 주식 추천과 유사한 단일 ESG 점수로 통합됩니다. 주류 리서치 분석가가 대체로 동일한 정보를 사용하여 동일 회사에 서로 다른 추천 가치를 계산하는 것처럼 ESG 분석가도 권장 점수가 다릅니다. ESG 등급에 대한 소개는 2장을 확인하십시오.

다음에서는 재무적으로 중요한 지표, 이러한 지표가 산업 부문에 따라 어떻게 다른지, 이러한 요소에 다양한 ESG 전략이 적용될 수 있는 방법을 포함하여

---

4 주류, 담배, 도박, 군수업체 등 사회적으로 이미지가 좋지 않은 업종 기업의 주식으로 이미지는 나쁘지만 주가는 좋은 기업 못지않다는 뜻에서 만들어진 신조어. 대체로 경기 불황에도 별 영향을 받지 않고 잘 팔리는 상품을 갖고 있어 건실한 경우가 많습니다.

ESG의 다양한 구성 요소를 살펴봅니다. 이러한 요소는 요소 간의 상호 교차점을 나타내는 ESG 큐브를 통해 분석할 수 있습니다.

ESG의 범위 정의
Defining the breadth of ESG

일반적인 재무 비율과는 달리, 좋은 'E', 'S' 또는 'G' 점수가 어떤 것인지 적절히 정의하는 일반적인 비율 집합은 없습니다. 그리고 세 가지 요소를 함께 고려할지 아니면 각각을 개별적으로 고려해야 할지는 ESG 관점에서 가장 관련이 있다고 생각하는 문제의 결정에 달려 있습니다. 실제로 일부 요인은 다른 주식보다 특정 주식에 더 중요할 수 있습니다. 예를 들어, 은행과 관련된 환경 위험은 채굴 기업이 직면한 위험보다 덜 중요할 것이며, 그러한 위험은 은행의 거버넌스에 대한 더 많은 우려로 균형을 맞출 수 있습니다. 또한 어느 정도까지 고려해야 하며 그 수준을 측정하기 위해 어떤 데이터 또는 방법론을 사용할 것입니까? 보시다시피 ESG 분석은 고려해야 할 완전히 새로운 지표 세트를 제공하므로 일반인이 계산하기에는 합리적이지 않은 복잡한 분석이 발생할 수 있습니다.

물론, 투자운용역들은 이러한 번거로움을 모두 없애고 다양한 방식으로 수많은 요소를 통합하는 제품을 제공하겠다고 제안합니다. 그리고 투자 세계가 패시브 투자로 이동함에 따라 이러한 투자 상품 중 다수가 지수 중심으로 움직일 것입니다. 이러한 새로운 투자상품에 익숙하고 기존 벤치마크의 성과를 면밀히 추적 할 수 있도록 많은 신규 투자상품이 S&P 500 또는 FTSE 100 지수와 같은 기존 지수의 ESG 변형이 될 것입니다. 따라서 그들은 여기에서 몇 가지 —다른 가중치 또는 주어진 주식에 대한 편향 또는 기울임— 를 제외하고 당신이 "알고 사랑하는"것을 나타냅니다. 이것은 대부분의 투자자들이 이해하기 쉬울 것입니다.

→ **그림 1-2** 요소간 교차점이 있는 ESG 큐브

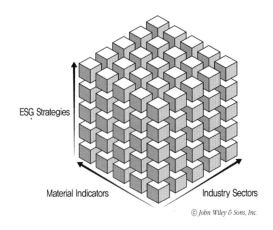

ESG Strategies

Material Indicators

Industry Sectors

© *John Wiley & Sons, Inc.*

그런 다음 연금 기금 및 패밀리 오피스5와 같은 대규모 자산 소유자를 포함하여 전문투자자6를 위한 버전이 있습니다. 이러한 접근 방식은 투자 관리에 대해 지불하는 수수료 수준을 고려할 때 "스멜 테스트(smell test)"7를 통과하지 못할 것입니다. 그들은 이 프로세스에서 분석할 수 있는 복잡한 상호 의존성을 충분히 고려하여 훨씬 더 적극적인 관리 방식을 기대합니다. 자산 관리자가 취할 수 있는 접근 방식을 시각화하는 한 가지 방법은 매트릭스 또는 3차원 큐브를 고려하는 것입니다. 자산 소유자는 최소한 다음 3가지 차원이 중요하다고 생각합니다.

▶ ESG 위험이나 기회가 가장 큰 주요 산업 분야는 무엇입니까?

▶ 이 데이터를 활용하려면 어떤 ESG 실행 전략 접근 방식을 사용해야 합니까?

▶ 회사의 재무성과에 영향을 미치는 주요 ESG 구성 요소는 무엇입니까?

---

5 고액 자산가를 대상으로 하는 투자자문회사를 의미합니다.
6 sophisticated investors는 단순투자자와 대비되는 개념으로 정통한 투자자, 전문투자자 등으로 표현되고 있습니다.
7 상황의 합법성과 진위성을 판별하는 테스트.

이러한 요소 간의 교차점을 나타내는 ESG 큐브의 개념에 오신 것을 환영합니다. [그림 1-2]는 X축의 산업 부문, Y축의 ESG 전략, Z축의 중대성 지표 세 축을 사용하여 큐브를 보여줍니다.

다음 부분에서 알 수 있듯이 이러한 각 차원을 추가로 분류할 수 있습니다.

산업 분야

[그림 1-3]은 지속가능회계기준위원회(Sustainability Accounting Standards Board, SASB)의 Materiality Map(중대성 도표)에서 활용되는 산업 부문을 추가하여 개념을 확장합니다.

▶ 헬스케어
▶ 재무
▶ 기술 및 커뮤니케이션
▶ 재생 불가능한 자원
▶ 교통

→ **그림 1-3** 지속가능회계기준위원회(SASB)의 Materiality Map(중대성 도표)에 따른 산업 부문

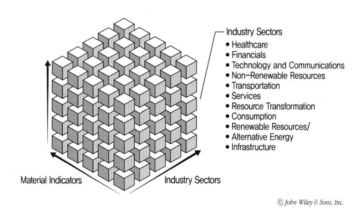

© John Wiley & Sons, Inc.

1부 ESG에 대해 알아보자

▶ 서비스

▶ 자원 변환

▶ 소비

▶ 재생 가능 자원 및 대체 에너지

▶ 기반시설(infrastucture)

ESG 전략

자산운용사들이 그들의 고객을 대신하여 사용하는 가장 일반적인 ESG 통합 전략은 [그림 1-4]에 요약되어 있습니다.

▶ 스크리닝: 특정 요인에 대한 노출을 기반으로 주식 제외 또는 포함

▶ 우수기업 선별: ESG 점수가 높은 종목을 선별

▶ 주식 등급: ESG 성과 등급 시스템 사용

▶ 가치 통합: ESG 이슈를 주식 가치평가에 통합

▶ 테마투자: 특정 주제에 초점을 맞춘 포트폴리오

→ **그림 1-4** 일반적인 ESG 투자 전략

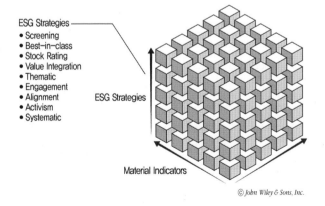

© John Wiley & Sons, Inc.

▶관여: ESG 문제에 대한 지속적인 대화 유지

▶조정: 사회적 또는 환경적 목표와 연계

▶행동주의: 의결권을 사용하여 기업(경영에) 참여

▶체계적: 정량적 또는 데이터 기반 요소 사용

중대성 지표

[그림 1-5]는 SASB가 산업 부문별로 재정적으로 중요한 ESG 문제를 식별한 큐브의 3차원 세부 정보를 보여줍니다. 이는 단지 지표일 뿐이며 투자자는 자신의 가치와 관련된 중요한 이슈를 스스로 선택할 수 있습니다. 지표들은 다음과 같습니다.

▶환경: 온실 가스 배출 및 생물 다양성 영향

▶사회적 자본: 인권/지역 사회 관계, 데이터 보안 및 개인 정보 보호

▶인적 자본: 다양성/포용성 및 공정한 노동 관행

▶비즈니스 모델 및 혁신: 제품 및 제품 포장의 수명주기 영향

→ **그림 1-5** SASB의 중대성 도표에 따른 중대성 지표

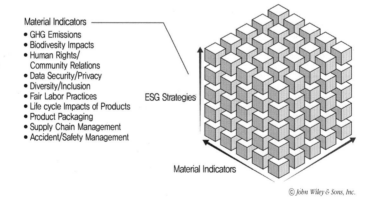

© John Wiley & Sons, Inc.

1부 ESG에 대해 알아보자

▶ 리더십 및 거버넌스: 공급망 관리 및 사고/안전 관리

고객 유형 또는 지속가능성 선호도에 따라 적용 가능한 ESG 전략은 주어진 산업 부문에 따라 시각화할 수 있습니다. 예를 들어, 운송 부문(X축의 산업 부문) 내에서 사회적 또는 환경적 목표 솔루션(Z축의 중대성 지표)에 초점을 맞춘 연계 전략(Y축의 ESG 전략)을 찾는 고객이 있을 수 있습니다. **운송 부문의 특정 기업이 이 접근 방식 위에 중첩되는 경우 산업별 우수기업 선별 전략을 적용하여 포트폴리오에 올바른 추가 항목을 식별할 수도 있습니다.**

ESG에 대한 SRI, 윤리적, 임팩트 투자 비교
Comparing SRI, ethical, and impact investing to ESG

엄밀히 말하면 ESG는 실제로 투자 방식이 아니지만, 리스크 관리를 위한 관련된 ESG 문제를 고려하면 ESG 등급이 사회적 투자 분야의 다양한 부문에서 사용될 수 있는 방법을 고려해 볼 가치가 있습니다. 이것은 경제적, 사회적 및 환경적 목표의 조합을 달성하기 위해 자금의 제공을 가정하는 포괄적인 용어로서 사회적 투자로부터 시작됩니다. 보다 전문화된 접근 방식 중 일부가 여기에 설명되어 있으며, 각 접근 방식은 점점 더 투자에 대한 보다 구체적인 접근 방식을 나타냅니다(자세한 내용은 7장 참조).

▶ 지속가능하고 책임있는 투자(Sustainable and Responsible Investing, SRI)는 투자 대상 회사를 선택하기 위해 ESG 관련 기준을 사용하는데, 일반적으로 네거티브 스크리닝 접근 방식을 기반으로 담배처럼 유해 물질을 생산·판매하는 회사나 환경오염이나 인권위반 등 유해한 활동에 관여하는 회사를 제외합니다. SRI는 지속가능한 관행 사용이나 청정 기술 개발 등 유익한 활동에 참여하는 회사를 포함하는 포지티브 스크리닝을 반드시 포함하지는 않습니다. 이러한 투자를 더욱 촉진하기 위해 기후 변화나 인권과 같은 분야

에서 표준과 지표를 설정하려는 시도가 있습니다.

▶ 윤리적 투자에서는 개인 투자자의 개인적 신념과 가치에 따라 투자를 선택하거나 배제합니다. SRI와 마찬가지로 특정 산업(예: 총기류)에 대한 투자를 배제할 수 있으며, 화석 연료 회사 지분 매각 및 철수 움직임과 관련이 있습니다. SRI와의 주요 차이점은 윤리적 투자는 이슈에 더 기반을 둔 경향이 있고, 더 개인화된 결과를 생성하는 반면, SRI는 일반적으로 투자를 선택하기 위해 모두를 아우르는 매개 변수 세트를 사용한다는 것입니다.

▶ 임팩트 투자는 적극적으로 측정되는 재무적 수익과 긍정적인 사회적, 환경적 영향을 모두 의도적으로 모색함으로써 한 단계 더 나아갑니다. 따라서 ESG 요소를 적용하는 것이 훨씬 더 어렵습니다. 임팩트 투자자는 금융 상품을 사용하여 구체적이며 긍정적인 임팩트를 생성하기 위해 시도한 뒤, 기업에 그 영향이 실제로 발생했다는 증거를 보고하도록 요구합니다. 재생 가능 에너지, 지속가능한 농업, 물 관리 및 청정 기술과 같은 분야와 관련된 긍정적인 영향을 추구한다는 점에서 SRI와 다릅니다. 이러한 분야의 많은 독립 회사 또는 펀드는 특정 ESG 등급이 없을 수 있습니다. 더욱이 실제 사회 및 환경적 영향을 측정하는 것은 어렵고 ESG 기준을 사용하는 대신 측정이 용이하고 비교가능한 임팩트 성과 데이터를 생성하기 위해 표준화된 측정 시스템(IRIS)이 개발되었습니다. IRIS(https://iris.thegiin.org/about/)는 GIN(Global Impact Investing Network)에서 영향을 측정, 관리 및 최적화하기 위해 관리하는 공개적으로 사용 가능한 무료 리소스입니다.

사회적 책임투자는 그 당시의 정치적, 사회적 환경을 나타내는데 사용될 수 있습니다. 따라서, 투자자가 주어진 사회적 가치가 유리하지 않으면 투자도 타격을 입을 수 있음을 인식하는 것이 중요합니다. ESG 렌즈를 통한 투자를 고려하면 이와 같은 문제 중 일부를 방지할 수 있습니다. 마찬가지로 투자자는 사용되는 철학이 자신의 가치와 일치하는지 확인하기 위해 모든 펀드 안내서를 주의 깊게 읽어야 합니다.

코로나19는 사회적 이슈의 중요성이 커지고 있음을 설명하는 데 도움이 되었
는데, 그중 상당수는 팬데믹으로 인해 더욱 악화되었으며 아직 우선순위가 아
닌 다른 문제도 감지되었습니다. 여기에는 안전보건, 책임있는 구매 관행, 공급
망 문제, 개인 정보 보호를 포함한 디지털 권리가 포함됩니다. 팬데믹을 넘어서
강조되는 추가적인 사회적 이슈로는 인권, 정신 건강 및 의료서비스 접근성이
포함됩니다.

ESG가 우수한 투자 성과를 제공하는지 여부 결정
Determining whether ESG delivers good investment performance

ESG 통합은 모든 관련 정보 및 중요한 위험을 고려하는 운용자의 신의성실
의무와 일치합니다. ESG 통합은 투자 과정에서 자신의 투자 자산군을 제한하
는 네거티브 스크리닝 방식이 아니라는 점을 기억해야 합니다. 따라서 기존 재
무 분석을 보다 철저하게 적용하기 때문에 다각화 감소에 제약을 받지 않으며
ESG 등급이 낮은 기업이 "개선 중"이라고 판단되는 경우에는 포함시킬 수 있
습니다.

이러한 맥락에서 거의 모든 대형 기관투자자는 ESG 데이터를 어느 정도 사
용하고 있습니다. 보다 구체적으로, PRI 회원사들은 ESG 이슈를 투자의사결정
프로세스에 통합하기로 서약하였습니다. 예를 들어, 세계 최대 자산운용사인
BlackRock은 회사의 ESG 성과를 포함한 지속가능성이 BlackRock의 새로운
투자 기준이 될 것이라고 발표했습니다. 또한 기업이 ESG 분석을 수행하는 주
요 이유 중 하나는 위험을 평가하는 것입니다. 그러나, 이러한 ESG 분석은 더
넓은 시장보다 먼저 'E', 'S' 또는 'G' 수준을 개선하고 있는 기업을 발견하여
투자 기회를 발견하는 방법이기도 합니다.

따라서, ESG 트렌드는 2020년 코로나19 위기 이전에도 잘 진행되고 있었지
만, ESG 정보 기반 투자가 성과를 희생시키지 않으며, 수익을 높이는 동시에
미래 보장형 투자에 대한 지침이 될 수 있다는 것을 처음으로 확인하는 중요한

역할을 했습니다. 이는 ESG 투자의 회복 탄력성을 입증하고 전 세계가 "더 나은 재건" 방법을 수립하는 동안 지속가능성을 크게 향상시켰습니다. 그럼에도 불구하고 일부 투자자들은 미래의 챔피언이 될 것으로 예상되는 "좋은" 기업에 유입된 막대한 자금이 만들어내는 "ESG 모멘텀"의 개념을 올바르게 강조합니다. 성과 데이터는 일관성이 없고 기간에 따라 달라질 수 있지만 장기적으로 ESG가 더 넓은 시장에 비해 우수한 성과를 거두었다는 증거도 있습니다.

반면에, 일부 투자자들은 ESG 주식이 진정한 알파를 발생시키는지에 대해 의문을 제기하고 일반적인 ESG 뮤추얼 펀드가 자산의 20% 이상을 기술주로 보유하고 있다는 점을 감안할 때 최근 기술주의 주식 시장 수익이 ESG 성과를 촉진했다고 주장합니다. 기술주 버블이 꺼지고 (아마도 반독점 시행으로 인해) 투자자가 가치주(ESG 친화적이어야 함)로 이동하고 성장주에서 멀어지면 ESG 전략의 알파 또는 추가 성과는 어디에서 오게 될까요? ESG 투자에서 투기성 거품의 가능성에 유의하십시오.

환경, 사회, 거버넌스에 대한 ESG의 영향 이해

Understanding ESG's Impact on the Environment, Society, and Governance

2020년을 뒤로 하면서, 우리 대부분은 멍이 들거나 정신없이 두들겨 맞았다고 느끼는 가운데, 환경 분야의 주된 관심사는 계속 기후 변화이겠지만, 코로나19는 일부 사람들이 생각하는 것보다 더 오랫동안 사회 분야의 주된 관심사로 머물 것입니다. 한편, 2021년으로 향하는 불확실한 Brexit 합의와 계속되는 팬데믹 파동으로 공급망 관리는 거버넌스(또는 스튜어드십)를 위한 핵심 무대에 자리잡고 있습니다. ESG를 이해해야 하는 요구 사항이 그 어느 때보다 더 커졌습니다. 다음 부분이 도움이 될 수 있습니다.

환경 및 지구 온난화 목표 충족

Meeting environmental and global warming targets

환경과 관련하여 많은 문제를 직면하고 있지만 분명한 초점은 기후 변화와 2050년까지 넷 제로를 향한 움직임에 있습니다. 이는 인간에 의해서 생성되는 모든 온실가스(GHG) 배출량이 극적으로 감소해야 함을 의미합니다(탈탄소화 필요). 그리고 우리가 배출을 멈출 수 없는 것은 감소 조치를 통해 대기에서 제거해야 합니다.

이렇게 하여, 지구의 순 기후 균형을 0으로 줄이고 지구 온도를 안정화하는 것이 핵심 목표입니다. 생물 다양성 및 물 관리와 같은 문제에 대한 관심이 증가하고 있지만, 투자 관점에서 볼 때 에너지 부문의 성과는 최근 몇 년 동안 상대적으로 미흡했으며 코로나19 팬데믹은 GDP 감소로 인해 이러한 추세를 악화시켰습니다. 관련 수요도 줄고, 투자자들이 포트폴리오에서 화석 연료 주식을 계속 배제하기 때문입니다.

팬데믹이 기후 변화 목표에서 초점을 다른 곳으로 돌릴 수 있다는 기대가 있었지만, 에너지 부문의 구조적 변화를 가속화하여 정책 개혁 및 재생 가능 에너지의 기회를 제공할 것으로 보입니다. 한편, 기후 문제의 선제적 해결 관련 리스크와 기회에 대한 인식이 높아졌기 때문에 새로운 플레이어가 저탄소 경제로의 전환에 참여할 것입니다. 2021년 1월부터 호의적인 미국 민주당 정부가 에너지 전환 자금을 지원하기 위해 유럽의 주요 green deal(그린 딜)을 계속 지원하고, 2021년 영국에서 열리는 COP26(유엔 기후 변화 회의)을 시작으로 지구 온난화와의 싸움이 뜨거워지는 것 같습니다!

한편, 세계에서 가장 큰 자산운용사인 BlackRock의 CEO 래리 핑크는 기후 위험이 투자 위험이며, 일관되고 비교 가능한 데이터가 필요하다는 것을 강조하는 성명을 다른 CEO들에게 발표했습니다. 다른 한편으로는, 청정에너지 정책 및 투자가 급증하여 파리 협정에서 수립된 목표를 포함한 지속가능한 에너지 목표를 완전히 달성하기 위해 에너지 시스템이 본격 궤도에 오를 것이라는 기대감도 있습니다. 그러나, 글로벌 에너지 기업이 재생 에너지로 전환하려면 상당한 시간과 비용을 투자해야하므로, 그 중간 기간 동안 ESG 적격성을 모니터링해야 합니다. ESG의 환경 요인에 대한 자세한 내용은 3장을 참조하십시오.

사회적 도전에 대한 솔루션 제공
Providing solutions to social challenges

전 세계 코로나19 팬데믹으로 인해 ESG의 사회적 측면이 스포트라이트를 받았고, 사회적 문제는 2020년 투자자의 ESG 우선순위 목록 가운데 3위에서 1위로 올라섰습니다. 팬데믹으로 인해 일부 기업은 일시적으로 ESG 노력의 우선순위를 낮출 수밖에 없었지만, 투자자들은 여전히 강력한 ESG 전략이 주가와 탄력성에 긍정적인 영향을 미친다고 믿습니다. Black Lives Matter[8] 및 Me Too와 같은 사회운동의 추가 영향으로 인해 경영진은 기업 지배구조에 대한 새로운 표준 내에서 사회적 위험을 전면 및 중앙에 통합해야 했습니다. 인권, 지역사회 관계, 고객 복지, 직원 건강, 안전 및 복지가 모두 우선순위로 올라갔습니다.

또한, 이사회의 다양성 외에도 기업과 투자자의 관심은 경영진에서 전체 구성원에 이르기까지 기업 전반의 다양성으로 확대되어 갈 것입니다. 기업의 사회적 책임 개념이 모든 이해관계자와 주주를 더욱 강조하는 기업 목적이라는 새로운 개념으로 전환됨에 따라 동일 임금, 균등 기회 및 기업 문화에 대한 정책도 면밀히 검토될 것입니다.

그러나, ESG 요소에 대한 공개가 더 표준화되고 일반적으로 널리 퍼지고 있

---

8 '흑인의 목숨도 중요하다'(Black Lives Matter)는 2012년 미국에서 흑인 소년을 죽인 백인 방범요원에게 무죄 판결이 내려지자, 이에 분노한 시민들이 벌인 흑인 민권운동입니다. 이 슬로건이 흑인 인권운동에 전격적으로 사용된 것은 2014년에 발생한 퍼거슨 사태부터라고 알려져 있습니다. 퍼거슨 사태는 2014년 8월 미국에서 10대 흑인 청년 마이클 브라운이 백인 경찰의 총격으로 사망한 것을 계기로 발생했습니다. 당시 목격자들은 브라운이 무장을 하지 않은 상태였으며, 경찰의 지시에 순순히 따랐음에도 불구하고 무고하게 사살됐다고 증언했습니다.

지만 사회적 측면은 여전히 ESG 관점에서 분석하고 통합하기 가장 어려운 요소로 간주됩니다. 4장에서는 ESG의 사회적 요소를 소개합니다.

기업 지배구조 요구사항 충족

Meeting corporate governance requirements

기업 지배구조 관행은 주식 뿐 아니라 채권에 있어서도 항상 기업의 핵심 가치 평가 요소였지만 기업 이사회가 그들의 직원과 비즈니스 파트너들의 건강과 안전을 보장하는 방법뿐만 아니라 공급망 관리에 대한 광범위한 범위와 대처 방법도 코로나19 팬데믹 동안 많은 관심을 받았습니다. 직원들이 정부가 지원하는 고용유지계획에 참여하고 있을 수도 있는 시기에 경영진이 경영진 보상 계획에서 어떻게 역할을 하고 있는지에 대해서도 관심을 기울이고 있습니다.

주주결의안이 기업 지배구조 문제를 식별하고 감독하는 장치 역할을 하던 과거에는 기업 관행의 개혁과 기준(예: 연례 이사 선출, 이사회 성별 다양성 등) 수용으로 이어졌으며, 자산관리자들이 더 적극적으로 정책 이니셔티브와 변화를 주도하는 방식으로 바뀌었습니다. 이러한 더 큰 참여는 ESG 팀의 분석가에서 기존 재무 분석가에 이르기까지 기업 액세스에 대한 공동 접근 방식으로 이어졌습니다. 지속가능성 보고서에서 기업의 ESG 공개 강화 제안을 통해 자산 관리자와 소유주는 ESG 위험 평가를 투자 결정에 추가로 통합할 수 있습니다.

투자자들은 또한 경영진 급여를 ESG 이니셔티브와 연계되도록 추진하여 이사회가 ESG 통합에 "립 서비스"를 지불하는 대신 사회적 목표 및 기타 주요 목표를 달성하도록 강요할 것입니다. 이미 거버넌스는 조직을 통해 전달된 미리 정해진 규칙 뒤에 숨어 있기 보다는 주어진 수준의 책임과 지속가능한 이익을 창출할 책임을 가정하는 스튜어드십[9](18장 참조)에 훨씬 더 가깝다는 것이 분

---

9 주인이 맡긴 재산을 위탁관리하는 청지기의 직분처럼 기관투자자가 수탁자로서의 책임을 다하는 것을 의

명합니다. 일부에서는 ESG를 ESS(Environment, Social, Stewardship)로 전환하여 이 과정에서 스튜어드십의 역할을 인식할 수 있다고 주장합니다. 그럼에도 불구하고 스튜어드십과 더 광범위한 ESG 통합 사이는 매끄럽게 연결되어 있어야 하며, 투자자는 ESG 위험을 기반으로 회사를 체계적으로 평가해야 합니다.

ESG의 거버넌스 요소에 대한 자세한 내용은 5장을 참조하십시오.

국제표준을 활용하여 ESG 목표 결정

Using International Standards to Determine ESG Objectives

많은 국가가 ESG 요구 사항을 준수하면서 글로벌 규제 생태계는 빠르게 변화하고 있습니다. 최근 연구에 따르면 지난 10년 동안 각국 정부는 ESG 문제를 옹호하기 위해 전 세계적으로 500개 이상의 새로운 정책을 제정했습니다. 수많은 시장 참여자들은 새로운 규제가 ESG 투자의 주요 동인이라고 생각합니다. 많은 자발적 공개 기관이 더 많은 공개를 추진하고, 프레임워크와 표준을 생성하여 ESG 데이터의 가용성을 높이는데 기여한 결과 최근 몇 년간 ESG는 폭발적 성장을 거두었지만, 우리는 이제 추가 의무 공개 요건이 필요합니다.

그러나, 5개 지속가능성 보고표준 제정기관들은 "경쟁 이니셔티브"에 대한 우려와 함께 "보고 부담 가중"에 대한 불만을 수용하면서 더 나은 협력을 위한 자신들의 의지를 선언했습니다. 그들은 과다하게 많은 기관이 진전을 방해하고, 관할권 분열을 조장하고 있다고 느꼈습니다.

그러나, 이 의향서는 유럽 연합(EU)이 ESG를 금융 서비스 산업의 핵심 규제 요소로 만들기 위한 대규모 입법 프로그램을 시작한 시기에 나온 것이며, 이는

미하며, 이러한 행동규범을 규정한 것을 스튜어드십 코드라고 함. 이는 기관투자자들이 투자 기업의 의사 결정에 적극 참여해 주주와 기업의 이익 추구, 성장, 투명한 경영 등을 이끌어 내는 것이 목적입니다.

공개 요구 사항을 더욱 증가시킬 것입니다. 궁극적으로 시장은 공통의 표준화된 공개 메커니즘을 마련해야 합니다. 이를 통해 ESG 등급 모델에 더 많은 정보에 입각한 정보를 제공하는 중요한 보고를 발굴하여 ESG 점수의 일관성을 높여야 합니다.

기업이 과거보다 훨씬 더 많은 지속가능성 정보를 보고하지만, 공개의 대부분은 보다 광범위한 이해관계자를 대상으로 하므로 투자자에게 큰 도움이 되지는 않습니다. 그들은 SASB(Sustainability Accounting Standards Board)에서 식별한 산업별 요인과 같이 가치 창출을 위한 주요 비즈니스 동인을 나타내는 지속가능성 이슈의 하위 집합에 더 관심이 있습니다. 기업 지속가능성 보고는 투자자가 관심이 있는, 즉 일반적으로 자료 제공자가 산출할 수 있는 등급에 영향을 미치는 보다 광범위한 ESG 요소에 대한 정보를 주로 보고하도록 기업을 장려하는 면이 부족했습니다. 투자자가 보고 싶어하는 ESG 위험의 대부분은 산업별 요인입니다.

다음에서는 ESG의 성공에 기여한 의제를 구축하는 데 있어 UN 및 공시 보고표준 제정자가 수행한 역할과 예측 뿐만 아니라 지속가능성에 대한 규제 감독의 증가하는 변화를 강조합니다.

책임 선도: ESG 관련 유럽 법률
Leading the charge: European legislation on ESG

유럽에서 EU 집행위원회는 지속가능한 투자와 관련된 새로운 공개 요건을 도입했습니다. 지속가능한 금융 공개 규정(SFDR)은 EU의 모든 금융시장 참가자가 ESG 이슈에 대해 공개할 것을 요구하며, ESG 특성을 촉진하거나 지속가능한 투자 목표가 있는 상품에 대한 추가 요구 사항을 포함합니다.

이 규정은 투명성을 높이면서 금융시장 참여자들의 그린워싱 리스크를 제한하는 것을 목표로 하며, 이를 통해 투자자는 ESG와 지속가능성이 투자에 미치는 영향을 더 잘 이해할 수 있습니다.

이와 병행하여 EU 집행위원회는 여섯 가지 환경 목표를 참조하여 환경적으로 지속가능한 것으로 볼 수 있는 경제 활동의 EU 전체 분류(사전과 유사함)를 설정하는 분류법10을 도입했습니다. 이를 통해 투자자와 고객은 환경적으로 지속가능한 투자를 식별하는 동시에 자산 관리자에게 더 명확한 정보를 제공할 수 있습니다.

규제는 그린워싱 제거(6장 참조), 규제 중립성, 모든 투자자를 위한 공평한 경쟁의 세 가지 축을 중심으로 시행되었습니다. 여기에 더해, EU 집행위원회는 두 가지 기후 벤치마크인 EU 기후 전환 벤치마크(Climate Transition Benchmark)와 EU 파리 제휴 벤치마크(Paris-aligned Benchmark)를 시작하여 기후 변화에 대한 새로운 표준을 도입하는 데 동의했습니다. 규제 환경은 명확하게 기관투자자의 ESG 관행에 실질적인 변화로 이끌고 있지만, 다른 관할권에서의 규제 또는 의무보고보다 앞서 나가는 데 도움이 될 수 있습니다.

시대를 앞서가기: 국제연합(UN)
Ahead of its time: The United Nations

훨씬 초기로 돌아가서 UN의 선견지명과 이번 세기의 지속가능한 투자 개발에 미치는 UN의 영향에 박수를 보내야 합니다. 전체적으로 UN은 지속가능한 영향에 대한 투자자의 추진력을 지원하는 데 상당한 기여를 했습니다.

▶ 금세기 초에 출범한 UN 글로벌 콤팩트은 전세계 기업이 지속가능하고 사회적으로 책임있는 정책을 채택하고 그 이행에 대해 보고하도록 장려하는 구속력이 없는 조약입니다. www.unglobalcompact.org/를 참조하십시오.
▶ 책임투자 원칙(PRI) 이니셔티브는 6가지 원칙을 실행하기 위해 국제 투자자

---

10 EU Taxonomy Regulation. 단순한 지침이나 표준이 아니라, 2020. 7. 12. 발효된 Regulation으로서 회원국 상호간의 편차 있는 적용을 불허하는 규범입니다.

네트워크를 한데 모았습니다. 이 원칙은 투자 커뮤니티에 의해 개발되었으며, ESG 문제가 투자 포트폴리오의 성과에 영향을 미치므로 투자자가 수탁자 의무를 이행하기 위해 적절한 고려 사항을 제공해야 한다는 견해를 나타냈습니다. 이를 통해 투자자는 ESG 문제를 의사결정 및 소유권 관행에 통합할 수 있으므로 자신의 목표를 사회 전체의 목표에 더 잘 맞출 수 있습니다. www.unpri.org/를 참조하십시오.

▶ 다음으로 지속가능한 개발 목표(SDGs)가 2015년에 나왔습니다. SDGs를 통해 기관투자자는 "무해한(cause no harm)" 투자 접근 방식에서 장기적인 개발 영향을 지원하는 투자를 통해 장기적인 가치를 창출하는데 초점을 맞춘 접근방식으로 전환할 수 있습니다. 일부 투자자는 ESG 프레임워크가 영향 영역에 대한 표준화와 언어를 고려할 때 투자자에게 SDGs보다 더 적은 방향을 제시하여, 투자자가 진행 상황을 추적하고 비교할 수 있는 더 많은 기회를 제공한다고 생각합니다. https://sdgs.un.org/goals를 참조하십시오.

집중력 유지: 지속가능성 회계기준 위원회(SASB)

Staying focused: The Sustainability Accounting Standards Board

기업이 투자자에게 재정적으로 중요한 지속가능성 주제를 식별, 관리 및 보고하는 데 초점을 맞춘 주요 기준 설정자는 SASB(Sustainability Accounting Standards Board)입니다. 그들의 보고 기준은 또한 산업별로 다르기 때문에 투자자와 기업은 산업 내에서 회사 성과를 비교할 수 있습니다. 또한, IFRS(International Financial Reporting Standards) 재단과 논의하고 국제통합보고위원회(IIRC)와 합병하여 기업보고 시스템의 글로벌 조정에 중점을 두는 '가치 보고 재단(VRF)'을 구성하고 있습니다(15장 참조).

재무보고와 관련된 IFRS 재단의 신뢰성을 감안할 때, 이는 자본시장의 지속가능성 공개 기준에 대한 유효성을 확립하는 데에만 가중치를 줄 수 있습니다.

IFRS는 SASB, CDP, 기후 공개 표준위원회(CDSB), 글로벌보고 이니셔티브(GRI, 다음 부분 참조) 및 IIRC와 함께 기업이 투자자와 다른 이해관계자에게 유용한 정보를 공개할 수 있는 보고(공시) 표준/프레임워크를 제공할 수 있어야 합니다. 이는 평가기관이 ESG 점수를 개발하는 데 필요한 핵심 데이터를 더욱 향상시킬 것입니다.

자세한 내용은 www.sasb.org/를 방문하십시오.

프레임워크 구축: 글로벌 리포팅 이니셔티브(GRI)
Building a framework: The Global Reporting Initiative

GRI(Global Reporting Initiative)는 기업 및 기타 조직이 기후 변화, 인권 및 부패와 같은 문제에 미치는 영향을 알리는 데 도움이 되는 시장지배적인 독립 표준 제정기구 중 하나입니다. 초기 참여 주체 중 하나인 이들은 조직이 이해관계자에게 보고하는 방식에 대해 광범위한 사회적, 환경적, 경제적 성과를 다루는 프레임워크를 제공하며, 영향을 "검증"하기 위한 접근 방식에 대한 지침을 제공합니다.

투자자를 위한 핵심 요소는 SDGs를 지속가능성 보고에 통합하기 위한 한 세트의 도구입니다. 또한, 그들은 보다 포괄적인 기업보고 플랫폼을 구축하려는 5가지 지속가능성, ESG, 보고 프레임워크 및 표준 설정 조직 간의 협업에서 핵심적인 역할을 합니다. IFRS 재단이 이러한 기업들과도 협력하겠다는 제안을 감안할 때, 이는 투자자와 기업이 자본시장 참여자뿐만 아니라 일반적으로 전 세계에 혜택을 주는 장기적인 가치를 제공하는 데 도움이 되는 경쟁의 장을 마련할 수 있습니다. 다시 말하지만, 이는 ESG 평가 기관이 중요한 점수를 제공하는 데 필요한 정보를 더 명확하게 제공해야 합니다.

자세한 내용은 www.globalreporting.org/를 확인하십시오.

2

미래로 돌아가기: ESG 투자의 성장과 진화를 이해하자
Back to the Future: Understanding Evolution and Growth of ESG Investing

이 장에서는 . . .

✔ ESG 투자가 어떻게 진화했는지에 대한 역사 살펴보기
✔ ESG 회사의 특성 확인
✔ ESG 투자가 필요한 이유에 대한 이해
✔ ESG 등급 및 측정기준 지정
✔ ESG 정책의 부분 통합

　　현재 ESG투자에 대한 과장된 소문은 관리 중인 자산이 빠르게 증가함에 따라 또 다른 벼락 성공 스토리가 실현되었음을 시사합니다. 그러나, 많은 벼락 성공 사례와 마찬가지로 ESG 투자는 ESG 문제에 대한 전 세계적 인식이 최근 정점에 도달할 때까지 수년 동안 점진적으로 성장해 왔습니다. 이 장에서는 사회적 책임투자로부터 오늘날의 보다 광범위한 지속가능 개발 목표로 진화하고, 이러한 투자 진행에 영향을 미치는 몇 가지 주요 요인을 강조하는데, ESG 회사의 특성과 이와 관련된 등급 및 특정기준, ESG 테마에 투자하기 위한 관련 자산 소유자의 ESG 정책을 포함합니다.

ESG 투자의 진화 연구

Studying the Evolution of Investing in ESG

글로벌 임팩트 투자 네트워크(GIIN)에 따르면 ESG 전략을 제공하는 자산운용사의 수는 지난 20년 동안 400% 이상 증가했습니다. 이 기간 동안 ESG 투자의 초기 급증은 2005년 유엔 글로벌 콤팩트 보고서에 기인한 것일 수 있습니다. 이 보고서는 ESG를 자본시장에 통합할 경우 보다 지속가능한 시장과 더 나은 사회적 결과를 가져다준다고 말했습니다. 정부와 규제 당국은 이제 스튜어드십 코드를 도입하거나 강화함으로써 기업들이 비즈니스 활동에서 더 광범위하게 ESG의 영향을 고려하도록 요구하고 있습니다. 그러나, 이 접근법의 완전한 발전은 무엇이며 그 개발에 중요한 촉매제는 무엇입니까? 다음에서는 ESG 투자 역사의 주요 사항에 대해 설명합니다.

시대를 초월한 투자: SRI에서 ESG로

Investing through the ages: From SRI to ESG

책임투자는 술, 도박 및 성 관련 산업에서 이익을 얻었던 "죄악 주식"을 피하려는 본래의 신앙 기반 접근 방식에서 자산 관리 혼합에 ESG 요소를 통합하는 방식의 오늘날 더 광범위한 관점으로 발전했습니다. 견실한 기업지배구조 체제 하에서 긍정적인 환경 및 사회적 특성을 촉진하는 동시에 비교 가능하거나 더 나은 투자 성과를 제공하는 회사를 통합하는 것은 투자운용업계에서 증가하는 만트라(mantra: 핵심가치)[1]입니다.

---

1 우리말로는 "좌우명" 정도에 해당하며, 흔히 만다라로 번역됩니다.

20세기

The 20th century

책임투자의 기원은 "해를 끼치지 않는" 기업에 자본 배분을 촉진하는 것이었습니다. 이것은 오늘날 우리가 알고 있는 ESG 원칙에 대한 초점이 20세기 후반에 등장할 때까지, 전쟁이나 인권보호가 취약한 정권으로부터 이익을 얻지 못한 (올바른)회사에 투자하는 것으로 발전했습니다.

▶ 1900년대 이전: 사회적 책임투자(SRI)는 100년 전에 종교 단체에서 시작되었습니다. 감리교인과 퀘이커교도는 추종자들을 위한 신앙 기반 투자 지침을 수립했고, 다른 종교 단체들은 곧 신도들을 위해 유사한 투자 지침을 채택했습니다.

▶ 1930년대: 대공황은 수많은 기업 스캔들을 낳았기 때문에 투자자들은 거버넌스 문제로 관심을 돌렸습니다. 결과적으로 SRI의 'S'는 더 이상 주요 초점이 아니었으며 책임있는 투자라는 더 넓은 관점이 탄생했습니다.

▶ 1960년대: 시민권의 부상과 반전 시위로 인해 투자자들은 기업 행동에 영향을 미칠 때 주주 옹호(자신에게 중요한 문제에 대한 목소리를 듣도록)를 고려하도록 했습니다. 예를 들어, 베트남 전쟁 시위자들은 대학 기부 기금측에 투자 정책에서 방산업체를 제외할 것을 촉구했습니다.

▶ 1980년대: 체르노빌 원자력 발전소 사고, 보팔(Bhopal) 가스 누출 및 엑슨발데즈호(Exxon Valdez) 기름 유출은 기업의 책임과 기후 변화 및 오존 파괴 관련 위협에 대한 우려를 더욱 높였습니다.

▶ 1987년대: 브룬트란트 위원회(Brundtland commission)의 보고서(Our Common Future)는 빈곤 감소, 성 평등 및 부의 재분배 형태의 인적 자원 개발이 환경 보전 전략을 수립하는 데 중요하다고 인식했습니다. 그것은 "지속가능한 개발"의 가장 널리 받아들여지는 정의 , 즉 "미래 세대가 자신의 필요를 충족시킬 수 있는 능력을 손상시키지 않으면서 현재 세대의 요구를 충족시

키는 개발"의 정의를 도입했습니다.

▶ 1992년: 리우 데 자네이루에서 열린 유엔 지구 정상 회의는 172개 정부가 참석한 사상 최대 규모의 환경 회의였습니다. "우리의 태도와 행동의 변화가 지구를 보존하는 데 필요한 변화를 가져올 것입니다"라는 정상회담 메시지가 전 세계로 전달되었습니다. 또한, 유엔 기후 변화 협약(UNFCCC)과 유엔 생물다양성 협약이 모두 서명되었습니다.

▶ 1993년: 투자자들은 남아프리카 공화국의 아파르트 헤이트2 정책으로 인해 남아프리카 기업에 대한 투자를 피하도록 펀드 매니저에게 압력을 행사하기 시작했습니다.

▶ 1997년: 글로벌 리포팅 이니셔티브(GRI, 1장 및 15장 참조)는 기업이 책임있는 환경 행동 원칙을 준수하도록 보장하는 최초의 책임 메커니즘을 구축하기 위해 설립되었습니다. 이것은 나중에 사회, 경제 및 거버넌스 문제를 포함하도록 확장되었습니다.

21세기
The 21st century

21세기가 도래하면서 책임투자에 대한 전 세계의 초점은 지구 온난화, 다양성 및 포용성과 관련된 문제를 사람들이 ESG로 알고 있는 것과 관련된 기업 지배구조 원칙에 완전히 통합시켰습니다.

▶ 2000년: 노르웨이 정부 연금 기금 및 미국 최대 연금 기금인 CalPERS3(캘

---

2 원래는 분리·격리를 뜻하는 아프리칸스어(語)로 남아프리카공화국에서 약 16%의 백인이 84%의 유색인종을 정치적·경제적·사회적으로 차별해 온 극단적 인종차별정책을 말합니다.

3 캘리포니아 주정부 공무원과 교육공무원, 지방 공공 기관 공무원에게 은퇴연금과 의료보장 혜택을 제공하는 미국 최대 연·기금으로 2021년 6월말 기준 회원수 200만, 관리자산 4,690억 달러에 달해 전세계 연·기금 중 여섯 번째 규모이며, 운용자산의 절반을 국내외 주식에 쏟아붓는 공격적인 투자 스타일로 명성이 높습니다.

리포니아 공무원 퇴직연금)는 15년 동안 지속가능성 원칙을 100% 통합하기 위해 노력했습니다.

▶ 2006년: UN은 ESG 문제를 투자 관행에 통합하도록 장려하는 6가지 투자 원칙인 책임투자 원칙(PRI, 1장 참조)을 출범시켰습니다. 원칙은 "투자자를 위한 투자자들에 의해" 개발되었습니다. 자발적인 원칙이지만 60개 이상의 국가에서 100조 달러 이상을 담당하는 3,000명 이상의 서명자를 유치했습니다.

▶ 2009년: 임팩트 투자의 효과를 높이기 위해 노력하는 비영리 조직인 글로벌 임팩트 투자 네트워크(GIIN)가 출범했습니다.

▶ 2011년: 지속가능성 회계 기준을 개발하기 위해 비영리 조직인 지속가능성 회계 기준위원회(SASB, 1장 및 15장 참조)가 설립되었습니다.

▶ 2012년: 국제 금융 공사(IFC)의 지속가능성 프레임워크 새 버전이 발표되었습니다. 환경 및 사회적 위험 관리에 대한 책임을 정의하는 환경 및 사회 성과 표준을 포함하고 있습니다.

▶ 2015년: UN 지속가능한 개발 목표(SDGs)가 수립되었습니다. 이는 2030년까지 세계 빈곤을 종식시키고 지구를 보호하며 모두의 번영을 보장함으로서 세계를 획기적으로 변화시키는 청사진 역할을 합니다. 또한 195개국이 파리 협정(1997년 최초 교토 의정서보다 광범위한 후속 조치)을 통해 최초의 보편적이고 법적 구속력이 있는 세계 기후 협정을 채택했습니다. SDGs에 대한 자세한 내용은 1장과 15장을 참조하십시오.

▶ 2016년: GRI(Global Reporting Initiative)는 자신들의 보고 지침을 지속가능성 보고를 위한 최초의 글로벌 표준으로 전환했으며, 경제, 환경 및 사회적 영향 보고를 위한 글로벌 모범 사례를 나타내는 상호 연결된 모듈식 구조를 특징으로 합니다. 자세한 내용은 1장을 참조하십시오.

▶ 2017년: 새로운 유럽 연합(EU) 연금 지침에서 회원국은 "퇴직연금 사업자 지침(IORP)을 위한 EU 연금기관이 ESG 요인에 대한 투자 결정의 잠재적인 장기적 영향을 고려하도록 허용"할 의무를 가집니다.

▶ 2017년: 기후 관련 재무 공개 태스크포스(TCFD)는 기후정보 공개에 대한 권장 사항을 발표했습니다. 조직 운영 방식의 핵심요소인 거버넌스, 전략, 위험 관리, 지표 및 목표를 나타내는 네 가지 주제 영역을 기반으로 했습니다. 이러한 주제 영역은 서로 연결되어 정보를 제공하도록 설계되었습니다(자세한 내용은 www.tcfdhub.org/recommendations/ 참조).

▶ 2019년: 2019년은 발행회사와 투자자 간의 ESG 문제에 대한 토론을 장려하기 위해 노력하는 UN의 지속가능한 증권거래소 이니셔티브가 10주년을 맞이하는 해입니다. 대부분의 글로벌 증권거래소가 이니셔티브에 참여했습니다.

▶ 2020년: EU Taxonomy(분류 체계)에 대한 최종 보고서(지속가능한 금융에 관한 기술 전문가 그룹[TEG]에서 개발)가 발행되었습니다. 여기에는 분류 체계의 매우 중요한 설계 권장 사항과 회사 및 금융 기관이 공개 데이터 적용 범위를 개선하기 위해 분류체계를 사용하여 공시하는 방법에 대한 지침이 포함되어 있습니다. 자세한 내용은 1장을 참조하십시오.

▶ 2020년: 코로나19 위기는 장기적인 가치 창출과 위험 완화에 중요하고 건설적인 영향을 미치는 사회적 요인에 대한 투자자의 인식 변화를 가져 왔습니다. 'Black Lives Matter' 시위는 또한 기업이 장기적인 지속가능성 전략에서 직원 대우 및 불평등을 포함한 사회적 문제에 접근하는 방식의 상호 연결을 강조했습니다. 지속적인 환경 문제와 관련된 이러한 이벤트는 ESG 투자의 판도를 바꿀 것입니다.

친환경: 변화하는 지구 환경

Go green: The changing global environment

많은 투자자들이 직면한 최우선 순위의 ESG 이슈는 글로벌 환경의 미래라고 생각합니다. 온실 가스로 인한 기후 변화, 오염, 산림 벌채, 생물 다양성 및 수질 오염과 같은 문제는 심각하고 때로는 명확하지 않은 영향을 미칩니다. 지난

50년 이상의 지구 환경 변화를 이해하려면 환경 시스템(주로 대기, 생물권, 지구권 및 수권)과 문화, 경제, 정치 및 사회 시스템을 포함한 인간 시스템 간의 연결에 초점을 맞춰야 합니다. 이러한 시스템은 인간의 행동이 환경 변화를 유발하고, 환경 측면을 직접적으로 변화시키며, 환경 변화가 인간 가치에 직접적인 영향을 미치는 곳에서 상호 작용합니다.

아시다시피, 온실 가스 증가의 주요 원인으로는 난방 및 에너지 생성을 위한 화석 연료 연소와 에어로졸4 및 냉각제로 사용되는 염화불화탄소(CFCs)이 있습니다. 대기 오염 물질에는 일산화탄소, 납, 이산화황 및 이산화질소가 포함되며, 이는 모두 산업 및 에너지 생성 공정의 부산물입니다. 더욱이 성층권 오존층의 구멍은 대기 상층부에 CFC가 축적된 직접적인 결과로 간주됩니다.

따라서 기후 변화에 대처하고 세계 경제를 탈탄소화하려면 정치적 행동, 사회 변화 및 재정적 지원을 만들어 내야 합니다. 코로나19 팬데믹은 임박한 인도주의적 위기에 직면했을 때 엄청나게 많은 정치적 행동이 매우 빠르게 실행될 수 있음을 보여주었습니다. 또한, 사회는 몇 주 만에 행동을 바꾸었으며 이러한 조치를 지원하기 위한 많은 재정적 지원이 있었습니다. 환경 문제에 대한 변화의 규모와 속도는 그 어느 곳에서도 비교할 수 없었지만, 팬데믹은 위기 이후 기후 변화에 더 중점을 두는 추가적인 환경 조치의 촉매제가 될 수 있습니다.

2020년대는 '누구도 소외되지 않는다'5는 원칙을 바탕으로 2015년 세계가 2030년까지 더 안전하고 지속가능해지도록 목표를 설정한 UN의 지속가능한 개발 목표(SDGs)를 해결하는 마지막 10년입니다. 이러한 인상적인 목표를 실현

---

4 대기 중에 부유하는 고체 또는 액체상의 매우 작은 입자로 0.001~100㎛ 사이의 크기. 황산염·질산염·황 사입자·검댕 등으로 존재하는데, 햇빛을 산란시키고 흡수하기도 하여 기온을 내려가게 하고 시정을 흐리게 하고 이상기상의 원인이 되기도 합니다.
5 1992년, 브라질 리우데자네이루 회담(Rio Earth Summit)에서 178여 개국이 합의한 '기후변화에 관한 유엔 기본 협약(UNFCCC)'을 계기로 2000년 UN 새천년정상회의(Millennium Summit)에서 2015년까지 빈곤, 질병, 환경파괴 등과 같이 개발을 저해하는 범세계적 문제를 해결하기 위해 모든 UN 회원국이 만장일치로 구체화된 밀레니엄 개발 목표(MDGs)에서 채택하였음. 이후 2030년까지 17개의 목표(Goals)와 169개의 세부 목표(Targets)로 구성된 지속가능 개발 목표(SDGs)를 채택하였는데, 이의 슬로건이 "Leaving No One Behind"입니다.

하기 위해 정책 입안자와 기업은 기후 비상사태(climate emergency)의 위험을 완화하고 이에 적응할 책임을 공유해야 합니다. 이는 지속가능성 위험과 기회를 관리하는 기업의 경우 시간이 지남에 따라 현금 유동성이 더 좋고, 차입 비용이 낮으며, 가치가 높아지는 경향이 있기 때문에 환경 변화에 대한 비즈니스 사례에서 더욱 뒷받침됩니다. SDGs에 대한 자세한 내용은 www.un.org/devel-opment/desa/disabilities/envision2030.html을 방문하고 ESG 투자의 환경적 측면에 대한 자세한 내용은 3장을 참조하십시오.

추세: 변화하는 투자자 인구 통계
On trend: Changing investor demographics

REMEMBER

요컨대, 인구 통계는 시간이 지남에 따라 변화하는 인구의 특성입니다. 이 구성에는 연령, 성별, 인종, 출생 및 사망률, 교육 수준, 소득 수준 및 평균 가족 규모가 포함됩니다. 세상은 끊임없이 변화하고 있으며, 이러한 변화들 중 많은 것들이 사회가 근본적인 수준에서 조직되는 방식을 형성할 수 있는 잠재력을 가지고 있습니다. 인구 통계학적 및 사회적 변화는 많은 경제, 문화 및 비즈니스 결정에 대한 저류를 형성하고 세계가 진화하는 방식에 상당한 영향을 미칩니다.

오늘날 세계가 직면하고 있는 인구 통계의 가장 큰 변화는 다음과 같습니다.

▶ 인구 고령화: 세계 인구는 선진국에서 출산률이 감소하지만 고령화되는 반면, 개발도상국에서는 인구가 계속 증가하고 있습니다.

▶ 베이비 붐 세대, 밀레니얼 세대, Z세대와 X세대: 23세에서 38세 사이의 밀레니얼 세대는 전 세계 인구의 3분의 1 이상을 차지하며, 베이비 붐 세대인 그들의 부모가 상속 재산을 다음 세대에 물려주면서 수십조 달러의 자산을 받기 시작했습니다. 이 그룹과 약간 더 고령의, 자산가인 X세대와 그들보다 더 어린, 자산은 적지만 지속가능한 투자에 큰 관심을 가진 Z세대는 미

래에 투자 흐름을 이끌 것입니다.

▶ 미래의 노동력: 선진국에서 인구가 계속 고령화됨에 따라 노동 인구를 유지할 수 있는 사람이 줄어듭니다. 노동 인구가 감소함에 따라 노동력의 기량을 수정하는 것이 경제 활력을 유지하는 데 핵심이 될 수 있습니다. 자동화가 증가함에 따라 작업자는 경쟁력을 유지하기 위해 더 전문화된 기량을 개발해야 합니다. 새로운 경제는 자동화가 일자리 및 임금 증가를 제한하지 않고 감소하는 인력을 지원하도록 보장해야 합니다.

▶ 이민 증가: 21세기 초부터 이민이 더욱 증가하고 있습니다. 주요 이주 요인은 정치적 혼란과 갈등에서 더 나은 삶의 질을 위한 지속적인 탐구에 이르기까지 다양합니다.

▶ 소비자 지출: 선진국에서는 인구 고령화로 점차 구매력이 노인 가구로 이동되고 있습니다. 60세 이상의 전 세계 소비자 지출은 2010년부터 2020년까지 거의 두 배가 되었습니다.

▶ 교육 개혁: 2100년까지 전 세계의 50% 이상이 인도, 중국 또는 아프리카에 거주하게 됩니다. 미래의 교육과 훈련은 현대 노동력과 이 지역의 변화하는 글로벌 인구 통계와 관련된 기술을 기반으로 해야 합니다.

▶ 급속한 도시화: 특정 국가의 인구 집중은 급속한 도시화 사례를 뒷받침하며 이 원칙이 농업에서 공장 및 서비스 직업으로 전환하는 20세기 선진국에서 시작되었다는 점을 감안할 때 고려해야 할 중요한 추세입니다.

개발 속도와 결과의 범위를 정량화하기는 어렵지만, 인구 통계학적 변화는 이제 경제적, 사회적, 정치적 영향이 가장 큰 주요 글로벌 메가 트렌드 중 하나로 중심이 되고 있습니다. 강력한 사회 변화 운동은 또한 인구 통계학적 변화의 영향을 받습니다. 결과적으로 이러한 추세는 기업, 사회 및 투자자에게 고유한 도전과 기회를 제공하여 투자 흐름에 영향을 미칠 것입니다.

REMEMBER

수치 분석: 진화하는 데이터 및 분석
Crunch the numbers: Evolving data and analytics

기업 지속가능성 지표의 가용성이 증가함에 따라 ESG 투자전략이 급속히 성장했습니다. 투자자들은 이 정보를 받아 재무 분석 및 결정에 통합했습니다. 또한 인공 지능(AI) 접근 방식을 포함한 새로운 기술을 통해 투자자는 더욱 향상된 분석을 실행할 수 있습니다.

투자자들은 중요한 위험과 성장 기회를 인식하기 위해 분석 프로세스의 일부로 비재무적 요소를 점진적으로 적용하고 있습니다. ESG 지표는 일반적으로 의무적인 재무보고의 일부가 아니지만, 기업은 연례 보고서 공시에 점진적으로 포함하거나 또는 독립된 지속가능성 보고서에 공개하고 있습니다. 또한 SASB (Sustainable Accounting Standards Board) 및 GRI(Global Reporting Initiative)와 같은 기관에서는 표준을 제정하고 중대성(특정 기업에 가장 중요한 요소를 광범위하고 복잡한 지속가능성 지표 중에서 식별하는 수단)을 정의하고 있습니다. 이러한 요소를 투자 프로세스에 쉽게 통합할 수 있습니다.

이처럼 지표의 품질이 향상되고 있지만 많은 사람들이 여전히 이러한 데이터의 신뢰성, 일관성 및 유용성에 의문을 제기합니다. ESG의 광범위한 원칙에 동의하는 것도 중요하지만, 기업간 비교 및 순위 선정 방식에 대한 표준화된 견해를 갖는 것은 ESG 투자가 발전함에 따라 회사와 포트폴리오의 성과를 비교하는 핵심 요소입니다. 가장 중요한 관심사는 데이터의 공백 메우기, 새로운 지표추가, 기업 간 비교 가능성을 개선하는 신뢰성 향상입니다. 이 장의 뒷부분에서 순위와 지표에 대해 자세히 설명합니다.

ESG 이슈를 반영하는 관행은 도덕적 가치를 기반으로 상장 주식에 대해 부정적으로 또는 배제적으로 심사하는 데서 비롯되어 상당히 발전했습니다. 일부 제공 업체는 여전히 부정적 심사에 초점을 맞추고 있으며, 종종 윤리적 또는 종교적 근거(예: 담배, 술, 탄약 및 게임)에 따라 투자 포트폴리오에서 회사 또는 산업을 제외합니다. 또 다른 일반적인 사용 사례는 열악한 노동 환경, 부패 또는 공급망의 기타 문제에 노출된 기업을 제한하는 것입니다. 순전히 투자 동기가 있는 투자자와 자산군 전반에 걸쳐 가치 동기가 높은 투자자 모두에 대한 우려를 고려하는 다양한 방법이 현재 사용되고 있습니다. 예를 들어, 투자자가 특정 부문 내 ESG 점수 측면에서 가장 실적이 좋지 않거나 "부문 내 최고"기업으로 간주되는 기업을 식별하는 ESG 선별 방식이 자주 적용됩니다. 그러나, 제공자는 어떤 요소가 가장 중요한지 동의하지 않으며, 지속가능한 투자를 위한 긍정적인 기회를 식별하는 데 사용할 수 있는 데이터가 훨씬 적습니다. 등급 편향에 대해서는 이 장의 뒷부분에서 자세히 설명합니다.

'E', 'S' 및 'G'의 개별 요소를 하나로 총점으로 집계하는 종합 ESG 점수는 투자자의 회사와 실제 영향에 대한 이해를 더욱 감소시킬 위험이 있습니다. 일부 주요 ESG 점수 제공업체를 비교하면 관찰 기간에 따라 상대적 상관관계가 30~40%에 불과하며 이는 낮은 수치입니다! 이는 서로 다른 평가기관이 개별 점수와 종합점수를 산출하기 위해 서로 다른 측정지표 및 가중치를 포함하는 다른 방법론을 사용하기 때문에 발생하는 문제로, 불균형이 자연스럽게 존재합니다. 그러나, 기존 투자자는 회사를 분석할 때 대차대조표만 보는 것이 아니므로 실제로 이해하지 못하는 ESG 점수의 혼합에 의존하여 잘못된 확신을 만들어서는 안됩니다. 그들은 회사채 발행자가 제공하는 ESG 정보의 품질과 비교 가능성에 초점을 맞추고, 다양한 ESG 요소를 투자 선택 프로세스에 가장 잘 통합할 수 있는 방법을 결정해야 합니다. 많은 적극적 투자자들도 이 점수 문제에 대해 자신의 연구 관점을 적용하기 시작하여, 또 다른 결과를 가져 왔습니다. 투자 프로세스에서 ESG 성과 통합에 대한 자세한 내용은 14장을 참조하십시오.

따라서 ESG 점수에 대한 일관성이 필요하지만, 투자자가 ESG 관련 목표에 대해 더 설득력 있는 것을 결정할 수 있도록 방법론의 이질성도 필요합니다. 또한 2020년, 지속가능한 금융에 관한 EU 기술 전문가 그룹(TEG)은 공개 데이터의 적용 범위 개선을 목표로 하는 지속가능한 금융에 대한 분류 보고서를 발표했습니다. 아마도, 1960년대 이후 신용등급 영역에서 볼 수 있듯이, 해당 분야의 기관들은 ESG 서비스에 그들의 현재 분야 전문지식이 적용되기를 열망하는 가운데 등급의 수렴이 이루어질 것입니다. 또한, 투자자가 포트폴리오에서 보유한 ESG 관련 위험을 즉시 이해하기 위해 ESG 문제 관련 실시간 보고 수요가 증가하고 있습니다.

분명히, ESG 데이터를 위한 "단일 진리점" 플랫폼을 제공하기 위한 경쟁이 계속되고 있습니다. 점점 더 많은 공급자가 플랫폼 내에서 또는 API(응용 프로그래밍 인터페이스)를 통해 수천 개의 측정 지표와 점수를 생성하고 있습니다. 또한, 지속적인 실시간 빅데이터 ESG 수집 및 분석을 가능하게 하므로 AI 사용을 더욱 지원합니다. 이는 지속가능한 평가를 통해 보다 강력한 ESG 투자 신호를 생성토록 하여 대체로 후진적인 기업 공개보다 더 미래 지향적인 분석의 생성을 촉진합니다. 그 결과 ESG 투자에 대한 프리미엄을 정확하게 결정하는 투명한 성과요인분석이 실현될 수 있습니다. 어떤 방식으로든 데이터 품질과 무결성이 향상되어야 합니다.

www.researchaffiliates.com/en_us/publications/articles/what－a－difference－an－esg－ratings－provider－makes.html을 방문하여 여러 서비스 제공 업체가 평가등급을 적용하는 방법을 검토할 수 있습니다. 서비스 제공 업체가 제공하는 물리적 점수 또는 순위는 독점적이지만 현재 더 많은 평가기관에서 구독자가 아니어도 웹 사이트에 지표 점수를 제공하고 있습니다.

한 가지 사례는 www.sustainalytics.com/esg－ratings/입니다.

ESG 회사의 "개성" 탐색

Exploring the "Personality" of an ESG Company

원칙적으로 많은 기업은 현재 유행하는 주요 환경, 사회 및 거버넌스 문제에 대해 립 서비스를 제공했기 때문에 ESG를 준수한다고 주장합니다. 그러나, 선택란에 체크표시를 하고 기업이 직면한 ESG 요소에 대해 진정한 분석에 참여하는 것과 이러한 요소를 완화하기 위해 무엇을 할 수 있는지는 서로 매우 다른 문제입니다. 또한 일부 기업은 의도적으로 그린워싱(6장 참조)을 수행하여 기업의 실제 ESG 수준에 대해 이해관계자를 오도합니다. 이 부분에서는 ESG 중심 기업의 진정한 특성이 무엇이며, 기업이 그러한 특성을 달성하기 위해 문제에 대한 중요한 요소를 정의하는 방법을 강조합니다.

중요한 ESG 요소 결정
Determining material ESG factors

중요성은 금액이나 불일치의 중요성과 관련된 회계 내 개념입니다. 재무제표 감사의 목적은 재무제표가 검증된 재무보고 프레임워크에 따라 모든 중요한 측면에서 준비되었는지 여부에 대한 의견을 감사인이 진술할 수 있도록 하는 것입니다.

마찬가지로, 재정적으로 중요한 ESG 요소는 매출 성장, 마진 및 위험과 같은 회사의 비즈니스 모델에 긍정적이든 부정적이든 중대한 영향을 미칩니다. 공급망 관리, 환경 정책, 근로자 건강 및 안전, 기업 지배구조를 포함하는 중요 요인은 산업마다 다릅니다. 지속가능성이 재무 성과로 전환되려면 생성된 현금 유동성의 규모나 기업의 외부 자본조달 비용에 영향을 주어야 합니다.

많은 기업이 재생에너지, 지역사회 관계 및 정치적 기여와 같은 ESG 요소를 훌륭한 기업 시민이 되고, ESG 전략을 따르고 있다는 중요한 지표로 간주합니다. 그러나 "좋은 일을 하는 것"과 "잘하는 것"에는 차이가 있습니다. 투자 관점에서 볼 때 이러한 요소는 회사의 수익에 재무적으로 중요하지 않을 수 있으므로 주가에 영향을 미치는 투자 등급 측면에서 높은 점수를 얻지 못합니다. 따라서 기업은 어떤 ESG 이슈가 실제 재무적 위험이나 기회를 제시하는지 고려해야 합니다. 이 분석에는 해결해야 하는 우선순위 문제에 동의하기 위한 이해관계자 참여를 포함해야 합니다. 예를 들어, 항공사는 차이를 만드는 핵심

ESG 요소로 에너지 효율성, 고객 만족도 및 경영진 보상에 초점을 맞출 수 있지만 재무적으로 중요한 ESG 요소가 무엇인지에 대해서는 항상 합의가 되는 것은 아닙니다.

ESG 점수의 중요한 부분이 회사의 재무성과에 영향을 미치는 중요한 요소에 의해 결정된다는 것은 놀라운 일이 아니지만, 데이터 제공자는 일반적으로 중요성 문제에 대해 자신의 견해를 가지고 있습니다. 이 독점적 접근 방식은 완전한 투명성을 허용하지 않으며 자산 소유자와 관리자가 ESG 데이터 공급자를 선택하는 데 어려움을 겪게 됩니다(이 장의 뒷부분에서 자세한 내용을 확인).

중대성 분석 수행
Performing a materiality analysis

중요성(중대성) 분석은 조직의 가치 사슬과 이해관계자에게 가장 중요한 문제를 정확히 파악하고 우선순위를 정하는 데 사용되는 방법입니다. 이러한 문제를 식별한 후 일반적으로 두 가지 다른 렌즈를 사용하여 분석합니다. 직접적인 환경 문제 또는 지속가능한 공급자와 협력하는 경우 조직은 성장, 비용 또는 신뢰에 긍정적 또는 부정적 영향을 미치는 각 문제의 역량을 평가해야 합니다. 그런 다음 각 문제가 이해관계자에게 얼마나 중요한지 결정해야 합니다. 최종 결과는 회사의 성공과 이해관계자의 기대에 대한 중요성에 따라 어떤 문제의 우선순위를 지정해야 하는지에 대한 그림을 제공합니다.

필요한 분석은 기업이 비즈니스 위험과 기회를 분석하고 그것이 사회를 위한 가치를 창출하거나 감소시키는 위치를 이해하도록 하기 때문에 회사의 비즈니스 전략을 개선할 수도 있습니다. 다양한 재무, 사회 및 환경 성과 측정 프로세스를 제공하는데 있어 이 분석은 추세를 파악하고 새로운 문제를 예측하는 데 도움이 될 수 있습니다. 결과적으로 기업은 리소스 할당과 경쟁 우위 유지를 위한 신제품 및 서비스 개발에 노력을 집중할 수 있습니다. 따라서 중요성 분석은 기업이 ESG 데이터를 보고해야 하는 이유와 방법에 대한 자체 비즈니스 사례를 만들 수 있으며 투자자, 파트너, 고객 또는 직원과 같은 개별 이해관계자 그룹과의 커뮤니케이션에 사용할 수 있습니다. 이것은 또한 이해관계자의 요구를 충족시킬 기회를 증가시킵니다.

그러나 회사는 실질적으로 관련이 있다고 생각하는 정보를 자율적으로 자체 보고합니다. 또한, 기업은 긍정적인 영향을 미치는 영역을 과대보고하고, 부정적 영역은 과소보고하는 경향이 있습니다. 따라서 회사 간 또는 산업 간 비교를 수행하는 투자자의 경우 중요성에 대한 진정한 평가를 허용하는 일관된 데이터 세트 또는 방법론을 찾거나 개발하는 것이 어려울 수 있습니다(자세한 내용은 12장 참조). 의무 보고를 향한 추가 움직임과 보고 내용 및 방법에 대한 명확성은 향후 이 문제를 개선해야 합니다.

중요성 측정에 가중치 적용
Applying weights to materiality measures

중요한 문제가 회사의 비즈니스에 크게 영향을 주거나, 이해관계자에게 중요하거나 둘 다 중요하다고 결정한 후에는 가치사슬 전반에 걸쳐 해당 문제에 적용해야 하는 상대적 가중치를 결정하는 것이 중요합니다. ESG 점수에 대한 대부분의 서비스 제공 업체는 중요성의 수학적 계산에 대해 투명하고 정량적인 지침을 제공하지 않습니다. 중요성 계산을 위한 벤치마크 사용에 대한 규정이 제안되지만 특정 벤치마크나 공식을 권장하지 않습니다.

전통적인 회계 중요성을 위해 단일 규칙 방법(single-rule methods)과 가변 크기 방법(variable-size methods)을 사용하여 가중치를 결정했습니다. 단일 규칙 방법에는 세전 소득, 총 자산 자본 또는 총 수익의 주어진 비율에 대한 영향이 포함될 수 있습니다. 차등제(상황에 따라 값을 다르게 하는) 또는 가변 크기법은 주어진 백분율을 다양한 수준의 총이익에 적용합니다. 일반적으로 기업에서는 각 요소에 적절한 가중치를 부여하여 일부 또는 모든 방법을 결합하는 혼합 방법을 사용합니다.

현재 ESG에는 중대성의 가중치를 평가하고 측정하기 위한 업계 표준이나 세계적으로 인정되는 관행이 없습니다. 또한, 각 ESG 데이터 공급자는 요약 점수에 대한 중요성을 집계하고 평가하는 방법을 개발했지만 이는 각 공급자가 내린 자체적인 판단입니다. 실제로 주요 ESG 제공 업체가 사용하는 다양한 방법론을 분석하면 투자자가 직면한 과제가 강조됩니다. ESG 데이터를 수집하고 분석하는 방식에 뚜렷한 차이가 있으므로 집계 지표 간의 상관관계가 낮습니다. 이것은 중대성 이슈에 주어진 가중치를 추출하는 데 어려움을 증가시킵니다.

또한 모든 가중치가 모든 산업에서 동일한 중대성을 갖는 것은 아닙니다(자세한 내용은 14장 참조). 일부 제공자는 데이터 공개 수준을 각 산업의 중대성 문제의 상대적 가중치에 대한 대용물로 사용합니다. 이 데이터는 어떤 부문이 가장 많이 기여 하는지를 강조하고 전체에 대한 기여도의 비율은 해당 부문의 중대성 수준에 대한 대용물로 사용됩니다. 예를 들어, 탄소 배출 데이터에 대한 더 많은 공개는 해당 부문의 기업에서 더 중요하다는 것을 의미합니다. 또한 특정 부문의 기업이 관련 지표를 보고하지 않는 경우 정보공개 및 투명성을 장려하기 위해 임의로 0점을 할당할 수 있습니다.

크기가 중요합니다! 시가 총액이 큰 기업이 소규모 회사보다 소셜미디어 영향이 더 크다는 점을 감안할 때 일부 제공 업체는 더 큰 악영향을 미칠 가능성이 있으므로 소규모 회사의 중요한 문제에 더 큰 가중치를 적용했습니다. 마찬가지로 모든 비즈니스는 세계와 비즈니스를 형성하는 글로벌 거시적 추세 및 사건(예: 코로나 바이러스 팬데믹)의 영향을 받습니다. 이러한 추세를 모니터링하여 회사의 중요한 문제에 미치는 영향을 평가하는 것이 중요합니다.

ESG가 중요한 이유 이해하기

Understanding Why ESG Is Important

아직 명확하지 않은 경우 ESG 및 지속가능성 문제는 중요한 장기적 요인으로 간주되며, 장기적인 기업 및 투자 성과의 촉매제로 작용하는지 확인하기 위한 연구가 지속적으로 증가하고 있습니다. 이는 고문, 컨설턴트, 투자 플랫폼 제공업체 및 평가 기관이 이러한 요소와 회사를 정확히 파악하고, 빠르게 증가하는 시장에서 장점을 강조할 수 있는 능력을 가진 자산관리자를 식별하는 도구를 개발하도록 장려했습니다.

ESG 요소가 성과에 어떤 영향을 미칠 수 있는지에 대한 이해가 크게 발전했습니다. 학술 및 기타 연구의 성장은 그 믿음을 뒷받침하는 증거를 제공하고 있습니다. 세계의 주요 자산 소유자 및 기타 자본 관리자에게 기업이 운영 및 평판 위험은 물론 ESG 문제로 인한 경제적 및 상업적 기회를 분류하고 감독하는 방법은 이사회와 전체 비즈니스의 질을 측정하는 기본적인 기준입니다. 이제 투자자들은 ESG 품질 평가와 재무 분석을 원활하게 통합하여 기업의 위험과 장기적인 수익 성장 및 그에 따른 가치를 제공할 잠재력에 대한 통합적인 관점을 형성하고 있습니다. 이 부분에서는 ESG 투자의 필요성을 유발하는 몇 가지 문제를 강조합니다.

글로벌 지속가능성 도전 과제

Global sustainability challenges

2020년은 17개의 지속가능한 개발 목표(SDGs, 자세한 내용은 1장 참조)에 대한 "이행의 10년"이 시작되는 해입니다. 코로나19 팬데믹의 영향을 고려할 때, 이 단어는 대부분의 사람들에게 이전보다 더 많은 공감을 줄 수 있으며 우리 모두에게 영향을 미치는 지속가능한 개발 문제에 대한 인식을 더 높였습니다. 실제로 국제사회는 지속가능한 개발을 제공하기 위해 이 10년 동안 SDGs를 달성하고 진전을 가속화하기 위한 궤도로 들어서기 위한 방법으로 대유행을 이용할 수 있습니다. 최근에는 많은 국가에서 2030 어젠다 이행에 대한 자발적 국가검토(VNR, Voluntary National Review)을 실시했으며 기업들은 ESG 어젠다를 함께 검토하고 있습니다.

과학은 분명합니다. 팬데믹 기간 동안 온실 가스 배출량이 감소함에 따라 2020년과 2030년 사이에 연간 3.5%씩 배출량을 지속적으로 감소시켜 지구 평균 기온이 세기 말까지 섭씨 2도 이하로 유지되도록 한 목표에 더 중점을 두었습니다. 한편 기업들은 기후 변화나 관련 자연 재해보다 자원 부족에 더 많은 관심을 기울이고 있습니다. 두 요소 모두 비즈니스에 직접적인 영향을 미치고 한 요소가 다른 요소를 유발하는 경우가 많지만, 비즈니스는 공급망 관리와 같은 핵심 비즈니스 관행을 통해 자원 부족 문제를 보다 적극적으로 해결할 수 있는 반면 기후 변화는 통제력이 약한 요소입니다. 2050년까지 20억 명의 인구가 늘어날 것으로 추산됨에 따라 전 세계적으로 자원 수요 증가에 따른 인프라 개선의 필요성이 높아질 것입니다. 어느 쪽이든, 이러한 요소는 기업과 투자자가 ESG 원칙을 받아들이고 싶어하는 이유를 설명하는 데 더 도움이 됩니다. 또한 기업은 기후 변화에 기여하는 온실 가스 배출량의 대부분을 책임지고 있으므로 기후 변화 문제를 해결하기 위해 적응해야 합니다.

ESG에 대한 밀레니얼 투자자의 관심
The interest of millennial investors in ESG

1981년과 1996년 사이에 태어난 밀레니얼 세대는 소득 전성기를 맞이하는 세대에 속합니다. 수많은 설문 조사에 따르면 대다수의 고액 자산가인(HNW, High Net Worth) 밀레니얼 세대는 투자하기 전에 회사의 ESG 실적을 고려하거나 개인 가치에 맞게 투자를 적용하고자 합니다. 이것은 그들의 돈이 적절한 수익을 올릴 뿐만 아니라 사회적 선에 기여하고 그것이 사회와 지구 전체에 미치는 영향을 반영합니다.

이것이 왜 중요합니까? 밀레니얼 세대는 전 세계 인구의 약 25%를 차지하고 현재와 미래의 노동 인구 중 더 많은 비율을 차지하는 대규모 인구층입니다. 더욱이, 이 그룹은 그들의 부모인 베이비붐 세대로부터 상당한 규모의 부를 물려받게 될 것입니다.

또한, 조사에 따르면 자산관리 회사는 일반적으로 한 세대에서 다음 세대로 이전 할 때 운용자산의 70% 이상을 잃게 됩니다. 그 결과 밀레니얼 세대에게 ESG 투자 옵션을 제공하는 자산관리자는 새로운 자산을 유치하고 밀레니얼 고객을 유지하는데 유리한 위치를 차지할 수 있을 것입니다.

따라서, 밀레니얼 세대는 자신의 운명을 통제하고 있다고 느낄 필요가 있기 때문에 투자에 더 적극적으로 참여해야 하며 결과적으로 더 많은 활동적 성향을 갖게 될 것입니다. 그들은 재정적 수익이 긍정적이거나 적어도 지나치게 부정적이지 않은 환경 및 사회적 영향과 연결되도록 하는 데 관심이 있습니다. 요약하면, ESG 투자는 경쟁 우위를 창출하는 데 사용되지만, 자산 관리자는 투자 산업에서 비즈니스를 지속적으로 확보하기 위해서도 사회적 책임 관행을 채택해야 합니다.

보다 체계적, 정량적, 객관적, 재정적으로 적절한 접근 방식
More systematic, quantitative, objective, and financially relevant approaches

ESG 시장의 중요성이 커짐에 따라 금융산업은 어떤 ESG 요소가 관련성이 있고, 이를 회사 성과에 어떻게 적용할 수 있는지에 대한 정의를 발전시켰습니다. 향상된 ESG 연구 및 분석 기능과 결합된 기업의 풍부한 정보에 입각한 이 데이터를 사용하여 업계는 핵심 ESG 요소를 강조하기 위해 보다 체계적이고 정량적이며 공정하며 재무적으로 적용 가능한 접근 방식을 만들고 있습니다.

그 결과, ESG 투자 및 결과 데이터 포인트를 더 잘 이해하여 자연어처리 (Natural Language Processing) 및 머신러닝(Machine Learning)을 통해 비정형 데이터를 필터링하는 새로운 AI 접근 방식을 제공하여 예측 분석을 유도하는 더 많은 연구가 이루어졌습니다(이 장의 뒷부분에서 이에 대한 정보를 더 알아볼 수 있습니다). 포트폴리오 내에서 위험과 기회를 식별할 때 고려할 수만개의 회사와 수십만 개의 주식 및 고정수익 증권에 대해 증가하고 있는 ESG 등급 및 지표가 결합되어 있습니다.

특정 ESG 등급 및 지표 조사
Surveying Specific ESG Ratings and Metrics

ESG 등급은 기업이 ESG 요소를 기업경영에 얼마나 통합하고 적용했는지 평가하는 데 사용되며, 이러한 평가결과는 구매할 종목을 결정할 때 투자 프로세스의 일부로 사용됩니다. 여러 등급 제공업체가 솔루션에 대한 등급 부여 방식에 서로 다른 접근 방식을 개발했지만 모두 다음 문제를 근본적으로 고려해야 합니다.

- ▶ 기업과 업계가 직면하고 있는 가장 중요한 ESG 위험과 기회를 식별합니다.
  (이 장의 앞부분에서 중요성을 다룹니다.)
- ▶ 기업이 이러한 주요 위험과 기회에 얼마나 노출되어 있는지 정량화하십시오.
- ▶ 기업이 주요 위험과 기회를 얼마나 잘 관리하고 있는지 확인합니다.
- ▶ 기업의 전체적인 그림이 무엇이며 해당 부문 또는 지역 내에서 유사한 기업과 어떻게 비교되는지 결론을 내립니다.

이를 통해 산업 내 기업이 직면할 수 있는 부정적인 외부 효과를 객관적으로 고려할 수 있으며 중장기적으로 예상치 못한 잠재적 비용을 강조할 수 있습니다. 마찬가지로 부정적인 외부 효과를 이해하는 것은 중장기적으로 기업에 기회를 제공하는 ESG 요소를 강조하는 데 도움이 될 것입니다. 이 부분에서는 ESG에 대한 지표를 강조하고 데이터 적용 방법과 관련된 "석양의 무법자"6 이슈에 대해 설명합니다. 14장에는 등급 및 지표에 대한 더 많은 정보가 있습니다.

데이터 품질, 평가 편향, 표준화
Data quality, ratings bias, and standardization

ESG 평가는 여전히 진화하고 있습니다. ESG 관련 정보를 보고하는 방법에 대해 스스로 배우고 있는 회사의 제한적이며 때로는 오해의 소지가 있는 공개 정보에 의존한다는 점을 명심하십시오. 따라서 기존의 증권 분석과 마찬가지로 데이터 포인트의 선택 및 가중치가 정성적이기 때문에 모든 데이터의 분석이 주관적일 수 있습니다. 역사적으로 투자자들은 신용 평가 기관이나 증권 분석가의 추천에 의해 드러난 내재적 편견에 의문을 제기했으며 ESG 평가가 더 발전함에 따라 유사한 조사에 직면하게 될 것입니다. ESG 데이터 공급자는 일반적으로 자체 소싱, 연구 및 채점 방법론을 개발합니다.

따라서, 필요한 객관적 기준의 표준화가 부족하기 때문에 제공업체 간 개별 ESG 등급은 비교가 어렵습니다. 결과적으로 단일 회사의 평가등급은 제공 업체마다 크게 다를 수 있습니다. 또한 공급자가 회사에서 공개하거나 공개된 원자료를 얻고 구매하는 방법에 차이가 있습니다. 또한 데이터 공급자는 통계 모델을 사용하여 보고되지 않은 데이터에 대한 근사치를 생성합니다. 이러한 모델은 비교 가능한 회사와 확립된 벤치마크의 규범과 경향을 기반으로 합니다. 따라서 투자자는 데이터 공급자의 신념을 투자 절차에 통합하고 있습니다.

데이터 제공자에게 공정성을 높이기 위해 방법론의 일부 차이점이 생기는데,

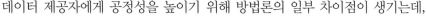

6 클린트 이스트우드 주연의 동명 영화 제목에서 따온 말로 '이것저것 따지지 않고 본래 목적에 충실한 행위 혹은 방법론에 충실한 것'을 의미하는 것으로 보입니다.

이는 투자 목표가 다른 고객(서비스에 가입한 자산 관리자 및 자산 소유자)의 우선순위가 다르기 때문입니다. 이는 접근 방식 표준화의 어려움을 더욱 악화시킵니다.

ESG 평가 문제
Issues with ESG scoring

ESG 데이터 제공 업체는 기업의 ESG 관행에 대한 정보를 수집 및 평가하고 적절한 점수를 매김으로써 투자 절차의 상당 부분을 수행합니다. 이러한 평가 시스템의 확장은 자산 소유자 및 관리자에게 이러한 광범위한 실사를 직접 관리하는 대안을 제공함으로써 ESG 투자의 성장을 촉진하는 데 도움이 되었습니다. Bloomberg, FTSE, MSCI, Sustainalytics, Refinitiv, Vigeo Eiris와 같은 잘 알려진 공급자와 S&P의 Trucost(탄소 및 "갈색 수익[7]"데이터 제공) 및 ISS(기업 거버넌스, 기후 및 책임있는 투자 솔루션)와 같은 특정 데이터 공급자를 포함한 100개 이상의 ESG 데이터 제공 업체가 있습니다. 투자자들은 점점 더 중요한 ESG 요소를 지속가능한 장기성과를 창출하는 기업 역량의 필수 동인으로 간주합니다. 결과적으로 ESG 데이터는 투자자가 자본을 효과적으로 할당할 수 있는 능력을 위해 점점 더 중요해지고 있습니다.

데이터 제공 업체가 ESG 투자를 발전시키는 데 상당한 기여를 했지만 자산 소유자와 관리자는 단일 데이터 제공업체에 의존하는 문제만큼이나 이 데이터의 본질적인 한계를 이해해야 합니다.

양질의 데이터는 항상 투자 분석의 핵심이었습니다. "품질"은 다른 방식으로 표현될 수 있지만 대부분의 투자자는 기업 간 데이터 접근성의 일관성과 비교 가능성이 운영 데이터 세트의 중요한 요소라는 데 동의합니다. 그러나 현재 환경은 기업의 ESG 데이터 관행이 다소 임시적일 때 이러한 품질을 실현하는 데 장애가 됩니다. 협회와 규제 기관은 기업이 항상 모든 ESG 데이터에 대해 보고

---

7 화석 연료 추출 또는 화석 연료 기반 발전과 관련된 활동에서 파생된 수익을 의미합니다.

하도록 요구하지는 않습니다. 따라서 비즈니스 성과에 중요한 ESG 요소와 투자자에게 공개할 정보를 결정할 수 있습니다. 따라서 자산 소유자와 투자 관리자는 이러한 문제에 대한 자체 솔루션을 찾도록 남겨 둘 수 있으며, 이로 인해 일관성이 없고 비교 불가능하며 덜 중요한 정보의 추가 흐름이 생성될 수 있습니다.

이러한 반대 방법론은 투자자들에게 영향을 미칩니다. 주어진 공급자를 선택할 때 투자자는 사실상 데이터 수집, 중요성, 집계 및 가중치 측면에서 해당 회사의 ESG 투자 철학과 연관됩니다. 이 선택은 이러한 관행에 대한 투명성이 부족하여 더욱 복잡합니다. 대부분의 데이터 공급자는 정책을 독점 정보로 간주합니다. ESG 데이터 공급자의 점수에 따라 자산 소유자는 공급자의 해당 등급 결정방법에 대한 완전한 이해없이 해당 공급자의 평가를 수용합니다.

ESG 모멘텀의 중요성
ESG momentum importance

현재 ESG 등급을 고려하는 것 외에도 ESG 프레임워크 내에서 양의(positive) 알파 생성을 원하는 투자자는 ESG 등급 변경을 모색할 수 있습니다. 이를 ESG 모멘텀이라고 하며 다양한 연구에 따르면 이 전략을 사용할 경우 기존 벤치마크를 능가하는데 도움이 됩니다. 긍정적인(positive) ESG 등급 모멘텀은 기업의 ESG 등급이 전년 대비 10% 이상 향상되었을 때로 정의됩니다. 반대로 회사의 ESG 등급이 전년 대비 10% 이상 하락하면 부정적인(negetive) ESG 등급 모멘텀이 발생하고, 등급이 변하지 않거나 −10∼＋10% 범위 내에서 중립적 모멘텀이 발생합니다.

ESG 모멘텀 전략의 이면에 있는 원칙은 미래 주가 성과가 회사의 ESG 품질 변화와 잠재적으로 미래 부채 감소와 관련이 있다는 것입니다. 다양한 연구에 따르면 더 많은 주식을 매수하고 ESG 등급을 개선하면 투자 성과가 더 높을 수 있습니다. 이 아이디어의 전제는 ESG 점수가 낮은 기업이 더 많은 개선 잠재력을 가지고 있으므로 펀드의 투자 영역에 포함되어야 한다는 것입니다. 비록 이 아이디어는 그러한 주식에 투자하는 시기에 대한 타이밍 문제를 야기하기는 합니다. 그러나 이것은 전통적인 투자 접근 방식에서 활동적인 펀드 매니저가 직면한 문제와 마찬가지입니다.

WARNING

반대 의견은 투자자들이 새롭고 개선된 ESG 정책을 수용하는 기업을 회의적인 시선으로 바라보고 ESG 실적이 입증된 기업에 집중해야 한다는 것입니다. 또한 데이터 제공자의 방법론이 바뀌면 잘못된 모멘텀 신호가 생성될 수 있습니다. 이에 대응하기 위해 투자자는 모멘텀 점수를 혼합하기 위해 여러 데이터 제공 업체를 사용하는 것을 고려해야 합니다. 이를 통해 변동을 줄이고 ESG 모멘텀을 보다 명확하게 파악할 수 있습니다.

인공 지능 및 데이터 과학을 ESG 분석에 적용
Applying artificial intelligence and data science to ESG analysis

몇몇 투자자들은 ESG 원칙 채택에 있어 가장 큰 문제로 고품질 정보의 부족을 언급합니다. 산업 단체들은 ESG 공개에 대한 국제 표준 및 지침을 개발하고 있지만 표준이 없는 경우 양질의 ESG 공개를 보장하고 공급업체(vendors and suppliers), 고객 및 거래 상대방의 지속가능성을 확인해야 하는 부담은 개별 기업과 투자자에게 있습니다. 하지만 어떻게 확인합니까?

Technical
Stuff

대부분의 기업에서 ESG 검증은 해당 파트너에게 공급자 행동 강령을 준수하도록 요청하는 것을 의미합니다. 그러나 인공 지능은 자연어 처리(NLP, 텍스트에서 프로그래밍 방식으로 정보 마이닝), 그래프 분석(다른 엔터티가 서로의 ESG에 미치는 영향 이해) 및 머신러닝(ML, 주어진 조건에서 ESG 요소가 투자 성과에 어떻게 영향을 미칠지 예측) 기술을 사용하여 ESG 성과를 수집, 확인 및 분석하는 데 중심적인 역할을 할 수 있습니다. 또한 머신러닝은 기존 ESG 회사의 알려진 등급을 사용하고 회사와 해당 산업 부문 간의 유사성을 정의하여 불완전한 보고가 있는 회사에 대한 손실값을 생성하는 데 사용할 수 있습니다.

1부 ESG에 대해 알아보자

근본적인 데이터 문제를 해결하지 않으면 기업은 자체 ESG 지표(콩 심은데 콩 나고 팥심은데 팥난다[8])를 정확하게 이해하지 못할 것이 분명합니다. 그러나 업계 가 표준화된 지표 및 보고 형식으로 발전함에 따라 투자자는 AI를 배치하여 중 대성의 증거를 확인하고 투자 위험을 평가하며 투자 수익을 예측할 것입니다. 결국 머신러닝은 기존 투자에서와 마찬가지로 ESG 요소를 통합하는 자동 투자 결정을 내릴 것입니다. 따라서 AI 리소스를 활용하여 ESG 데이터를 맥락화하 고 생성하는 방법을 이해하는 투자 전문가는 ESG 데이터가 표준화 될 때 가장 유리한 위치를 선점하게 될 것입니다.

ESG 정책 정의
Defining an ESG Policy

책임투자 정책을 개발하는 것이 부담스러운 작업일 필요는 없습니다. "정책 작성"에 적용되는 방법론은 모든 관련성 있고 중요한 관점의 표현을 확인하기 위해 포괄적이어야 합니다. 이해관계자와의 기존 의사소통 채널을 사용하고 정 책 내용에 대한 의견을 통합할 수 있습니다. ESG 정책에 대한 이러한 접근 방 식은 내부 검토 프로세스, 외부 서비스 제공 업체 선정, 이해관계자 의견 등을 통해 정보를 제공해야 합니다. 계획 단계에서 정책 및 결과의 소유권이 조직 내에서 가능한 한 최고경영진에 의해 주도되도록 하는 것이 중요합니다. 또한 문화적 적합성과 조직적 거버넌스에 대해 동의를 얻어내는 것은 효과적인 정책 결정에 필수적인 요소입니다. ESG 통합에 대한 광범위한 업계 지침을 따름으 로써 계획을 지원할 수도 있습니다. 따라야 할 모범 사례와 동료(peer) 분석이

---

8 원서에서는 garbage in, garbage out으로 표현되었는데, 여기서 gigo는 수많은 데이터 가운데 가치있는 것을 구분해 내지 않으면, 무의미한 데이터 축적으로 무가치한 데이터만 쌓인다는 의미입니다.

충분히 많다면 쓸데없이 시간을 낭비할 필요가 없습니다.

이 부분에서는 통합해야 할 몇 가지 주요 요소에 대한 "지극히 간단한" 개요를 제공합니다. ESG 전략 구축에 대한 자세한 내용은 13장을 참조하십시오.

ESG 및 자산 소유자별 법률을 숙지하십시오
Familiarize yourself with ESG and asset owner-specific legislation

현지 관할 법은 연금 기금 및 기타 투자자에게 투자 원칙에 대한 설명을 요구하거나 수탁자의 의무가 재정적으로 중요한 윤리적 또는 ESG 문제를 고려해야 할 수 있습니다. 마찬가지로 다른 관할권에서는 투자 분석 및 의사 결정에서 중요한 ESG 요소로 고려하기 위해 다양성과 포용성을 명시적으로 요구합니다. 요컨대, 책임있는 투자 관행의 수용이 증가함에 따라 대부분의 연기금은 이미 다양한 ESG 투자 방법에 가입하고 있습니다. 많은 국가에서 기업 거버넌스 및 스튜어드십 코드는 ESG 정책을 개발할 때 귀중한 통찰력을 제공할 수 있으며, 이는 기업, 부문, 지역 및 자산 클래스에 따라 다양한 수준의 투자 포트폴리오 성과를 고려해야 합니다.

또한 자금 관리자를 위해 여기에서 제안된 많은 의견들은 자체 ESG 정책을 구현하는 개별 기업과 유사할 것입니다.

동료 분석 수행
Undertake a peer review

당연하게 들릴 수 있지만 동료(경쟁사)가 ESG 정책을 어떻게 전달했는지 조사하는 것은 매우 중요합니다. 이는 주어진 정책이 특정 산업 분야 또는 지리적 위치에 더 적합할 수 있지만, 회사의 특성에 따라 따르거나 제외할 수 있는 특정 요소가 있을 수 있기 때문입니다.

투자 신념 및 핵심 투자 원칙에 대한 진술 검토
Review your statement of investment beliefs and core investment principles

지금은 조직의 중심이 되는 핵심 신념과 원칙을 파악하고 검토하기에 적절한 시기입니다. ESG 정책은 이러한 신념과 전략적 투자 접근 방식에 따라 의사결정 되어야 합니다. 조직의 문화와 가치를 확인하고 반영하여 정책결과에 적절하게 표현되도록 하는 것도 타당합니다. 잘 정의된 핵심 원칙이 없으면 수탁자 및 수탁 감독 및 책임 메커니즘을 구현하기가 매우 어렵습니다.

책임투자 지침 지정
Specify responsible investment guidelines

조직의 투자 프로세스와 철학을 활용하는 책임투자 관행을 인식하고 정책이 내부 및 외부에서 관리되는 자산과 어떤 관련이 있는지 고려합니다. 또한 지침에 영향을 미칠 수 있는 관할권의 특수성과 법적 측면을 분석합니다.

조직에서 투자대상 기업이 따를 것으로 기대하는 최소한의 ESG 표준이 있어야 합니다. 이러한 표준은 처음에는 ESG 목표에 대한 상위의 원칙으로 구성할 수 있지만 궁극적으로 기업이 특정 문제를 관리하고 확립된 표준을 준수해야 하는 방법에 대한 구체적인 세부 정보를 포함해야 합니다. 상장 주식, 채권, 사모 펀드, 부동산, 헤지펀드, 상품 등 자산군에 따라 지침과 절차가 다를 수 있습니다. 정기적으로 투자하는 자산군에 대한 특정 지침을 고안할 수 있으며 정책은 신흥 자산군에 보다 일반적으로 적용될 수 있습니다. 외부 투자 운용사는 자체 ESG 정책을 마련하거나 자산 소유자의 정책을 채택하는 데 동의해야 합니다. 궁극적으로 운용사 선정 및 모니터링에 대한 지침에는 제안 요청서(RFP)에 ESG 기대치와 ESG 문제보고에 대한 요구 사항이 포함될 수 있습니다.

책임투자 절차 만들기

Outline responsible investment procedures

정책의 이 부분에서는 조직에서 구현할 ESG 접근 방식을 간략히 설명해야 합니다. 이러한 접근 방식에는 긍정적 및 부정적 스크리닝, ESG 통합, 테마투자 및 적극적인 주주권이 포함될 수 있습니다. 특정 지속가능성 주제 또는 투자를 자제할 대상에 대한 자세한 설명과 이러한 접근 방식의 이면에 대한 생각을 설명해야 합니다. 임팩트 투자에 대한 추가 정보가 여기에 포함될 수 있습니다. 마지막으로 ESG 이슈가 다양한 자산군에 걸쳐 투자 분석 및 프로세스에 통합되는 방법에 관한 명확한 지침이 있어야 합니다.

참여 및 적극적인 소유권 접근 방식 포함

Include engagement and active ownership approaches

조직의 입장에 따라 ESG 정책에 의결권 행사와 관여 지침을 포함하는 것이 적절할 수 있습니다. 여기에는 어떠한 주주권 활동을 할지, 우선순위를 지정할지에 대한 몇 가지 일반적인 지침이 포함되어야 합니다. 이러한 활동에는 연례총회(AGM) 참여 및 의결권 행사, 피투자 회사에 대한 지속적인 관여, 주주 결의안 제기와 관련된 특정 문제 해결 및 이사회 의석 요청이 포함될 수 있습니다.

이 부분은 또한 책임을 명확히 하는 데 사용될 수 있습니다. 예를 들어 ESG 통합이 사내에서 처리되는지 외부 관리자가 처리하는지 여부를 확인할 수 있습니다. 마찬가지로, 적극적인 주주권 활동은 '내부 직원이 관리하는가? 아니면 아웃소싱하는가? 이 접근 방식 내에서 다른 행위자가 수행하는 다양한 활동을 누가 감독할 것인가?' 등도 그만큼이나 중요합니다.

보고 요구 사항 나열
Spell out reporting requirements

오늘날의 환경에서는 ESG 활동에 대해 수혜자에게 그리고 보다 공개적으로 보고하는 것이 모범 사례인 것 같습니다(다양한 고객에 걸쳐 집계된 경우에만 해당). 그러나 앞서 설명한 지침은 관련 홍보 수준뿐만 아니라 보고 방법과 시기, 대상을 명확히 해야 합니다. 포트폴리오 관리자의 보고, 외부 참여 및 대리 의결권 행사 측면에서 기대치에 대한 명확성이 있어야 합니다. 마지막으로, 목표가 달성되고 있는지 확인하고, ESG 기대 결과가 충족되고 있는지 측정하기 위해 핵심 성과 지표의 분석이 수행되도록 검토 프로세스를 마련해야 합니다.

3

자, 'E'를 보여주세요! ESG에서 환경 성과 부문을 정의한다
Give Me an 'E'! Defining the Environmental Sector in ESG

이 장에서는 . . .

✔ 기업의 천연 자원 사용 이해
✔ 환경에 대한 기업 운영의 효과 강조
✔ 기업이 얼마나 "친환경적" 인지와 완화 조치 확인
✔ 물리적 환경의 스튜어드십 인식

　투자자들은 포트폴리오1에서 환경 문제가 기업에 미치는 재무적 영향을 점점 더 인식하고 있습니다. 이 투자자들은 기후 변화, 물 사용, 에너지 효율성, 오염, 자원 부족 및 환경 위험과 같은 문제에 더 많은 관심을 기울여 관련 문제에 대한 인식을 높이고 영향을 공개할 수 있습니다. 환경 위험을 관리하지 못하는 기업에 대한 부정적인 영향에는 비용 증가(예: 기름 유출 정화 필요성), 오염 사고로 인한 평판 손상 및 소송비용이 포함됩니다.

---

1 원래는 '서류가방'을 뜻하지만, 대개 주식에서 여러 종목에 분산 투자하여 집중 투자로 생길 수 있는 위험을 피하고 투자수익을 극대화하기 위한 방법으로 이용됩니다.
주식편입비율에 따라 성장형, 안정성장형, 안정형 등으로 구분하는데, 성장형은 주식에 70% 이상, 나머지는 안정적인 채권에 투자하여 고위험고수익을 추구하고, 안정형은 거꾸로 30%를 주식에 투자함으로써 안정 위주로 투자하는 방법입니다.

기업 전략에 환경적 요인을 통합하면 기회가 생길 수 있습니다. 예를 들어 자원을 효율적으로 사용하면 비용을 절감할 수 있고, 혁신적인 솔루션을 제공하면 경쟁 우위를 만들 수 있습니다. 이러한 환경 요인은 공기, 토지, 물 및 전체 생태계를 포함한 생물 및 무생물 자연 시스템에 미치는 기업의 영향을 측정합니다. 이러한 요소는 기업이 환경 리스크를 피하고, 주주 가치를 창출하는 기회를 활용하기 위해 최선의 경영 관행을 어떻게 채택하는지를 나타냅니다.

이 장에서는 기업이 가치 사슬을 통해 직간접적으로 천연 자원 사용을 관리하는 방법에 대해 설명합니다. 또한, 이러한 요인의 분석을 통해 투자자가 기업의 환경 관리 목표 충족 여부, 관련 위험 관리 여부를 결정할 수 있는 방법도 설명합니다. 다양한 환경 문제는 경제의 다양한 부문에서 다른 기업과 관련이 있을 수 있지만, 이 장에서는 기업과 투자자 모두가 고려해야 할 중요한 문제에 초점을 맞춥니다. 이러한 문제는 투자 수익과 지속가능성 모두에 가장 큰 영향을 미칠 수 있기 때문입니다.

기업의 천연 자원 사용 설명
Outlining a Company's Use of Natural Resources

ESG의 환경 부문은 기업이 자연 환경 보호 측면에서 관리 의무를 어떻게 고려하는지 반영합니다. ESG의 'E'는 직접 운영 및 공급망 전반에 걸쳐 기업의 천연 자원 사용과 운영이 환경에 미치는 영향을 고려합니다. 따라서 기업의 환경정보 공개는 이해관계자에게 중요한 위험과 기회를 줄이려는 노력에 대한 통찰력을 제공합니다. ESG의 환경 부문은 기업이 환경에 미치는 영향을 예측하지 못하는 기업이 어떻게 재무적 위험에 직면할 수 있는지 반영합니다. 환경 "사고"에 대한 조치나 보호에 실패할 경우 제재, 기소 및 평판 손상을 초래하여 주주 가치를 떨어뜨릴 수 있습니다.

다음에서는 기업이 투자 할 때 고려해야 하는 다양한 환경 요인에 대해 설명합니다.

CO₂ 또는 GHG? 기후 변화와 탄소 배출

CO₂ or GHG? Climate change and carbon emissions

대부분의 국가가 목표로 삼은 주요 환경 목표는 2050년까지의 넷제로(Net Zero)이며, 이는 지구의 순 기후 균형을 줄이는 감축 조치를 통해 인위 배출된 모든 온실 가스(GHG)를 대기 중에서 제거해야 함을 나타냅니다. 이는 주로 탄소 배출량의 급격한 감소를 통해 달성되어야 하지만, 탄소 제로를 달성할 수 없는 경우 탄소 배출권(보유자가 일정량의 CO₂ 또는 GHG를 배출 할 수 있는 허가)을 통해 상쇄하는 것이 선호되는 접근방식 같습니다. 그러나, 급속한 탈탄소화보다 탄소 배출권 상쇄에 의존하는 위험은 기업이 탄소 배출권을 사용하여 넷제로에 도달하여 배출량을 일정한 수준으로 유지할 수 있다는 것이며, 이는 실제로 자체 배출량을 줄일 필요성을 무효화합니다.

세계 평균 기온 상승을 산업화 이전 수준보다 섭씨 2도 아래로 훨씬 제한한다는 국제적으로 합의된 목표를 달성하기 위해 과학은 대부분의 화석 연료 매장량을 채굴하지 말아야 한다고 제안합니다. 탄소 가격 책정의 출현과 기술 비용 감소는 저탄소 에너지원이 더 매력적이 되고, 화석 연료 수요가 감소하여 이를 탐사하고, 채굴하고, 태우는 기업의 몰락으로 이어질 것임을 의미합니다. 더욱이, 유가 하락은 생산자가 많은 화석 연료 자산을 시추할 동기를 감소시킵니다. 이로 인해 탄소 배출권 또는 탄소인증감축량(CER)[2] 단위의 가격이 훨씬 더 가파르게 하락했습니다.

이러한 상황전개로 인해 자산 관리자는 지속가능성 및 투자 성과 관점에서

---

2 CDM(Clean Development Mechanism, 청정개발체제) 사업 등을 통해서 온실가스 방출량을 줄인 것을 유엔의 담당기구에서 심사·평가해 일정량의 탄소배출권(CER)을 부여하게 됩니다. Certified Emission Reduction.

많은 화석 연료 주식을 매각했으며, 개별 주식의 상대적 탄소 발자국에 대한 추가 분석과 연기금이 총 탄소 발자국을 공개하도록 촉구했습니다. 그러나 일부 ESG 투자자들은 기후 변화에 관심이 없는 투자자들에게 단순히 주식을 판매한다고 해서 전체 기후 프로그램에 영향을 미치지 않을 것이라고 주장합니다. 보다 긍정적인 접근 방식은 화석 연료 기업 경영진의 참여를 장려하여 현재의 생산 접근 방식에서 벗어나 재생가능 에너지 인프라 개발로 이동하도록 장려하는 것입니다. 또한 특정 에너지 및 유틸리티 주식을 매각하면 벤치마크 투자 성과에서 차이가 발생할 수 있습니다.

이러한 접근 방식에는 기업의 탄소(온실 가스 또는 GHG 배출) 전략, 노출 및 비즈니스 탈탄소화 관련 장기적 접근 방식에 대한 평가가 필요합니다. 투자자가 탄소 노출 또는 잠재적 위험과 관련하여 투자를 추적할 수 있도록 다양한 저탄소 벤치마크가 개발되었습니다. 자산 소유자는 탄화수소 기반 자산이 기후 변화 문제로 인해 시간이 지남에 따라 "좌초"될 것이라고 점점 더 우려하고 있습니다(이 맥락에서 좌초는 저탄소 경제로의 전환으로 인해 가치가 없는 것으로 판명된 자산을 의미합니다.). 좌초자산 개념은 영국에 기반을 둔 NGO Carbon Tracker(CT)에 의해 개척되었는데, 이 문제에 대한 연구 및 분석을 제공합니다(https://carbontracker.org/terms/stranded-assets/). CT 접근 방식은 석탄, 석유 및 가스 주식의 미래 가치에 대한 예측을 포함하는 기업 가치 평가에 중점을 둡니다. 좌초자산3 개념은 자산 소유자를 걱정하는데 왜냐하면 40년 이상이 될 수도 있는 연금제도자산의 일반적 수명에 걸쳐서 에너지 전환 관련 변화로 인해 예정 가치보다 가치가 낮아지는 자산에 어떤 일이 생기는지 질문하기 때문입니다. 따라서 투자자는 자산의 미래 가치가 비즈니스 모델에 미치는 영향과 투자 가치에 미칠 수 있는 영향에 대해 기업이 보고하도록 요구하는 이니셔티브를 충분히 인식해야 합니다.

---

3 시장 환경 변화, 기후 변화 등으로 인해 가치가 하락해 상각되거나 부채로 전환되는 자산을 의미하는데, 전 세계적인 탈석탄화에 따라 투자가 축소된 석탄발전소가 대표적입니다. 국제에너지기구(IEA)는 이미 투자가 진행됐으나 수명이 끝나기 전에 더는 경제적 수익을 올리지 못하는 자산을 좌초자산이라고 정의합니다. ESG 관심 증가로 온실가스를 대량 배출하는 철강, 시멘트, 플라스틱 산업과 화석 연료를 사용하는 조선, 자동차 산업 등은 좌초위기 산업이라고 부르기도 합니다.

또한, 금융감독 당국은 금융안정위원회의 기후 관련 재무 공시 태스크포스 (TCFD) 권고안에 시나리오 분석을 포함시켜 기후 리스크 측정을 위한 시나리오 분석의 중요성을 인식하고 있습니다. TCFD가 기업 및 기타 조직이 기후 관련 위험을 보다 효과적으로 공개하는데 도움이 되는 프레임워크를 개발한 방법과 시나리오 분석을 사용하여 "평소와 같은 비즈니스" 가정의 기초를 크게 변경할 수 있는 대안을 탐색하는 방법에 대한 자세한 내용은 www.tcfdhub.org/sce – nario – analysis/를 방문하십시오.

깨끗하고 친환경적: 에너지 효율성
Clean and green: Energy efficiency

에너지 효율성은 녹색 에너지 기업이 탄화수소 기반 에너지 소비를 청정 에 너지원으로 대체하여 감소시키거나, 에너지 사용을 개선하기 위한 시스템을 통 합하려는 청정 기술 회사와 가장 관련이 있습니다. 에너지 효율성을 향한 노력 과 투자에 대한 수많은 대안으로 인해, 세계의 역사적인 탄화수소 에너지 기업 중 일부가 석탄, 석유 및 가스에서 전환하는 데 막대한 투자를 하고 있기 때문 에, 분야 또는 주제별로 회사를 분류하고 정의하는 것은 어렵습니다.

MSCI(Morgan Stanley Capital International) 또는 FTSE(Financial Times Stock Exchange) Russell과 같은 기존 데이터/인덱스 제공 업체가 산업 및 부문별로 기업을 분류하고 비교하는 방법에 대한 정의는 투자자에게 유용할 수 있습니다. www.msci.com/gics 및 www.ftserussell.com/data/industryclassification – benchmark – icb를 방문하십시오.

국제에너지기구(IEA, www.iea.org/ 참조)는 에너지 효율 데이터, 분석 및 정책 조언을 위한 글로벌 기관입니다. 그들은 정부가 에너지 효율성의 거대한 잠재 력을 실현하고, 기후 변화 완화 및 에너지 안보 개선, 경제 발전과 동시에 환경 및 사회적 혜택을 제공하는 정책의 영향을 성장, 실행 및 정량화하도록 안내합 니다. 200개 이상의 국가, 지역 및 주에서 글로벌 정책 진행 상황과 세계 에너지 투자 보고서에 게시된 에너지 효율성에 대한 글로벌 투자를 추적합니다. 2016년 현재 에너지 효율 투자는 전체 에너지 시장에 투자된 1조 7천억 달러 중 13.6%를 차지했습니다.

이러한 투자는 다양한 분야로 이루어지며 약 58%는 건물에, 26%는 운송에, 16%는 산업에 할당됩니다. 대체연료 및 재생가능 에너지의 혜택을 받는 서비스 또는 인프라 프로젝트의 유형에는 풍력, 태양열, 지열, 바이오 매스, 파력 및 조력과 같은 재생가능 자원에서 전기를 생성, 전송 및 분배하는 것이 포함됩니다(이러한 투자 주제에 대한 자세한 정보는 10장을 참조).

위기가 기다리고 있음: 수자원 보호
A crisis awaits: Conservation of water

세계는 글로벌 물 위기에 직면해 있습니다! 그러나 세계가 환경 지속가능성의 중요성을 점점 더 인식하고 있지만 다가오는 물 위기에 대해서는 덜 집중하고 있습니다. 이처럼 긴급성이 부족한 이유는 물 위기가 글로벌 위기(기후 변화가 공유되고 글로벌 문제로 간주되는 방식)가 아니라 지역적 문제로 간주되기 때문일 수 있습니다. 더욱이 관찰자들은 물 위기의 상호의존적 측면, 즉 물 접근성, 오염 및 희소성을 구별하지 못합니다.

REMEMBER

그러나 UN과 같은 조직이 수자원 및 위생 분야의 영향력 있는 기업을 더 잘 정의하고 평가하고 있다는 긍정적인 신호가 있습니다. 앞으로 더 나아가려면 한 지역의 물 문제가 다른 지역, 특히 분쟁을 야기하는 다른 지역의 경제에 영향을 미치고, 기업이 글로벌 공급망에 영향을 미칠 때 지역 문제를 무시할 수 없다는 점을 이해하기 위해 이해관계자 간의 글로벌 협력이 필요합니다. 이러한 문제를 해결하려면 민관 협력이 필요하지만 정확한 데이터와 정보에 접근해야 합니다. 그렇지 않으면 더 넓은 경제가 자원 감소로 어려움을 겪고 기업의 결과는 부정적인 평판으로 인한 이해관계자 비판에 취약해질 것입니다.

대다수 투자자가 물 문제를 우려하는 유럽에서, 물에 대한 관심을 집중하고 있지만 아마도 이것은 유럽 연합(EU) 물 프레임워크 지침의 수립에 의해 주도된 것입니다. 또한 세계경제포럼(WEF)은 분쟁에서 건강 위기 및 대량 이주에 이르기까지 모든 것에 대한 글로벌 위험의 원동력으로 물을 언급했습니다. 그리고 물 안보는 유엔의 지속가능한 개발 목표 중 하나입니다(1장 참조). 따라서 물은 미기후(microclimate), 식량 공급, 산업망, 건강, 생산성 및 환경 전반에 영향을 미치기 때문에 다중 영향 투자로 간주됩니다. 이는 물이 근본적으로 다른 임팩트 테마와 연결되어 있고 비즈니스 및 투자 커뮤니티에 광범위하게 적용된다는 것을 확인합니다. 물 관리, 기술, 분배 및 보존은 수년간의 열악한 물 및 폐기물 관리 관행에 따라 조직이 직면하는 문제 중 일부입니다.

안전하게 관리되는 공중보건과 상수원에 대한 접근 권한이 없는 수많은 사람들을 감안할 때 물 관련 투자에 대한 압력이 증가하고 있습니다. 한편, 물과 관련된 위험은 자연 재해의 90%를 차지합니다. 그러나, 대부분의 기업은 여전히 물 효율성 정책이 부족하며 소수의 기업에서 물 효율성 목표를 설정했습니다. 유일한 희망은 물이 현재 ESG 3대 관심사 중 하나가 되면서 모멘텀이 구축되고 있고, 기관투자자들이 주목하게 되었다는 점입니다. 주가 지수 제공 업체는 물 및 위생 회사를 명시적으로 포함하는 보다 지속가능한 지수를 설계하고 있으며, Ceres[4](www.ceres.org/)의 주요 글로벌 지수 일부 분석에 따르면 부품 기업의 50%가 중간 수준에서 상위 수준의 물 위험에 직면해 있습니다.

행성 B는 없다: 대기와 수질 오염

There is no Planet B: Air and water pollution

오염 물질 배출은 공기와 물 공급 모두에 주요 위험입니다. 건강한 생태계는 서로 직간접적으로 상호 작용하는 복잡한 성분망에 의존합니다. 이러한 성분에

---

4 기후변화나 물 부족 등의 전 지구적 환경변화에 대응해 환경파괴 없는 지속가능성 문제를 다루기 위해 미국의 투자기금, 환경단체, 민간그룹들이 1989년 결성한 비영리 연합체로, 설립 당시 명칭은 '환경에 책임을 지는 경제를 위한 연합(Coalition for Environmentally Responsible Economies)'으로 머리글자를 따서 CERES라고 불렀는데, 2003년 Ceres로 공식 표기를 바꾸었습니다.

대한 손상은 연쇄 반응을 일으켜 대기 및 수질 오염으로 인해 모든 종류의 환경을 위험에 빠뜨릴 수 있습니다. 코로나19 팬데믹의 의도하지 않은 이점은 세계 경제 활동의 둔화로 인해 대기 및 수질 오염이 감소했다는 것입니다. 그러나, 미국 환경 보호청(EPA)이 팬데믹이 "원인"인 상황에서는 대기질 또는 수질 오염은 단속하지 않겠다고 언급하면서 환경법 집행을 중단했을 때 의도하지 않은 결점도 있을 수 있습니다.

인간의 행동은 특히 도시에서 대기 오염의 주요 원인으로 강조되었습니다. 베이징의 스모그 구름은 수년 동안 "확실"해 왔지만, 최근에는 사회 및 정부의 관심으로 인해 대기 및 수질 지표에 중요한 발전이 있었습니다. 그럼에도 불구하고 대기 오염은 농작물, 산림 및 수로에 피해를 입혔습니다. 또한 대기 오염의 영향으로 산성비가 형성되어 나무, 토양, 강 및 야생 동물에 해를 끼칩니다.

마찬가지로, 인간의 행동은 수질 오염의 주요 원인인 미세 플라스틱에도 책임이 있습니다. 1차 미세 플라스틱은 화장품에서 발견되거나 의류 및 낚시 그물과 같은 기타 직물에서 벗겨진 극세사에서 발견되는 작은 입자입니다. 이 미세 플라스틱은 상업용으로 특별히 생산된 반면, 2차 미세 플라스틱은 물병과 같은 대형 플라스틱 제품이 분해되면서 발생합니다. 이 미세 플라스틱은 강으로 유입되어 바다로 흘러가는 플라스틱 폐기물의 주요 원천이 됩니다.

추정에 따르면 오염이 가장 심한 소규모 도시 하천 중 1,000개가 넘는 강이 전 세계 연간 배출량의 80%를 차지하는데, 80만~270만 미터 톤 정도입니다.

이는 대기 및 수질 오염 문제를 줄이기 위해 기업이 이러한 환경 영역에 미치는 영향을 더 잘 인식해야 하는 사례입니다. 이행 리스크에는 가장 오염이 심한 공장의 비용을 증가시키는 새로운 규제 제한이나 오염 또는 열악한 환경 기준으로 인한 운영허가 취소가 포함될 수 있습니다.

REMEMBER

또한, 세계은행 데이터에 따르면 대부분의 국가는 상수도와 위생 서비스 회사에 대한 명시적인 규정을 가지고 있지만 모든 국가가 세계 보건기구에서 정의한 기본 조건을 수락하거나 따르는 것은 아닙니다. 결과적으로 지속가능한 상수도와 위생 서비스를 제공할 의무가 있는 여러 회사는 지속가능하고 책임있는 목표를 달성하기 위해 자발적인 인증을 채택합니다. 그러나 이것은 전체 산업, 특히 더 많은 채택이 필요한 신흥 시장과 개발도상국에서는 적용되지 않는 사실입니다. 예를 들어, 아시아(일본 제외)는 나머지 세계를 합친 것보다 10배 이상 더 많은 수질 오염 물질을 생성합니다! 기업은 저소득층을 포함하여 고객에게 물에 대한 접근을 제공하는 절차를 구현할 수 있지만 비용이 증가합니다. 따라서, 이 분야의 산업을 평가할 때 기업이 국내 및 국제 원칙을 준수하는지 명확히 하는 것이 중요합니다. 예를 들어, 투자자, 기업, 도시, 주 및 지역이 환경에 미치는 영향을 관리하기 위해 글로벌 공개 시스템을 운영하는 탄소 공개 프로젝트(CDP)에서 높은 점수를 받은 기업은 여기에서 찾을 수 있습니다. www.cdp.net/en/companies/companies – scores.

살고 살리기: 생물 다양성

Live and let live: Biodiversity

인간 행동이 자연계에 미치는 영향은 매우 해롭고 인구가 증가하고 경제 성장에 대한 탐색이 계속됨에 따라 위협이 증가할 뿐입니다. 전 세계 생태계에 대한 피해와 그에 따른 생물 다양성의 손실은 생물 다양성 위기가 인류에게 직접적인 위험임에도 불구하고 다른 지속가능성 과제보다 주목받지 못했습니다.

문제의 일부는 생태계의 이질성으로 인해 정량화와 정확한 응답을 식별하기 어렵다는 것입니다. 분명히 생물 다양성 손실은 기후 비상사태와 직접적인 관련이 있으며 더 많은 기업, 정부 및 대중이 이를 인식하고 있습니다. 예를 들어, 자연림에서 발견되는 생태계의 보호는 지구 온난화 완화를 위한 핵심 솔루션입니다. 멸종률은 역사적 속도보다 몇 배나 높으며 지구상의 총 8백만 종의 동식물 중에서 약 1백만 종이 위협을 받고 있습니다. 그러나 기업은 그들의 가치망이 상호 작용하는 생물 시스템의 예외적인 복잡성으로 인해 자신의 활동이 생물 다양성에 미치는 영향을 평가하는데 지속적으로 어려움을 겪었습니다.

생물 다양성에 대한 투자는 UN 지속가능 발전 목표(SDGs)의 전체 범위에 직접적으로 기여합니다. 생물 다양성과 생태계 보존 활동은 우리의 번영을 유지할 수 있는 지구의 능력을 보존합니다. 생물 다양성 금융은 지속가능한 생물다양성 관리 자금을 조달하기 위해 기존 자본과 재정적 인센티브를 결합합니다. 여기에는 민간 및 공공 재정 자원과 긍정적인 생물 다양성 결과를 창출하는 상업적 비즈니스에 대한 투자가 포함될 수 있습니다. 그러나, 대부분의 자금은 국내 공공 예산, 생물 다양성에 긍정적인 농업 보조금, 공적 자금의 국제 이전을 포함한 공공 자금에서 비롯되며 이러한 활동은 국가적 차원에서는 잘 전달되지 않았습니다. 더욱이 수혜국의 지출과 우선순위에 대한 구체적인 정보가 없으면 개발 파트너들은 생물 다양성 관리 목표 및 세부 목표 달성 지원 약속을 꺼리기 마련입니다. 투자자는 광업과 같은 산업군에 관련된 리스크를 한데 묶는 경향이 있습니다.

REMEMBER

따라서 투자자는 위험을 잘 관리하기 위해 생물 다양성에 대한 더 많은 정보를 요구하고 있습니다. 한편, 생물 다양성 손실로 인해 자산이 좌초될 수 있다는 인식이 높아지면서 이에 대한 대응이 높아지고 있습니다. 예를 들어, 농지의 생물 다양성 문제는 농작물 재배 능력을 감소시키고, 토지자체가 좌초자산이 될 수 있습니다. 금융 기관은 생물 다양성 손실, 보존 및 향상을 측정하기 위한 방법론의 고도화를 지원해야 합니다. 평가 도구에 통합할 수 있도록 생물 다양성 위험을 정량화하려면 더 많은 데이터가 필요합니다. 투자자는 환경적으로 지속가능한 방식으로 일하고 생물 다양성 보호를 포함하는 동시에 생물 다양성에 긍정적인 기술을 만드는 회사에 자산을 할당해야 합니다. 기업은 경제 활동이 생물 다양성에 미치는 영향을 추가로 공개해야 합니다.

기업이 중요 생물 다양성 위험에 어떻게 대응하는지를 비교하는 몇 가지 수단이 현재 개발 중이며, 이는 투자자가 기업이 "정확히 모르지만 뭔가 있는 known unknown"[5] 리스크를 완화하는 방법을 이해하고, 경제적 수익과 지속

---

5 럼스펠드 전 미국 국방장관이 2002년 2월 12일 뉴스 브리핑에서 언급해서 유명해진 말인데, 럼스펠드는

가능한 이익의 균형을 비교하는 데 도움이 됩니다. 많은 사람들은 그러한 생물 다양성 관련 지표가 생물 다양성 손실에 있어, CO_2 배출 수준을 강조하는 수단이 기후 변화와 관련하여 무엇을 달성하였는지 깨닫기를 희망합니다(이 장의 앞부분에서 CO_2를 다룹니다). 이러한 지표는 생물 다양성과 경제적 성공 사이의 상관관계를 식별하고 투자자가 생물 다양성에 경제적 가치를 부여할 수 있도록 해야 합니다.

코로나19 팬데믹은 전반적으로 지속가능한 투자와 보다 구체적으로 생물 다양성에 대한 초점을 더욱 가속화하게 될 것입니다. 그러나 팬데믹은 생물 다양성이 파괴되면 인간의 생명을 지원하는 시스템도 영향을 받는다는 것을 보여줍니다. 생물 다양성의 상실은 병원균이 동물과 사람 사이를 더 자유롭게 이동할 수 있는 기회를 제공하기 때문입니다. 그러나, 리스크는 정책 입안자와 기업이 부채 증가, 대차대조표 손상 및 이익 감소를 포함하여 팬데믹의 결과에 너무 많은 시간을 소비하여 다른 생물 다양성 이슈가 배경에 남아 있다는 것입니다.

숲에서 나무를 보라: 산림 파괴
See the forest for the trees: Deforestation

EPA는 산림 벌채를 "지속된 산림의 영구 제거"로 정의합니다. 그러나 이러한 제거는 여러 가지 이유로 발생할 수 있으며 다양한 파괴적인 결과를 초래합니다. 보고서에 따르면 산림 벌채의 80%는 광범위한 가축 목장과 자재 및 개발을 위한 벌목으로 인해 발생합니다. 그것은 주로 인간이 수렵 채집 사회에서 농업 기반 사회로 진화했고, 농업과 주거를 용이하게 하기 위해 더 큰 땅이 필요했기 때문에 수천 년 동안 일어났습니다. 현대의 요구 사항은 동물과 식물의 종 손실로 이어졌고, 그 결과 팬데믹이 발생하였습니다.

NASA부행정관 출신이자 국방부장관 컨설턴트인 윌리엄 그레이엄 박사에게 이 말을 들었다고 회고록에서 말한바 있습니다.

▶ 건강한 숲은 이산화탄소를 흡수하여 탄소 흡수원 역할을 합니다. 따라서 숲을 벌채하면 탄소가 대기 중으로 방출되고, 향후 탄소 흡수원 역할을 할 수 있는 능력이 감소합니다.

▶ 나무는 또한 물 순환을 조절하여 대기 중 수분함량을 관리하는 데 도움이 됩니다. 산림 벌채 지역에서는 토양으로 되돌아가는 공기 중 수분이 적어 토양이 건조해지고 작물을 재배할 수 없게 됩니다. 또한, 나무는 농부들이 (농사지을 땅을 따라) 지속적으로 이동하게 만드는 토양 침식이나 표토 제거 없이 지속가능한 산림 생활을 지탱하도록 땅이 물과 표토를 유지하도록 돕고, 풍부한 영양분을 제공합니다.

▶ 이러한 지속 불가능한 농업방식으로 인해 남겨진 불모지는 특히 해안 지역에서 홍수에 더 취약합니다. 이것은 또한 세계에서 가장 생산적인 생태계 중 하나인 해양 개화 식물 집단인 해초 초원에도 영향을 미칩니다. 그들은 해양 총 탄소 저장량의 약 15%를 차지하는 중요한 CO_2 흡수원을 구성합니다.

▶ 많은 양의 산림이 제거됨에 따라 생활 방식을 유지하기 위해 산림에 의존하는 원주민 공동체도 위협을 받고 있습니다. 원시 열대 우림이 있는 국가의 정부는 일반적으로 개간이 일어나기 전에 원주민 부족을 퇴거시키려고 합니다.

REMEMBER

소고기, 콩, 팜유, 펄프 및 종이의 네 가지 주요 상품 공급망은 주로 산림 벌채 위험이 높은 지역에서 공급됩니다. 이러한 상품의 생산은 라틴 아메리카, 동남아시아 및 사하라 사막 이남 아프리카의 열대림 지역에서 매년 수천억 달러의 가치가 있습니다. 분석가들은 이 네 가지 상품 내에서 현재 생산량의 50~80%가 과거의 산림 벌채와 관련이 있다고 시사합니다. 산림 벌채와 관련된 생산 범위는 지역에 따라 다를 수 있지만, 더 이상의 산림 벌채를 방지하는 동시에 복원 및 재건을 지원하려면 모든 생산자의 변화가 필요합니다. 또한, 기후 변화에 관한 정부 간 패널(IPCC)이 발표한 기후 변화 및 토지에 대한 보고서에 따르면 온실 가스 배출량의 11%는 목재사용 목적의 산림 벌채를 포함하여 열악한 임업 및 토지 이용 관리로 인해 발생합니다.

2019년, UN 책임투자원칙(PRI)과 Ceres 두 기관에 동참하는 기관의 운용자금은 미화 16.2조 달러에 달하는데 해당 기관투자자들은 아마존에서 발생한 재앙적 화재─부분적으로 브라질과 볼리비아의 산림벌채 가속화로 인해 기인한─에 대해 단체들이 긴급 조치를 취할 것을 요구했습니다. 그들은 산림 벌채와 생물 다양성의 상실이 환경문제일 뿐만 아니라 농업 공급망을 보다 효과적으로 관리해야 하는 중대한 부정적인 경제적 결과를 초래한다고 주장했습니다. 또한, 대기업은 공급망이 이러한 문제와 연결되어있는 경우 평판 위험을 경계하고 공급망에서 산림 벌채를 배제하겠다고 약속했습니다. 한편, 연기금은 해당 국가에서 활동하는 다국적 상품 거래자들의 지분 매각을 고려하고 있습니다. 결과적으로 그들은 미래에 산림 벌채가 없는 방법으로 전환해야 할 것입니다.

미래를 버리지 마십시오: 폐기물 관리

Don't throw your future away: Waste management

전통적인 폐기물 관리 모델이 변화하고 있습니다. 수거 방법, 폐기물 에너지화 솔루션 및 혁신은 모두 순환 경제 모델(폐기물 제거 및 자원의 지속적인 사용을 목표로 하는 경제 시스템)로 이끄는 필수 요소입니다. 폐기물에 초점을 맞추는 것은 제품을 생산하는 모든 회사에 영향을 미치며, 모든 회사는 생산 주기 전반에 걸쳐 생산하는 폐기물에 대한 소유권을 더 많이 확보하는 방법을 고려해야 합니다. 인구가 증가하고 도시화가 진행됨에 따라 폐기물 관리업체의 업무가 점점 더 중요해지고 있습니다. 전 세계 폐기물 관리 시장 규모는 2020년부터 2027년까지 연평균 5.5%의 성장률로 23억 4천만 달러 규모의 시장이 될 것으로 예상됩니다(자세한 내용은 www.alliedmarketresearch.com/waste─management─market 참조). 관련 시장은 수거 및 처리 서비스가 제공되는 도시, 산업 및 유해 폐기물로 나눌 수 있습니다. 수거 서비스에는 저장, 취급 및 분류와 같은 영역이 포함되며

REMEMBER

폐기 서비스는 매립 및 재활용에 중점을 둡니다.

폐기물 관리 회사의 핵심 사항은 폐기물을 관리하고 줄임으로써 환경을 돌보는 것입니다(일부는 이를 3R: 감소, 재사용 및 재활용 접근 방식이라고 함). 지속가능성에 초점을 맞춘 그들의 주요 목표는 가능한 한 폐기물을 줄이고, 재사용하여 추가 폐기물을 피하고 오염을 최소화하며 재활용을 보증하는 것입니다. 이상적으로는 재활용이 불가능할 때 폐기물을 에너지로 전환하여 폐기물 에너지 개발을 장려해야 합니다. 마지막으로, 특히 용매 및 산업 폐기물과 같은 독성 또는 환경 유해 물질을 제거하고 안전하게 관리할 때 적절한 고형 폐기물 관리를 보장하고 촉진해야 합니다.

그러나, 새로운 법률 및 규정의 지속적인 도입은 특히 순 탄소 배출량 제로[6]를 달성하고 생물 다양성을 보호하는 데 도움이 되는 새로운 기술과 제품을 요구하는 새로운 정책을 추진할 것입니다. 정부는 투자지원 보조금, 대출, 면세 등을 통해 기업 및 전문 생산자의 폐기물 관리 투자를 지원함으로써 많은 OECD(경제 협력 개발기구) 국가에서 핵심적인 역할을 수행해 왔습니다. 그러나, 화학 재활용 및 잔류 폐기물을 연료 및 화학 물질로 전환하는 것과 같은 다양한 신기술에 대한 대규모 투자가 필요하며 의무 이행을 모니터링하기 위해 새로운 데이터 수집 시스템이 필요합니다.

기업 운영이 환경에 미치는 영향 연구

Studying the Effects of a Company's Operations on the Environment

기업은 결코 평온한 상태에서 운영되지 않습니다. 국경을 초월한 무역, 복잡

---

6 약간의 개념차는 있으나, 배출 최소화 및 상쇄 등으로 순 탄소배출이 0인 상태를 미국은 Net zero, EU 등 다른 나라들은 Carbon Neutral(탄소중립)로 많이 표현합니다.

한 공급망, 다양한 인력에 의존하는 글로벌 경제에서 기업은 환경 문제는 물론 제품 안전 및 규제 기관 및 지역 사회와의 관계에 의해 끊임없이 도전 받고 있습니다. 따라서 이러한 요소를 관리하는 것은 오늘날 경제에서 경쟁 우위를 유지하기 위한 일부일 뿐입니다.

기업은 환경 위험을 피하고 장기적인 주주 가치를 창출하는 기회를 활용하기 위해 최선의 경영 관행을 사용해야 합니다. 기업이 운영하는 지역 사회에 환경 및 사회 문제 비용을 외부화하여 초과 이익을 얻는 경우, 투자자가 이를 시정할 때 대가를 지불할 위험이 있으며 비용은 기업의 재무제표에 내재화됩니다. 최근 몇 년 동안 주주들은 기름 유출, 광산 폭발 및 안전하지 않은 제품의 부정적인 환경 영향으로 상당한 손실을 경험했습니다. 이러한 재난을 피할 수 있는 해결책은 하나뿐이 아니지만, 중대한 환경 영향과 이를 줄이기 위한 메커니즘을 식별하면 위험을 완화하고 새로운 기회를 식별하는 데 도움이 될 수 있습니다.

다음에서는 기업이 환경에 미치는 영향의 두 가지 작업 영역인 직접 운영과 공급망에 대해 설명합니다.

직접 운영
Direct operations

환경 문제 평가를 통해 운영 경비(예: 원자재 비용 또는 물과 탄소의 실제 비용)를 최소화하여 비용을 줄일 수 있습니다. 따라서 투자자는 기업의 특정 부문 내 상대적인 자원 효율성을 분석할 때 자원 효율성과 재무성과 간의 상관관계를 찾아야 합니다. 연구에 따르면 보다 발전된 지속가능성 전략을 가진 기업은 경쟁기업 보다 더 나은 성과를 거둘 것입니다. 한 가지 접근 방식은 환경 정책을 운영 전략과 기능에 통합하고 제품 설계, 기술 선택, 품질 관리와 같은 운영을 통합하는 것입니다. 운영 기능에 대한 환경 문제의 중요성을 인식하지 못하는 기업은 경쟁 시장에서 미래에 성공하지 못할 수 있으므로 운영 전략의 이 요소는 기업 전략과 일치해야 합니다.

대기업은 지속가능성을 아래 순위에서 가장 우선순위로 옮기고 있습니다. 그들은 더욱 지속가능해지고 직접적인 운영 통제와 관련된 변화를 구현하고 있습니다. 예를 들어 운영 목표 측면에서 차별화된 역량을 강화하면 경쟁 우위에 기여합니다. 조직이 제어할 수 있는 환경 속성은 특정 활동, 제품 또는 서비스가 배출, 폐기물 또는 토지 오염을 생성하는지 여부를 결정합니다. 기업이 영향을 미칠 수 있는 다른 문제로는 환경성과 또는 제품 설계의 수명 연장, 포장에서 재료 자원 및 에너지 사용 최소화, 토지 사용의 생물 다양성 개선 등이 있습니다.

따라서 조직은 기업에 영향을 미칠 수 있는 요인을 완화하기 위해 정기적으로 환경 점검을 수행해야 합니다. 대기업은 이러한 활동에 더 많은 리소스를 보유하고 있지만 중소기업은 이러한 문제에 더 취약할 수 있으므로 운영에 대한 외부 요인의 영향을 고려하는 것도 똑같이 중요합니다. 또한 조직은 경쟁사보다 먼저 기회를 활용하고, 심각한 문제가 되기 전에 문제를 해결하고, 변화하는 요구 사항을 충족하기 위한 계획을 지원할 수 있습니다.

공급망
Supply chains

기업이 공급망과 같은 간접적인 환경 요인을 항상 제어할 수는 없지만 공급자와 사용자에게 영향을 주어 발생하는 영향을 줄이거나 최소화 또는 제거할 수 있습니다. 지속가능한 조달은 확고한 의제이며, 기업은 의심스러운 비즈니스 모델을 가진 공급자와 연결되기를 원하지 않습니다. 이는 부정적인 언론 보도를 생성하기 때문입니다. 많은 기업이 공급자가 인권, 노동 기준, 환경 및 반부패 영역 내에서 UN Global Compact(1장 참조)의 핵심 원칙을 따르도록 요구하는 공급자 행동 강령을 구현했습니다. 공급자는 자신들의 공급자에게 유사한 원칙을 부과할 의무가 있습니다.

많은 산업에서 지속가능성과 관련된 대부분의 문제는 외부에 있으며, 공급망 전반에 걸쳐 공급자와 관련이 있습니다. 특히 일부 산업분야 소속기업의 경우 전체 CO_2 배출량의 2/3 이상을 공급업체의 운영영역이 차지합니다. 대규모 다국적 기업은 공급망의 중요성과 무게를 인식하고 공급자에게 책임을 물을 수 있는 방법을 찾는데 우선순위를 두고 있기 때문에 이를 가장 많이 개선하고자 합니다. 많은 기업들이 리스크 기반 접근 방식을 적용하기 시작했습니다. 공급자 세분화가 진행 중인 프로세스임을 인식하면서 가장 큰 영향을 미치는 영역에 노력을 집중합니다. 잠재적 공급업체는 제재 준수를 포함하여 국가, 부문 및 평판 위험과 같은 여러 요인에 대해 사전 심사를 받습니다. 사전 심사를 기반으로 고위험 공급자를 추가로 평가한 다음 지속가능성 성과 향상을 위해 추가적인 관여활동을 수행할지 여부를 결정합니다. 여기에는 기업의 기술 시스템 개발, 공급자 평가, 공개 목표 설정 또는 산업 간 협력 고려가 포함될 수 있습니다.

그러나, 가장 명확한 장벽 중 하나는 특히 최고경영진이나 정부 기관의 지원이 부족한 경우 복잡한 공급망을 모니터링하고 공급자의 지속가능성을 평가하는 노하우를 찾는 데 어려움을 겪는다는 것입니다. 지속가능성 점수를 적용한 기업은 공급업체 스코어카드를 사용하여 품질과 비용이 비슷한 공급업체를 구별하고 선택할 수 있으며, 공급업체가 얼마나 친환경적인지 평가할 수 있습니다. 공공 목표를 사용하는 기업은 저탄소 기술을 사용하거나 폐기물 감소 프로그램을 보유한 공급자와만 협력할 것이라고 주장할 것입니다. 또한, 일부 기업은 공급자에게 자체 감축 목표를 설정하도록 요청하고 예를 들어 재생 가능 에너지를 배포하거나 생분해성 또는 재활용 포장 재료를 제공하기 시작하도록 촉구합니다. 마지막으로, 공급자, 중개업자 또는 시민사회와 협력 네트워크가 형성되는 산업 협력을 통해 기업은 더 광범위한 산업을 개선할 수 있습니다.

접근 방식이 무엇이든 공급자는 양측이 함께 더 나은 솔루션을 생성할 수 있도록 지속가능성 문제를 공유하도록 권장해야 합니다.

REMEMBER

기업을 위한 "친환경" 정의
Defining "Green" for a Company

보고서에 따르면 2007년부터 2009년까지 친환경 제품 출시가 500% 이상 증가했습니다. 최근 조사에 따르면 고위 경영진의 3분의 2는 지속가능성을 수익원동력으로 보고 절반은 친환경 이니셔티브가 경쟁 우위를 제공할 것이라고 예상했습니다. 지난 10년 동안 기업 마인드에 있어 이러한 가시적 변화는 환경적 책임이 성장과 차별화에 기여할 수 있다는 인식의 개선을 반영합니다.

친환경 기업의 지지자들은 대기와 환경 전반에 독성 화학 물질을 계속 추가하는 것보다 친환경으로 전환하는 것이 더 효율적이라고 주장합니다. 그러나 도전자들은 일부 "친환경 기업"의 환경적 주장이 과장된 것에 대해 이의를 제기하고, 기업의 관행은 그렇지 않은데 기업 스스로는 친환경적이라고 주장하는 그린워싱 혐의를 제기했습니다(자세한 내용은 6장 참조).

친환경 비즈니스의 장점을 이해하려면 이 용어의 의미를 이해해야 합니다. 기업이 부정적인 환경 영향을 줄이기 위해 단호한 시도를 한다면 "친환경적"이라고 주장할 수 있습니다. 일반적인 조치에는 재활용 및 재사용 절차 프로그램 시작과 친환경 제품 및 서비스 구매가 포함됩니다. 대부분의 국가에는 다양한 수준의 환경법규 준수를 명령하는 법률이 있습니다. 일부 기업의 경우 친환경으로 전환하는 것은 미래의 규제를 예상하고 앞서가는 것을 의미할 수 있습니다. EPA는 2020년에 탄소 배출량을 줄이고, 지속가능성을 촉진하며, "그린 커브"7보다 앞서기 위한 유인을 제공하려는 광범위한 계획을 가지고 실천 의제를 시작했습니다(자세한 내용은 www.epa.gov/sites/production/files/2016-07/documents/

---

7 1971년 노벨 경제학상 수상자 쿠즈네츠의 연구에서 비롯되었는데, 미국의 경제학자 그로스만(Gene Michael Grossman)과 크루거(Alan Bennett Krueger)가 1991년 경제성장과 환경오염의 상관관계에 대해 연구한 결과 경제성장의 초기 단계에서는 대부분의 국가에서 환경오염이 심해지지만, 일정한 소득 수준을 넘어서게 되면서 환경오염이 다시 감소한다는 것을 나타내는 역 U자형 모양을 '환경 쿠즈네츠 곡선(Environmental Kuznets Curve)'이라 명명하였습니다. 그린 커브보다 앞선다는 것은 소득 수준 향상보다 더 빨리 환경오염 감소 정책을 취한다는 의미입니다.

ej_2020_factsheet_6－22－16.pdf로 이동하십시오.).

다음에서는 "친환경"이라는 용어가 기업에서 의미하는 바를 정의합니다: 외부효과 관리 및 3R 준수(감소, 재사용 및 재활용).

외부 효과 내재화 (또는 관리)
Internalizing (or managing) externalities

경제활동이 투자자를 위해 부를 창출하는 동시에 외부 효과나 영향을 초래한다는 것은 놀라운 일이 아닙니다. 대부분의 외부 효과는 부정적입니다! 또한 비용을 생성하는 주체가 전적으로 부담하지 않는 관련 비용이 있습니다. 특히, 부정적인 외부 효과는 주변 지역 사람들에게 해를 끼치는 대중에 대한 간접적인 비용을 가정합니다. 한 가지 사례는 화학 회사나 광산에서 배출되는 독성 가스입니다. 기업이 청소비용을 지불하는 대신 공공 또는 지방 정부가 문제를 해결하는 데 간접적인 비용을 부담해야 합니다.

외부효과를 내재화하거나 관리한다는 것은 부담을 외부에서 내부로 옮기는 것을 의미합니다. 이는 일반적으로 외부효과가 특정 지점에 도달하면 "벌칙"이 부과되어 이러한 활동을 억제하는 세금을 통해 이루어집니다. 반대로 정부는 외부 효과가 지역 사회에 미치는 영향을 제한하는 것과 같이 문제 해결 활동을 촉진하기 위해 보조금을 제공할 수 있습니다.

그러나 규제 당국이 외부효과에 대한 완전한 정보를 항상 가지고 있는 것은 아니기 때문에 적절한 벌금이나 보조금을 부과하기가 어렵습니다. 또한, 역사적으로 외부 효과는 그를 적절하게 인식하는데 필요한 정보가 부족하기 때문에 계속되었습니다. 따라서 외부 효과가 투명해질수록 내재화가 쉬워져 ESG 요소와 재무적 수익 사이의 연결 고리가 형성됩니다. 정책 변경으로 인해 기업은 비즈니스 모델에 외부 비용을 반영해야 합니다. 이것은 투자자들에게 미래 수익에 대한 위험을 야기하지만, 투자자들이 그러한 활동을 "눈감아 주는 것"이 용납될 수 있습니까? 투자자들은 이제 환경 위험으로부터 투자를 보호하지 못한데 따른 잠재적 소송비용을 인식하고 있으며 투자 의사 결정 시 그러한 위험 고려 사항을 구축하지 않은 것에 대해 주목을 받고 있습니다.

3Rs: 감축, 재사용 및 재활용

The 3Rs: Reduce, reuse, and recycle

학교에서 가르치는 세 가지 기본 기술인 읽기, 쓰기 및 산수를 나타내는 3R[8]은 어린이와 성인 모두에게 친숙할 것입니다. 그러나 지속가능한 생활의 3R(감축, 재사용, 재활용)은 버려지는 폐기물의 양에 대해 이미 더 잘 교육 받았기 때문에 성인보다 우리 아이들에게 더 친숙할 것입니다!

상품 및 자재비용이 상승함에 따라 자원을 효율적으로 사용하고 비즈니스 낭비를 줄이는 것이 재무적으로나 환경에 도움이 됩니다. 더욱이 폐기물을 매립지로 보내는 비용과 매립가능 물질에 대한 제한이 증가하고 있습니다. 폐기물이 적절하게 처리되지 않거나 반출 전에 올바른 서류 작업이 완료되지 않은 경우 점점 더 많은 벌금이 부과됩니다. 3R을 사용하면 매립지에 필요한 공간도 최소화할 수 있습니다.

일부 지수 제공 업체는 감소, 재사용 또는 재활용하는 기업에 초점을 맞춘 지수를 출시했습니다. 이에 대한 한 가지 사례는 플라스틱 폐기물에 중점을 둔 기업을 포함하는 Solactive ISS ESG Beyond Plastic Waste Index입니다. 이러한 제품에 대한 투자는 플라스틱 생산으로 인해 발생하는 폐기물 문제를 완화하기 위한 것입니다(자세한 내용은 www.solactive.com/beyond-plastic-waste/ 참조).

---

8 reading, (w)riting and rithmetic을 의미합니다.

감축

Reduce

폐기물 발생량을 줄이십시오. 환경을 즉시 보호하기 때문에 우선 폐기물을 줄이는 것이 선호되는 폐기물 관리 방법입니다. 다음을 수행하여 낭비를 줄일 수 있습니다.

▸ 튼튼하고 오래가는 상품 구매
▸ 무독성 제품 및 포장 찾기
▸ 생산 시 원자재를 적게 사용하거나 재활용을 돕기 위해 제품 재설계

재사용

Reuse

일회용품이 너무 일반화된 세상에서 물건을 세척해서 다시 사용한다는 생각은 대부분의 사람들에게 익숙치 않습니다. 새 상품을 구매할 때는 한 번 쓰고 버리는 것보다는 반복해서 사용할 수 있는 상품을 찾거나 중고 상품을 구매 또는 대여하십시오. 재사용하는 항목은 결국 낭비될 수 있지만 재사용하면 전체적인 폐기물 발생량을 줄일 수 있습니다. 다음은 실행할 수 있는 작업의 몇 가지 예입니다.

▸ 병을 리필하고 상자를 재사용하십시오.
▸ 리필 가능한 품목과 내구성이 뛰어난 커피 머그를 구입하십시오.
▸ 천으로 된 냅킨이나 수건을 사용하십시오.

재활용
Recycle

재활용은 많은 온실 가스 및 수질 오염 물질의 배출을 방지하고 에너지를 절약하며 고형 폐기물을 덜 발생시킵니다. 또한 원재료가 아닌 회수 제품을 사용하여 제품을 만들면 제조과정에서 에너지 사용량과 오염 물질 배출이 적으며 원재료 추출 및 가공으로 인한 오염도 감소합니다. 요약하면 재활용은 다음을 수행합니다.

▶ 많은 온실 가스 및 수질 오염 물질의 배출 방지
▶ 에너지 절약 및 친환경 기술 개발 촉진
▶ 새로운 매립지 및 소각로의 필요성 감소

물리적 환경 관리인으로서 기업 성과 상세화
Detailing a Company's Performance as a Steward of the Physical Environment

환경 관리라는 용어는 유해한 활동이나 오염 감소, 지속가능한 제품 구매, 나무 심기 및 수확 제한과 같은 활동을 설명하는 데 사용되었습니다. 관리인 직분 자체는 자원에 대한 책임있는 계획 및 관리를 구현하며 환경과 자연, 경제 또는 재산에 적용될 수 있습니다. 이러한 행동은 지역적 노력에서 글로벌 노력으로, 또는 시골과 도시 상황에서 구별될 수도 있습니다. 많은 환경 문제가 전 세계적으로 나타날 수 있으며, 이는 지역적 조치로 이러한 문제를 해결할 수 없음을 시사합니다. 그러나 지역관리 활동 및 이니셔티브에 참여하는 것은 보다 광범위한 지속가능성 문제를 홍보하는데 참여를 보장하는 촉매제가 될 수 있습니다. 환경에 미치는 영향을 개선하는 비즈니스 이니셔티브의 수가 증가하고 있지만, 현재 진행 중인 것보다 더 큰 조치를 취해야 한다는 의견이 일치하고 있습니다.

많은 기업이 자체 운영의 맥락에서 환경 지속가능성을 촉진하는 원동력을 완전히 이해하지 못하고 있습니다. 이러한 원동력을 이해하지 못하면 전환 이니셔티브를 하위 최적화[9]하고 예상 가치를 실현하지 못할 수 있습니다. 중대성 관련 활동을 효과적으로 지원하기 위해 다양한 맥락에서 명확한 정의와 프레임워크를 설정하려면 더 많은 작업이 필요합니다.

환경 관리는 비즈니스 리더가 환경 지속가능성 원칙을 적용하기 위한 조치를 취하는 성장 영역으로 간주됩니다. 그들은 행동의 원동력을 더 잘 이해하고 비즈니스 가치를 달성하기 위해 이니셔티브를 더 잘 조정할 수 있는 통찰력을 갖추어야 합니다. 다음 부분의 조치가 도움이 될 수 있습니다.

배출량을 줄이고 지속가능성 촉진을 위한 운영관리
Managing operations to reduce emissions and promote sustainability

대부분의 기업은 화석 연료에 대한 의존도를 줄이는 비즈니스 모델을 구축함으로써 새로운 비즈니스 방식이 창출하는 기회로부터 혜택을 받아야 한다는 것을 이해합니다. 이를 통해 운영비용을 낮추고 에너지 공급의 탄력성을 개선하며 탄소 위험에 대해 우려하는 더 많은 투자자를 유치할 것으로 기대합니다.

온실가스(GHG)는 운영을 제어하는 제조, 심지어 유통 및 소매와 같은 공급망 프로세스에서도 상당히 줄일 수 있습니다. 실제로 일부 기업은 잉여 에너지를 자신이 운영하는 시장과 지역사회에서 사용할 수 있도록 하는 데 필요한 것보다 더 많은 재생 에너지 생성을 지원하려고 합니다. 이를 통해 일부 기업은 2030년까지 공장 및 현장 운영에서 Carbon Positive[10] 목표를 달성할 수 있습니다.

---

9 시스템 전체 성과를 극대화하는 전체 최적화와 반대되는 개념으로 하위 조직인 개별 시스템의 성과 극대화를 추구하는 경향을 의미합니다.
10 탄소양성: 유명 건축가이자 디자이너인 William McDonough가 2016년 '저널 네이처'에서 언급한 3가

친환경 디자인 프로그램은 특히 온실가스를 가장 많이 사용하는 제품을 사용할 때 더 적지만 더 높은 성과의 성분을 사용하도록 제품을 재구성하기 위해 개발되고 있습니다. 흥미롭게도 많은 제품에 대한 대부분의 GHG 발자국은 사람들이 집에서 사용할 때 발생합니다. 따라서 혁신과 연구개발(R&D)도 기후 변화 문제를 고려하면서 제품을 제공하는데 초점을 맞추고 있습니다. 이러한 문제를 해결하려면 기업이 운영되는 더 광범위한 시스템에 대한 변화가 필요하므로 정부 정책은 모든 부문이 주어진 프로젝트와 이니셔티브에서 협력하여 작업할 수 있도록 변화 및 비즈니스 조치에 대한 올바른 맥락을 지시해야 합니다(이 장의 앞부분에서 GHG에 대해 자세히 설명합니다.).

환경 문제에 대한 솔루션을 만들기 위한 협력
Collaborating with others to create solutions for environmental issues

불행히도 비즈니스 협력은 기업 지속가능성 내에서 가장 큰 모순이었습니다. 기후 변화, 자원 고갈, 생물 다양성 손실과 같은 문명이 직면한 가장 복잡한 문제에 대해 협력하려는 기업의 수많은 노력은 주로 이기심, 공유 목적 부족 및 신뢰 부재로 인해 성공하지 못했습니다. 기업은 지속가능성을 수용했으며 많은 기업이 자체적으로 해결할 수 있는 영역(예: 제조 프로세스 합리화 또는 차량 배출 감소)에서 효과적인 지속적 프로그램을 보유하고 있습니다. 그러나 시스템적 문제에 대한 협력적 답변을 다룰 때는 거의 진전이 없었습니다.

협력적 거버넌스는 종종 다양한 환경 문제에 대한 해답으로 강조됩니다. 그러나 복잡한 세계에서 환경 문제에 대한 협력은 참여자마다 서로 원하는 것이 다르고, 다양한 환경 문제가 서로 다른 방식으로 관련되어 있으며, 주어진 그룹이 특정 질문에 다른 영향을 미치기 때문에 달성하기가 어렵습니다. 그렇다면

지 탄소관리 전략 중 하나로 대기 중 탄소를 토양 영양을 강화시키는 형태 또는 중합체, 고체 골재와 같은 내구성 있는 형태로 변환하는 작용을 말합니다. 나머지 둘은 탄소중립과 탄소음성입니다.

협업을 통해 더 나은 환경을 만들 수 있을까요?

연구에 따르면 환경 문제를 해결할 수 있는 능력은 부분적으로 이러한 네트워크가 구조화되는 방식 및 참여자 간의 협력 패턴과 관련이 있습니다. 예를 들어, 한 참여자가 다른 참여자의 노력에 무임승차할 위험이 있는 경우, 동료집단으로부터 받는 압박이 문제를 해결할 수 있기를 바라며 이러한 참여자를 제3자와 연결하여 삼각 협력을 형성함으로써 갈등을 개선할 수 있습니다. 또한 문제가 일시적인지 더 영구적인지에 따라 차이를 만들 수 있습니다. 일시적인 경우 네트워크가 코디네이터 또는 리더를 선택하여 함께 유지하는 것이 더 성공적일 수 있습니다. 환경협력 및 갈등해결(ECCR)은 중립적인 제3의 촉진자가 협력, 협상, 구조화된 대화, 중재 및 기타 접근 방식을 사용하여 기관 및 이해관계자와 협력하여 환경 갈등을 예방, 관리 및 해결하는 프로세스입니다.

이번 10년은 문명이 보다 사회적으로나 생태적으로 지속가능한 사회를 발전
시킬 수 있는지 여부를 결정할 것입니다. 이 목표의 중요한 부분은 민간 이해
당사자와 공공 기관 사이에서 협력을 개선하고 더 효과적으로 만드는 방법에
대해 더 나은 이해를 필요로 합니다. 산림 벌채, 행동에 대한 비즈니스 약속, 과학 기반 목표 및 제로 서약, 경쟁의 장을 평준화하기 위한 정책 개혁, 시장이 위험의 가격을 올바르게 책정하고 자본이 보다 지속가능한 투자로 흘러갈 수 있도록 재무 정보 공개 등과 같은 분야에서 리더십을 유지하려면 기업, 정부, 도시 및 지역의 지속적인 리더십이 필요합니다.

이제 'S'를 보여주세요! ESG의 사회적 성과 측면을 조사한다

Give Me an 'S'! Investigating the Social Aspects of ESG

이 장에서는 . . .

✔ 기업의 사회적 성과 지표 식별
✔ 기업의 사회적 인식 및 영향 연구
✔ 사회적 성과에 대한 정의 및 측정 결정
✔ 가중치 요인 선택: 사회 문제 및 시나리오 분석

ESG에서 'S'는 무엇을 의미합니까? 지속가능성? 아니면 이해관계자? 사실 "사회적" 요인은 중간 아이 증후군[1]을 앓고 있습니다! 'E'(3장 참조)는 모두가 이야기하는 전형적 모습이고, 'G'(5장 참조)는 모두가 의지하는 근본적인 특성을 지닌 믿을 수 있는 형제자매와도 같기 때문에 배제감이 있습니다. 따라서 최근 몇 년 동안 ESG 제품군에 대한 관심이 커졌지만 더 넓은 시장에서는 여전히 'S'가 기업 평가 및 투자 결정에 통합될 때 어떤 측면을 취해야 하는지 동의하기 위해 고군분투 하고 있습니다.

기업은 환경 영향 및 거버넌스 표준에 대한 공개에서 실질적인 진전을 이루

---

1 중간에 끼어 첫째처럼 주목을 받지도 막내처럼 귀여움을 독차지하지도 못하는 둘째 아이의 심정.

었지만, 사회적 영향 및 성과 측정은 상대적으로 뒤처져 있습니다! 이는 2008년 금융위기 이전에도 기후 변화 문제를 둘러싼 시급성과 거버넌스 통제 강화로 설명될 수 있습니다. 이 둘 모두 'S'를 뒷전에 두었습니다.

그러나, 쥐구멍에도 볕들 날이 있는 법이죠! 코로나19 상황에서 'S'는 조명을 받았으며 이전보다 투자자로부터 훨씬 더 많은 관심을 끌 것입니다. 위기의 속도, 범위 및 강도는 우리 일생에서 유례를 찾아볼 수 없으며 'S'와 관련된 요소는 이제 전 세계 기업에게 가장 시급한 문제 중 하나가 되었습니다. 경제의 전체 부문은 암울하고 불확실한 미래에 직면해 있습니다. 따라서 기업의 평판은 'S'가 이해관계자와 명확하고 투명한 방식으로 소통하고 관계를 맺는 방식에 따라 결정될 것입니다.

투자자들은 'S'가 분석, 측정 및 투자 전략에 통합하기 가장 어렵다는 것을 알게 되었습니다. 사회적 성과의 질적 특성과 다양한 관련 문제는 업계에서 합의를 구축하는 데 어려움을 겪고 있습니다. 따라서 종종 'E'와 'G' 사이의 접점 (interface)으로 간주되는 반면, 관련 데이터와 기업의 사회적 보고의 일관성 부족으로 인해 더 복잡해졌습니다.

그러나, 원하는 것을 얻으려면 위험 경고가 따라야 합니다! 규제 기관, 정부, 고객 및 직원은 기업 스토리와 사회적 자격을 보다 면밀히 조사할 것입니다. 건강 및 안전, 인권, 노동 기준, 다양성, 포용성, 데이터 프라이버시와 같은 문제가 더욱 부각되었습니다. 기업은 이 기회를 활용하여 사회 활동과 진행 상황을 모든 이해관계자에게 전달할 필요가 있습니다. 이 새로운 강조는 제3자 평가기관, 보고 프레임워크 및 표준에 대한 더 많은 면밀한 조사를 가져올 것입니다.

특히, 평가기관은 각각의 등급 간의 상관관계가 부족하다는 의혹을 받았습니다. 보다 쉽게 정의할 수 있는 'E' 및 'G' 문제는 시장 데이터에 대한 인정된 실적을 가지고 있으며, 종종 강력한 규제와 관련이 있습니다. 사회적 문제가 구체적이지 않고, 데이터가 성숙되지 않은 상황에서 기업의 성과에 어떤 영향을 미치는지 보여주는데 어려움이 있습니다. 설상가상으로 이러한 문제들은 국가

마다 다르게 평가되고 있습니다. 따라서, 투자자가 서로 다른 기업을 비교하고 사회 문제에 대해 일관된 보고를 채택할 수 있도록 각 요소의 가중치를 결정하기 위해서는 좋은 사회적 관행과 성과를 나타내는지에 대한 명확한 정의와 측정이 중요합니다.

이 장에서는 기업이 사회 프로그램 내에서 고려하는 주요 사회 활동 및 지표에 대해 설명합니다. 또한 이러한 요인을 평가하는 방법을 고려하고, 이를 정의하고 측정하는 방법을 결정하고, 'S'요소 자체와 더 넓은 ESG 세계에서 특정 사회적 지표에 가중치를 부여할 수 있는 방법에 대해 논의합니다.

기업의 사회적 성과 요인 파악

Identifying Factors in a Company's Social Performance

사회적 지표의 광범위한 정의는 본질적으로 인간의 복지에 영향을 미치는 사회적 추세와 조건을 표현하는 통계적 측정이라는 것입니다. 직원과 기업이 활동하는 지역사회의 삶의 질에 미치는 영향을 평가하여 기업이 사회적 관점에서 어떻게 행동하는지 나타낼 수 있습니다. 일반적인 사례로는 사고 및 사망률, 빈곤, 불평등, 고용 또는 실업률, 공급망 노동 기준, 기대 수명 및 학력이 있습니다.

객관적 사회적 지표는 개인 평가와는 무관한 사실을 나타내는 반면 주관적인 사회적 지표는 사회적 상황에 대한 인식, 자기 보고 및 평가를 측정합니다. 주관적 지표의 사례로는 신뢰, 자신감, 삶의 만족도, 웰빙 및 인지된 보안성이 있습니다. 다음에서는 ESG에서 'S'의 기초를 형성하는 특정 사회적 지표를 간략하게 설명하고 이들이 기업의 사회적 등급을 결정하는 데 사용되는 방법에 대해 자세히 설명합니다.

고객 만족
Customer satisfaction

고객 만족은 달성하기가 간단하면서도 복잡한 작업으로 볼 수 있습니다. 일반적으로 기업은 고객이 필요로 하는 제품과 서비스를 제공하여 가치를 창출하고 신뢰와 충성도를 유지하여 장기적인 관계를 구축하는 것을 목표로 합니다. 또한 장기적인 성공을 달성하기 위해 기업은 높은 기준으로 운영하고 고객에게 공정한 결과를 제공해야 합니다. 문제가 발생하면 기업의 커뮤니케이션, 프로세스와 서비스를 개선하기 위해 고객 피드백에 신속하게 움직이고 대응해야 합니다. 불만 사항은 검토하고 거버넌스 포럼에 보고해야 하며, 고위 경영진은 고객 만족도에 대해 측정해야 합니다. 한편, 관련 직원 교육에서는 관행, 절차 및 시스템을 개선하기 위해 불만 사항 기록의 중요성을 강조해야 합니다. 행동 원칙은 제품 개발 및 판매 방식에 포함되어야 하며 고객의 기대와 규제 요구 사항을 충족할 수 있는 강력한 위험 관리 통제가 되어야 합니다. 이러한 목표를 달성하지 못하는 기업은 매출과 수익성을 유지할 가능성이 낮아집니다.

이 요약은 고객 만족을 제공하는 기업에 대한 사회의 기본적인 기대치로 간주되어야 합니다. 그러나, 투자자는 기업이 이러한 원칙을 유지하고 있는지 확인하기 위해 다른 지표를 모니터링 할 수 있습니다.

▶ 문제를 식별하고 보다 효과적으로 변화의 우선순위를 정하기 위해 고객 피드백을 의사결정 중심에 두십시오.

▶ 제품을 제공할 때 고객의 요구를 고려하고, 권장 제품의 적합성을 검토하며, 판매 품질과 영업 사원이 인센티브를 받는 방법을 모니터링합니다.

▶ 디자인 프로세스 전반에 걸쳐 고객 패널과 사용자 랩을 사용하여 제품을 조정합니다.

▶ 설계 및 개발 프로세스 과정에서 테스트하여 시장에서 명확하게 식별가능한 요구 사항을 확인하고 규정을 포함하여 고객에게 조언 및 권장 사항을

안내할 때 일관된 표준을 유지합니다.

▶ 현지 규정을 준수하면서 세부 고객 위험 프로파일링[2] 방법론을 사용하여 현지 규정 요구 사항에 맞춘 제품의 위험성을 측정하는 글로벌한 일관된 방법론을 구현합니다.

▶ 사기 행위는 고객의 위험 및 우려 사항이므로 모니터링합니다. 따라서 사기 방지 시스템 및 인식 제고를 위한 커뮤니케이션을 포함하여 영향 감소에 대한 노력이 필요합니다.

▶ 적절한 경우 전담 관리자와 함께 잠재적으로 취약한 고객을 위한 절차를 소개합니다.

▶ 기업 문화에 책임감을 심어주고 올바른 행동을 장려하며 잘못된 행동을 효과적으로 관리합니다.

▶ 실시간 고객 피드백에 대한 지표를 개선하고 디지털 혁신을 가능하게 하는 고객 중심 프레임워크를 도입합니다.

▶ 인공지능(AI) 및 머신러닝(ML) 솔루션을 사용하여 데이터를 빠르고 명확하게 분석할 수 있습니다. 이 기술은 고객에게 상당한 잠재적 이점을 제공하지만 기업은 잠재적인 윤리적 위험에 대한 절차를 구현해야 합니다(다음 부분에서 이에 대해 자세히 설명합니다.).

▶ 연간 성과 평가에 의무적 행동 목표를 도입합니다. 이러한 평가 및 기타 행동 평가에 대한 성과는 평가 수준 및 재량 급여를 결정할 때 고려되어야 합니다.

데이터 보호 및 개인 정보
Data protection and privacy

간단히 말해서 데이터 보호는 무단 액세스로부터 데이터를 보호하는 것이므

---

2 여기서는 자료수집이나 유행분석을 의미합니다.

로 기술적인 문제에 가깝습니다. 데이터 프라이버시는 승인된 접근과 관련된 것이지만, 기업은 데이터 접근권한이 있는 사람과 접근 관련 권한을 정의하는 사람을 결정해야 하므로 법적 문제에 가깝습니다. 개인 데이터 수집 및 처리가 중요한 수익 원천이 된 오늘날의 세계에서 기업은 데이터에서 수익을 창출하는 더 많은 방법을 조사하고 있지만 데이터 보안, 관리 및 개인 정보 보호 요구 사항에 대한 부정적인 리스크를 관리해야 합니다. 특정 정보가 현지 또는 국제 규제 기관의 개인 데이터 정의를 충족하는지 여부를 판단하기 어려울 수 있다는 점을 감안할 때 이러한 위험은 자연스럽게 증가하는 경향이 있습니다.

그러나, 기술 변화의 속도와 개인 데이터가 활용되는 방식은 데이터 개인정보 보호 규정의 속도를 크게 앞질렀고, 사람들은 개인 데이터가 누구에게 있는지, 무엇에 사용되는지 또는 보호되는지 여부를 확신할 수 없습니다. 뉴스에서 널리 알려진 데이터 침해가 있었음을 감안할 때 규제 기관과 최종 사용자 모두 데이터 사용에 더 많은 제한을 부과하고 있습니다.

전세계적으로 가장 중요한 규제 진전은 일반정보보호규정(GDPR, General Data Protection Regulation) 형태로 유럽 법률을 도입한 것입니다. 이는 EU 시민에게 개인 데이터에 대한 더 많은 통제권을 부여하는 것을 목표로 2018년 5월에 발효되었습니다. 또한 GDPR은 명시적으로 역외 범위가 있으므로 EU 시민과 비즈니스를 수행하는 모든 회사는 규정을 준수해야 합니다. 캐나다, 아르헨티나, 브라질 및 캘리포니아 주를 포함한 다른 많은 국가에서도 GDPR 모델의 요소를 반영하여 법률로 도입하거나 구현 요건을 강화했습니다. 이로 인해 대부분의 회사는 "불필요한 것들을 정리"하고 개인 데이터 사용이 규정을 준수하는지 확인했습니다. 이를 위해서는 항상 이사회 감독, 데이터 보호 책임자(DPO)의 고용, 그리고 직원이 데이터 개인 정보 보호 및 고객 및 공급자와의 관계를 우선적으로 정해야 하는 추가적인 통제시스템이 필요합니다.

이에 대응하여 많은 기업에서 가장 위험이 높은 데이터의 보다 중요한 요소를 포괄함으로써 규정 준수에 도달하기 위한 위험기반 접근방식을 구현했습니다. 주요 영역에는 데이터 보안 확인, 저장된 데이터 양 축소, 최소 필요 데이터만 수집, 데이터 보관기한 준수 등이 포함됩니다. 데이터는 또한 가명화되거나 암호화되어야 합니다.

▶ 가명화는 식별 정보를 인위의 식별자로 대체하여 데이터를 감춥니다.
▶ 암호화는 데이터를 코드로 변환하므로 암호 해독 키 또는 암호에 액세스 할 수 있는 사람만 읽을 수 있습니다.

또한, 기존 데이터 처리 소프트웨어로 처리할 수 없는 복잡한 데이터 집합인 "빅데이터"의 중요성이 증가함에 따라 이 문제가 더욱 심각해질 수 있습니다. 빅데이터 및 관련 AI 기술이 발전함에 따라 의사결정을 안내하는 명확한 규칙이 없으므로 기업은 일관되고 예측가능한 의사결정을 내릴 수 있도록 윤리 원칙을 마련해야 합니다.

따라서 데이터 프라이버시는 기본적인 인권보호 조항에 속하지만 많은 성공적 기업의 비즈니스 모델과 상충됩니다. 데이터 수집, 처리 및 배포에 대한 의존도가 높아짐에 따라 데이터 관리가 열악한 곳에서 잠재적인 평판, 소송 및 규제 위험이 증가했습니다. 따라서 ESG 투자자는 투자할 회사를 평가할 때 이러한 문제를 중요한 지표로 간주하고, 기업이 프로세스 및 개인 정보 보호에 대한 투명성 제고를 지지합니다. 사실상, 그들은 기업이 규제 법령에 따라 행동하기 보다는, 스스로를 통제하고 자율 규제를 하도록 촉구하고 있습니다. 수동적 태도는 장기적인 수익성에 더 큰 피해를 줄 수 있기 때문입니다. 사전예방적 위험 완화와 관련된 비용은 장기적으로 회사 가치평가의 긍정적 증가에 비한다면 미미합니다.

REMEMBER

성별과 다양성
Gender and diversity

성별 및 인종적 불평등의 존재에 대한 인식과 비즈니스에서 이를 해결하는 것의 중요성에 대한 인식은 이러한 차별의 증거가 전 세계 대부분의 직업군에서 증가했음에도 불구하고 실망스러울 정도로 느렸습니다. 그러나, 최근에는 직장에서의 불평등, 특히 남성과 여성에 대한 동일노동, 동일임금을 문서화하기 위해 규제 요구 사항이 부과되어 더 많은 논쟁과 정치적 고려가 촉발되었습니다. 불평등의 핵심 지표를 강조하고 보고함으로써 그러한 불균형이 공개되고 관련 조직에 평판 손상을 초래하여 사전적으로 대응하도록 장려합니다. 그리고, 여러 보고서에서 이것이 회사의 성과에 도움이 되어야 한다는 것을 보여줍니다. 또한, 특히 인종, 민족성, 성별 및 성적 지향 측면에서 그리고 이사회 수준에서 인력의 다양성을 보여주는 회사는 더 나은 비즈니스 결정을 내릴 가능성이 높으므로 국가내 산업별 중앙값보다 높은 재무적 성과를 얻습니다. 마찬가지로 다양성이 낮은 기업은 평균 이상의 수익률을 달성할 가능성이 적습니다.

이러한 결과는 국가 또는 부문에 따라 다를 수 있지만 점점 더 다양한 기업이 최고의 인재를 확보하고 고객 지향성, 직원 만족도 및 의사결정을 향상시켜 수익을 높일 수 있음을 발견하고 있습니다. 또한 연령, 성적 성향, 장애(신경 다양성3 포함), 사회적 차이 등 모든 종류의 다양성을 촉진하여 조직의 효율성을 강화할 수 있는 포용적인 기업 문화를 촉진함으로써 경쟁 우위를 가져올 수 있습니다.

투자자들은 순전히 사회적 관점에서가 아니라 이사회 수준에서 의사결정권자 구성을 개선하는 방법으로 이사회 다양성의 가치를 점점 강조하고 있습니다. 이는 집단사고4와 법적 위험을 줄이고 기업 지배구조를 개선합니다. 그러나 다양성 개선을 평가할 수 있는 기본 데이터가 부족하기 때문에 기업이 더 많은 정보를 공개하도록 적극 추진해야 합니다. 다양성을 통합한 사람들은 또한 장기적으로 회사 고유의 위험을 줄이는 데 도움이 된다고 보고합니다. 이는 시장에서 완전히 가격이 책정되지 않은 요소에 대해 회사를 평가할 때 할인율을 조

---

3 조울증. 자폐증 등 다양한 신경질환을 정상의 범주에 포함시키자는 운동입니다.
4 구성원들이 강한 응집력을 보이는 집단에서, 의사 결정 시에 만장일치에 도달하려는 분위기가 다른 대안들을 현실적으로 평가하려는 경향을 억압할 때 나타나는 구성원들의 왜곡되고 비합리적인 사고방식을 말합니다.

정하기 때문에 자본 비용이 낮아집니다.

임직원 참여
Employee engagement

연구에 따르면 최고 성과를 내는 기업은 강력한 기업 문화, 긍정적인 근무 환경 및 직원 참여 등의 특징을 가지고 있다고 합니다. 자본의 이익에만 초점을 맞추고 노동자 이익에 대해서는 충분히 고려하지 않는 기업 지배구조에 대한 질문이 점점 더 많이 제기되고 있습니다.

▶ 기업 이익을 자사주매입에 활용하고 투자자에게 배당금을 지급하는 것을 강조하는 전형적인 "주주 가치" 모델이 가치 창출보다는 가치 제거에 대한 내재적 편견이 있습니까?

▶ 이러한 접근 방식이 인적·물리적 자본, 생산 능력 및 연구 개발에 대한 내부의 장기 재투자 촉진을 방해합니까?

▶ 자산 보유자와 고위 경영진에 대한 이러한 고착화된 인센티브가 금융과 산업 모두에서 자연스러운 단기주의 성향을 생성합니까?

대부분의 유럽 국가에서는 회사의 감독위원회에 직원 대표를 명시적으로 포함하여 정보접근에 대한 공식적인 권리를 부여하고, 기업 의사결정에 참여시킵니다. 이것은 일종의 사회적 실험이 아니라 이사회 수준에서 직원의 참여가 신뢰와 공동의 주인의식을 높이고 다양한 관점과 정보를 논의의 장으로 가져옴으로써 통찰력을 향상시킨다는 인식에 기인합니다. 이를 통해 직원들은 더 많은 참여를 느끼고 장기적인 안목을 확보할 수 있습니다. 결국 근로자는 다른 이해관계자보다 회사에서 장기적인 위험에 직면하므로 기업 지배구조에 더 많은 발언권을 가져야 합니다. 보고서에 따르면 회사에 대한 만족도가 높은 직원은 더 열심히 일하고, 더 오래 머물며 조직에 더 나은 결과를 제공합니다. 노동력이 점점 더 자신의 가치를 직장에 도입하려는 경향이 있는 밀레니얼 세대와 Z 세대로 구성됨에 따라 이는 더욱 관련성이 높아질 것입니다.

ESG 투자자의 견해는 직원과 지역사회 및 환경을 착취하는 것이 더 이상 지속가능하지 않으며, 일부 조직은 직원 참여에 소극적이라는 것입니다. 결국, 회사의 경영진이 다른 이해관계자를 그렇게 대하면 주주도 똑같이 대우할 가능성이 큽니다! 조직의 성공은 동기를 부여하고 참여하는 직원을 기반으로 해야 하므로 고용주는 최고의 인재를 유치하고 유지하려는 경우 자신의 목적을 재평가해야 합니다. 또한, 일부 사업 분야에서는 근로 빈곤5이 현실이기 때문에 직원들이 어려움을 겪고 있을 때 긍정적인 기업 문화를 만드는 것은 어려울 것입니다. 따라서 일부 투자 펀드는 개인 역량개발, 자율성, 공정성, 직업 목적 및 작업 환경과 같은 영역을 통해 인적 자본을 촉진하는 기업을 명시적으로 목표로 삼는데 중점을 둡니다.

코로나19 팬데믹은 기업이 직원 참여를 강화할 수 있는 실질적인 기회를 제공합니다. 유연 근무 또는 "재택근무"가 "뉴 노멀" 환경에서 우세할 것이라는 점을 감안할 때 보다 이질적인 인력과의 협력관계는 다른 과제를 제시합니다. 이것은 ESG 문제에 대한 기업의 접근 방식과 얽혀 있으며, ESG 전략을 조직 문화에 수용하는 기업은 이제 보상을 받는 것처럼 보입니다. 많은 기업이 규제와 투자자 커뮤니티의 압력에 반응적으로 대응할 것이며, 적극적인 기업은 회복이 시작될 때 인재 확보를 위한 싸움에서 경쟁 우위를 확보해야 합니다.

커뮤니티(지역사회) 관계
Community relations

지역사회 관계는 기업이 운영하는 지역사회와 상호 이익이 되는 관계를 구축

---

5 소위 working poor라고 하는, 낮은 임금으로 오랜 시간 동안 열심히 일을 함에도 불구하고 생계유지조차 제대로 하기 힘든 저소득 노동자층을 의미합니다.

하고 유지하는 방식을 나타냅니다. 기업은 지역사회의 발전에 적극적인 관심을 기울임으로써 지역사회 지원, 선의 및 고객 충성도 측면에서 장기적인 이점을 얻습니다. 조직은 교육, 고용 및 환경 프로그램, 도시 재생 프로젝트, 재활용 및 복원을 포함하여 지역사회의 삶의 질을 향상시키는 프로그램을 지원할 때 훌륭한 기업시민으로 인정받습니다. 여기에는 자선 활동, 자원 봉사, 급여 희생6 계획 및 현물 기부 프로그램도 포함될 수 있습니다. 소규모 기업도 재정 지원 또는 직원 참여를 통해 지역 스포츠 팀 또는 기타 이벤트를 후원하여 커뮤니티 가시성을 확보하고 친선을 도모할 수 있습니다.

경쟁과 사회적 압력은 회사와 지역사회 간의 관계에 변화를 요구합니다. 핵심 비즈니스 전략의 일부로 커뮤니티에 집중하여 최고의 직원을 유치 및 유지하고, 고객 사이에서 긍정적으로 자리매김하며, 시장에서의 위치를 개선합니다. 이 전략적 사회적 투자는 전 세계적으로 일관된 브랜드 이미지와 시장 입지를 구축하는 데 도움이 되며 조직에서 수행하는 가장 중요한 커뮤니케이션 활동이 될 수 있습니다. 회사는 브랜드를 홍보하기 위해 관계를 발전시키고, 커뮤니티는 프로그램의 도움을 받습니다.

한편, 광업 및 굴착 등 일부 기업의 경우 일부 국가(호주, 중국, 나이지리아 및 남아프리카 포함)에서 법률에 따라 강력한 커뮤니티 관계 프로그램이 요구됩니다. 이러한 커뮤니티 개발 계약(CDA)은 채굴 프로젝트의 혜택을 지역 커뮤니티 및 기타 이해관계자와 공유하는 투자자와 커뮤니티 간의 계약입니다. 특별한 사례가 호주 원주민 소유권법(Australian Native Title Act)인데, 채굴 면허를 가진 기업이 소유권 보유자로서 토지에 대한 법적 권리를 가진 원주민 커뮤니티와 CDA에 동의하고 참여하도록 강요합니다.

---

6 근로자가 고용계약에 따라 지급해야 할 현금보수의 일부에 대한 권리를 포기할 때 생기는데, 일반적으로, 고용주가 종업원에게 어떤 형태의 육아 바우처 등 비현금 혜택을 제공하기로 합의한 것에 대한 대가로 이루어집니다.

인권

Human rights

국제 인권법은 정부가 특정한 방식으로 행동하거나 특정 행위를 자제하고, 개인이나 집단의 인권과 기본적 자유를 지지하고 보호해야 할 의무를 설명하고 있습니다. 이러한 기본 권리는 존엄성, 평등성, 공정성, 독립성, 존중과 같은 공유된 가치를 기반으로 하며 인종, 성별, 국적, 인종, 종교 또는 기타 지위에 관계없이 차별없이 모든 인간에게 내재되어 있습니다. 예를 들면, 생명과 자유에 대한 권리, 노예와 고문으로부터의 자유, 의견과 표현의 자유, 일과 교육에 대한 권리가 있습니다. 따라서 인권 중심의 프레임워크는 사회 문제의 다양성과 균형을 더 넓히고 특정 산업과 가장 중요한 문제에 집중하는 경향이 있습니다.

투자자가 가장 일반적으로 사용하는 표준은 세계인권선언(UNDHR; www.un.org/en/universal-declaration-humanrights/)과 가장 최근에 발표된 기업과 인권에 관한 UN 가이딩 원칙(UNGP)입니다. 보호, 존중 및 구제라는 세 가지 축을 식별하십시오. 자세한 내용은 www.ungpreporting.org/resources/the-ungps/를 확인하십시오.

유엔은 시민권, 문화권, 경제권, 정치권 및 사회권을 포함하여 모든 국가가 국제적으로 인정되는 권리를 기반으로 가입할 수 있는 국제적으로 보호되는 규범을 대표하는 포괄적인 인권법을 만들었습니다. 투자자는 또한 기업이 이러한 문제에 대해 조치를 취하고 글로벌 기업의 인권 침해에 맞서 싸우도록 지원해야 합니다. 주주로서 투자자는 회사의 연차총회(AGM)에서 결의안을 제안함으로써 기업의 행동을 바꾸고 인권에 반하는 모든 관행을 종식할 수 있는 권한이 있습니다. 종종 이것은 기업의 공급망 내 협력사에게 가장 분명하며, 이로 인해 영국은 2006년 기업법에서 특정 기업이 매 회계연도에 명세서를 작성하도록 요구하는 법안을 도입했습니다. 이것은 노예제와 인신매매가 그들의 사업 또는 공급망에 존재하지 않도록 하기 위해 취한 조치를 강조합니다. 또한 이는 회사에 책임이 있으며 준수하지 않으면 평판, 운영 효율성 및 궁극적으로 재무성과에 영향을 미칠 수 있습니다.

투자자들은 개별 기업의 인권 실적에 대해 보다 신뢰할 수 있고 접근 가능한 정보를 요구했습니다. 최근 몇 년 동안 점점 더 많은 노동 및 인권 전문가들이 이러한 문제에 명시적으로 초점을 맞춘 공공 등급과 순위를 내놓았습니다. 그들은 인권 문제의 범위를 포함하는 지표를 사용하여 특정 산업 또는 특정 사회 문제에서 선두 및 후발 기업을 강조하는 것을 목표로 합니다. 인권 전문가가 다른 이해관계자와 협의하여 만든 것을 감안할 때 이러한 등급은 노동 및 기타 인권 문제를 더 적절하게 반영합니다(예: www.corporatebenchmark.org/). 그들은 또한 평가체계를 만드는 데 사용되는 투명한 방법론과 지표를 가지고 있습니다.

노동 기준
Labor standards

노동 기준은 국제 노동기구(ILO)와 유엔(UN)에서 제안한 기준을 포함하여 국제 협약 및 문서를 통해 정의되고 보호됩니다. 회사의 인력은 귀중한 자산이며 긍정적인 노동자－경영진 관계가 비즈니스의 지속가능성에 중요하다고 가정합니다. 이러한 관계를 형성하고 지원하지 않으며, 좋은 노동 조건을 유지하지 못하면 다양한 추가 비즈니스 비용과 영향이 발생할 수 있습니다. 여기에는 낮은 수준의 작업자 생산성 및 낮은 생산량, 파업 또는 기타 작업자 조치, 주요 및 해외 고객과의 계약 확보 실패, 현지 규제 당국이 부과하는 벌과금, 궁극적으로 평판 손상이 포함될 수 있습니다.

반대로 바람직한 노동 조건은 운영의 효율성과 생산성을 향상시켜 수익과 마진을 증가시킬 수 있습니다. 더욱이 많은 회사는 공급자가 ILO 기본 협약 및 모범 사례에 부합하는 정책을 입증하고 공인 검증 기관의 제3자 감사에 참여하여 규정 준수를 평가하도록 요구합니다.

노동 기준 문제는 의류 및 신발류, 광물 채굴, 건설 현장 및 접객업과 같은 노동 집약적 제품의 "저임금 노동현장" 제조업체와 같이 특정 산업 부문 및 활동에서 발견되는 경향이 있습니다. 그러나 많은 문제가 발견되는 개발도상국의 법적 체제는 바람직한 내부 관행을 따르지 않으며 많은 국가에서 근로자의 권리 보호 및 집행에 바람직하지 않은 기록들을 가지고 있습니다. 이런 사례는 근로자를 보호하기 위한 법적 체제가 있는 선진국에서도 발견됩니다.

　　글로벌 기업과 투자자는 현지 기업이 최소한 현지 법률 및 규정을 준수하는 고용 정책을 갖추고 있는지 확인하고 ILO 핵심 협약에서 인정하는 보호 조치를 수립해야 합니다. 회사는 또한 자체 및 공급망에 있는 회사의 관행이 모범 관행을 준수하는지 확인해야 합니다. 투자자는 또한 기업이 자체 정책을 준수하는지 확인하기 위해 정기적으로 감사를 받는지 확인해야 합니다. 일부 회사는 침해를 "감추는" 시스템을 만드는 것으로 알려져 있습니다! 따라서 공급자의 경쟁력은 유해한 노동 관행과 직접적으로 관련될 수 있습니다.

　　한편, 기술은 "제로 시간" 계약(고용주가 제공할 의무가 없는 경우)으로 운영되는 승차 공유 또는 음식 배달 서비스와 같은 보다 유연한 일자리 창출을 설명하는 긱 경제(gig economy)[7]의 출현을 주도했습니다.

　　이러한 새로운 비즈니스 모델은 근로자가 정규 직원과 유사한 작업을 완료하지만 "자영업" 개인 또는 "프리랜서"로 분류되기 때문에 기존의 노동 프레임워크에 맞지 않습니다. 이는 결사 및 단체 교섭의 자유를 포함하여 정규 직원과 법적으로 동일한 권리와 혜택에 접근할 수 없음을 의미합니다. 따라서 긱 이코노미(gig economy)는 정규직보다 더 유연한 근로 조건을 제공하지만 불안정한 근로, 불확실한 근무 시간, 저임금, 비자발적 초과 근무 등으로 인해 노동권에 대한 우려를 불러일으킵니다.

　　열악한 노동 관행을 다루는 언론 보도가 정기적인 헤드라인 뉴스가 되었습니다. 여기서 가장 큰 어려움은 일부 공급망에는 여러 계층이 있어 공식 공급자를

---

7 기업들이 산업현장에서 필요에 따라 사람을 구해 임시로 계약을 맺고 일을 맡기는 형태의 경제 방식.

넘어서 덜 공식적으로 조직화된 공급자로 확장된다는 것입니다. 좋은 노동 기준을 보장하는 모니터링 관행은 매우 복잡할 수 있습니다. 회사와 투자자는 공급자를 매핑하고 가장 중요한 위험과 가능한 완화를 결정해야 합니다. 그러나 극명한 현실은 이것을 도출하는데 몇 달이 걸릴 수 있으며 상당한 시간, 노력 및 비용이 필요하다는 것입니다. 따라서 때때로 실용적인 자연적 배제 정책이 있을 수 있습니다.

최악의 시나리오에서, 이 부분에서 강조된 모든 문제는 부채 속박(사람이 빚을 갚기 위해 무료로 일하도록 강요받는 곳), 아동 노예 제도, 가정 노예 제도, 피해자가 폭력으로 위협받는 강제 노동 등 현대적인 형태의 노예 제도로 이어질 수 있습니다. 그리고, 다시 말하지만, 이러한 관행 중 일부는 개발도상국뿐만 아니라 선진국에서도 널리 퍼질 수 있습니다.

기업의 사회적 성과 평가
Evaluating a Company's Social Performance

기업의 사회적 책임(CSR)은 기업이 이해관계자, 대중 및 자체에 대해 사회적으로 책임을 지도록 장려하는 자발적인 자율 규제 접근 방식입니다. CSR을 비즈니스 전략의 일부로 채택함으로써 기업은 사회의 다양한 측면에 미치는 영향을 인식하고 있습니다. CSR은 회사 또는 산업과 관련된 다양한 형태를 취하지만 이 장의 앞부분에서 설명한 사회적 지표를 통합하는 광범위한 개념입니다. 또한, 지속가능한 발전에 기여하는 윤리적 행동과 투명성을 수반하는 환경에 대한 기업의 책임도 포함됩니다.

CSR 프로그램을 통해 기업은 브랜드를 높이는 동시에 지역 사회에 더 많은 혜택을 줄 수 있습니다. 이제 더 많은 기업에서 CSR을 기업, 디지털 커뮤니케이션 및 보다 광범위한 전략의 중심에 두게 될 것으로 예상됩니다. 반면에 사회적 기준과 관행을 지키지 않는 기업은 평판 및 기타 위험에 크게 노출됩니다. 결과적으로 이는 매출 손실, 벌금 및 소송 손실을 통해 매출 및 이익 모두에 타격을 줄 수 있습니다.

다음에서는 회사의 CSR 성과를 평가하기 위한 몇 가지 도구와 정보를 나열합니다.

결과는 다음과 같음: 성취

The results are in: Achievements

기업이 사회적 목표를 얼마나 잘 달성하고 있는지를 정의하거나 평가하는 독립적이고 객관적인 기준은 없습니다. 부분적으로 이것은 각 프로그램이 이를 따르는 회사와 도움을 받는 커뮤니티만큼이나 고유할 수 있기 때문입니다. 많은 기업이 예상되는 유행어를 고수하고 경영진의 "승인"과 서비스와 사회적 영향 간의 "전략적 조정"을 강조합니다. 그러나 CSR에 대한 오랜 실적을 보유한 기업과 비교하여 목표 달성에 대한 투명성, 개선에 대한 커뮤니티 평가 및 동료 평가를 이용하면 성과를 더 명확하게 파악할 수 있습니다.

일반적으로 가장 큰 영향을 미치는 CSR 이니셔티브는 프로그램이 발전함에 따라 풍부하게 하는 피드백 루프를 통합합니다. 명확하게 정의된 핵심 성과 지표(KPI)와 연계하여 측정하는 내용을 지속적으로 개선하면 프로그램의 효율성이 향상되고 더 나은 결과를 얻을 수 있습니다.

추가로 지원할 수 있는 일부 산업 표준 도구는 다음과 같습니다.

TIP

▶ 기업 관행을 사회적 목표에 맞추는 B Corp 인증

　(https://bcorporation.uk/about-b-corps).

▶ 커뮤니티 참여를 위한 측정 도구인 CommunityMark

　(www.laing.com/uploads/assets/CommunityMarks%20monitoring%20 boards% 20-%

　20FINAL.pdf).

▶ GRI(Global Reporting Initiative): 사회적 고려 사항을 포함하되 이에 국한되지 않는 지속가능성보고에 대한 글로벌 표준을 제공합니다. (www.globalreporting.org/standards/)

▶ 공급망(www.ilo.org/) 내에서 인권을 보장하는 국제 노동기구(ILO).

▶ 사회적 고려 사항을 포함하되 이에 국한되지 않는 지속가능성의 재정적 영향을 측정하는 SASB(Sustainability Accounting Standards Board)(www.sasb.org/).

로마에서는 로마법을: 국가 또는 지역별로 차별화
When in Rome: Differentiating on a national or regional basis

UN 지속가능발전목표(www.un.org/sustainabledevelopment/sustainabledevelopment goals/; 1장 참조)와 같은 국제적으로 개발된 표준 및 목표는 국가와 조직을 더 큰 지속가능성과 기업의 책임으로 인도합니다. 이러한 목표 중 일부는 기업이 고려할 수 있는 사회적 영향의 범위가 관할권에 따라 상당히 다르다는 것을 분명히 강조합니다. 보다 광범위하게는 이는 특정 국가 내에서만큼 같은 대륙 내에서 고려될 수 있으며, 개발도상국은 종종 효과적인 법적 또는 규제 절차가 없거나 체계적으로 시행하지 않기 때문에 적절한 프로그램과 관련하여 개발도상국은 선진국과 다르게 평가됩니다.

또한, 참여 지점이 다를 수 있습니다. 예를 들어, 대규모 다국적 기업은 본사 또는 특정 지역 사무소에서 직접 사회 활동을 지원하거나 개발도상국의 공급자를 통해 간접적으로 지원을 제공할 수 있습니다. 이러한 프로그램이 얼마나 잘 수행되는지 평가하려면 관련된 조직 및 지표에 따라 다른 측정기준이 필요할 수 있습니다.

투자자의 관점에서 보고서에 따르면 초점이 다른 것으로 나타났습니다. 여러 국가 또는 대륙에 있는 회사는 ESG 삼두체제의 사회 활동에 어느 정도 초점을 맞추는 경향이 있습니다. 증거에 따르면 유럽 기업은 다른 대륙에 있는 기업보

TIP

다 사회적 책임 프로그램에 더 많이 참여합니다.

사회적 성과에 대한 측정 결정
Determining Measurements for Social Performance

사회적으로 책임있는 기업 프로그램이 기업의 성공과 연계되어 있다는 연구 결과를 감안할 때 이 부분의 주제인 프로그램 성과 측정은 필수사항이 되었습니다. 이러한 측정을 통해 조직은 지원할 프로그램과 CSR 이니셔티브의 효율성을 개선하고 이해관계자를 지원하도록 등록하는 방법에 대해 더 나은 선택을 할 수 있습니다.

그러나, 대부분의 사회적 측정은 늘 가장 중요한 것이 아니라 가장 편리한 것을 평가합니다. 현재 환경에서 대부분의 측정은 기업이 쉽게 접근하고 공개할 준비가 된 데이터에 집중합니다. 이는 궁극적으로 기업이 사회적 문제와 관련된 프로그램을 개발한 것에 대해 보상하지만, 그러한 노력의 결과에 대해서는 보상하지 않습니다. 이 시스템을 통해 기업은 많은 정보를 생성할 수 있지만 대부분은 관련성이 없습니다. 따라서 이는 기업의 사회적 성과를 평가하는데 의미있는 이점을 제공하는 게 아닙니다. 또한 중대성 영향에 대한 객관적인 측정을 찾기가 어렵기 때문에 특정 결과보다는 프로세스 그 자체를 측정하는 경향이 있습니다.

사회적 측정을 평가하기 위한 일관된 표준의 부족은 비용을 증가시키고 대부분의 사람들이 "좋은 것"이 무엇인지 모르기 때문에 진정한 사회적 리더를 강조하지 않습니다! 따라서 투자자에게 유용한 방식으로 회사 성과를 측정하는 데 사용되는 일관된 지표 측면에서 ESG 관련항목들에 이어 "사회적" 평가가 추적됩니다. 그러나 코로나19 이후 기업은 "목적"이라는 개념으로 더 밀접하게 식별될 것입니다. 고객에게 가치를 제공하고, 직원에게 투자하고, 공급자와 공정하게 거래하고, 그들이 운영하는 커뮤니티를 지원하고, 투자자를 위한 장기적인 가치를 창출하기 위해 얼마나 헌신 했습니까? 사회와 투자자 모두 회사에 책임을 묻고 ESG 연구에 이 분석을 포함합니다. 고려해야 할 몇 가지 중요한 측면은 다음과 같습니다.

▶ 고객 피드백이 의사결정의 중심으로 이동하여 기업이 문제를 인식하고 보다 효율적으로 조치의 우선순위를 정할 수 있었습니까?

▶ 직원의 복지를 돕기 위해 사전에 어떤 조치를 취했으며 이러한 회사 조치가 향후 직원 충성도와 인정에 어떤 영향을 미칠까요?

▶ 경영진이 부담을 분담하는 과정에서 제시한 사례를 포함하여 일시 해고 및 정리 해고는 어떻게 처리 되었습니까?

▶ 기업이 보다 광범위한 사회적 영향에 기여한 것은 무엇이며, 사회 전반에 도움이 되는 능력이나 시설에 대한 접근을 제공했습니까?

사회적, 경제적 책임의 조정
The alignment of social and economic responsibilities

증거에 따르면 기업 프로그램이 사회의 요구에 부합하는지 확인하기 위해 유용한 보고 시스템을 생성하려면 더 많은 분석이 필요합니다. 비평가들은 비교 가능성을 높이기 위해 자체 글로벌 회계 표준이 필요하다고 제안했습니다. 따라서 사회 문제를 통합해야 할 필요성은 분명합니다. 예를 들어, 회사의 공급망이 열악한 노동 관행과 인권 침해로 인해 안전성을 위협받을 가능성이 있기 때문입니다. 직원 이직률 증가와 동기 부여 및 생산성 저하로 인해 운영 성과가 손상될 수 있습니다. 사회 문제를 성공적으로 관리함으로써 기업은 환경 자원에 대한 접근 권한을 확보하고, 생산 인력을 보호하기 위한 인적 자본을 구축하고, 공급망을 강화하고, 시장에서 전반적으로 경쟁 우위를 누릴 수 있습니다.

또한, 좋은 사회적 성과가 지역 사회와 더 나은 관계를 제공할 수 있다는 인식이 높아지고 있습니다. 그러나 기업은 진정으로 사회적 프로그램을 제공하는 동안 사회적, 경제적 책임이 일치하도록 보장하고 이러한 균형에 대해 주요 이해관계자와 합의해야 한다는 점을 기억해야 합니다. 이러한 방식으로 기업은 매출 증대와 고객 충성도를 통해 사회적 책임을 지는 동시에 경제적으로 이익을 얻을 수 있습니다. 연구에 따르면 사회적 책임 인식을 개선하는 기업은 소비자 추천이 증가하는 것으로 나타났습니다. 따라서 기업은 비즈니스에 더 큰 가치를 더하는 동시에 사회적으로 책임있고 좋은 기업 시민으로 자리 매김 할 수 있습니다.

이러한 모든 측면은 목적이 기업의 성공과 연계될 수 있음을 보여줍니다. 기업이 사회를 위한 가치 창출을 주된 목적으로 사업을 운영하도록 요구하는 것은 먼 이야기처럼 보이지만 미래에 창출되는 총 가치를 증가시킬 수 있습니다.

사람과 지역 사회를 위한 장기적인 변화
Long-term change for people and communities

숙련된 인력의 가용성은 성공적인 기업이 되기 위한 핵심 요소 중 하나입니다. 기술 격차 문제를 해결하기 위해 기업은 인력 재교육 및 숙련도 향상에 더 많은 투자를 해야 합니다. 세계경제포럼(WEF)에 따르면 전체 직원의 절반 이상이 2022년까지 상당한 재교육을 필요로 할 것이지만 특정 지역에서는 문제가 더욱 심각해질 것으로 보입니다.

또한, 연구 결과에 따르면 가치를 우선시하고 사회적 영향을 창출하며 보다 다양하고 포용적인 문화를 구축하는 기업은 직원 참여도와 생산성을 개선하는데 더 유리하며 숙련된 인재를 유치하고 유지하는 데 유리합니다. 궁극적으로 기업은 새로운 환경에 얼마나 잘 적응했는지를 측정할 것이며, 그 지표는 올바른 인력을 유치하고 그 후 직원을 어떻게 활용하는지에 대한 지표가 될 것입니다.

WEF 주제인 "Skills for Your Future"는 인적 자원 관리를 최적화하고 조직이 최고의 인재를 유치하고 육성할 수 있도록 훈련, 교육 및 기술에 투자하는 데 중점을 둡니다. 업무, 인력 및 작업 환경의 특성이 새로운 도구와 기술에 의해 변화되고 있으며 기업은 이 기회를 사용해야 합니다. 자세한 내용은 www.weforum.org/focus/skills-for-yourfuture를 참조하십시오.

코로나19 위기는 사회적 요인을 전면에 내세워 많은 투자자의 관심을 증가시켰습니다. 기업이 고객, 직원, 공급업체 및 이해관계자를 일반적으로 어떻게 대하는지에 대한 추가 분석이 존재합니다. 투자자들은 이해관계자 관리가 투자 과정에서 의미하는 바가 무엇인지 더 충분히 알게 될 것입니다. 이는 앞으로 회사 수익성과 투자 수익에 영향을 미치기 때문입니다.

가중치 요인 결정
Deciding on Weight Factors

투자자는 기업이 다른 ESG 요소와 동일한 방식으로 사회 문제에 대해 일관된 보고를 채택하지 않았기 때문에 기업이 과거에 사회적으로 어떻게 성과를 냈는지에 초점을 맞추지 않았습니다(환경 성과만큼, 3장 참조). 예를 들어, 환경 요인에 대한 관심이 높아짐에 따라 투자자는 탄소 배출 및 청정에너지 사용과 같은 주제에 대한 시스템 및 보고 방법을 만들었습니다. 그러나 사회적 요인은 기업과 투자자가 측정하고 모니터링하는 ESG의 가장 까다로운 부분이었지만, 사회적 문제와 관련된 데이터가 접근 가능하고 정교해짐에 따라 투자자는 다른 재무적 요인과 함께 사회적 요인을 체계적으로 평가할 것으로 예상됩니다.

또한 영국 및 호주의 현대 노예법 또는 UN 지속가능한 개발 목표(1장 참조)의 채택으로 인한 관심 증가와 같은 사회적 측면 관련 규제 동인은 이러한 대안 접근 방식을 지원합니다. 그러나 긍정적인 진전에도 불구하고 사회 문제가 투자의사결정 과정에 체계적으로 통합되기까지는 아직 갈 길이 멉니다. 그럼에도 불구하고 더 많은 투자자들이 특정 기업 및 부문의 'E', 'S' 또는 'G'이슈에 대한 상대적 가중치를 통합하는 방법을 고려하고 있습니다. 'S' 내에서도 산업부문 또는 지역별 고려 사항에 의해 주도될 수 있는 특정 사회적 지표를 기반으로 다른 가중치 고려 사항이 있을 것입니다. 다음에서는 가중치 요소에 대해 자세히 설명합니다(자세한 내용은 8장 참조).

선택하세요: 다양한 사회적 이슈
Take your pick: Different social issues

사회적 이슈는 소비자 보호, 제품 안전, 노동법 및 직장에서의 안전, 다양성, 반부패, 공급망 전체의 인권 존중 등 다양한 주제를 다룹니다. 따라서, 본질적으로 더 정성적이고 도덕적 판단 지표이므로 투자자는 정량화가 어렵기 때문에 재무 분석 및 모델에 통합하는 것이 어렵다는 것을 알게 됩니다.

설상가상으로 사회적 이슈는 국가마다 다르게 평가됩니다. 예를 들어, 일부 국가는 인권 존중과 아동 노동 방지에 더 중점을 두는 반면, 다른 국가는 직장 내 다양성 문제를 가치사슬의 더 상단에 배치할 수 있으며, 이러한 차이는 투자 지역에 따라 확대될 수 있습니다.

REMEMBER

결과적으로 투자자는 사회적 이슈가 위험과 장기 투자에 미치는 재정적 영향을 강조하기가 더 어렵습니다. 이러한 인식을 바꾸려면 "사회적" 기업을 구성하는 것에 대한 명확한 정의와 측정이 필요합니다. 또한 투자자들이 주어진 기업과 부문을 사회적 관점에서 더 잘 평가할 수 있도록 다양한 사회적 이슈에 어떤 가중치를 부여할지 결정하는 것이 필요합니다. 정성적 분석을 통해 사회적 요인을 분석하는 것이 더 일반적이었지만, 투자자들은 사회적 요인을 다른 재정적 요인과 연계하여 재무 예측 및 회사 평가 모델에 점점 더 정량화하여 통합하고 있습니다. 일부 사회적 이슈는 정량화(예: 성별 임금 격차)에 적합하지만, 이해관계자 참여를 통해 달성할 수 있는 회사의 관리 및 해결 방법에 대한 이해도 필요합니다. 사회적 이슈를 근본적인 분석에 통합함으로써 투자자는 기존의 정량적 방법론으로 다른 금융 문제와 동일한 방식으로 사회적 요인을 다룰 수 있습니다(자세한 내용은 15장 및 www.unpri.org/listed−equity/esg−integration−in−quantitative−strategies/13.article을 참조하십시오.).

틀에서 벗어나 생각하기: 시나리오 분석
Think outside the box: Scenario analysis

수익, 영업 마진, 자본 지출, 할인율 및 시나리오 분석을 포함한 다양한 기술을 통해 사회적 요인을 통합할 수 있습니다. 일반적인 접근 방식은 투자자가 수익을 예측하는 것입니다. 일반적으로 업계가 얼마나 빠르게 성장하고 특정 기업이 시장 점유율을 얻거나 잃을지에 대한 관점을 고려합니다. 투자 기회 또는 위험 수준을 반영하는 금액만큼 회사의 매출 성장률을 높이거나 낮춤으로써 사회적 요인을 이러한 예측에 통합할 수 있습니다.

사회적 요인을 사용하여 장기 또는 영구 폐쇄(코로나19 봉쇄)와 같이 자산의 미래 예상 현금 흐름에 대한 영향을 추정할 수도 있고, 그리하여 미래 현금 흐름에 할인율을 적용하여 순현재가치(NPV)를 변경할 수 있습니다.

그 영향으로 NPV의 감소로 인한 손상 비용이 발생하고, 이에 따라 장부가가 하락할 수 있습니다. 자산 재평가는 미래 수익 감소, 대차대조표 감소, 추가 운영 및 투자비용, 회사의 적정 가치 감소로 이어질 수 있습니다.

자산 장부 가치에 미치는 영향의 또 다른 예는 지역사회의 항의로 광산 채굴이 중단되거나, 심지어 광산이 폐쇄되어 광산 회사의 미래 현금 흐름이 감소하는 경우입니다. 투자자가 미래 현금 흐름이 현재 추정치보다 훨씬 적을 것이라고 믿는 경우 투자자는 광산의 장부가치와 광산 회사의 손익계산서에 손상 비용을 부과할 수 있습니다.

또는 ESG 요소가 회사의 적정가치에 미치는 영향을 이해하는 데 도움이 되는 덜 일반적인 접근 방식은 ESG 통합 회사 평가를 계산하고 초기 평가와 비교하는 시나리오 분석을 수행하는 것입니다. 퀀트 전략[8]과 스마트 베타[9] 제공 업체는 회사에 영향을 미치는 사회적 요인의 중요성과 규모를 계산하는 데 사용할 수 있는 두 시나리오의 차이를 평가하는 경향이 있습니다. 이는 사회적 요인이 산업별로 더 구체적이고 더 오랜 기간에 걸쳐 재무 측정에 나타나는 경향이 있다는 점을 감안할 때 특정 기업과 특히 관련이 있습니다.

이러한 과제는 설문 조사에서 제시된 사실, 즉 사회적 요인보다 환경 및 거버넌스 요인에서 장기적으로 더 큰 수익을 얻을 수 있다는 사실을 설명하는 데 도움이 됩니다. 불행히도, 사회적 요인에 따른 하방 위험에 대한 기대가 상승 편익보다 더 큰 것 같습니다.

반면에, 연구에 따르면 사회적 기준이 높은 기업은 인플레이션이나 경기침체와 같은 상황에 더 강하게 반응하여 기업의 시스템적 리스크를 줄이는 것으로 나타났습니다. 또한 "사회적" 요인 축이 세 가지 유형의 리스크, 즉 특이한 리스크, 전사적 리스크와 시스템적 리스크를 모두 상당히 감소시키며, 사회적 요소는 ESG 내에서 시스템적 리스크를 줄이는 유일한 요소임을 시사합니다. 결론은 사회적 요인을 잘 관리하면 기업 리스크를 줄이는 데 효과적인 것으로 간주되어야 한다는 것입니다. 따라서 'S'는 투자자들이 시장 변화에 덜 변동적인 방식으로 대응하는 포트폴리오를 구축하는 데 도움이 될 수 있습니다.

현대 포트폴리오 이론에서 체계적 리스크는 모든 기업이 다각화로 줄일 수 없는 노출 리스크로 정의됩니다. 연구에 따르면 ESG의 'S'에 해당하는 요소는 'E' 및 'G'에 속하는 요소만큼 일반적이며(일부 기업의 경우 더 그렇습니다) 비즈니스 위험에 기여하고 궁극적으로 회사 평판에 지속적인 손상을 초래합니다.

통합 ESG 점수를 생성하기 위해 사회적 요인을 투자자의 포트폴리오에 통합할 수 있는 몇 가지 방법은 다음과 같습니다.

---

8 quantitative(계량적, 측정할 수 있는)와 analyst(분석가)의 합성어로, 수학 모델을 이용해 시장의 움직임을 바탕으로 컴퓨터 프로그램을 만들고 이에 근거해 컴퓨터가 투자 결정을 내리는 전략입니다.
9 전통적인 시가총액 가중 방식이 아니라 기업의 내재가치(Value)나 성장 모멘텀(Momentum), 낮은 변동성(Low volatility), 고배당(High Dividend) 등 특정 요인을 활용하여 플러스 알파 수익을 추구하는 전략에 기초하는 운용방식입니다.

▶ 데이터 투명성 문제에 관계 없이 세 가지 요소 각각에 동일한 가중치 적용

▶ 과거 데이터를 기반으로 가중치 최적화

▶ 산업별 가중치 부여

연구에 따르면 단기적으로 동일 가중치 접근방식과 최적화 접근 방식 모두 거버넌스 문제에 더 많이 노출되었기 때문에 더 나은 성과를 거두었습니다. 그러나 시간이 지남에 따라 가중치를 변경한 산업별 가중치 접근 방식이 가장 강력한 재무성과를 보였습니다.

ESG의 'S'는 기업 생산성과 그 결과 투자 수익과 그 어느 때보다 관련성이 높습니다.

그러나, 많은 ESG 관련 투자 상품에서 연구에 따르면 S평가 기반 상품의 대다수가 E 및 G 평가 기반 상품에 비해 투자자를 주요 고객으로 삼는 비율이 낮습니다. 또한 기업과 인권에 관한 UNGPs는 'S'와 관련하여 분석가, 평가자 및 투자자가 측정하는 내용을 알려야 합니다.

또한 기업과 인권에 관한 UNGP는 'S'와 관련하여 분석가, 평가자 및 투자자가 측정하는 내용을 알려야 합니다.

5

내게 'G'를 보여주세요!
ESG의 지배구조 구성요소 해부하기
Give Me a 'G'! Decoding the Governance Component of ESG

이 장에서는 . . .

✔ "좋은" 기업지배구조에 수반되는 사항 결정
✔ 회사의 지배구조 가치평가
✔ 'G'가 'E' 및 'S'를 지시하는 방법에 초점
✔ 지배구조 활동의 지역적 차이 확인

기업지배구조는 주로 주주, 직원, 고객, 공급업체, 금융 및 지역사회를 포함한 다양한 이해관계자의 경쟁적인 요구를 회사가 균형 있게 조정하기 위해 사용하는 시스템을 말합니다. 이 시스템을 통해 경영계획, 위험관리, 성과측정 및 기업공시를 포함한 의사결정의 모든 측면을 포함해 회사의 목표를 제시할 수 있는 기초를 만들 수 있습니다. 종합해 보면, 지배구조는 모든 이해관계자를 적절하게 고려해 장기적이고 지속가능한 가치 창출을 보장하기 위한 적절한 관리감독을 지켜나가는 것을 뜻한다고 할 수 있습니다.

따라서 기업지배구조는 더 넓은 ESG 세계 내에서 추가적인 의미를 갖기 이전부터 그 자체로 항상 중요한 주제였습니다. 따라서 'E', 'G', 'S' 중에서 지배구조는 기업의 전반적인 목적과 전략 및 리스크 완화 방법을 통제하는 성과와 가장 관련성이 높은 요소로 간주할 수 있습니다. 'G'에서 시작하지 않으면 다른 문제를 파악하거나 관리할 수 없기에 위기 상황을 해결하기가 더 어려워집니다. 결과적으로 ESG의 'G'는 실제 현장 프로세스의 필수요소로 간주되며, 일부 투자자는 투자 접근방식의 핵심 구성요소로 지배구조를 보다 강조합니다. 더욱이 환경 또는 사회 부분의 정보와 달리 지배구조 관련 정보는 오랜 기간 누적돼 왔으며, 좋은 지배구조가 무엇인가에 대한 내용을 담은 규범과 표준이 널리 논의되고 수용되어 있는 상황입니다.

따라서 지배구조가 주주가치 극대화에만 집중하던 시대는 지났습니다. 예를 들어, 2018년에 개정된 영국 기업지배구조 규정은 회사의 목적, 가치 및 전략 수립 의무를 이사회에 부과하고 있습니다. 이를 통해 기업은 모든 이해관계자를 위한 장기적인 가치 창출을 보장할 수 있습니다.

이 장에서는 투자자가 '좋은' 기업지배구조를 판단하는 방법, 지배구조의 가치평가 방법, 지배구조가 ESG 내에서 환경('E') 및 사회('S')와 어떻게 상호 작용하는지 그리고 지배구조가 지역마다 어떻게 다른지 설명합니다. 물론 이러한 설명은 2020년 코로나19 대유행의 배경과 기업지배구조가 현재의 위기, 나아가 미래의 유사 시나리오 관리에 어떤 도움을 줄 수 있을지도 모두 검토한 결과입니다. 결국 지배구조는 리더십의 질적 수준으로 볼 수 있으며 리더십은 위기 상황에서 필수적입니다.

좋은 부분: '좋은' 기업 지배구조의 정의

The Good Place: Defining What "Good" Corporate Governance Looks Like

2001년과 2002년에 엔론(Enron)과 월드콤(WorldCom)이라는 두 대기업의 붕괴와 그로 인한 아더 앤더슨(Arthur Andersen), 글로벌 크로싱(Global Crossing), 티

코(Tyco) 등 유명 기업의 추가 붕괴는 기업지배구조의 실패에서 시작되었습니다. 기업지배구조를 정의하는 일반적인 출발점은 이사회, 경영진, 내부감사인, 외부감사인의 네 가지 중심 기관들에 초점을 맞추는 것입니다. 지배구조에는 이사회의 질적 수준, 이사의 독립성 및 출석률, 임원 보수 및 인센티브, 주인의식, 감사 및 회계 기준, 뇌물 수수 및 부패, 비즈니스 윤리 등 좋은 지배구조를 달성하기 위한 여러 가지 핵심 원칙들이 포함되어 있습니다. 이들 핵심 원칙들은 모두 이 장의 뒷부분에서 논의될 것입니다. 이 원칙들은 회사에 대한 현재와 미래의 요구사항에 대응해야 하고, 경영상의 의사결정에 주의를 기울이고, 모든 이해관계자의 최선의 이익을 고려하는데 필요한 것들입니다. 이 요소들은 전 세계적으로 기업지배구조의 발전을 더욱 촉진해 온 것들이기도 합니다.

REMEMBER

이 장에서 알 수 있듯이 "좋은" 기업지배구조는 기업이 주주, 직원, 고객 및 공급업체를 포함한 모든 이해관계자의 요구를 존중하고, 사회 또는 환경 문제를 인식하고, 그들의 행동에 대해 책임지도록 요구하는 것입니다. 이러한 지배구조 요소를 통해 기업은 자사 경영구조와 경영 관행의 수준과 강도를 측정할 수 있습니다. 회사별로 자사가 시장적 위치를 얼마나 잘 유지하고 있는지 추측할 수도 있겠지만, 이러한 회사별 능력에 결과적으로 점수를 매기고 순위를 부여하려는 독립적인 외부기관들이 존재합니다(이에 대한 자세한 내용은 14장 참조). 지배구조 요소는 국가 및 기업의 규칙과 절차를 드러내며, 투자자가 환경 및 사회적 요소와 마찬가지로 적용 가능한 경영 관행을 선별할 수 있도록 만들어져야 합니다(이에 대한 자세한 내용은 3장 및 4장 참조).

좋은 지배구조의 이점

The benefits of good governance

지배구조 관련 연구에 따르면, 우수한 지배구조를 가진 기업들이 보여주는 특성별 평균보다 훨씬 낮은 수준의 기업들의 경우, 경영 실패가 더 많고 시간이 지날수록 비즈니스 기회를 활용할 수 있는 능력까지 위험하게 만드는 경향이 있는 것으로 나타났습니다. 재무적으로 우수한 기업과 효과적인 지배구조를 보여 주는 기업 사이에 명확한 상관관계가 있긴 하지만, 좋은 지배구조는 투하자본수익률(Return on Capital Employed, ROCE)을 높이는 보장된 방법을 뛰어넘어 오히려 보험 정책에 가깝다고 할 수 있습니다. 투자자들은 좋은 지배구조의 중요성을 감안해 'G' 요소를 더 많이 고려하고 있습니다. 또한 지배구조의 위험을 줄이기 위해 투자자는 지속가능성 문제 및 정책을 포함해 비즈니스 전략과 실행에 관해 회사의 경영진 및 이사들과 소통함으로써 '경영 참여'에 적극적으로 나서게 됩니다. 이러한 경영 참여는 주주총회의 주요 안건에 대한 의결권 행사로 이어집니다. 결과적으로 회사의 모든 이해관계자에게 미치는 영향에 초점을 맞추는 투자자 행동주의 및 스튜어드십 코드 실천은 좋은 지배구조의 필수요소라는 인식이 점점 더 확산되고 있습니다.

투자자들에게 기업의 지배구조는 기업의 경영 방침과 재무적 생존 가능성을 확인시켜주는 중요한 요소입니다. 하지만 기업의 지배구조는 환경 인식과 윤리적 행동을 통해 좋은 기업이 가진 훌륭한 시민 정신 또한 보여줄 필요가 있습니다. 기업의 지배구조는 주주, 이사 및 직원의 인센티브를 조정하는 명확한 규칙과 통제를 만듭니다. 이는 기업이 투자자는 물론 지역사회와 신뢰를 구축하는 데도 도움이 됩니다. 한편, 투자자들은 좋은 지배구조를 갖춘 기업 주식에 대해 프리미엄을 지불할 뜻이 있음을 보여 주고 있습니다.

예를 들어, 미국의 주요 기관투자자들은 기업의 목적과 사회 기여도를 명확히 해달라고 이사회에 지속적으로 요청하고 있습니다. 이러한 활동들은 주주뿐만 아니라 모든 이해관계자에 대한 약속을 선언한 2019년 8월 기업 목적에 대한 비즈니스 라운드테이블(the Business Roundtable)의 성명에서 정점에 이르렀습니다. 비즈니스 라운드테이블의 구성원들은 모두 미국 주요 181개 기업의 최고경영자들이며, 이들의 핵심질문은 "경영상 압박이 심한 경우에도 이 성명에 동참할 의지가 있는가?"입니다(https:///opportunity.businessroundtable.org/ourcommitment/에서 성명서를 볼 수 있습니다.).

반면, 나쁜 지배구조는 회사의 신뢰성, 정직성, 이해관계자에 대한 책임에 의

문을 제기해 회사의 재무건전성에 영향을 미칩니다. 예를 들어, 2015년 9월 폭스바겐을 강타한 스캔들은 배기가스 테스트의 결과를 위조하기 위해 고의로 엔진 배출 장비를 조작한 사건입니다. 이 사건 발표 후 폭스바겐의 주가는 불과 며칠 동안 거의 절반 수준까지 하락했습니다. 또한 엔론(Enron)과 월드콤(WorldCom)을 파산시킨 사기 행위는 2002년 사베인스-옥슬리법(Sarbanes-Oxley Act)을 도입하는 계기가 되었습니다. 이 법은 상장기업에 대한 신뢰 회복을 위해 기업의 기록 보관 요건을 보다 까다롭게 규정하였고, 위반 시 부과되는 형사처벌도 보다 엄격하게 규정하고 있습니다.

나쁜 지배구조의 보다 '일반적인' 관행에는 다음의 것들이 포함됩니다. 감사인과 충분히 협력하지 않는 행태 및 그 결과 공시되는 불법적인 재무 문서들, 주주는 손해를 입었으나 경영진에게는 보너스를 지급하는 비합리적인 보상 체계, 주주가 의결권 행사를 통해 비생산적인 이사를 제명하기가 어려운 이사회 구조 등이 그것들입니다. 또한 국가가 수용하도록 권고한 지배구조 기준을 회사가 만들지 못한 경우, 해당 사법권 내의 기업들은 '연대책임에 의한 유죄'로 판단돼 외국인이나 기관투자자들의 투자를 유치하는 데 어려움을 겪을 수도 있다는 점을 유념해야 합니다.

경영 관행과 가치
Practices and values

기업의 지배구조와 관련한 다수의 사건들은 지난 20년 동안 뉴스를 통해 자주 보도되었으며, 잘못된 경영으로 인해 결국 기업 붕괴로까지 이어졌습니다. 이로 인해 전 세계 각국의 규제 기관들은 주주와 이해관계자에게 해를 끼치는 부주의한 기업 활동을 면밀하게 감독하고 통제하기 위해 수많은 법규를 도입했습니다. 이익 극대화를 추구한 전형적인 사건과 그에 따른 기업가치 하락을 고려할 때, 이러한 감독 강화는 본질적으로 '기업이 스스로 자신을 도울 수 있도록' 지원하는 것입니다. 이러한 법규들은 '함께 행동하라'는 원칙을 경영계에 상기시키는 역할을 했습니다. 그러나 함께 행동하라는 교훈은 일부 사건에서 기업의 권력 남용을 막지 못했으며(분식회계로 인해 무너진 독일의 와이어카드(Wirecard)가 가장 주목할만한 최근의 사례임), 이것은 윤리경영에 대한 지속적인 모니터링이 여전히 요구되는 현실을 잘 보여 주고 있습니다.

결과적으로 기업은 ESG 영향과 관련해 특히 더 많은 비재무정보를 제공해야 합니다. 이러한 요구는 이사회 구성 및 임원 급여와 같은 특정한 정보의 공개부터 기업의 ESG 성과에 대한 광범위한 정기보고서를 요구하는 것까지 다양합니다. 예를 들어 기업의 사회적 책임(CSR) 보고서 또는 지속가능성 보고서는 과거에 소수의 선진 기업들이 비정기적으로 하던 활동에서 이제는 대부분의 세계적인 대기업들이 하는 일상적인 활동으로 발전했습니다. 이러한 보고서에 대해 법적으로 의무화된 작성요령은 없지만, 많은 기업들이 글로벌 보고체계인 GRI(1장 및 15장 참조)가 정한 표준에 따라 보고서를 작성하고 있습니다. GRI 표준보고체계는 인권에서부터 환경규정 준수, 부패 방지 노력 및 고객 개인정보 보호까지 광범위한 문제를 다루고 있습니다. GRI는 엄청나게 많은 지속가능성 문제들을 세분화하고 체계적으로 분류하려는 노력을 그동안 수없이 계속해 왔습니다.

REMEMBER

GRI는 다양한 이해관계자의 요구사항들을 균형 있게 조정해 조직을 안내하고 통제하는 기술을 강조합니다. 이러한 활동들은 이해관계자의 이해상충을 해결할 수 있으며, 투명성과 책임의 원칙을 증진하는 데 필요한 절차와 정책을 조직이 보유하고 있는지 확실히 보여 줍니다. 또한 이러한 통제활동은 이익만을 극대화하려는 기업의 요구에 대응해 균형을 이뤄야 할 필요가 있는 한편, 기업이 이익을 추구하는데 어려움을 겪지 않도록 보호할 필요도 있습니다. 따라서 기업은 윤리적 행동을 장려하는 표준 규범과 절차에 따라 관리되고 경영 방향을 정해야 합니다.

다양한 이해관계자 오리엔테이션

Multiple stakeholder orientation

일반적으로 이해관계자 오리엔테이션은 어떤 조직이 앞으로 성공할지 또는 실패할지에 따라 영향을 받는 당사자 모두에게 이익이 되는 목표라고 정의됩니다. 기본적으로 이해관계자 오리엔테이션은 모든 이해관계자들과 장기간 긍정적인 관계를 유지하고, 그들의 요구사항을 이해하면서, 이러한 요구들과 회사의 필요사항을 지속적으로 조율해 나가는 것이 회사에 최선의 이익이라는 기초 위에 있습니다. 최근 경영환경은 주주의 적극적인 경영 참여라는 근본적인 변화에 의해 새롭게 만들어지고 있으며, 이러한 새로운 변화는 21세기 상장기업과 투자자들에게 핵심적 관심 주제가 되고 있습니다. 상장기업들은 주요 주주 및 이해관계자와 함께 전례 없는 수준의 사전 예방적 경영 참여를 허용하고 있습니다. 기관투자자는 상당한 자원을 투입해 지배구조 문제, 기업홍보, 의결권 행사 용지와 정책이 담긴 기업의 제안들을 분석해 자신들의 경영 참여 노력을 개선하고 있습니다.

더욱이 주주 활동은 표적이 된 기업과 이사회에 역사상 최고 수준의 압력을 가하고 있습니다. 투자자는 기업의 전략적 의사결정, 자본 배분, 전반적인 기업의 사회적 책임에 대해 더 큰 목소리를 내고자 합니다.

주주가 주도하는 많은 경영 참여 활동들이 기업 전략(분할을 통해) 또는 자본 배분 전략(주식 환매 프로그램을 통해)을 강제적으로 변경하고 있다는 것은 이사회에 그들의 목소리가 들리고 있다는 것을 시사합니다. 주주가 회사의 최종 소유자라는 점을 고려할 때 이것은 바람직한 일입니다. 그러나 주주행동주의자의 목표가 주식 환매 또는 특별 배당금과 같이 기업의 자본을 단기적으로 사용하는데 그 중심이 쏠리는 경우, 이에 대해 다른 이해관계자들은 우려를 표명합니다. 장기적인 이해관계자들은 회사의 사업 전략을 충분히 실행하는데 필요한 자본의 적절한 배분을 결정하기 위해 이사회가 장기·단기 자본 사용 모두를 고려해야 한다고 요구합니다. ESG에 대한 고려는 기업들이 자연스럽게 보다 넓은 이해관계자가 포함되는 장기적 접근방식으로 경영 방침을 전환하도록 만듭니다.

실천하기: 회사 지배구조가 갖는 가치의 평가
Walk the Walk: Evaluating a Company's Governance Values

지배구조는 특히 코로나19 대유행 이후 기업이 실적 회복을 모색함에 따라 지속가능한 투자의 핵심 문제가 되었습니다. 전염병에 대한 기업의 대응은 새로운 관점을 제시하는 모범사례를 요구했고, 효과적인 기업지배구조와 기업 목적 그리고 가치평가를 강조하게 되었습니다. 윤리 및 환경 문제에 대한 더 큰 관심은 계속될 것이지만, 과거 펀드매니저에게 스튜어드십 사명으로 줄곧 요구되었던 공정성과 투명성은 특정 사업 영역에서 새롭게 강조되고 있습니다(이와 관련된 기본적인 질문을 하나 예로 든다면, "코로나19가 경제를 파괴하고 그 위기의 범위와 기간이 불확실한 상황에서 기업은 배당금을 지불해야 합니까?"가 될 것입니다.). 기업이 과거에 경험한 바 없는 상황에서 어떤 의사결정을 내릴 때, 이해관계자는 이사회 결정 및 결의안을 지속적으로 면밀하게 검토하고 확인하게 됩니다. 그러나 기업의 위기 대응과 관련하여 "모든 기업에 적합한 것은 없다"는 점을 상기한다면, 각 기업은 필요와 상황에 따라 적절한 원칙과 가치를 결정해야 합니다. 다음 절에서는 이러한 원칙과 가치를 평가하는 방법을 설명하도록 하겠습니다.

REMEMBER

모든 회사는 몇 가지 핵심 원칙을 준수해야 합니다.

▶ 특히 이사회 차원의 의사결정은 장기적인 가치 창출을 위해 임직원, 고객, 협력 회사, 회사가 운영되는 지역사회 등 모든 이해관계자의 이해관계를 고려해야 합니다.
▶ 이사회와 경영진은 장기 주주들과 협력하여 잠재적으로 회사의 장기적인

가치 창출에 영향을 미칠 수 있는 우려 사항과 문제들에 대해 이해하고 있어야 합니다.

▸ 의사결정에 영향을 미치는 방식으로 이사회 및 경영진과 협력하는 주주는 관련 정보를 공개하고 회사와 주주의 장기 이익에 대한 책임을 인정해야 합니다.

▸ 이러한 책임 중 하나로 주주는 자신들에게 가장 유리한 방식으로 자본을 배분하고 장기적인 가치를 창출하는 방법을 결정할 때, 이사회가 자본의 장기·단기 사용의 적절성을 계속 고려해야 한다는 점을 인정해야 합니다.

이사회 책임
Board responsibilities

기업의 이사회는 궁극적으로 경영에 대한 책임이 있으며 회사 감사와의 관계 및 임원보상 설정을 포함해 주어진 결정에 대해 직접 책임집니다. 전체적인 경영 기능을 통해 이사회는 최고경영자(CEO)의 성과를 선택·검토하고 청렴성 및 법률준수 의무를 정하는 '최고 결정 의지'를 확고히 합니다. 이러한 '최고 결정 의지'는 조직 전반에 걸쳐 직원들에게 전달되는 기업문화의 기초를 만듭니다. 더욱이 투자자들은 ESG 문제에 대한 더 큰 '상호이해'를 기대하고 있으며, 사회적 책임(CSR)에 대해 기업이 전략적인 접근방식을 가지고 있길 기대하고 있습니다.

이사회는 회사의 장기 전략을 수립하는 데 상당한 참여가 필요하며 장기적인 가치 창출을 보장하기 위해 실행한 계획을 자주 평가해야 합니다. 그 후, 이사회와 고위경영진은 이러한 목표를 달성하고 관련된 주요 위험을 인식하기 위한 회사의 위험 대응 정책에 함께 동의해야 합니다. 이러한 활동들은 위험관리 체계를 만들고, 위원회에 책임을 할당하고, 위험관리를 담당하는 고위 관리자를 지정·감독함으로써 성공적으로 수행할 수 있습니다.

또한 ESG 문제로 인한 위험이 더욱 확실해짐에 따라, 이사회가 ESG 위험이 기업 경영에 미치는 영향을 이해하는 것이 점점 더 중요해지고 있습니다. 이에 따른 영향력은 재무적이고 실물 경제의 다양한 영역에 두루 미칠 수 있습니다. 이사가 부담하는 신탁 책임의 핵심은 경영 결정을 내리기 전에 이러한 문제에 대해 충분히 알려야 하는 '주의 의무'입니다. 따라서 회사가 직면한 ESG의 중요 문제에 대한 경험과 노하우가 있는 이사를 채용하는 것은 이러한 의무 충족에 도움이 될 수 있습니다. 그러나 관련 ESG 문제에 대해 이사회 전체를 교육해 위험을 인식·평가하고 관련 이해관계자와 주주가 서로 교류할 수 있도록 해야 합니다. 기업 전략에 대한 주요 환경 및 사회적 위험의 잠재적 영향을 평가하는 유용한 도구는 시나리오 분석입니다(이에 대해서는 4장에서 소개합니다).

이사회는 모든 재무제표를 검토하여 이것이 회사의 재무상황과 기존 경영상황을 정확하게 나타내는지 확인하고, 과거 결과와 향후 계획을 강조하는 기타 중요정보를 완전히 공개해야 합니다. 이러한 이사회의 활동이 성공하기 위해서는 회사의 내부통제와 절차가 부정적인 사기 활동을 식별하고 방지할 수 있도록 설계되어야 합니다. 이러한 절차에는 장기·단기 자금 간의 적절한 균형을 보장하기 위한 연간 예산 및 자금운영 계획에 대한 감독 및 승인, 자본 배분 프로세스에 대한 입력도 포함되어야 합니다. 한편, 위험 감독 기능은 비즈니스 연속성, 사이버 보안, 위기관리 및 물리적 보안과 같은 주제를 포함해 비즈니스 탄력성에 중점을 두어야 합니다. 회사의 법규준수 프로그램도 견고해야 하며, 이사회는 발생된 법규준수 상의 중요한 문제들에 대해 모두 인식하고 있어야 합니다.

이사는 회사의 전사적 위기관리경영(Enterprise Risk Management, ERM) 프로세스가 항상 ESG 문제를 현재의 새로운 위험으로 식별할 수 있을 만큼 유연한지 평가해야 합니다. 그 시작점으로 기업은 COSO(Committee of sponsoring Organizations of the Treadway Commission; www.coso.org/Pages/guidance.aspx)와 지속가능발전기업협의회(WBCSD; www.wbcsd.org/)에서 개발한 기업의 ERM 프로세스에서 ESG 문제를 통합하는 지침을 검토해야 합니다.

이사회 구성
Board composition

    여성, 소수 민족 및 다양한 문화적 배경을 가진 다른 사람들이 복잡하게 연결된 상황에서 기업 이사회의 상대적 다양성에 관한 관심이 높아지고 있습니다. 이사회의 다양성은 '집단사고'(groupthink)[1]를 피하는데 효과적인 것으로 알려져 있습니다. 다양성은 광범위한 사회에서 대표성을 높이고, 높아진 대표성은 이사회의 성과를 개선하고 장기적인 주주가치 창출을 촉진합니다. 가장 큰 글로벌 자산운용사 중 하나인 블랙록(BlackRock)은 이사회가 ESG 요소들의 보다 큰 통합을 나타내는 지표로 간주 되는 세대별 다양성 등 이사회 구성의 다양성 확보에 자신들의 역량을 쏟아야 한다는 점을 분명히 밝혔습니다.

    이사회의 다양성은 성실성, 인격성, 건전한 판단력, 객관성 및 모든 이해관계자의 이익을 대표하는 능력의 일반적인 특성과 연결되어야 합니다. 이것은 또한 이사가 독립적이며, 자율적 판단을 방해하는 특수한 관계가 없다는 것을 전제합니다. 따라서 이사회 이사의 상당수는 적절한 법규 또는 이사회 내부 결정에 따라 독립적이어야 합니다. 그리고 시간이 지남에 따라 독립적이지 않다는 인식이 있을 수 있으므로 장기간 재임한 이사회 구성원의 독립성을 검토하고 임기를 제한해야 합니다.

감사위원회 구조
Audit committee structure

    감사위원회의 역할은 전통적으로 재무보고 프로세스, 감사 프로세스, 회사의 내부통제시스템, 법규준수에 대한 감독 및 모니터링을 제공하는 것이었습니다.

---

1 집단사고(groupthink)란 어떤 조직이나 집단의 구성원들이 의사결정을 할 때 만장일치에 도달하려고 하는 분위기 때문에 다른 대안들을 제대로 검토하지 않고 왜곡하거나 비합리적으로 이해하려는 경향을 말합니다. 일반적으로 내부 결속을 강조하는 소규모 의사결정 조직에서 자주 나타납니다.

그러나 투자자들은 ESG 문제와 관련된 조직의 전략, 영향 및 의존성에 대한 더 많은 통찰력을 계속 요구하고 있습니다. 투자자들은 감사위원회와 같은 독립적인 조직이 정기적인 위험 관리와 법규준수 활동의 하나로 ESG 관점의 감독을 하리라고 기대합니다. 이사회가 기업 전략에 영향을 미치는 ESG 위험 인식에 참여해야 하지만, 이에 대한 감독은 특정한 위원회에서 공식적으로 수행해야 합니다. 감사위원회는 조직의 보증 및 정보 공개 절차를 감독하는 것으로 주어진 책임을 다할 수 있을 것입니다.

그러나 감사위원회는 경영진이 ESG 위험을 체계적으로 식별하고 특정 위험(예: 기후 변화 및 다양성)과 거시적 추세를 포함하여 개선 방법을 결정하는 데 필요한 ESG에 대한 중요한 위험요소, 정책 및 판단을 식별하고 평가해야 합니다. 다음, 이사회는 위원회의 ESG 위험 감독 활동에 협력하고 중요 문제에 대해서는 투자자들의 기대에 부합하는 정보를 공개하는 시스템을 구축해야 합니다.

ESG 위험들은 산업 부문 전반에 걸쳐 만들어지며 기업이 해결해야 하는 위험을 체계적으로 보여 줄 수 있습니다. 감사위원회는 위험 식별, 우선순위 지정 및 조정 방식에 대한 정기적인 접근을 통해 ESG 위험을 어떻게 감독해야 하는지 반드시 이해하고 있어야 합니다. 그런 후 감사위원회는 ESG 감독방법을 적절하게 구조화하고 투자자와 기타 이해관계자에게 공개해야 합니다. 많은 규제 지역의 어떤 규제기관이나 명령도 아직 ESG 정보 공개를 기업에 의무적으로 요구하고 있진 않습니다. 그 결과, 기업이 ESG 정보를 이해관계자에게 제공하는 방법에 대해 안내하는 ESG 정보 공개 관련 단일 표준이나 보고체계는 없는 상황입니다.

글로벌 리포팅 이니셔티브(GRI), 지속가능회계기준위원회(SASB), 기후관련 재무공개협의체(TCFD) 등 여러 가지 지속가능성 표준 및 보고체계에서 ESG 정보 공개의 표준화 및 일관성을 개발·제공하고 있습니다. 더불어 여러 지역에서 자본시장 규제기관이나 증권거래소 상장요건을 통해 기업 ESG 정보의 공개를 요구하고 있습니다. 이러한 표준들이 주목을 받고 있고, 대부분 기업들은 지속가능성 정보 공개와 관련한 다양한 형식을 제공하고 있습니다. 1장에서 이와 관런한 이니셔티브에 대해 자세히 알아보시기 바랍니다.

감사위원회는 재무보고 절차를 감사하기 때문에 관련 회의에 경영진을 적극적으로 참여시킬 수 있고, 투자자에게 ESG 정보를 제공하는 방법에 대해 조언할 수 있는 가장 좋은 위치에 있습니다. 예를 들면 다음과 같습니다.

▶ 감사위원회는 내부통제 및 법규준수에 대한 감독을 통해 재무, 자산, 투자자 관계, 운영, 공급망 및 제3자로부터 관련 정보를 요청하는 데 숙달되어 있습니다.

▶ 감사위원회의 위험평가 및 관리책임은 ESG가 하나의 개별적인 문제로 고려되고 있는지 아니면 ERM의 관점을 통해 사전 예방적 차원에서 전사적으로 고려되고 있는지를 이해하는 데 도움이 되어야 하며, 여기에는 조직 및 투자자와 관련된 모든 위험이 포함되어야 합니다.

▶ 감사위원회는 회사의 ESG 요소를 중심으로 내부지배구조를 구축해, 각 조직의 역할, 책임, 데이터 관리·보고 및 공시 등을 개선해야 합니다.

▶ 감사위원회는 외부감사인을 선택·유지해야 할 책임이 있습니다. 따라서 감사위원회는 현재 외부 ESG 시장에 있는 수많은 평가자들(점수, 순위 및 분석 등을 제공)을 면밀하게 검토하고 회사의 ESG 소개 자료를 '홍보'하기 위해 참여할 외부업체를 결정할 수 있습니다. 그러나 여기에는 ESG 위험이 새롭게 만들 수 있는 회사의 행동강령과 관련 규정준수 문제에 대한 절차 수립도 함께 따라야 합니다.

궁극적으로 감사위원회는 재무보고 및 감사 프로세스에 대한 정기적인 책임을 ESG 보고 및 감독 절차에도 똑같이 반영해야 합니다. 경영진이 준비한 ESG 보고서 및 관련 정보 공개가 회사의 ESG '자격증명'을 정확하게 보여 주고, 내부에서 ESG 보고를 담당하는 직원이 해당 역할을 하는데 적절한 자원과 지원을 받고 있는지에 대해 감사위원회가 확인해야 합니다. 이러한 절차는 관련 법규 위반으로 인해 발생할 수 있는 벌금 또는 처벌 등을 규정하는 ESG 법규와 잠재적 소송 위험을 고려해 확인해야 합니다. 회사의 산업적 특성에 따라 기상 이변, 작업현장의 사건 사고, 회사 데이터 보안 또는 개인정보 침해가 여기에 포함될 수 있습니다. 핵심 요소는 시장가치 및 자산가치 하락, 이익 감소, ESG 문제로 인한 평판 손상 등의 위험으로부터 기업 가치를 보호하는 것입니다. 그러나 이러한 감사위원회의 활동들은 조직이 새로운 ESG 동향을 완전히 통합하고 수용해 ESG 기회를 어떻게 활용할 수 있을 것인지에 대해 결정하는 기회로 여겨져야 합니다.

뇌물 및 부패
Bribery and corruption

ESG의 'G'는 이사회의 구조 및 책임으로부터 구체적인 지속가능성 목표에 이르기까지 이사회 감독의 측면에서 대략 확인될 수 있습니다. 그러나 비즈니스 위험에서 가장 중대한 것 중 하나는 뇌물 수수 및 부패입니다. 이에 대해 유엔(UN)은 다음과 같이 명시하고 있습니다. "(뇌물 수수 및 부패는) 지속가능한 개발 목표(SDGs)를 달성하는 데 가장 큰 장애물 중 하나입니다." 많은 기관투자자들은 기업의 부패가 투자수익과 경제성장에 미치는 영향에 대해 우려하고 있습니다. 부패는 뇌물 수수, 횡령, 돈 세탁, 탈세 등 다양한 형태를 띠고 있으며, UN에 따르면 부패로 인해 매년 세계 경제에 3조 달러 이상의 비용이 발생하고 있습니다.

뇌물 및 부패 위험은 법치주의 원리가 잘 지켜지지 않고 법집행력이 부족한 개발도상국에서 더 많이 발생하는 경향이 있지만, 실제로는 전 세계적인 문제입니다. 예를 들어, 많은 선진국에서 부동산 및 건설 부문에서 뇌물과 부패는 계속해서 문제가 되고 있습니다. 부패는 저소득 국가에서만 특별히 발생하는 문제가 아닙니다. 부패는 가난하고 가장 취약한 경제주체들과 사람들에게 불균형적인 영향을 미치며, 교육, 건강, 사법 등 행정서비스의 접근성을 떨어트립니다. 그리고 세계은행과 세계경제포럼(WEF)은 부유한 국가의 정부 조직의 개입

없이 세계 부패의 대부분이 일어날 수 없다는 것을 사람들에게 상기시켜 왔습니다!

투자자들은 뇌물과 부패가 투자 포트폴리오에서 고려해야 할 ESG 요소라는 것을 알고 있습니다. 그리고 뇌물과 부패가 기업지배구조의 구조적 측면에서 지역적 어려움이 존재한다는 것도 알고 있습니다. 투자자들은 뇌물·부패와 연관된 특정 계열사를 유념하고 있습니다. 또한 투자자들은 많은 개발도상국들이 부패한 수익을 받아들이는 금융기관이든 부정 거래를 야기하는 중개기관이든 가리지 않고, 기업과 개인의 뇌물 및 부패를 수출하고 허용하고 있다는 것도 알고 있습니다. 부패는 전 세계적으로 진행되는 사업비용의 최대 10%, 개발도상국에서 진행되는 조달계약 비용의 최대 25%까지 그 비용을 추가 부담시킬 수 있습니다!

REMEMBER

ESG 실사는 위험 예방, 뇌물 수수 및 부정부패 적발을 위한 통제 효과뿐만 아니라, 회사의 비즈니스 모델과 연결된 '인센티브' 방식을 경범죄의 경우에도 적용할 수 있는지 검토해야 합니다. 또한 도입된 표준은 부정부패로 인해 '숨겨진' 돈이 구매 절차에서 삭감되거나 누락될 수 있다는 점을 생각할 때, 판매된 제품에 대해 추가적인 수익을 얻게 되는 비즈니스상의 이점도 고려해야 합니다. 따라서 많은 기업은 이러한 조치에 배정된 예산을 비용이 아닌 투자로 간주합니다. 그리고 이러한 정책과 절차를 수립하는 기업은 UN 글로벌 콤팩트의 부패에 대한 10번째 원칙을 준수함으로써 미래를 위한 지속가능한 비즈니스를 구축하고 있으며 SDG-16을 실천할 수 있는 좀 더 나은 위치에 있습니다(이 원칙에 대한 자세한 내용은 www.unglobalcompact.org/what-is-gc/mission/principles/principle-10 및 www.un.org/ruleoflaw/sdg-16/ 참조하시기 바랍니다.).

궁극적으로 이러한 정책과 절차를 수립하는 것은 기업의 브랜드, 평판 및 주가에 대한 손상, 새로운 비즈니스 기회에서의 잠재적인 배제, 상당한 금액의 벌금 납부, 사건 조사와 소송 처리에 필요한 시간 비용을 줄이는 데 도움이 됩니다. 더욱이 투자한 기업이 부패사건과 연루된 경우, 특히 해당 회사가 관련 사건을 잘못 처리해 기존에 가지고 있던 사회적 명성이 추락하는 경우, 투자자들에게는 자산수익이 감소할 위험이 있습니다.

부패가 글로벌 기업에 상당한 법적, 경제적 위험을 의미한다는 점을 고려해, 미국 법무부(DOJ)와 증권거래위원회(SEC)는 해외부패방지법(FCPA) 위반에 대한 조사와 조정, 기소를 늘리는 등 국제적인 부정부패 척결을 위해 적극적으로 노력하고 있습니다. FCPA는 뇌물 금지 및 회계상 요구사항을 모두 포함하고 있습니다. 회계상 요구사항은 부정한 대금 지급을 숨기고 주주와 SEC가 회사의 재무 상태에 대해 정확한 견해를 가졌다고 믿게 만드는 회계 관행을 차단하도록 설계되어 있습니다. FCPA 위반을 방지하기 위해 미국 증권거래위원회(SEC)와 법무부(DOJ)는 막대한 벌금과 구금을 부과할 수 있습니다.

FCPA에 대한 자세한 내용은 www.justice.gov/criminalfraud/foreign-corrupt-practices-act 및 www.sec.gov/spotlight/foreigncorrupt-practices-act.shtml에서 확인하시기 바랍니다.

경영진 보상
Executive compensation

일반적으로 경영진 보상은 회사의 장기적인 가치 창출과 성공을 촉진하기 위해 고위경영진, 해당 회사, 주주의 이익과 일치해야 합니다. 따라서 경영진 보상은 전략 계획의 실현과 목표 달성이라는 성과를 기초로 만들어져야 하며, 반대로 목표를 달성하지 못했을 때는 보상을 할 수 없습니다. 경영진 보상은 기업 지배구조를 논의할 때 포함되는 요소 중 하나이며, 기관투자자와 회사 간의 긴장 관계를 보여 줍니다. 경영진 급여는 장기적인 성과를 장려해야 한다는 점에서 그 목적이 인정됩니다. 그러나 이러한 보상 제도는 투자자의 장기적인 이익을 훼손하지 않고 재무 결과를 최적화하고 지속가능한 행동을 활성화할 수 있어야 합니다.

기업은 ESG 요소를 인센티브 프로그램에 통합하는 대체 방법을 연구하기 시작했지만, ESG 지표를 임원 급여에 연결하는 표준화된 방법은 없습니다. 또한 서로 다른 분야와 산업별 기업들은 서로 다른 시장 영향 또는 제약 조건에 의해 영향을 받게 되며, 따라서 서로 다른 ESG 요인들의 독특한 중요성이 기업별로 적용될 수 있습니다. 예를 들어, 환경 문제는 특히 환경에 큰 영향을 미치는 기업과 관련이 있지만, 다른 산업의 경우에는 지역사회와의 관계나 직원의 건강과 안전을 보장하는 것에 중점을 둘 수 있습니다. 그러나 이는 ESG 요소 측정의 어려움이나 전반적인 회사 성과에 대한 정확한 영향을 밝히는 증거가 부족하기 때문에 항상 실용적이지 않을 수 있습니다. 따라서 ESG 요소를 경영진 보상 체계에 통합하는 데 있어 '모든 경우에 적합한' 접근방식은 없습니다.

지속가능한 가치 창출은 회사마다 정의가 다르므로 장기적인 경영 환경에 영향을 미치는 적절한 ESG 체계를 결정하고 지속가능성에 대한 고유한 정의를 포함하는 평가를 도입해야 합니다. 여기에는 산업별 규정, 지역 경제 조건, 자원 및 자본에 대한 접근성, 환경 또는 정치적 조건, 인력 구성 및 성장 기회가 포함될 수 있습니다. 지속가능성 지수와 관련된 외부 기관의 ESG 지표는 기업 상황과 반드시 관련되는 것은 아니므로 권장하지 않습니다. 예를 들어, 로열 더치 셸(Royal Dutch Shell)은 2020년 순 탄소 발자국(net carbon footprint)[2]에 대한 임원 급여를 3~5년 목표에 연결하는 계획을 도입했습니다. 이것은 중요한 선례입니다. 동종업계 및 다른 업계 참여자들이 유사한 프로그램을 고려하도록 촉구해야 합니다.

보다 일반적으로는, 경영진 보상에 ESG 및 CSR 목표를 포함할 경우 그 초점을 오직 주주의 이익에만 맞출 것이 아니라, 주요 이해관계자 그룹의 이익에도 맞춰야 한다고 강조하고 있습니다. 또한 이것은 회사의 가치만큼이나 회사의 가치 있는 목표에 대한 약속을 보여 주는 것이기도 합니다. 따라서 기업은 ESG

REMEMBER

---

2 순 탄소 발자국(net carbon footprint)은 Shell이 판매하는 에너지 제품의 전반적인 탄소 배출을 감소시키는 과정을 추적하는 개념입니다. 여기에는 공장운영에서 직접 배출되는 온실가스, 판매 제품의 생산과정에서 협력 회사가 배출한 탄소량, 판매하는 제품의 소비로 인한 고객의 탄소 배출 등 다양한 경로의 온실가스 배출이 동등하게 포함됩니다. 다만, 에너지 제품이 아닌 비에너지 제품과 관련된 탄소 배출량은 제외됩니다.

체계가 어떠한 중요성을 갖는지 파악하고 지속가능한 주주수익률, 회사 전략 및 임원 보상과 관련된 명확한 지침을 도입해야 합니다. ESG 목표도 비즈니스와 일치하는 적절한 기간에 통합되어야 합니다. ESG 목표는 전체 보수·보상 체계에서 의미있는 구성요소를 형성해야 합니다. 만약 이것이 기존에 있던 보상 접근방식과 맞지 않는 경우에도 적절한 기업지배구조 내에서 이뤄져야 하는 것은 당연합니다. 그리고 이러한 보상이 윤리적인 방법으로 행해져야 한다는 것은 말할 필요도 없습니다. 즉, ESG 목표는 인센티브를 받을 정도의 뛰어난 성과를 보장할 만큼 엄격하고 도전적이어야 합니다.

로비 활동
Lobbying

일반적으로 로비는 설득이나 이익집단 대표를 통해 정부나 규제기관의 규제 활동, 정책, 의사결정에 영향을 미치려는 합법적인 행위라고 할 수 있습니다. 최악의 시나리오는 정치기부금과 로비 비용이 공공 정책 및 규제 시스템에 부당하게 영향을 미치는 것입니다. 그럼에도 불구하고 대부분의 회사는 로비를 감독하기 위한 공식적인 시스템이 없으며, 로비 자금이 어떻게 사용되는지 완전히 공개하지 않고 있습니다. 어떤 경우에는, 실제로는 부패했지만 법적으로 허용된 활동에 기업들이 관여될 수도 있을 것입니다!

특히 미국의 경우에는 직접 로비뿐만 아니라, 싱크탱크나 당사자가 아닌 무역협회를 통해 기업들이 연방과 주정부 차원의 공공정책 결의안을 상당 부분 주도하고 있습니다. 연구에 따르면, 지난 20년 동안 기업 이익 중 300억 달러 이상이 연방 로비 비용으로 지출되었다고 합니다. 시민들이 이와 관련된 기업 영향력의 전체 규모를 확인할 수 있는 효과적인 시스템은 없는 상태입니다. 공개 데이터베이스는 분기별 지출 총액만 제공하며, 무역협회를 통한 로비는 SDG 하위 목표 16.6과 관련해 인기가 없거나 투명하지 않은 정책을 지원할 때 '정치적 보호막'을 기업에 제공합니다. 지속가능개발목표(SDG)의 하위 목표

16.6는 '모든 수준에서 효과적이고 책임있고 투명한 기관의 개발'을 목적으로 합니다(www.un.org/sistentdevelopment/peace-justice/를 방문하여 '16개 목표의 목적' 탭을 클릭하십시오.).

로비 지출 수준은 공익에 대한 회사의 이익을 부당하게 대표할 수 있으며, 책임 부족으로 인해 기업들은 지속가능개발목표(SDG)-13과 같은 다른 지속가능개발목표(SDG)에 대한 조치를 금지하는 공공정책을 지지할 수 있습니다(예: https://sdgs.un.org/goals/goal13 방문). 그러나 기업의 로비 활동이 드러나 회사 목표와 상충되거나 공개적인 논란에 연루될 경우, 평판 또는 경영상의 위험에 직면할 수 있습니다. 따라서 광범위한 로비 사실이 공개되면 공적 책임의 범위와 부패 방지를 위한 활동 범위가 넓어질 수 있습니다. 이것은 궁극적으로 직원과 기관에 대한 신뢰도를 높이는 동시에 ESG 중요 문제를 회사의 최고경영자 등에게 알리는 데 도움이 됩니다.

REMEMBER

정치적 기부
Political contributions

기부금은 선거운동 지원의 가장 일반적인 출발점입니다. 연방 선거에 영향을 미치기 위해 제공되거나 대출 또는 미리 제공된 가치 있는 것들은 기부금으로 간주됩니다. 그러나 이사회는 목적, 혜택, 위험 및 한도 등을 정치적 기부와 관련한 입장에 반영해야 합니다. 결국, 기부금은 개념상으로 반환을 기대하지 않고 만들어진 선물이며, 모든 정치적 기부는 정치적 과정을 지원해야 하며 어떤 식으로든 직접적인 사업상의 혜택과 연결되어서는 안됩니다!

따라서 이해관계자는 기업의 정치적 참여에 대한 오해, 기업의 목표에 대한 잘못된 인식가능성, 뇌물 수수 등 위험에 따라 많은 기업들의 모든 정치적 기부를 금지하는 것이 합리적입니다. 이러한 추세는 기업들이 로비(이전 절 참조)와 다른 형태의 정치 활동으로부터 더 많은 이익을 얻는다는 결론에 의해 더욱 강화되고 있습니다. 기업들은 보다 큰 합법성을 가지고 있고, 보다 높은 상위 수준의 관리와 통제를 허용하며, 보다 간단한 수익률 측정이 가능하게 됩니다.

원칙적으로 기업은 정치적 기부를 해서는 안 됩니다. 그러나 로비가 행해졌다면, 그것은 기업의 책임을 표현하는 것이어야 합니다. 이 말은 진정한 민주적 과정을 지원하기 위해 정당들에 일반적으로 제공하는 수준을 의미합니다. 예를 들어 회사가 시장점유율을 주도하고 있는 경우, 국제 사회가 자금 지원으로 민주적 과정을 강화할 수 있다고 인정하는 신흥국가나 취약한 민주국가에서는 로비가 행해질 수 있습니다. 여기에는 어떠한 직접적인 비즈니스 혜택도 없다는 것이 확인되어야 합니다. 그리고 이와 같은 모든 경우에 기부금이 적절하게 공개되고 있는지도 확인해야 합니다.

더욱이 많은 기업들이 주주와 기업지배구조 개선을 촉구하는 사람들로부터 정치적 기부 관련 정보 공개를 적극적으로 요구받고 있습니다. 따라서 지배구조 모범규준과 같은 의무 사항이 아니더라도, 많은 기업들이 정치적 기부를 점점 더 자발적으로 공개하고 있습니다.

이사회는 또한 자사의 정치 기부금 공개가 경쟁사와 어떻게 다른지 모니터링하기 위해 타사와 비교해 벤치마킹해야 합니다. 이 경우 해당 전략의 동기를 분석하고 대체할 공개 방식이 이사회, 회사, 주주 및 기타 이해관계자들에게 최선의 이익이 될 수 있는지 여부를 결정해야 합니다.

예를 들어, 대형 자산운용사인 블랙록(BlackRock)은 회사가 기업가치와 전략에 따라 공공 정책에 영향을 미치고자 특정 정치 활동에 참여할 수 있다고 주장합니다. 그러나 그러한 유형의 기업 활동이더라도 적절한 수준의 정보를 공개하도록 결정하는 것 역시 이사회와 경영진의 의무라고 생각됩니다. 일부 기업들은 기업 성장이 공공 인프라를 개선하는 미래지향적 입법과 규제에 의존하기 때문에, 결과적으로 정치적 과정에 참여하는 것이 사업 성공에 중요하다고 여깁니다. 관련 시장 정보를 활용하지 않으면 정책 입안자들은 기술을 활용할 기회를 완전히 놓치거나 의도치 않은 결과를 초래할 수도 있기 때문에, 정치적 과정에 개입하고 있는 기업들은 자신들의 활동은 정책 입안자를 교육하기 위해 설계된 기여라고 주장합니다.

내부고발자 제도 수립
Whistleblower schemes

내부신고는 부정행위에 관한 정보를 어떤 사람이 외부에 전달할 때 사용되는 용어입니다. 이를 '폭로' 또는 '호루라기 불기'라고 부릅니다. 근로자는 불법적이고 비윤리적인 관행에 연루된 것으로 간주되는 사람이나 단체를 외부에 알릴 수 있습니다. 기업 또는 직원의 위법 행위는 긍정적인 기업문화와 윤리적인 경영활동을 훼손하고 경제성장을 방해하기 때문에 기업지배구조에 문제를 야기합니다. 즉, 내부신고 정책은 우수한 기업지배구조의 지표로 간주됩니다.

근로자는 종종 조직 내에서 잘못을 본 최초의 목격자이며, 이렇게 알게 된 정보는 조직의 평판을 손상시킬 수 있는 문제의 확대를 막을 수 있습니다. 그러나 조직이 내부신고를 위한 개방적이고 지원적인 문화를 조성하지 않는 경우, 근로자는 내부신고에 따른 결과에 대한 두려움으로 공개하는 것을 꺼려할 수 있습니다. 그들이 두려워하는 두 가지 주요 이유 중 하나는 보복에 대한 우려이며, 다른 하나는 공개했지만 아무런 조치도 취해지지 않는 것입니다.

이에 대한 대표적인 사례 중 하나는 2016년 바클레이즈 은행(Barclays Bank)의 내부신고 사건입니다. 바클레이즈 은행은 뉴욕주 금융서비스부(DFS)의 내부신고자 공개를 처리하는 과정에서 현지 은행법과 내부규정을 위반한 것으로 밝혀졌습니다. 이로 인해 1,500만 달러의 벌금이 부과되었습니다. 이 사실은 은행의 자체 조사와 내부신고 담당팀에 의해 처리되지 않았지만, 고위경영진에게 전달되었고 당시 CEO는 내부신고자에 대한 폭로를 요청한 것으로 알려졌습니다. 뉴욕주 금융서비스부(DFS)는 조사를 통해 은행을 위험에 노출한 행위들을 발견했고, 직원들이 문제를 제기하는 것에 대해 주저하도록 만든 행위들도 발견했습니다. CEO 자신도 내부정보를 전달한 사람을 찾으려는 행동으로 법규를 위반했습니다. 이로 인해 그는 영국 규제당국에 의해 £642,430의 벌금을 물었고,

Technical
Stuff

그의 보너스는 £500,000까지 삭감되었습니다.

이렇듯 관련 경영환경이 변화하고 있습니다. 내부신고 정책이 부실한 회사는 내부적으로 발생하는 부정행위를 인식할 기회를 잃어버리고 소송을 당함으로써 잠재적으로 투자자의 위험을 증가시킬 수 있습니다. 고용주는 근로자가 부정행위를 밝혀도 괜찮다고 느낄 수 있을 만큼 개방적이고 명확하며 안전한 근무환경을 조성하는 것이 좋습니다. 법규가 고용주에게 내부신고 정책을 시행하도록 요구하고 있진 않지만, 그러한 정책이 있다는 것은 근로자의 우려에 대해 고용주가 경청할 책임이 있다는 것을 보여 줍니다. 내부신고의 투명한 정책과 절차를 마련함으로써 조직은 경영진과 관련 정보를 공유할 수 있으며 이것이 효과적인 기업 법규준수 프로그램의 핵심 구성요소라는 것을 보여 줍니다. 앞서 나가는 기업의 리더들은 직장내 괴롭힘, 성 불평등, 성희롱 및 기타 개인행동 및 윤리 문제 등 조직문화의 중요 관심 사항에도 이와 유사한 절차를 마련하도록 지시하고 있습니다.

주도하기: 'G'가 'E'와 'S'의 구성요인들을 강조하는 방법 ▮

Lead the Way: Emphasizing How 'G' Can Dictate the 'E' and 'S' Factors

이번 절에서 알 수 있듯이 지배구조는 환경 및 사회 문제와 결코 분리될 수 없습니다. 지배구조의 우수성을 위해서는 법규에 익숙하기보다 문제 또는 규정의 근본정신에 대한 이해가 필요합니다. 따라서 간단한 선택지에 체크 표시한 보고서를 제출하는 것보다, 위험이 발생하기 전에 잠재적 위반을 식별하거나 투명성을 보장하고 규제기관과 논의하는 것이 ESG의 'G'를 이해하는데 중요합니다. 궁극적으로 회사의 지배구조에 대한 접근방식은 회사와 관련된 환경 및 사회적 문제에 대응하는 방법과 문화적, 경제적, 정치적 문제를 다루는 방식을 결정합니다. 지배구조는 권한, 정책, 절차를 넓혀 지속가능성 문제를 해결하고 이를 받아들이도록 돕는 문화를 새롭게 만들 수 있습니다.

마찬가지로 지속가능성이 지배구조에 깊이 반영되면 경영진은 에너지, 물, 탄소 배출 문제와 같은 환경적 성과와 평등한 기회, 건강, 안전 그리고 행복 등 사회적 성과에 대해 더 많은 책임을 지게 됩니다. 지속가능성을 가진 지배구조가 환경적 성과와 사회적 성과에 영향을 미칠 수 있는 방식에는 책임 이행을 지시하는 종합적인 정책, 실천에 직접적인 도움을 줄 수 있는 지침 및 표준의 개발, 기업의 전반적 환경 및 사회적 전략과 활동을 조정하는 지속가능성 사무국의 신설 그리고 이러한 문제들을 검토하는 것에 대해 최종 책임을 가진 위원회의 위원 임명 등이 포함됩니다.

ESG를 위한 중요 원칙으로서의 지배구조
Governance as an overarching principle for ESG

좋은 지배구조는 환경 및 사회 문제가 중심이 되기 훨씬 이전부터 많은 기업의 조직문화에 깊이 뿌리박혀 있습니다. 마찬가지로, 펀드매니저와 투자자는 최근 몇 년 동안 나타난 ESG 투자에 대한 기하급수적인 관심이 있기 훨씬 이전부터 기업의 지배구조 수준을 고려해 투자의사를 결정해 왔습니다. 경영상황, 장기 경영계획, 임원 보상 체계에 대한 이해를 포함해 수준 높은 지배구조에서 스튜어드십 코드를 실천하려는 행동주의 투자자들의 영향은 여전히 중요한 역할을 하고 있습니다.

이러한 내용은 영국의 기업지배구조 및 스튜어드십 코드에 따라 바뀐 책임투자원칙(PRI)의 권고사항에 의해 설명되고 있으며, 기업들이 ESG 문제에 더 많은 주의를 기울여야 함을 보여주고 있습니다. 특히 영국의 스튜어드십 코드는 환경 및 사회적 문제가 장기투자 가치의 중요한 원동력이며 투자자가 고객과 수혜자에게 부담하는 신탁의무 중 하나라고 명시하고 있습니다.

Technical
Stuff

연구에 따르면, 외부 ESG 등급은 기업 내 환경 및 사회적 영향의 최대 80% 까지 측정할 수 있지만, 'E−S−G' 세 요소 중 가장 중요한 것으로 간주 되는 지배구조의 경우에는 20% 정도를 포착하는데 불과합니다. 예를 들어, 기후 변화와 관련한 문제로 인해 파산한 PG&E(Pacific Gas and Electric Company)[3]의 외부 ESG 등급은 지배구조의 구성요소들을 완전히 측정하지 못했습니다. 전기, 가스, 상하수도 등 유틸리티(utility) 회사의 경우, 기후 변화로 인해 증가할 수 있는 위험요소를 강조하고 있지만, 외부 ESG 등급은 이러한 위험에 대한 내부관리를 완전히 평가하지 못했습니다. 한편 동종업계에 따르면, ESG 위험을 관리하는 PG&E의 내부 프로세스가 그다지 강력하지 않았다고 합니다.

외부 ESG 등급 평가와 동종업계의 평가가 이렇게 다르지만, 투자회사가 지배구조를 ESG 요인 중 투자 결정에 가장 큰 영향을 미치는 요소로 판단하고 있다는 것을 감안하면, 동종업계의 ESG 지배구조에 대한 판단이 훨씬 더 관련성이 높을 수 있습니다. 현실은 앞에 있는 위험 신호를 기업이 봤음에도 불구하고 그 신호에 따라 행동하지 않은 것처럼 보입니다. 또한, 투자리서치 회사인 모건스탠리캐피탈인터내셔널(MSCI)의 조사결과, 지배구조 요소가 기업 실적의 가장 중요한 동인인 것으로 나타났으며, 'E', 'S', 'G' 요인 중 어떤 것을 강조하느냐에 따라 기업의 장기성과에 차이가 생겼습니다. 모건스탠리캐피탈인터내셔널(MSCI)의 연구결과는 지배구조가 기업의 단기성과(1년)에 더 많은 영향을 미친다는 것도 보여 주고 있습니다. 그러나 장기성과에 있어서는 세 가지 ESG 요소 모두가 우수한 성과를 내는 데 중요한 것으로 나타났습니다. 또한 이 연구는 각 산업별로 'E', 'S', 'G' 요인의 가중치가 장기간에 걸쳐 ESG 지수 성과에 큰 영향을 미칠 수 있다는 것도 보여 주고 있습니다.

예를 들어 지배구조는 은행의 주요 ESG 리스크로 간주됩니다. 은행의 지배구조 품질은 ESG 중 필수요소입니다. 왜냐하면 지배구조 품질에 따라 은행은

---

3 PG&E는 미국의 전력공급회사입니다. 2017년과 2018년 캘리포니아에서 최악의 산불사고가 발생했었는데, 당시 수사 당국은 PG&E가 설치한 전선이 강풍에 끊어져 나무에 부딪히면서 산불이 시작된 것으로 판단했습니다. 소송 결과, PG&E는 전력 장비 관리 소홀에 따른 과실치사 혐의가 인정돼 16조원의 손해배상금을 유족에게 지불하기로 합의했습니다. 결국 PG&E는 "기후 변화에서 비롯된 산불 위험이 현저하게 증가했다"는 점을 들어 파산 및 회생 결정을 신청했고, 연방 파산 법원은 이를 승인했습니다. 최근 영입된 PG&E 최고경영자인 패티 포티는 산불 위험을 줄이기 위해 최소 17조원을 투입해 16,000km의 전선을 매설하기로 결정했습니다.

보다 큰 레버리지를 활용할 수 있고, 특히 자금 조달계약 등 일반적으로 다른 산업에 비해 은행이 신뢰성에 보다 민감하기 때문입니다. 지배구조가 법규를 위반했을 때, 일반적으로 벌금과 같이 재무상태에 직접 영향을 주는 피해를 넘어 평판 손상을 초래하게 됩니다. 평판 손상은 프랜차이즈 가치 훼손, 사업 손실 또는 고객의 자금 인출을 유발할 수 있습니다. 그러나 공개된 자료를 보면, 많은 은행들이 지배구조 요소를 거의 사후 고려사항으로 취급하고 있고, 은행에는 중요하지 않을 수 있는 환경 문제에 더 중점을 두고 있습니다. 많은 은행이 지배구조를 사후 고려사항으로 여기고 있는 상황에서 은행 부문에서 지배구조 실패는 계속되고 있습니다. 고객은 이러한 실패로 인한 평판 손상으로 인해 크게 실망하고 있습니다. 이는 은행의 수익성과 유동성 그리고 수익창출능력에 영향을 미칩니다.

정부의 역할
The role of governments

기업, 투자자 및 평가기관의 조치와 함께 정부, 정책 입안자 및 규제기관도 ESG를 고려하기 위한 변화를 주도하고 있습니다. 예를 들어 다음과 같습니다.

▶ 영국 정부는 모든 상장기업과 대형 자산보유자가 2022년까지 자신의 활동이 환경에 미치는 영향을 공개하도록 의무화하는 녹색 금융 전략을 시작했습니다. 이 접근방식은 기후변화관련재무공개협의체(TCFD)와 일치합니다. TCFD는 투자위험 그리고 궁극적으로 금융 부문에 대한 위험을 평가할 수 있도록 기후 관련 위험(및 기회)의 공개를 촉진함으로써 투자자가 투자기업의 상황에 관해 보다 많은 정보를 통해 의사결정할 수 있도록 지원하는 기관입니다. 영국 정부는 TCFD의 목표를 조기에 채택하고 있으며 영국의 정책은 민간 부문의 재정 흐름을 깨끗하고 환경적으로 지속가능하며 탄력적으로 성장할 수 있도록 연결하고 있습니다. 모든 상장기업은 경영활동으로

인해 기후에 어떤 영향을 미치는지 완전히 투명하게 공개해야 합니다(자세한 내용은 www.gov.uk/government/publications/green-finance-strategy 및 www.fsb-tcfd.org/를 참조).

▶ 유럽연합 분류체계(EU Taxonomy)는 유럽의 환경목표에 영향을 미치기 위해 환경성과 서비스가 갖춰야 하는 환경성과 기준치를 명시하는 경제 활동 및 성과 수준 목록을 포함하는 분류 도구입니다. 유럽연합 분류체계(EU Taxonomy) 규정이 채택된 것은 2019년 12월 지속가능금융공시규정(SFDR)이 발효된 이후입니다. 이것은 좋은 지배구조가 좋은 기업의 지속가능성의 전제 조건임을 가정합니다. 통합의 첫 번째 단계에서는 기후 변화 완화 또는 적응에 크게 기여할 수 있는 활동을 검토합니다. 이러한 활동들은 다른 환경 목표에 실질적인 해를 끼치지 않고 OECD 다국적기업 가이드라인과 UN 비즈니스 및 인권 지침 원칙에 따라 지정된 최소 보호조치를 충족하는 경우에만 유럽연합 분류체계(EU Taxonomy)와 부합한 것으로 평가됩니다.

유럽연합 분류체계(EU Taxonomy)는 재무 관련 규제기관이 재무적 목표만이 아닌 지속가능성 목표에 대한 공시를 의무화하는 중요한 노력 중 하나입니다. 이 분류체계를 통해 EU의 전체적인 지속가능성 목표가 투자자와 기업이 함께 사용할 수 있는 도구로 전환될 수 있을 것입니다. 유럽연합 분류체계(EU Taxonomy)에 의해 공시된 정보들은 기업과 회사채 발행자가 녹색 금융을 활용해 탄소의 고배출 부문을 제거하고 저탄소 부문을 성장시키는 데 도움을 줄 것입니다(자세한 내용은 15장 참조).

초기 기후변화 완화목표는 2050년까지 탄소배출량을 완전히 없애겠다는 유럽의 공약입니다. 유럽연합 분류체계(EU Taxonomy)는 법규에 의해 지원되며, 경제활동 및 성과수준 목록은 유럽위원회의 정확한 법적 요건의 일부로 만들어집니다. 금융시장 참여자와 기업은 2021년 12월 31일까지 기후변화 완화 및 적응에 크게 기여하는 활동을 포함해 첫 번째 분류체계에 의한 공시를 완료해야 합니다. 유럽에 자금을 보유한 투자자는 이에 따라 공시해야 할 의무가 있습니다.

유럽에 펀드를 보유한 투자자는 펀드가 환경목표에 기여하는 것으로 판매되는 경우, 유럽연합 분류체계(EU Taxonomy)와 달리 공시해야 할 의무가 있습니다.

자세한 내용은 https://ec.europa.eu/info/business-economy-euro/banking-and-finance/sustainable-finance/eu-taxonomy-sustainable-activities_en을 참조하시기 바랍니다.

전 세계 동향: 지배구조 관련 ESG 활동의 지역적 차이 강조
Around the World: Underlining Regional Differences in Governance Activities

학술연구와 산업연구는 국가 및 회사 수준 모두에서 기업지배구조를 보는 경향이 있습니다. 기업지배구조의 품질은 기업보다 국가에 따라 더 다른 것으로 느껴집니다. 따라서 각 국가별로 시행하는 기업지배구조 관련 법적 및 규제 요구사항을 이해하는 것이 중요합니다. 이 절에서는 신흥시장, 북미 및 유럽 등 세 지역에 있는 국가의 기업지배구조를 살펴보겠습니다.

또한 국가 수준의 지배구조 관련 법률 및 규정은 ESG의 'E'와 'S' 관련 정책 실행에 유리한 환경을 조성하는 데 중요한 역할을 합니다. 경제 연구에 따르면 개방적이고 정직하며 투명한 경제구조를 가진 국가의 지배구조가 그렇지 않은 국가보다 더 우수한 것으로 나타났습니다. 따라서 고품질 기업지배구조에 유익한 환경을 만들 수 있는 국가 능력을 평가하는 것이 중요하며, 국가의 지배구조를 고려해 투자에 적용하는 것은 책임투자의 차세대 목표입니다. 따라서 투자 포트폴리오 구축은 미래의 환경과 사회 개선의 선행 지표인 'G'에서 시작해야 합니다.

REMEMBER

불행히도 현재 국가 수준의 지배구조에 대한 정보는 표준화되지 않았으며 근본적으로 정성적입니다. 대부분의 지배구조 관련 정보는 회사 수준에서 제공되며 일반적으로 이해관계자, 기업의 사회적 책임 그리고 관련 유사분석을 포함합니다. 많은 비정부기구(NGO)가 경제통계(GDP, 무역수지) 및 사회복지(아동 노동, 환경 품질)를 포함해 국가에 대한 중요한 연구를 수행하고 있지만, 법률·규제 및 좋은 기업지배구조에 가장 적합한 경제 인프라에 대한 통찰력을 제공하진 못하고 있습니다.

투자자는 시장의 공적 기관의 질적 수준을 검토합니다. 공적 기관의 질적 수준은 재산권, 공시기준 및 기타 특징들의 강점을 가리키며, 투자자들이 자신들이 투자한 시장을 얼마나 신뢰할 수 있는지에 대한 기초를 형성합니다. 예측 가능한 투자 환경을 형성하는 법률, 규정 및 정책은 사업이 운영되는 제도적 기본 뼈대를 구성합니다. 보다 나은 제도적 기본 뼈대는 좀 더 쉽게 자금 조달을 가능하게 만들고, 자본 비용을 낮추며, 모든 이해관계자들에게 보다 유리한 조건을 제공합니다. 많은 연구에서 이러한 통로가 기업, 산업 및 국가 수준에서 운영된다는 것을 밝히고 있지만, 지배구조와 관련한 국가의 전반적 시스템이 취약한 경우에는 비록 자발적이고 시장 친화적인 기업지배구조라고 하더라도 그 효과가 떨어집니다.

또한 투자자는 전 세계적으로 효율적인 시장과 지속가능한 경제를 발전시키기 위해 기업지배구조 및 투자자 스튜어드십 코드의 효과적인 표준화를 장려하는 국제기업지배구조네트워크(ICGN)의 설립 목적을 알고 있어야 합니다. ICGN은 투자자들이 주도해 만든 조직으로 정책 방향에 영향을 미치고, 지배구조와 스튜어드십 코드에 대해 믿을만한 투자자들의 의견을 제공하고, 동종 기업 사이에 대화를 활성화하며, 교육을 통해 관련 대화를 유익하게 만들고 있습니다 (보다 자세한 내용은 www.icgn.org/about 참조).

신흥 시장
Emerging markets

신흥시장은 높은 경제성장 전망과 발전하는 물적 및 법적인프라를 고려할 때 세계 경제에서 점점 더 중요한 역할을 맡고 있습니다. 보고서에 따르면 이들 국가들은 전 세계 총생산량(GDP)의 거의 40%를 차지합니다. 일부 투자자들에게 신흥시장은 매력적인 투자 전망을 제공하지만 국가 및 회사 수준의 다양한 위험도 함께 가지고 있습니다. 이러한 위험을 통해 투자자들은 다양한 시장에 존재하는 회사 수준의 지배구조 요소들을 보다 명확하게 이해하게 됩니다.

신흥시장에서 가족기업 및 국영기업의 지배력과 특정주주의 이익이 합치되는 상황은 회사 소유권의 집중을 야기해 독특한 갈등상황을 만듭니다(기존 기업들, 특히 가족 소유 기업들이 사업 성공에 따른 장기적인 이익을 갖긴 하지만, 서구 편향적인 모델임에도 불구하고 이것을 항상 부정적인 것으로 여겨져서는 안 됩니다). 21세기의 일부 신흥시장은 경제 불황과 지배구조 실패로 인한 기업 스캔들 때문에 지배구조 격차를 해소하기 위해 다른 시장보다 빠르게 움직였습니다. 필요한 보호장치가 없는 상황에서 지배주주들은 소액주주들의 비용으로 자신들의 목표를 달성하기 위해 기업이 가진 자원을 통제해 나갈 것입니다.

이러한 거시적 요인의 맥락에서 기업지배구조 관련 규칙 및 규정은 자본시장에 대한 신뢰 수준을 높이는 몇 가지 중요한 조치를 제시하고 있습니다. 규범, 상장규칙 및 법률은 이사회 관행, 주주 권리, 공시, 의결권 행사 절차, 환경 및 사회적 위험과 관련된 의무들을 제공하고 있습니다. 기업지배구조 모범규준은 일반적으로 COE(comply-or-explain)⁴ 원칙을 기반으로 작동하지만 시장의 지배구조 관행을 개선하는데 성공적인 것으로 입증되었습니다. 규제 측면에서 대부분의 신흥시장 경제는 기업지배구조 모범규준 및 규정을 실천하기 위한 표준을 만들었을 뿐만 아니라, 이러한 표준을 더욱 발전시키기 위해 정기적인 검토와 감독을 수행하면서 지속적으로 개선되고 있습니다. 실제로 대부분의 주요 신흥시장 경제는 지난 3년 동안 지배구조 모범규준을 수정했습니다. 최근의 관련 활동들은 기업지배구조 개선이 이들 국가 정책의 우선순위가 되었으며 더 나은 공시기준, 더 상위 수준의 이사회 독립성 그리고 더 많은 주주 보호로 이

---

4 COE(comply-or-explain)는 원칙적으로 모든 규정을 준수하되, 규정을 준수하지 못하는 예외적인 상황이 발생한 경우에는 그 이유를 설명하라는 정보 공개 원칙을 말합니다.

어지고 있다는 것을 보여 줍니다.

그러나 관료주의, 부정부패, 투명성 부족, 해당 사법행정권의 법치주의 수준은 기업 지배구조 관행 자체에 영향을 주면서도 상당한 위험을 초래할 수 있습니다. 1997년 아시아 금융위기는 잘못된 지배구조로 인해 과도하게 돈을 빌린 경제주체들과 기업들에 중요한 전환점이 되었습니다. 2008~2009년에 발생한 글로벌 금융위기는 과잉 부채와 비생산적인 감독체계의 위험을 잘 보여 줍니다. 보다 최근에는 주요 시장지수에 진입하여 더 많은 자본을 유치하려는 노력이 핵심이었지만, 지배구조 평가는 그들이 충족해야 하는 기준 범위 중 하나가 되었습니다. 강력한 규제시스템의 작동과 함께, 금융시장의 접근성과 역량 그리고 투명성은 자본시장의 지수 제공자들이 고려하는 또 다른 측면의 일부일 뿐입니다.

국가 수준의 공적 지배구조에 대한 평가는 개별기업에 대한 투자와 관련된 유형별 위험의 발생률을 설정하는 데 도움을 줄 수 있습니다. 여기에는 아래 정보들이 포함됩니다.

▶ 세계은행(World Bank)의 세계지배구조지표(Worldwide Governance Indicators) (https://databank.worldbank.org/source/worldwide-governance-indicators 또는 국제투명성기구(Transparency International)의 부패 인식지수(www.transparency.org/en/cpi)와 같은 국제기구에서 설정한 지수가 유용한 지표가 될 수 있습니다.

▶ 세계은행(World Bank)은 기업활동보고서(Doing Business report)(http://documents1.worldbank.org/curated/en/688761571934946384/pdf/Doing-Business-2020-Comparing-Business-Regulation-in-190-Economies.pdf)의 일부로 소액투자자 보호 점수를 설정했습니다. 이 점수는 무엇보다도 주주가 소송을 제기할 수 있는 능력, 이사의 책임, 소액투자자에 대한 경영투명성을 평가합니다.

정치적 결정이 상대적으로 취약한 기관을 위험에 빠뜨릴 수 있기 때문에 정치적 위험도 문제가 될 수 있습니다. 기관투자자의 과제는 특정된 회사의 지배구조가 최적의 것이라고 가정하더라도 국가 요인에 어느 정도 가중치를 부여할까 하는 것입니다. 궁극적으로 투자자는 경험에 기인한 의결권 행사와 투자기업 그리고 규제당국과의 지속적이고 적극적인 소통을 통해 신흥시장의 지배구조 관행에 영향을 미치는 역할을 할 수 있으며 또한 해야만 합니다.

REMEMBER

북미
North America

미국이 기업지배구조 프레임워크에 어려움을 겪고 있다고 주장하는 사람들은 그 이유로 주주 이익을 투명하게 보호하도록 규정된 법률과 증권 및 회계 규칙들의 복합적인 요인들을 제시합니다. 그러나 미국의 전반적인 제도에는 엄격한 실행 요소가 부족한데, 바로 그러한 점 때문에 미국의 제도가 주주보다 경영진에 더 우호적이라고 보는 견해도 있습니다. 어떤 경우에는 포이즌 필 전략(poison－pill tactics, 일반적으로 기업의 이사회가 적대적 기업 인수에 대해 사용하는 방어전략)이 허용되어 있기 때문에 기업을 인수하려는 자는 주주들과 협상하기보다는 이사회와 협상하도록 강요받습니다. 이로 인해 미국과 캐나다에 적용되는 수많은 규제가 변경되었습니다.

▶ 미국 증권거래위원회(SEC)는 의결권 자문기업의 고객들이 의결권 행사 결정을 내릴 때 보다 투명하고 정확하며 완전한 정보에 적시에 접근할 수 있도록 하기 위해 의결권 대리행사 권유를 규제하던 규정을 개정하였습니다. 의결권 자문기업에는 ISS(Institutional Shareholder Services)와 Glass Lewis 같은 기업들이 있습니다. 이들은 기업의 정기주주총회에 올라온 안건에 대해 의결권을 행사할 때 필요한 조사연구, 통계자료 및 권고사항들을 투자자들에게 제공합니다. 또한 증권거래위원회(SEC)는 상장기업의 인력관리, 특히

뛰어난 인재관리에 대한 새로운 인적자본관리(HCM)의 공시 요건을 승인했습니다. 그러나 증권거래위원회(SEC)는 공기업들이 그 정보가 공시할 만큼 충분히 중요하다고 생각하는지 여부를 결정할 수 있도록 했으며, 이 결정은 중요성 개념에 기초해야 합니다.

▶ 캐나다에서는 주주에 대한 정보 제공 방법, 임원 급여, 법률요건으로서의 과반수 의결권 행사, 경영진의 다양성에 대한 공시의무를 이사회에 부여하는 기업법이 발효될 예정입니다. 자세한 내용은 https://laws−lois.justice.gc.ca/eng/acts/C−44/를 참조하십시오.

REMEMBER

기업의 목적을 주주 우선주의에서 이해관계자 자본주의로 바꾸는 것은 잠정적으로 진행 중이며, 이런 흐름은 기업의 목적에 대한 미국 비즈니스 라운드테이블의 성명(https://opportunity.businessroundtable.org/ourcommitment/ 참조)에 의해 강화되었습니다. 본질적으로 이해관계자 자본주의는 단순한 회사 주주보다 더 광범위한 이해관계자 그룹의 이익과 관련된 기업지배구조 이론입니다. 이해관계자에 대해 광범위하게 정의된 것은 없지만 일반적으로 고객, 직원, 협력업체, 채권자, 공동체 및 환경을 포함하는 것으로 이해됩니다. 미국 대통령 선거가 있는 해에 세계적인 유행병과 '흑인의 목숨도 중요하다'(Black Lives Matter) 운동이 다시 일어났습니다. 이러한 경험들은 이해관계자의 범위를 넓혀야 한다는 의견에 확실하게 힘을 실어주고 있는 것으로 보입니다.

유럽
Europe

기업지배구조는 영국뿐만 아니라 유럽 대륙에서도 중요한 의제입니다. 유럽연합의 집행위원회는 기업 이사회의 성 불균형에 대해 우려하고 있으며, 상장기업인 경우 이사회의 40%를 여성이 차지하도록 하는 지침을 제안했습니다. 또한 EU집행위원회는 유럽비재무보고지침(NFRD)을 통해 500명 이상 직원을 보유한 상장회사가 보고해야 하는 비재무정보의 투명성이 개선되길 바라고 있습니다. NFRD의 핵심 요소는 유럽에 있는 투자 대상회사가 보고하는 비재무정보의 이와 같은 의무적 공시정보가 자산운용사에게 꼭 필요하다는 것입니다. 유럽에 기반한 자산운용사는 재무 부문의 지속가능성 공시와 관련된 새로운 규정이 부여한 자신의 책임을 다하기 위해 이러한 비재무정보를 사용할 필요가 있습니다.

또한 EU는 기업 이사회의 의무, M&A, 회계 및 기관투자자 감독과 같은 분야에서 회원국 간의 법률 및 정책을 비교·대조하는 연구를 수년 동안 지원해 왔습니다. 일부에서는 각 영역별로 조화와 균형을 갖춘 입법 초안을 성공적으로 채택했습니다. 2020년 7월 29일에 발표된 최종보고서와 함께 기업지배구조와 지속가능성 사이의 상관관계에 대한 미래 지배구조도 가장 중요한 의제 중 하나입니다.

최근에는 유럽에서도 기업의 목적을 정의하려는 개념이 주요 논의 대상이 되고 있습니다. 프랑스에서는 보다 많은 기업들이 기업의 목적(raison d'être)을 채택하도록 요구받고 있으며, 이것은 법률요건이 될 것으로 예상되고 있습니다. 기업의 목적(raison d'être)은 이해관계자에게 의미를 부여하고 ESG를 기업 전략의 중심에 두도록 합니다. 기후 변화와 저탄소 경제로의 전환도 유럽 이해관계자의 주요 관심사입니다.

또한 이사회는 ESG 정보(및 주요 문제에 미치는 영향)를 이해하고 투자자와 논의해야 합니다. CAC40[5] 이사회 위원회는 최근 몇 년간 ESG 배가에 중점을 두었습니다. ESG는 총회에서 제기된 질문의 4분의 1 그리고 주주제안의 절반에 초점을 맞추고 있기 때문에 이는 상당한 개선입니다. 한편 스페인에서는 투자자들이 비재무보고사항에 대해 의결권을 행사할 예정입니다. 규제 당국은 2020년에 ESG의 주요 구성요소를 홍보하는 기업지배구조 원칙을 민간 기업으로 확대하고 있습니다.

---

5 CAC40은 프랑스 증권거래소협회(SBF)가 산출하는 주가지수로 파리증권거래소에 상장된 40개 우량주식으로 구성되어 있습니다.

6

그린워싱[1] 기업 들추기
Highlighting Corporate Greenwashing

이 장에서는 . . .

✔ 그린워싱의 기본을 생각하기
✔ 투자자에 대한 '코로나워싱'의 위험 인식하기

그린워싱(Greenwashing)에 대해서는 서로 다른 여러 정의가 있지만, 그러한 정의들은 한 가지 점에서는 본질적으로 모두 같습니다. 그것은 회사 또는 제품이 환경친화적이고 사회적 책임을 다하고 있는지에 대해 회사가 제대로 설명하지 못하거나 오해를 불러일으킬 만한 인상을 주는 주장을 한다는 점입니다. 대부분의 경우 환경과 관련된 것 중 어떤 내용은 부분적으로 사실입니다. 그러나 그린워싱(Greenwashing)하는 회사는 일반적으로 소비자 및 기타 이해관계자를 오도하기 위해 자신의 주장이나 제품 또는 서비스의 장점을 과장합니다.

---

1 그린워싱(Greenwashing)은 실제로는 친환경 경영이나 사회적 책임 경영을 하고 있지 않지만 마치 그렇게 하고 있는 것처럼 보이기 위해 과대광고 등을 하는 기업행태를 일컫는 말입니다. 그린워싱은 ESG 분야에서 관용어처럼 사용되고 있어 국내에서도 원어 그대로 사용하는 경우가 많습니다. 굳이 번역하자면, '친환경인 척하는 기업 행태'라고 옮길 수 있겠으나 그린워싱에 담긴 의미를 모두 전달하지는 못한다고 생각되어, 여기서는 그린워싱(Greenwashing)으로 표기하고자 합니다.

이 장에서는 기업의 그린워싱(Greenwashing) 형태와 여기서 고려해야 할 몇 가지 문제를 다룬 다음, 그린워싱(Greenwashing)이 금융상품 및 투자에서 어떻게 다뤄지는지 논의합니다. 이 장의 끝에서는 '코로나워싱(coronawashing)'이라는 새로운 행태에 대해서도 검토합니다. 코로나워싱은 그린워싱과 유사한 특성을 가졌으며, 2020년 전 세계를 덮친 코로나19에 대한 대응 차원에서 시작되었습니다.

잔디가 항상 친환경적 건 아니다: 그린워싱의 기본
The Grass Isn't Always Greener: The Basics of Greenwashing

제품 관점에서 그린워싱(Greenwashing)은 일반적으로 두 가지 형태로 나타납니다.

▶ 기업이 제품을 친환경 제품으로 만들기보다 친환경 제품으로 홍보하는 데 더 많은 시간과 노력과 비용을 투자하는 경우
▶ 실제로는 기존 소재보다 탄소발자국을 더 많이 만들지만, 자사 제품이 보다 친환경적인 대체 소재로 만들어졌다고 기업이 주장하는 경우

또한 기업들이 친환경 마케팅 캠페인을 공개할 때 기업의 그린워싱(Greenwashing)이 확인되는데, 친환경 캠페인은 친환경적인 실제 사업보다 마케팅을 위한 캠페인에 더 많은 돈을 썼다는 것을 보여 줍니다.

다음 절에서는 그린워싱이 확산되는 것을 막기 위한 방법을 포함해 그린워싱이 갖는 기본적인 요소에 대해 자세히 다루도록 하겠습니다.

그린워싱의 확산 추적

Tracking the growth of greenwashing

2019년 8월 19일, 미국에서 개최된 비즈니스 라운드테이블(Business Roundtable)은 기업의 목적에 대한 새로운 성명서를 발표했습니다. 이 성명서에는 181명의 CEO가 서명했습니다. 그들은 고객, 직원, 공급업체, 지역사회 그리고 주주를 포함한 모든 이해관계자의 이익을 위해 회사를 이끌겠다고 약속했습니다. 우리는 이 성명서를 여기(https://opportunity.businessroundtable.org/ourcommitment/)에서 읽을 수 있습니다. 이 새로운 성명서는 많은 대기업들에게 획기적인 사건이었고, 그 결과 ESG 경영을 한다고 인증받는 기업의 수가 늘어났습니다.

그러나 성명서에 서명한 회사 중 적어도 한 회사는 최근 시간제 근로자에 대한 보험 혜택을 줄이기로 결정했습니다. 이러한 결정은 잠재적으로 직원들의 재정 상태에 부정적인 영향을 미칠 수 있습니다. (물론 지금 당장 직원들이 결근할 가능성은 낮기 때문에 생산성이 저하되진 않을 것입니다. 그러나 이러한 결정은 모든 이해관계자를 돌보겠다는 성명서의 정신에 위배됩니다!) 따라서 기업의 책임에 대한 주요 이니셔티브 뒤에는 좀 더 책임감있고 지속가능해지려는 일부 기업의 의도에 대해 여전히 의문이 제기되고 있습니다. 그렇다면 투자자들은 이것을 지역사회, 직원 및 환경에 대한 긍정적이고 새로운 약속으로 봐야 할까요, 아니면 그린워싱(greenwashing)의 예로 봐야 할까요?

이전에는 ESG 원칙을 준수하는 것이 바람직한 선택사항이었지만, 지금은 대부분의 기업에서 ESG 원칙이 필수사항이 되고 있기 때문에 '선행을 해야 한다'는 압력이 계속되고 있습니다. 따라서 기업들은 녹색인증이 더 많은 녹색사업이나 녹색투자로 이어지는지 여부와 상관없이 인증 사실을 과장함으로써 대중의 비난을 피하려고만 하고 있습니다. 이로 인해 기업의 사회적 책임에 대해 더욱 강조하게 되었고, 표준화된 규정들의 현실적 입증 필요성이 증가하고 있습니다. 그린워싱(greenwashing)의 한 가지 예로 자사 제품이 재활용 소재로 만들어졌다거나 에너지 절약에 효과가 있다고 주장하는 기업을 들 수 있습니다. 반면 규제 당국은 해당 회사가 마케팅에 사용하고 있는 '친환경' 표현에 대해 경영자를 불러 확인할 수 있습니다.

REMEMBER

　　오늘날 그린워싱(greenwashing)이 더 널리 퍼진 것처럼 보이지만, 회사 관점에 서든 투자자 관점에서든 기업의 좋은 행동에 대한 공통된 정의가 없기 때문에 증명하기는 어렵습니다. 결과적으로 ESG 친환적 활동이 무엇인지, 따라서 ESG 책임투자가 무엇인지에 대해서는 많이 모호한 상황입니다. 회사와 펀드매니저 는 제품이나 서비스가 친환경적이거나 지속가능한 것으로 간주되는 경우, 여기 서 얻을 수 있는 혜택을 알고 있습니다. 그러나 그들이 정말로 ESG의 길을 걷 기로 결정하는 데에는 기업문화, 환경 영향, 노사관계, 경영품질, 협력업체와의 관계 및 위험에 대한 심층적인 지식이 함께 동반돼야 합니다. 기업의 경영활동 에 대한 투자자 및 기타 이해관계자의 기대수준이 변화하면서 더욱 까다로워지 고 있습니다. 기업은 사회 또는 환경 문제에 대해 대응하고 있습니다만, 이러 한 문제를 개선하는데 진정 적합한 방식으로 항상 대응하고 있진 않습니다. 따 라서 기업을 분석하는 전문가들은 회사 재무제표의 기본항목을 보았던 전통적 인 방식과 똑같이 회사가 주장하는 ESG 활동을 면밀하게 조사해야 합니다.

세부사항 지정
Specifying the details

　　펀드매니저가 자신들의 ESG 투자방법 내에서 투자의사결정에 포함되어야 하는 사항과 제외되어야 하는 사항 그리고 투자원칙에서 벗어나는 예외적 상황 등에 대해 솔직하고 투명하게 밝히는 것은 중요합니다. 그 대가로 투자자는 펀 드가 어떻게 운영되는지 정확히 이해하기 위해 투자하기 전에 특히 ESG 펀드 에 대한 투자안내서를 신중하게 검토해야 합니다. '악마는 디테일에 있다'(devil is in the details)고 합니다. 펀드매니저와 투자자는 이 격언을 통해 달성할 자신 들의 목표를 확인할 의무가 있습니다.

다수의 펀드 안내서를 검토한 결과, 꽤 많은 펀드매니저가 ESG 투자전략에 대해 상당히 포괄적인 접근방식을 취하고 있다는 것이 밝혀졌습니다. 그러한 접근방식이 근본적으로 잘못되었다고 할 수는 없지만, 예를 들어, 투자자는 펀드의 배타적 투자 관행을 확인하지 않은 경우, 수익률에 영향을 미치는 추가 위험을 발견할 수 있습니다. 더욱이 임팩트 투자(impact investing)가 목표라고 펀드 안내서에 명시된 경우, 투자자는 고용 창출 및 다양성 증가와 같은 지표와 성과 기준에 영향을 미치기 위해 임팩트 투자비중을 유지해야 합니다.

어떤 비재무적 요인이 회사실적의 중요 요인인지와 관련해 일반적으로 인정되는 산업별 합의사항은 없습니다. 일부 펀드는 외부 ESG 평가기관이 제공하는 엄격한 정량적 평가에 의존합니다. 반면, 다른 펀드는 회사 내부의 정량적 측정에 의해 결정되는 독자적인 ESG 평가에 의존하는데, 이때 사용되는 정보는 회사 경영진을 통해 수집된 정보와 연결되어 있습니다. 따라서 각 펀드마다 ESG 요소에 대한 가중치가 서로 다르다는 것은 놀라운 일이 아닙니다. 또한 투자자는 펀드매니저 마다 회사별로 다양한 심사와 제외사항을 사용한다는 사실을 알아야 합니다. 예컨대, 펀드매니저들이 무기를 생산하고 유통하는 기업에 투자하지 않는다고 할 때, 생산과 유통을 모두 하는 무기회사만 투자에서 제외하는지, 아니면 탄약과 총기를 생산하진 않지만 판매는 하고 있는 소매점도 투자에서 제외하는지는 펀드매니저마다 다를 수 있습니다.

그린워싱(greenwashing) 제품을 찾아내기 위해 투자자가 요청할 수 있는 사항은 다음과 같습니다.

▸ESG 투자에 관한 회사의 공식 서약 또는 사명 선언문
▸포트폴리오 관리자 및 분석가로 구성된 ESG 투자전문가 활용에 대한 회사의 양해
▸절차를 평가하기 위한 자산운용사와 회사 ESG팀의 회의
▸보안 분야의 위험 관점에서 ESG 데이터 및 분석에 가중치를 부여하는 회사의 역량에 대한 질문

▶ 회사의 정책 및 주주의 의결권 대리 행사에 대한 실적을 분석하고 회사 경영진 및 이사로서 경영에 직접 참여

REMEMBER

ESG 투자업계가 ESG 투자에 대한 표준 정의 및 실행방법에 합의할 때까지, ESG 요소를 포함해 마케팅으로 활용된 모든 전략의 변수를 검토하고 이해하는 책임은 일반적으로 재무자문역에게 있습니다. 한편, 공인재무분석사협회(CFA Institute, www.cfainstitute.org/en/ethics-standards/codes/esg-standards)는 오해를 줄이고 ESG 투자자에게 소개된 투자상품이 투자목표에 좀 더 부합하는지 판단하기 위한 표준을 개발하기 위해 투자 커뮤니티로부터 광범위한 지원을 받고 있습니다. 이를 통해 투자자와 고객은 투자상품이 자신의 요구를 충족하는지 신중하게 평가할 수 있습니다. 이것은 단순히 회사채 발행인에 대한 공시의무를 결정하거나, 증권 또는 투자상품의 등급 결정을 위한 전제 조건을 권장하거나, 특정 전략 또는 접근방식에 대한 모범사례를 선정하기 위한 것이 아닙니다.

이해하기 쉬운 용어 사용
Using plain language

ESG 투자의 가장 큰 과제 중 하나는 정의의 일관성이 없다는 것입니다. '책임', '지속가능' 및 '녹색'과 같은 용어는 서로 바꿔 사용할 수 있고, 사람마다 다른 의미를 갖기도 합니다. 이것이 펀드가 제공하는 내용을 투자자들이 정확하게 이해하기 어려웠던 이유 중 하나이며, 위 단어 중 하나를 포함하는 수많은 펀드가 출시되고 있습니다. 물론, 뒤늦게나마 일부 펀드의 프로세스는 ESG와 거의 관련이 없다는 것이 분명했습니다.

TIP

ESG 투자업계가 한동안 이 문제를 인식하고 있다는 점을 고려해, 영국투자협회(IA)는 2019년 11월에 이러한 용어 중 일부를 표준화하기 위한 책임투자 프레임워크(responsible investment framework)를 요약한 보고서를 만들었습니다.

영국투자협회(IA)는 'ESG 통합'(ESG integration), '제외'(exclusions), '지속가능성 중심'(sustainability focus), '임팩트 투자'(impact investing) 및 '스튜어드십'(steward‑ship)과 같이 ESG 투자에 사용되는 일부 핵심 용어를 이 보고서에 포함했습니다. 앞으로 더 많은 발전이 있을 것이지만, 이 보고서는 ESG 투자 관련 용어의 정리라는 접근방식에 출발점을 제공했습니다. 자세한 내용은 www.theia.org/sites/default/files/2019‑11/20191118iaresponsibleinvestmentframework.pdf를 참조하시기 바랍니다.

영국투자협회(IA)의 책임투자 프레임워크(responsible investment framework)를 사용해 ESG 투자에 자금을 지원하는 것에는 다음의 세 가지 수준이 있습니다.

REMEMBER

▶ 제외(Exclusions): 이 수준은 앞서 정의된 기준에 따라 특정 회사 및 산업에 대한 투자를 펀드 또는 포트폴리오에서 제외한다는 의미를 가지고 있습니다.

▶ 지속가능성(Sustainability): 이 수준에는 지속가능성 기준을 충족하거나 구체적인 지속가능성 성과를 창출한 회사에 투자한다는 철학이 담겨 있습니다. 여기에는 ESG 등급을 기반으로 업계 '최고'인 기업에 투자하는 긍정적 심사 또는 기후 변화 완화, 오염 방지 등 특정한 지속가능성 주제를 목표로 하는 기업에 투자하는 지속가능성 테마 투자가 포함될 수 있습니다. 또한 지속가능성은 UN지속가능개발목표(SDGs, 1장 참조) 중 하나 이상과 관련됩니다.

▶ 임팩트 투자(Impact investing): 이 수준은 긍정적이고 측정 가능한 사회적·환경적 영향을 창출하려는 의도로 이루어진 투자와 관련됩니다.

EU위원회는 지속가능한 금융계획을 '그린워싱(greenwashing)된 금융상품으로부터 EU 소비자와 투자자'를 보호하는 것과 연계했습니다. 자세한 내용은 www.e3g.org/wp‑content/uploads/E3G‑A‑Vision‑for‑Sustainable Finance‑in‑Europe_Chapter‑4‑Inclusion.pdf에서 확인하기 바랍니다.

또한 EU위원회는 환경적 차원에서 지속가능한 경제활동을 구별하기 위한 분류 시스템 또는 'taxonomy'와 이러한 구별에 도움이 되는 표식 및 기준을 개발했습니다. 이것은 그린워싱(greenwashing)이 주로 전문투자자가 아닌 개인투자자들을 염두해 행해진다는 생각과 관련되어 있지만, 앞에서 논의했듯이 그린워싱(greenwashing)의 잠재적 위험은 그것보다 훨씬 더 광범위합니다. 보다 자세한 내용은 https://ec.europa.eu/info/business−economy−euro/banking−andfinance/sustainable−finance/eu−taxonomy−sustainable−activities_en에서 알아볼 수 있습니다.

시스템 설정
Setting up a system

ESG 투자에 대한 또 다른 문제는 펀드 및 회사 ESG 등급 측면에서 ESG 등급 제공기관 간에 일관성이 부족하다는 것입니다. 과다한 ESG 데이터와 자체 기준, 가중치, 기타 방법론에 차이가 있는 ESG 평가기관 간에 공통점이 부족해, 많은 평가기관의 점수 사이에 상관관계가 일반적으로 낮은 상황이 발생했습니다. 낮은 상관관계는 회사의 ESG 등급에 의존하는 투자자들에게 문제를 일으킬 수 있습니다. 사용된 ESG 데이터 제공기관에 따라 심사 결과가 크게 변경될 수 있기 때문입니다.

이러한 낮은 상관관계로 인해 많은 펀드들은 이제 ESG 데이터를 분리하고 자체적으로 가중치를 적용하고 있습니다. 이에 따라 펀드가 사용하는 방법론과 투자자 자신이 사용하는 가중치 기준 사이에 어떤 차이가 있는지 아는 것이 훨씬 더 중요해졌습니다. 이러한 차이점은 궁극적으로 어떤 포트폴리오의 구성요소가 특정 펀드에 포함될 것인지, 그것들이 어떻게 재조정될 것인지에 대해 불확실성을 확대하는 결과를 만들 수 있습니다.

책임투자원칙 이야기

UN이 후원하는 책임투자원칙(UNPRI, www.unpri.org/ 참조) 투자자 이니셔티브는 ESG 기준 표준화를 제고하기 위해 설정되었으며 PRI 최고등급을 유지하기 위한 요구사항을 최근 몇 년간 강화해 왔습니다. 자산소유자는 보유자산의 50% 이상이 ESG를 통합하고 있는지 확인해야 하고, 펀드매니저의 투자기업 선택 절차의 변경사항을 통합하는 것을 포함해 펀드매니저의 선택, 임명 및 모니터링과 관련된 요구사항이 크게 증가했습니다. 아이러니하게도 PRI는 약 2,000명의 서명자 중 10%를 작년 목표치 미달을 이유로 감사 목록에 올려야 했습니다. 이 서명자의 3분의 2가 기준을 개선했거나 연말까지 기준을 충족할 예정이지만, 서명자 중 1조 달러 이상의 자산을 관리하고 있는 4분의 1은 이를 개선하지 못했거나 PRI의 요구를 거부했습니다.

현재 대부분의 펀드매니저는 펀드의 과거 ESG 성과와 관계없이, ESG 투자 선언만으로도 대규모 펀드의 유입을 경험하고 있습니다. 그러나 연구에 따르면 펀드매니저의 ESG 점수는 이러한 선언 이후에도 동일한 것으로 나타났습니다. 따라서 ESG 요소를 통합하기 위해 포트폴리오에 ESG 관련 투자 보유를 변경해서는 안 됩니다. 또한 업계의 다른 동료들에 비해 PRI 회원은 환경문제에 대해 언급하지 않을 가능성이 오히려 3분의 1 더 높았습니다. PRI 회원의 포트폴리오 보유는 이후에도 환경문제와 관련해 논란이 커졌습니다!

여기 "책임투자원칙 이야기"는 ESG 기준을 높이기 위해 수립된 UN 후원 책임투자원칙(PRI) 투자자 이니셔티브에 참여한 구성원에게도 적용될 수 있는 몇 가지 문제를 강조하고 있습니다.

ESG 보고서는 구체적인 ESG 문제에 대한 체계적인 접근방식에 대해 전체 투자 프로세스에 걸쳐 설명해야 하며, 이러한 접근방식들은 수익 증대와 위험 감소에 기여해야만 합니다. 또한 ESG 투자에 바람직하지 않은 경영활동을 하는 회사를 제외하는 것보다, 원하는 ESG 활동을 기반으로 회사를 검색하고 이들을 투자에 포함해야 합니다. (일부 투자자는 투자대상에서 제외하는 투자전략을 지속가능 활동으로 분류해서는 안 된다고 주장하지만, 다른 투자자는 윤리적 판단에 따라 투자대상에서 일부 기업을 제외하는 것은 지속가능 활동으로 볼 수 있다고 주장할 것입니다.) 투자자들에게 그들의 투자대상 범위를 제한하라고 요청하면, 잠재적으로 성과가 더 나빠질

REMEMBER

위험이 있습니다. 그들은 가장 효율적인 투자 세트로 보일 수 있는 것을 선택하지 않을 수 있습니다.

단순히 안전하다고 생각했을 때: 코로나 워싱
Just When You Thought It Was Safe: Coronawashing

코로나 바이러스라는 말은 관련 단어 및 문구와 함께 2020년 우리의 언어생활에 침범했으며, 이제 코로나 바이러스는 많은 기업들이 자신들의 브랜드를 인식시키고 기업 이미지 관리를 위해 벌이는 의심스러운 시도의 전략적 방법이 되었습니다. 많은 기업들이 코로나라는 새로운 유행에 올라타고 있습니다. 환경오염의 주범, 탈세자, 지속적으로 협력업체에 위험을 전가해 온 바로 그 회사들이 이제 우리에게 '#나는 네가 행복했으면 해(#StaySafe)'를 강력히 촉구하고 있는 것입니다. 코로나 대유행 기간 동안, 진심이든 아니든 모든 회사들은 기업 커뮤니케이션팀을 통해, 자신들이 다른 사람들을 돕기 위해 한발 앞서 나가는 공익적 기업이라는 새로운 기업 이미지를 구축하는 한편, 회사의 이익은 과거보다 감소하지 않도록 노력하고 있습니다.

기억력이 나쁜 사람들은 이러한 기업들이 천연자원을 함부로 사용해 재사용을 불가능하게 만들고, 공공서비스를 더 취약하게 만들고, 불행하게도 코로나로 인해 드러나고 있는 낙후된 생계기준에 책임이 있으며, 이러한 행동을 통해 그동안 그 기업들이 이익을 취해왔다는 사실을 잊을 것입니다. 다음 절에서는 코로나워싱(coronawashing)의 두 가지 측면, 즉 기업 측면과 투자자 측면에 대해 설명하겠습니다.

기업 측면의 코로나워싱
Coronawashing on the corporate side

그래서 '코로나워싱'(coronawashing)'이 시작되었습니다! 윈스턴 처칠(Winston Churchill)의 명언, '좋은 위기를 낭비하지 마십시오!'가 유행처럼 인용되었습니다. 기업의 홍보활동은 기계처럼 열성적으로 진행되었습니다. 홍보활동은 위기 극복을 위해 기업들이 어떻게 돕고 있는지 강조하는 한편, 기업들이 위기를 악화시킨다는 비난을 받지 않도록 담보하고 있습니다! 언론들은 좋은 기업의 시민정신이라는 부드러운 조명을 기업들이 받을 수 있도록 쓸 수 있는 모든 음향효과와 카메라 앵글을 사용합니다.

한편, 뒤에서는 같은 회사들이 정부에게 구제금융을 요청하고, 위기를 이용해 자신들에게 유리한 입법을 추진하면서, 어떤 경우에는 과거보다 지금 더 필요한 규제를 오히려 축소하라고 요구하고 있습니다. 코로나 바이러스에 대한 공포 때문에 먹고 사는 소비재들이 봇물처럼 나오고 있는데, 이러한 현상은 세계적인 전염병 대유행 동안보다 더 안전한 자본주의의 시기는 없다는 엄연한 현실을 잘 보여줍니다.

그러나 한편, 코로나19가 이러한 문제들을 심화시키고, 이 문제 위에 서 있는 ESG의 근간들이 우리들의 집단적 사고(collective thinking) 앞에 서 있는 동안에도, 지속가능성은 여전히 비즈니스의 핵심 전략으로 자리 잡고 있으며, 많은 주요 성과지표(예컨대, 오염물질 배출, 해양 플라스틱, 물 부족 및 사회 문제에 대한 적극적인 참여)들은 여전히 잘못된 방향을 가리키고 있습니다. 코로나19 이전에 많은 기업들이 이러한 문제점들의 잠재적인 결과를 파악하기에는 그 문제들은 여전히 너무 모호하게 보였습니다. 일부는 지속가능경영 모범사례를 기업의 경쟁력과 미래의 성공을 위한 필수요소라기보다 단순히 '하면 좋은' 것으로 여겼습니다. 많은 조직은 장기적인 기업 건전성과 지속적인 '이해관계자 자본주의'로의 전환을 고려하지 않고, 단기간에 주주가치를 극대화하고자 했습니다. 그리고 자신들의 약점을 드러내야 할 단기적 기회에 '립 서비스'를 하면서 코로나워싱

(coronawashing)에 휩쓸리는 기업이 될 가능성이 높아진 것 같습니다.

투자자 측면의 코로나워싱
Coronawashing on the investor side

회사의 ESG 목표는 이 이야기의 한쪽 면이지만, ESG 투자는 ESG 성과의 일부를 보여줄 수 있을 것입니다. 회의론자들이 경기가 어려워지면 ESG 투자에 대한 뜨거운 열기가 사그라질 것이라고 예측한 반면, 확고한 지지자들은 윤리적이고 지속가능한 경영을 한 기업들이 보다 높은 회복탄력성을 가졌다는 사실이 증명될 것이라고 주장했습니다. 지금까지 나온 결과들은 녹색성장채권과 ESG주식투자지수가 벤치마크를 능가한다는 것을 보여 주고 있습니다. 따라서 지지자들이 옳았음이 입증된 것입니다.

그러나 이러한 사실 중 일부는 '코로나워싱'(coronawashing)의 잠재적 희생자가 될 수 있습니다. 대부분의 ESG 중심 상장지수펀드(ETF, exchange-traded fund)는 제약 및 기술 회사와 같이 전염병 대유행에서 회복력이 입증된 기업에게 본질적으로 큰 비중을 두는 안정적인 전략을 취하기 때문입니다. 실제로, 많은 ETF(상장지수펀드, exchange-traded fund)가 배제 규칙을 사용하는 지수를 기반으로 한다는 점을 감안할 때, ESG 원칙에 실패한 기업들 중 일반적으로 최근 실적이 저조한 기업을 의도적으로 배제함으로써 실적 하락을 간접적으로 피할 수 있었습니다.

그러나 다른 지수 내 ESG 점수는 주관적이며 모든 지수가 동일한 목표로 만들어지는 것은 아니기 때문에, 투자자는 구매한 금융상품을 면밀하게 관찰해야 합니다. 때때로 ESG ETF(상장지수펀드, exchange-traded fund) 중에는 투자자에게 판매되는 방식과 명백히 상반되는 주식이 포함되기도 합니다. 이것은 일반적으로 펀드가 '화석연료를 사용하지 않는' 시장만이 아니라 광범위한 시장을 면밀하게 추적하도록 설계되어 있기 때문이기도 하고, 또한 벤치마크 지수의 전체 투자범위에서 펀드가 너무 멀어지지 않으면서도 동시에 ESG 요소를 핵심 투자로 통합하려는 투자자들을 위해 설계되었기 때문이기도 합니다.

한편, ESG 투자가 더욱 인기를 얻고 있고 장기적으로 변화에 보다 뛰어난 회복탄력성을 보일 것으로 예상되는 기업들로 자금이 투자되는 경우, 주의해야 할 사항이 있습니다('구매자 주의'). 궁극적으로 현재의 코로나19 위기가 어떻게 진행될지 또는 지속가능성 문제에 어떤 영향을 미칠지 알기는 어렵습니다. ESG의 근간을 공격하는 공동의 적들과 맞서 싸우는 현재의 따뜻한 연대감은 미래에 있을 긍정적인 변화를 암시합니다. 그러나 다른 사람들은 정부와 조직들이 경제 침체에 맞서 싸우는 데 초점을 맞추고 있기 때문에 가까운 장래에 지속가능성 사업들을 하지 않게 될 것이라고 주장합니다. 따라서 ESG 투자를 '안전한 피난처'로 생각해 투자하고 있는 자산운용사와 'ESG를 입에 달고 있는 대표들'의 투자 중 일부는 이제 거의 코로나워싱에 가깝습니다. 따라서 이에 대한 적절한 위험관리경영이 지켜져야 합니다!

또한 코로나 이후 '더 나은 재건'이라는 주문은 모든 이해관계자들에게 신중하게 고려되어야 합니다. 이것이 전 세계 경제를 환경적으로 보다 지속가능한 것으로 만들고, 사회적으로 보다 포용적인 것으로 재편되도록 만들 일생에 단한 번뿐인 기회라는 주장도 있습니다. 그러나 코로나 이후의 경제적 투자는 이러한 투자가 단기적으로 몰고 올 환경적인 영향은 무시하고, 단지 경제를 정상궤도에 올리는 쪽으로만 협소하게 집중될 수 있습니다. 균형 잡힌 행동은 확실히 어려운 일이지만, 이것을 일생에 한 번 올까 말까 한 기회로 보는 주장에는 결코 오지 않을 수도 있는 세계적 차원의 연대가 필요해 보입니다.

Part

2

다양한 투자상품을
통한 ESG 투자

INVESTING IN ESG THROUGH
DIFFERENT INSTRUMENTS

쉽게 이해하고 적용하는 ESG 투자와 경영
ESG Investing (for dummies) by Brendan Bradley

여기에서는 . . .

✔ ESG 등급 및 지표 사용에 따른 실질적인 투자 결과를 평가합니다.
✔ 포트폴리오 구성 및 관리 뒤에 있는 주식 및 고정수익 기반 투자의 사용법
  에 대해 알아봅니다.
✔ 지속가능한 포트폴리오를 구축하는 데 사용되는 상장된 파생상품 및 대체
  투자의 중요 부분을 확인하십시오.
✔ 유럽, 북미 및 아시아에서 ESG 투자 금액의 증가를 확인하십시오.

7

ESG 투자에 대한 접근방식
Approaches to ESG Investing

이 장에서는 . . .

✔ 사회책임투자(SRI) 조사
✔ 임팩트 투자 조사
✔ 신념 기반 투자 확인

이 책의 1부에서 우리는 ESG에 대한 투자가 왜 포트폴리오에서 중요한 고려사항인지 잘 이해하게 되었습니다. 이번 장은 다양한 투자자들이 선택할 수 있는 ESG 투자 접근방식과 그들의 투자전략을 실행하는 데 사용되는 금융상품 유형에 중점을 두고 있습니다.

여기에서는 윤리적 투자, 녹색 투자, 사회책임투자(SRI)와 같은 투자기금관리에 윤리적·환경적·사회적 요인을 통합하는 것을 설명하기 위한 많은 용어들이 대체가능하게 사용되었다는 점을 특별히 밝혀둡니다. 이러한 다양한 용어의 정의는 모두 중복되고 있으며, 많은 용어들이 서로 다른 산업별 참여자들에게 특별한 의미로 사용되고 있습니다. 최근 몇 년간 투자가 증가함에 따라 이러한 산업별 용어가 급증했습니다. 그러나 여기에는 어떤 투자가 사회적 또는 환경적 영향목표를 충족하는지 뿐만 아니라 고객 포트폴리오를 어떻게 구성해야 하는지에도 영향을 미치는 뚜렷한 차이점이 존재합니다.

사회책임투자의 이해
Understanding Socially Responsible Investing

1장에서 설명했듯이, ESG 요소의 통합은 기술적 가치를 뛰어넘어 잠재적인 위험과 기회를 인식함으로써 전통적인 재무 분석을 보다 강력하게 만드는데 사용됩니다. 사회적 인식이 덧붙여져 있긴 하지만, ESG 평가의 주요 목적은 재무적 성과입니다.

이 절의 주제인 사회책임투자(SRI)는 특정 윤리지침에 따라 투자 대상기업을 적극적으로 제거하거나 선택함으로써 ESG 투자보다 한 걸음 더 나아갑니다. 근본적인 동기는 개인적인 가치, 정치적 이데올로기 또는 종교적 신념일 수 있습니다. 가치평가에 영향을 미치는 ESG 분석과 달리 사회책임투자에서 사용되는 ESG 요소들은 전체 투자대상에서 부정 또는 긍정 심사를 지향합니다. 업계의 대표적인 전문가들이 말하는 사회책임투자(SRI)에 대한 정의는 다음과 같습니다.

▶ 영국사회투자포럼(SIF)은 사회책임투자(SRI)를 '투자자의 재무적 목표와 사회 정의, 경제 발전, 평화 또는 건강한 환경에 대한 약속을 결합한 투자'로 정의합니다.

▶ 유럽지속가능투자포럼(Eurosif)은 사회책임투자(SRI)를 '투자자의 재무적 목표와 사회, 환경 및 윤리(SEE) 문제에 관한 관심을 결합한' 투자로 정의합니다.

사회책임투자의 합리적 이유 살펴보기

Looking at reasons for SRI

다양한 개념 정의와 상관없이, 사회책임투자(SRI)에는 세 가지 공통된 동기가 있는 것으로 보입니다.

▶ 투자자가 반대하는 활동에 참여하지 않기 위한 동기
▶ 기업이 사회, 환경 또는 경제에 미치는 영향을 개선하도록 격려하기 위한 동기
▶ 투자성과를 창출하기 위한 동기

이러한 동기 중 첫 번째 동기는 역사적으로 사회책임투자(SRI)에 영감을 제공했지만 최근에는 다른 두 가지 동기가 점점 더 중요해지고 있으며, 이제는 많은 사회책임투자(SRI) 투자자들의 주요 동기가 되었습니다. 그럼에도 불구하고 다른 투자자들의 동기에 대응하기 위해 다른 사회책임투자(SRI) 전략을 선택하고, 각 전략들은 주요 성과에 따라 다른 결과를 줄 수 있지만, 일반적으로 모든 전략에서 각 동기들의 흔적이 발견됩니다.

따라서 좋은 ESG 실천방식과 투자 포트폴리오 범위 내에 있는 증권의 연구·분석 및 선택 절차를 통합하는 장기투자 접근방식으로 사회책임투자(SRI)를 이해하는 것이 매우 중요합니다. 근본적인 분석 및 참여를 ESG 요소 평가와 결합해 지속가능한 사업목표를 가진 기업은 알아보고(긍정적 심사), 의심스러운 경영관행을 가진 기업은 회피함으로써(부정적 심사) 사회에 이익이 되는 동시에 장기수익을 더 잘 포착할 수 있습니다. 결과적으로 사회책임투자(SRI)는 자본투자를 통한 이익극대화 이외에 기업의 실천적 경험을 장려합니다.

사회책임투자(SRI) 전략은 당시 정치적·사회적 변화에 따르는 경향이 있습니다. 전략이 구체적인 환경적·윤리적 또는 사회적 가치에 초점을 맞춘 경우, 미래에 투자자들 사이에서 특정 가치가 투자와 관련이 없다고 간주되면 투자에

어려움을 겪을 수 있기 때문에 정치적·사회적 변화는 투자자가 인식해야 할 중요한 요소입니다.

또한 사회적 인식 투자에 대한 관심이 높아짐에 따라 수많은 펀드와 집합투자기구를 투자자들이 이용할 수 있습니다. 여기에는 뮤추얼 펀드와 ETF(상장지수펀드, exchange-traded fund)펀드가 포함됩니다. 이러한 펀드들은 단일 투자로 많은 산업부문의 여러 회사로부터 영향을 받을 수 있습니다. 그러나 투자자는 펀드매니저가 자신의 목표를 확실히 달성하기 위해 채택한 구체적인 철학이 담긴 펀드 안내서를 주의 깊게 읽어야 합니다.

명시적인 윤리지침에 따라 적극적으로 투자를 배제하거나 선택하는 사회책임투자(SRI)와 조직이 프로젝트를 완료하거나 프로그램 개발을 통해 사회에 도움이 되는 긍정적인 일을 하도록 하는 임팩트 투자는 서로 다르다는 것을 정확히 아는 것이 중요합니다. (나중에 '임팩트 투자 평가' 절에서 이에 대해 다룹니다.) 사회책임투자(SRI)를 하도록 동기를 부여하는 주요 원인들은 주로 기후 변화, 재생 가능 에너지 사용, 물 관리 등 환경 문제와 사회적 문제를 해결하려는 투자자들의 바람과 관련이 있습니다. 한편, (유럽에서 관리 중인 자산 측면에서 여전히 가장 두드러진 전략인) 투자제외 심사가 계속되는 경우, 담배는 가장 일반적인 투자제외 기준으로 보입니다.

최고등급 전략과 제외 전략 비교

Comparing a best-in-class strategy to an exclusion strategy

가장 긍정적인 영향을 미칠 수 있는 회사를 결정하는 한 가지 방법은 투자자가 특정 산업 부문에서 ESG 점수가 가장 좋은 회사를 선택하는 최고등급 (Best-in-class, 이하 BIC) 전략을 채택하는 것입니다. 이를 통해 투자자는 주어진 기준이나 목표를 선택할 수 있으며, 실현된 최종등급은 산업 부문에 따라 달라질 수 있는 기준의 가중치와 연결될 수 있습니다. BIC 포트폴리오는 일반적으로 SRI/ESG 및 기존 재무평가를 모두 충족하는 회사를 포함합니다. 그러나 일부 BIC 포트폴리오는 비사회책임투자(non-SRI) 포트폴리오와 유의미할 정도로 다르지 않기 때문에, 투자자는 BIC 접근방식을 실행하는 데 적용할 수 있는 벤치마크 지수 또는 지표를 점점 더 많이 찾고 있습니다. 요컨대, ESG 점수 측면에서 최고의 상대성과를 얻는 것이 긍정적인 영향을 담보하지는 않습니다.

가장 오래된 사회책임투자(SRI) 전략은 투자배제 전략으로, 전통적으로 주류, 포르노, 담배 및 무기 생산 또는 판매와 관련된 회사처럼 '죄악 주식'(sin stocks)을 피하는 데 중점을 두었습니다. 이 접근방식은 회사, 산업 부문 또는 국가가 의심스럽거나 비윤리적이라고 간주되는 활동에 참여할 때, 허용되는 투자범위에서 체계적으로 배제해 나갑니다. 이 전략은 개별 펀드 또는 위임 수준에서 적용될 수 있지만, 자산의 전체 제품 범위에 걸쳐 자산운용사 또는 소유자 수준에서 점차 적용됩니다.

그러나 일부 투자자는, 투자배제 전략이 의미가 있으려면 적극적인 참여 및 스튜어드십 정책의 시도와 함께 적용될 수 있어야 한다고 생각합니다. 이는 투자자가 의결권을 행사할 수 있도록 투자 배제된 회사의 주식을 상징적인 수량 이상 보유해야 한다는 것을 의미합니다. 이를 통해 적극적인 투자자는 포트폴리오 회사들 사이에서 긍정적인 영향과 더 나은 지속가능성을 창출하려는 노력을 보여 줄 수 있습니다. 그들이 주식을 매각하는 경우, 회사는 확인되지 않은 지속 불가능한 방식으로 계속 경영될 수 있습니다. 이것은 바람직하지 않습니다. 그러나 그들은 투자자로서 지속가능성과 관련된 모든 평판 위험을 평가해야 합니다. 따라서 주식매각은 여전히 특정 회사에 가장 좋은 방법일 수 있습니다.

사회책임투자 결정에 대한 잠재적 수익성 평가

Weighing the potential return on SRI decisions

일부 투자자는 ESG 요소를 사회책임투자(SRI) 절차에 통합하면 수익성이 떨어질 것이라고 생각하지만, 사회책임투자(SRI)가 더 큰 수익으로 이어질 수 있다는 증거가 많아지고 있습니다. 원칙은 분명합니다. 즉, 미래에 효과적으로 경

REMEMBER

영될 가능성이 가장 높은 기업은 비즈니스가 장기적인 변화에 적응할 수 있는 위치를 차지할 수 있도록 책임지는 동시에 단기적인 위험까지 해결해 나갈 수 있는 경영진으로 구성된 팀을 보유하면서, 설득력 있는 사회적 책임에 관한 관심을 가졌으며, 객관적이고 선진적인 방식으로 거래할 가능성이 가장 높다는 것입니다.

반대로 사회책임투자(SRI) 지수의 수익이 단기적으로 꾸준히 유지될 것이라고 기대해서는 안 됩니다. 경기순환이나 시장 상황에 따라 단기적으로 실적 차이가 있을 수 있습니다. 예를 들어, 사회책임투자(SRI) 신흥시장 지수는 비사회책임투자(non-SRI)성 지수보다 근본적으로 중국에 대한 배분이 낮습니다. 이로 인해 중국 주식시장이 강한 손익을 경험하게 될 경우, 투자수익(ROI)이 이 두 가지 지수 사이에서 또는 포트폴리오 사이에서 차이날 수 있습니다.

또한 사회책임투자(SRI)의 기준을 충족하는 많은 기업들이 주로 대형주이고, 투자자 포트폴리오 내에서 투자 다각화의 가능성을 제한할 수 있다는 점을 생각할 때, ESG 주식이 제공하는 투자 다양성 부족에 대한 우려가 있을 수 있습니다. 이는 투자자가 소형주, 중형주 및 신흥시장에 소재한 기업 내에서 더 적은 투자 기회를 찾게 되는 동시에, 전체 투자범위를 잠재적으로 배제해, 기존 투자범위로 쏠림현상이 생기는 위험을 초래할 수 있습니다. 이에 대한 반론은 ESG를 사회책임투자(SRI) 절차에 통합함으로써, 투자자가 지속 불가능한 실제 사업에 관여하는 회사를 골라낼 수 있다는 것입니다. 이러한 통합 방법은 경쟁사보다 낮은 성과를 내는 회사를 골라낼 수 있고 그 결과, 더 작지만 더 상위 수준의 투자대상 회사들을 기대할 수 있게 합니다. 이것은 포트폴리오가 가졌던 효율성이 감소되긴 하지만, 나머지 회사가 지닌 더 매력적인 투자 특성이 감소된 효율성을 상쇄한다는 것을 의미합니다.

더욱이 ESG 통합에 있어 사전 결정된 기준을 준수하지 않은 자산운용사를 배제함으로써 그들의 투자범위를 제한해 생길 수 있는 투자대비수익률(ROI) 하락에 대한 우려도 있습니다. 많은 소규모 자산운용사는 지속적인 알파(즉, 포트폴리오에서 지속적으로 초과수익을 찾는)를 만들어갈 수 있지만, 지속가능한 투자전략 또는 통합 ESG 요소를 투자절차에 완전히 통합하지는 않았습니다. 한편, 더 큰 규모의 기존 자산운용사는 수익을 높이기 위해 사회책임투자(SRI) 원칙을 투자 절차에 점점 더 많이 통합할 것입니다.

그럼에도 불구하고, 사회책임투자(SRI) 기회와 관련한 정보를 전달할 때 사회 책임투자(SRI) 제안서의 공급을 늘려야 할 필요성이 높아지고 있습니다. 제안서 는 성공적인 고객 유치뿐 아니라, 금융전문가들 사이에서는 이미 친숙해진 예상 수요를 충족시키기 위해서도 필요합니다. 반대로, 비록 최근 몇 년 동안 펀드 수 수료가 떨어지긴 했지만, 사회책임투자(SRI) 전략의 수수료는 안정적으로 관리되 는 펀드에 비해 자연스럽게 높아졌습니다. 왜냐하면 펀드의 투자기준이 잘 유지 되고 있는지 확인하기 위해 펀드매니저들이 기업 활동을 감시해야 할 필요성이 높아짐에 따라 이와 균형을 맞추기 위해 펀드매니저들이 더 높은 수수료를 부과 했기 때문입니다. 높은 수수료는 수익성에 중요한 영향을 미칠 수 있습니다.

그러나 일반적으로 사회책임투자(SRI) 모멘텀은 여러 기관투자자의 책임투자 또는 임팩트 투자전략 채택에 영향을 미쳤으며 수많은 준정부기관은 사회책임 투자(SRI) 정책을 가지고 있습니다.

▶ 캐나다 연금 제도(Canadian Pension Plan)는 ESG를 투자의사결정 접근방식에 완전히 통합하고 있습니다.

▶ 노르웨이 국부펀드(The Norwegian Sovereign Wealth Fund, Norges)는 투자 대상 회사의 실천방식을 향상시키기 위해 투자배제 심사와 적극적인 경영참여를 하고 있습니다.

▶ 이러한 채택 방식은 일반적으로 미국이 유럽보다 느립니다. 그럼에도 불구 하고 주목할 만한 예외는 포드 재단(Ford Foundation)입니다. 포드 재단은 기 부금 중 미화 10억 달러를 미션 주도 임팩트 투자에 투자하기로 약속했습 니다.

▶ 블랙록(BlackRock)의 설립자인 래리 핑크(Larry Fink)는 2020년 회사 CEO들 에게 보내는 연례 서신에서 회사들이 사회에 긍정적으로 기여할 수 있는

방법을 보여 달라고 모든 회사에 공개적으로 요구했습니다.

▶ 모건 스탠리(Morgan Stanley)는 기업의 모든 부서에 걸쳐 사회책임투자(SRI) 전략을 통합하는 책임 있는 투자연구소를 설립했습니다.

▶ 아폴로(Apollo), 배인 캐피탈(Bain Capital), KKR, TPG 및 웰링턴(Wellington) 을 포함한 많은 기존의 자산운용사들이 임팩트 투자 펀드를 출시했습니다.

그러나 투자자는 자산 수집을 위해 만들어진 금융상품 전략과 진정한 영향력 의 창출이라는 확실한 실적이 있는 전략을 구별해야 합니다. 6장은 그린워싱 (Greenwashing)과 관련된 문제와 그 문제에 대해 모니터링해야 할 사항들을 철 저하게 다루고 있습니다. 진정한 영향력을 창출하는 투자전략을 구별할 수 없 다면, 사회책임투자(SRI) 또는 펀드의 임팩트 자격 인증에 대한 실사를 통해 펀 드가 해당 분야에서 어떤 실적이나 경험을 보유하고 있는지 아니면 일시적인 유행에 편승하고 있는지 여부를 분명하게 알 수 있습니다.

임팩트 투자 평가
Evaluating Impact Investing

이 절에서 다루는 임팩트 투자의 수요는 계속되는 상당한 사회적 도전(예: 인구통계학적 변화, 불평등, 사회적 배제, 지속 불가능한 개발)과 정부, 자선 단 체, 비정부기관(NGOs) 등 이러한 문제들을 해결하기 위해 만들어진 기관들의 실패로 인해 생겨났습니다.

사회책임투자(SRI) 또는 ESG 투자와 달리 임팩트 투자는 단순히 죄악 주식 (sin stocks)을 회피하거나 '해를 끼치지 않는' 것이 아니라, 투자자를 위한 재정 적 수익을 창출하는 동시에, 사회 및 환경적 목표를 달성하기 위해 적극적으로 자본을 사용하는 것입니다. 임팩트 투자는 투자대상 기업들에 반드시 그들의 사회적·환경적 영향에 대해 사전에 추적하고, 평가하고, 보고하도록 하는 목적을 요구합니다. 성공적인 경우, 임팩트 투자는 주류 투자자로부터 상당한 자본을 풀어 제공하고 있습니다.

"임팩트"를 정의하고 추적
Defining and tracking "impact"

임팩트 투자의 목표에 대한 관심이 증가하고 있음에도 불구하고, 임팩트 투자가 구체적으로 어떤 영향을 미치는지에 대한 합의가 여전히 이루어지지 않고 있습니다. 최근에 UN지속가능개발목표(SDG; 1장 참조)가 이 문제를 주도하고 있긴 합니다. 임팩트 투자의 영향에 대한 합의가 없는 상황에서 글로벌임팩트투자네트워크(Global Impact Investing Network, GIIN)와 글로벌지속가능투자연맹(Global Sustainable Investment Alliance, GSIA) 같은 업계 대표들이 관리하는 자산의 추정 규모도 크게 달라집니다. UN지속가능발전목표(SDGs)는 일반적으로 투자자가 만들고 있는 임팩트 프레임워크의 일부로 강조되고 있습니다. 이것을 로드맵으로 사용해 투자 기회가 어디에 있는지 또는 현재 투자방법이 어떻게 조정되고 있는지를 파악할 수 있습니다. UN지속가능발전목표(SDGs)는 투자자들이 사회가 직면하고 있는 더 큰 그림의 문제들에 대한 해결책을 제공하고, 임팩트 투자업계의 통일된 입장을 추구하기 위해 서로의 의사소통을 돕습니다.

임팩트 투자는 재정적 수익과 정량화할 수 있는 사회적·환경적 영향을 모두 추구하는 이니셔티브, 조직 및 펀드에 투자하는 접근방식입니다. 재무적 수익과 영향을 추구하는 투자자는 이를 '이중 수익'이라고 하며, 두 측면을 측정하고 보고해야 하는 방법을 전달하기 위해 회계용어를 빌려 씁니다. 임팩트 투자는 폐쇄형 사모펀드와 벤처캐피탈 펀드를 통해 이루어지며, 최근 임팩트 투자자들 사이에서는 부채 펀드가 인기를 얻고 있습니다. 많은 전통적인 사모펀드 회사가 전용 펀드를 열어 수십억 원의 새로운 자본을 투입하고 기관투자자를 유치했습니다. 더욱이 이러한 관심은 사회적·환경적 영향을 고려하는 자연적 경향을 가진 재단이나 건강 또는 신념에 기초한 단체와 같이 '일반적으로 그럴만한 사람들'로부터만 오는 것이 아닙니다. 기업과 연기금을 포함한 주류 기관투자자들도 참여에 대한 열정을 보이고 있습니다.

영국에서는 민간사회영향투자(SII) 시장이 2019년에 정점을 찍었습니다. 그러나 코로나는 광범위한 투자시장보다 민간사회영향투자(SII) 시장에 더 큰 충격을 주었습니다. 2020년 상반기 영국에서 완료된 것으로 발표된 관련 거래 수는 전년 동기 대비 25% 감소한 것으로 나타났습니다. 그럼에도 불구하고 코로나 이후, 임팩트 투자자들이 경제 회복을 지원하기 위해 노력함에 따라 더 많은 활동이 전개될 것으로 예상됩니다.

긍정적인 영향에 대한 정확한 정의와 관련하여 불확실성이 남아 있기 때문에 '영향'을 추적하는 데 겪는 어려움은 여전히 시장 발전을 방해하는 문제입니다. 긍정적인 영향은 투자자가 특정 목표를 기초로 설계한 고유 지표를 사용해 결과를 추적하고자 할 때 달라질 수 있는데, 이러한 변화는 투자주기의 다양한 국면에서 또다시 달라질 수 있습니다. 다음은 영향을 결정하는 데 사용되는 몇 가지 측정 방법입니다.

- ▶ 예상수익률 방법(Expected return method)은 예상비용 대비 예상이익을 평가해 어떤 투자가 가장 큰 영향을 미치는지 측정하는 방법입니다.
- ▶ 변경이론 방법(Theory of change method)은 입력, 활동, 출력, 결과 및 궁극적으로 영향(논리 모델) 간의 연결을 만드는 도구를 사용해 사회적 영향을 실현하기 위한 예상 프로세스를 설명하는 방법입니다.
- ▶ 미션 조정 방법(Mission alignment method)은 점수 카드를 사용해 재무, 운영 성과, 조직 효율성 및 사회적 가치에 대한 주요 성과지표를 면밀하게 조사하고 관리해, 시간 경과에 따라 미션 및 최종목표에 대한 프로젝트 실행을 측정하는 방법입니다.
- ▶ 실험 및 유사실험 방법(Experimental and quasi-experimental methods)은 중재가 발생하지 않은 상황과 비교하여 중재의 영향을 결론짓기 위해 무작위

대조 시험을 사용하는 사후 평가 방법입니다.

사회적, 환경적 결과 목표 측정
Measuring social and environmental outcome targets

수익도 얻으면서 사회에 긍정적인 영향까지 주기 위한 투자는 복잡합니다. 사회적·환경적 문제를 대상으로 하는 많은 프로젝트들은 투자자에게 즉각적이거나 명시적인 재무적 수익 없이 상대적으로 비용이 많이 듭니다. 따라서 일반적으로 수익과 영향 사이에 절충이 예상됩니다. 결과적으로 임팩트 투자를 위한 국제 모범사례와 모델을 분류하고 분석해야 합니다. 과거 프로젝트의 통찰력을 바탕으로 측정 가능한 재무적 시장수익률과 사회적·환경적 영향을 창출할 수 있는 유망한 고객의 선별을 쉽게 하는 건전한 방법론을 만들 수 있습니다. 최적의 기회에 효과적으로 참여하는 방법을 결정하기 위해 과거 프로젝트에서 실용적인 교훈도 얻어야 합니다.

영향 평가의 경우 현실적이고 측정 가능한 프로젝트를 분류하기가 어렵습니다. 지나치게 정교한 프로젝트에 집중하는 것은 수년이 걸리고 의미 있는 영향을 미치기 위해 기업을 통제할 수 있는 지분이 필요할 수 있으므로 비생산적일 수도 있습니다. 따라서 다방면의 목표를 좇는 것보다 비교적 짧은 시간 내에 달성할 수 있는 성공확률이 높은 프로젝트를 강조하는 것이 더 나을 수 있습니다. 또한 제3자 기관에서 인증 및 감사할 수 있고 국제표준화기구(International Organization for Standardization, ISO)의 표준을 준수할 수 있는 영향목표를 목표로 하는 것이 장기적으로 중요합니다(이러한 예는 링크된 기사에서 찾을 수 있습니다: www.responsible-investor.com/articles/the-world-s-official-standards-body-has-begun-writing-sustainablefinance-rules.).

규모에 맞는 임팩트 투자를 위해서는 투자상품이 대규모 자본을 흡수하고 충분한 유동성 및 엄격한 위험관리 실행 노하우를 제공하는 동시에 측정 가능한 수익과 영향을 창출하는 능력을 가진 광범위한 제도적 요구사항을 처리할 수 있어야 합니다. 이는 일반적으로 우량주식, 주로 채권을 대상으로 하는 투자전략에 의해 제공되고 있습니다. 그러나 채권 보유자와 소액주주는 대기업의 고위 임원에게 직접 영향을 줄 기회가 적기 때문에 적극적인 영향력을 발휘하기 어려운 곳에 자금이 투입될 수 있습니다. 더욱이 우량주식은 선진시장에 집중되어 있는 반면, 임팩트 자본에 대한 최대 수요는 신흥시장이나 관련 투자가 제대로 확립되지 않은 지역에 있습니다.

반대로, 연구에 따르면 고정수익투자의 전문화는 임팩트 투자를 확대할 수 있는 기회를 줍니다. 특히 신흥시장에 초점을 맞추는 것과 개발도상국에서 주로 자본이 부족한 중소중견기업(SME)에 서비스를 제공하는 것은 보다 좋은 차익거래의 기회를 찾을 수 있는 비교적 덜 효율적인 시장에서의 기회를 잘 보여 줍니다.

임팩트 지표 계산
Calculating impact metrics

상업적인 세계에는 잠재적인 투자의 재무수익률을 평가하기 위해 내부수익률과 같이 보편적으로 인정되는 몇 가지 도구가 있지만, 사회적·환경적 보상을 달러 단위로 계산하는데 알맞은 도구는 없습니다. 수익을 예상하는 것은 종종 추정의 문제입니다. 예를 들어, ESG 문제에 대한 보고는 이제 대부분의 대기업 및 중견기업에서 표준화된 실행방식이지만, 이는 일반적으로 ESG 약속 및 절차에 대한 정보로 제한되며 ESG의 실제 영향은 거의 평가되지 않습니다. 임팩트 투자는 ESG 통합 및 위험관리 단계에 이어 '책임투자의 세 번째 단계'로 설명되고 있습니다.

그럼에도 불구하고 제품과 서비스의 긍정적인 영향에 대한 측정은 여전히 비교적 새로운 것이며 방법론과 프로토콜이 현재 확립되고 있는 중입니다. 데이터에는 기업 보고의 경계선과 영향 데이터의 '이중 산입'에 대한 우려, 일정한 기간에 걸친 보고, 제품 및 서비스 수준 영향을 올바르게 평가하거나 추정하는 등 일련의 방법론적 과제가 있습니다. 결과적으로, 먼저 많은 장애물을 극복해야 하는 것입니다. 130개 이상의 영향 측정 이니셔티브를 고려해야 하므로 방법론을 표준화해야 하고, 데이터의 품질과 동등성도 입증해야 합니다.

이 분야에서 광범위한 연구가 수행되었지만 영향 평가에는 투자자가 일반적으로 다루고 있는 사회적·환경적 문제에 적용할 수 있다고 생각되는 여러 식별 가능한 지표가 포함됩니다. 임팩트 펀드와 기존 자산운용사 모두 투자기간 동안 이러한 지표의 개발을 모니터링하는 연례보고서를 시작하고 있습니다. 이 분야에서 수행된 연구의 한 예는 2002년에 설립된 임팩트 투자회사인 브릿지 펀드매니지먼트(Bridges Fund Management)에 의해 활성화되었고 협력적이며 다자간 이해관계자 노력의 결실인 임팩트 매니지먼트 프로젝트(Impact Management Project)에서 수행한 것입니다. 여기에 블랙록(BlackRock), 헤르메스인베스트먼트매니지먼트(Hermes Investment Management) 및 PGGM과 같은 대규모 기관투자자가 자금을 지원했습니다. 그들은 영향의 5가지 측면을 고려했습니다: 무엇에 영향을 미쳤는가, 얼마나 영향을 미쳤는가, 누가 영향을 미쳤는가, 영향에 대한 기여도 및 위험이 바로 그것입니다. 또 다른 예는 하버드 비즈니스 스쿨(Harvard Business School)의 영향 가중치 회계 프로젝트(Impact-Weighted Accounts Project)입니다. 이 프로젝트는 회사의 재무, 사회, 환경별 성과를 반영하는 재무 계정 생성을 추진하는 것을 목표로 합니다(www.hbs.edu/impact-weighted-accounts/ 방문해 보시기 바랍니다).

또한 NEF(New Economics Foundation)는 사회적 목표를 재무 및 비재무 평가로 전환함으로써 사회적 가치를 포착하는 것을 목표로 비용 편익 분석, 사회적 회계 및 사회적 감사를 기반으로 하는 프레임워크를 개발했습니다. 사회적 투자수익(SROI) 분석은 조직이 창출하는 사회적, 환경적, 경제적 가치를 이해, 측정, 보고하는 프로세스입니다. 사회적 투자수익(SROI)은 혜택의 순 현재가치와 투자의 순 현재가치 사이의 비율을 만들어 이러한 혜택을 달성하는 데 드는 비용 대비 혜택의 가치를 측정하는 것입니다. 이것은 유형적 수익 창출을 중요시하면서도 배타적이지 않은 역할을 하는 조직의 사회적 영향을 탐색하기 위한 추가 프레임워크를 제공합니다.

사회적 투자수익(SROI)이 조직의 사회적, 환경적, 경제적 가치를 더 잘 이해하고 정량화하는 데 도움이 되는 방법에 대한 정보는 여기에 있습니다: www.nefconsulting.com/our-services/evaluation-impact-assess-ment/proveand-improve-toolkits/sroi/.

신념기반 투자
Focusing on Faith-Based Investing

이 절에서 논의되는 신념기반투자는 여러 면에서 사회책임투자(SRI)의 최초 선구자였고 뒤따라 나온 것이 임팩트 투자입니다. 따라서 관리 대상 자산의 기하급수적인 증가와 ESG 원칙 및 프레임워크에 대한 일반적인 관심으로 인해 신념기반 전략에 대한 인식이 자연스럽게 높아졌습니다.

금융의 종교적 원칙 검토
Reviewing religious principles of finance

기독교 가치와 일관된 방식으로 투자하려는 투자자는 비기독교적 접근방식을 지원하는 회사, 예컨대 낙태 지원에서부터 논란의 여지가 있는 무기 제작 등에 투자를 피하는 경우가 많습니다. 또는 노동조합의 지원을 통해 인권, 환경적 책임, 공정고용 실천을 지원하는 기업을 선호합니다.

신념 기반 투자자들이 선호하는 상위 세 가지 UN지속가능개발목표(SDGs)에는 양질의 일자리와 경제성장(목표 8), 저렴하고 깨끗한 에너지(목표 7), 불평등 감소(목표 10)가 있습니다. 이러한 UN지속가능개발목표(SDGs)는 글로벌임팩트 투자네트워크(GIIN)가 발간한 주력 연구보고서의 임팩트 투자자를 위한 주요 주제로도 나타납니다. 이 보고서는 임팩트 투자자를 대상으로 실시한 최대 규모의 산업 설문조사를 요약한 것입니다. 신념 기반 투자자 사이의 조화와 임팩트 투자자가 동일한 UN지속가능개발목표(SDGs)에 집중하고 있다는 사실은 사회 및 환경의 공통적인 목표에 대해 이러한 기관들이 협력할 기회가 있다는 것을 의미합니다.

이는 임팩트 투자자가 긍정적이고 측정 가능하며 사회적·환경적 영향 결과를 실현하기 위해 더 많은 자본을 동원하는 데 있어 신념 기반 투자자를 지원할 수 있는 경우 특히 그렇습니다. 이제 여러 기관이 기독교 가치를 지원하는 방식으로 투자를 지원하고 있으며, 뮤추얼 펀드 회사 및 기타 펀드는 자신이 직접 투자하는 방식(do-it-yourself)을 원하지 않는 투자자를 위해 이러한 제한 범위를 철저하게 지키고 있습니다.

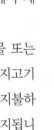

실제로 신념을 기반으로 하는 투자자들은 특정 거래에서 잠재적인 핵심 문제를 발견할 때 종종 앞서는데, 왜냐하면 신념 기반 투자자들이 도덕적으로 받아들일 수 없는 기후 변화와 같은 이슈에 다른 투자자들보다 일찍 참여하기 때문입니다. 그러한 투자가 ESG 투자자의 감시망에 실제적 투자와 관련이 있는 것으로 나타나기 전에, 신념 기반 투자자는 이미 해당 기업을 포트폴리오에서 제외했거나 그 기업에 적극적인 경영 개입을 시작했을 수 있습니다.

한편, 이슬람 종교 원칙을 추구하는 투자자들은 일반적으로 술, 음란물 또는 도박으로 이익을 얻는 회사에서 발행하는 소위 죄악 주식을 피하고, 돼지고기 관련 사업에 대한 투자도 금지되어 있습니다. 또한 자금에 대한 이자를 지불하는 투자 또는 이자로 수익의 상당 부분을 얻는 회사를 소유하는 것도 금지됩니다. 같은 맥락에서, 많은 이슬람 투자자들은 또한 막대한 대출을 조달하는 회사(따라서 상당한 금액의 이자를 지불하고 있는)를 피하려고 합니다.

투자 제외 심사 및 회수 검토
Examining exclusion screening and divesting

신념에 기반을 둔 많은 종교적 투자자들이 그들의 신념에 반하는 경영관행을 가진 투자대상 기업에서 의도적으로 그리고 공개적으로 투자를 중단하는 것을 감안할 때, 그들은 부정 심사와 매각 전략의 선두에 있었습니다. 예를 들어, 1970년대와 1980년대에 그러한 투자자들은 고엽제 생산에 항의하기 위해 다우 케미컬(Dow Chemical)과 인종차별정책에 지원한 것에 대한 대응으로 남아프리카 회사를 처분했습니다.

오늘날에는 더욱 그렇습니다. 신념 기반 투자와 ESG 투자자의 '무해 원칙'을 고려하여 사회적 또는 환경적 해악을 끼치는 것으로 간주되는 상품이나 서비스를 생산하는 특정 회사를 투자에서 명확하게 배제하도록 포트폴리오가 구성됩니다. 여기에는 일반적으로 앞 절에서 언급한 바와 같이 술이나 담배와 같이 상품이 포함됩니다. 노르웨이 국부펀드(the Norwegian Sovereign Wealth Fund)와 같은 크고 잘 알려진 일부 펀드는 자체적인 투자제외 목록을 가지고 있습니다. 예를 들어, 오일샌드 생산과 관계되어 '허용할 수 없는 수준의 온실가스 배출'에 관여한 기업은 투자에서 제외됩니다.

또한 투자전략에 부정적인 심사(negative screening)를 포함할지 여부(및 제외해야 하는 산업 부문 또는 주식)를 고려할 때, 투자자는 생각하고 있는 포트폴리오의 보유 수량도 결정해야 합니다. 이것은 펀드의 전체 구조에서 안정적인 투자나 직접 통제할 수 없는 경우에만 적용될 수 있습니다. 또는 모든 적극적 펀드매니저들의 근간이 되는 법규준수를 구조상 요구하는 펀드 내 모든 자산과 관련될 수 있습니다.

긍정적인 투자심사(positive screening)는 ESG 등급으로 업계 최고 수준의 주식을 선별해 포트폴리오에 대한 가치조정 투자를 적극적으로 추구하는, 비교적 새롭지만 점차 인기를 얻고 있는 투자 접근방식입니다. 부정적인 투자심사는 부적합한 주식을 제거하기 위해 순전히 투자에서 제외하는 절차인 반면, 투자자는 긍정적인 투자심사를 통해 ESG 요소에 긍정적인 영향을 줄 수 있는 주식을 포트폴리오에 추가할 수 있습니다.

의결권 대리 행사를 통한 가치 보호
Advocating for values through proxy voting

주주행동주의는 투자자들이 자신들의 목소리를 '지분 소유자'로서 사용함으로써 사회적 또는 환경적으로 책임 있는 회사 정책 및 경영 관행에 대해 영향을 미치고자 합니다. 회사 경영진과의 토론 및 회의를 통해 주주는 우수한 기업지배구조 및 사회적 책임 접근방식의 채택을 직접 지원해야 합니다. 투자자는 회사의 정기주주총회에서 의결권을 행사할 주주제안서를 제출하는 것도 고려해야 합니다. 신념에 기초한 많은 투자자들은 기업의 사회적 책임 제고를 위해 적극적으로 경영에 참여하고 있습니다.

그러나 회사를 이러한 임무에 참여시키는 데 관심이 있는 투자자의 경우, 책임 있는 주주제안을 위해 적용받아야 할 최소 보유 수준이 있으며, 이것은 규제 지역별로 다릅니다. 최소 보유 수준의 유형에는 최소 보유금액 및 (또는) 주식의 최소 보유비율 또는 주주제안이 가능한 최소 주주수가 포함됩니다. 충족해야 하는 요건들은 현지 규제기관의 웹사이트(예: www.sec.gov/news/press-release/2020-220)에서 확인할 수 있습니다.

투자자는 또한 회사 정기주주총회에 앞서 경영진 또는 다른 투자자가 제출한 의안에 적극적으로 의결권을 행사하거나 대리인이 의결권을 대리 행사할 수 있도록 해야 합니다. 민주적인 권리를 행사하는 것과 비슷하게, 투자자는 주어진 의안에 대해 어떻게 의결권을 행사해야 할지 생각하기 위해 정기주주총회 자료를 주의 깊게 검토해야 합니다. 역사적으로 정기주주총회는 임기가 만료된 특정 이사를 재선임하거나 회계 처리를 책임지는 감사 회사를 확인하기 위한 '자동 승인' 행사였습니다. 그러나 주주행동주의가 활발해짐에 따라 이러한 문제를 비롯해 기타 문제들에 대해 의문을 제기하고 있습니다. 주주총회는 회사의 성과에 대한 우려가 있는 경우, 특히 임원 급여와 같은 안건과 관련해 당신의 목소리를 낼 수 있는 좋은 기회입니다.

ESG 통합의 핵심은 관리자가 ESG 통합 실행방식을 시간에 따라 개선하기로 결정했는지 확인하고 자산운용사가 회사의 경영진과 협력해 경영활동에 영향을 미치는 방법으로 좋은 기업지배구조와 환경정책 및 사회적 관행을 지원하는 것입니다. 보다 자세한 내용은 https://partners−cap.com/publications/a−framework−for−responsible−investing을 방문하십시오.

또는 많은 대주주가 외부 투자자문서비스를 통해 투자 조언을 받는 것 외에도, 그들과 연계해 제3영역인 자산운용사에 연락하여 임팩트 투자 및 ESG 관련 투자기준과 회사 경영에 적극적으로 참여하는 것을 지원하는 정책을 채택하고 있는지 면밀하게 검토하고 촉구할 수 있습니다. 주요 투자자문사에는 글래스 루이스(Glass Lewis)와 ISS가 있지만, 특히 미국에서는 주주 의결권 행사에서 중요한 역할을 하고 있는 일부 자문회사들을 염두해, 규제기관들이 이들 회사들의 일부 활동을 제한하기 시작했습니다.

8

지분 기반 금융상품 분석
Analyzing Equity-Based Instruments

이 장에서는 . . .

✔ ESG를 주식 및 기타 지분 상품에 통합
✔ 주식에 대한 정량적 전략 탐구
✔ 주식에 대한 스마트 베타 전략 확인
✔ 주어진 ESG 테마 주의

전형적인 주식 기반 투자펀드는 적극적으로 운용(포트폴리오 관리자가 어디에 투자할 것인지 결정)되거나 또는 안정적으로 관리(포트폴리오 관리자가 적극적인 결정을 내리지 않고 시장지수를 따르는 경향)됩니다. 이 접근방식은 ESG 펀드에도 동일하게 적용됩니다.

▶ 일부 펀드매니저는 주어진 수량의 주식을 바탕으로 ESG 투자의 전체 대상을 결정하며, 이는 자연스럽게 포트폴리오 내에서 적극적인 위험(활발한 경영 의사결정으로 인해 포트폴리오에 발생하는 위험측정)을 증가시킵니다.
▶ 다른 펀드매니저는 특정 지수와 증권의 구성을 따름으로써 보다 안정적인 접근방식을 취합니다. 이 중 일부는 특정 주식(예: 화석 연료, 담배 및 무기 관련

주식)을 제외할 수 있습니다. 즉, 지수측정 회사는 펀드매니저가 고른 회사들로 구성된 포트폴리오를 선택합니다.

이 장에서는 증가하는 ESG 위험 노출수준 수요에 대해 서로 다른 주식 기반 전략이 어떻게 적용되었는지 검토합니다. 여기에는 ESG 요소가 지수 기반 또는 산업영역 및 테마 기반 접근방식을 조정하는 것을 포함해, 기존 펀드와 전략에 통합되는 방식부터 이러한 요소가 스마트 베타 또는 정량적 전략에 통합되는 방식에 이르기까지 다양한 내용들이 포함됩니다.

ESG 전략을 투자의사결정에 통합하기
Integrating ESG Strategies into Investment Decisions

ESG 통합의 이점에 대한 인식이 높아지고 이를 활용하는 투자 유형이 증가하고 있습니다. 그렇다면, 'ESG 통합'이란 무엇을 의미합니까? ESG 통합은 중요한 ESG 요소를 투자조사, 투자분석, 투자의사결정에 체계적이고 명시적으로 포함하는 것입니다. 이는 투자심사와 테마별 투자와 함께, ESG 분석을 투자의사결정에 추가하는 세 가지 광범위한 접근방식 중 하나입니다(이 내용은 이 장의 뒷부분에서 다룹니다). 세 가지 ESG 절차 모두 동시에 적용될 수 있으며 실제 그런 방식으로 종종 적용됩니다.

다음 절에서는 ESG 통합을 시작하기 위해 필요한 기본사항을 살펴보고 적극적인 투자전략과 안정적인 투자전략을 모두 논의한 후, 주어진 전략 내에서 각 ESG 점수와 위험을 인식할 수 있는 경우를 정리합니다.

기본사항: 프로세스 개요 보기

Just the basics: Getting an overview of the process

대부분의 투자자는 다음 네 가지 일반적인 단계에 따라 ESG 통합 프로세스를 시작합니다.

1. 정성적 분석(Qualitative analysis): 회사 보고서 및 연구를 포함해 다양한 경로에서 관련 정보를 수집하고 회사에 영향을 미치는 중요한 요소를 결정합니다. 여기서 중요한 요소란 회사의 재무상태에 가장 큰 영향을 미치고 결과적으로 투자자에게 가장 중요하다고 할 수 있는 재무적 관점에서 중요한 문제를 의미합니다.

2. 정량적 분석(Quantitative analysis): 기존 포트폴리오 또는 더 넓은 전체 투자 대상군에서 주식에 대한 중요한 재무적 요소의 영향을 측정하고 그에 따라 평가 모델을 수정합니다.

3. 투자의사결정(Investment decisions): 앞에서 설명한 분석을 사용하여 매수(또는 가중치 증가), 보유(또는 가중치 유지) 또는 매도(또는 가중치 감소) 여부를 결정합니다.

4. 적극적인 주인의식/스튜어드십 코드 실천(Active ownership/stewardship): 사전 분석을 실시하여 회사 경영 참여와 의결권 대리 행사 결정을 알립니다. 이러한 정보는 향후 모니터링 및 투자분석을 지원하고 후속 투자결정을 조언하는 데 사용할 수 있습니다.

이 프로세스 후 ESG 요소에서 중요한 문제를 평가하여 다음을 결정할 수 있습니다.

▸ 재무 및 재무적으로 중요한 ESG 요소
▸ 중요한 재무적 요소와 ESG 요소가 회사, 산업, 경제 및 국가의 성과에 미

치는 잠재적 영향

▶ 매수, 보유, 조정 또는 매도 지점에 대한 투자의사결정

이러한 접근방식의 채택에는 투자자의 프로세스 변경이 포함될 수 있으며, ESG 문제(3장, 4장 및 5장에서 설명)가 개별 회사의 성과에 영향을 미칠 수 있는 방법을 결정하는 데 필요한 기술 개발이 필요합니다. 특히 투자자는 회사 및 투자 성과에 영향을 미칠 것으로 여겨지는 중대한 ESG 문제를 식별하고 통합하는 기술을 개발해야 합니다. 이를 통해 당시 ESG 문제가 중요하지 않은 것으로 보이는 기업에 대한 분석을 줄일 수 있습니다. 회사의 보고서, 파일링, ESG 리서치 제공업체 등 다양한 경로에서 ESG 정보를 수집해, 회사 또는 산업별로 가장 중요한 ESG 문제를 파악하는 투자자는 시간이 지남에 따라 관련 기술과 경험을 쌓을 수 있습니다.

주식 수준에서 ESG 통합을 달성하기 위해 투자자는 일반적으로 재무 모델에서 재무제표 예측 및 평가 할인율을 조정해 중요한 ESG 요소와 산업 관련 ESG 문제를 반영합니다. 기업이 중요한 ESG 특성을 사용해 점수를 매길 수 있다는 점을 감안할 때, 포트폴리오는 최적화된 투자전략에서 이러한 특성과 일치하는 개별 증권을 과중 또는 과소평가하도록 구성할 수 있습니다. 이는 포트폴리오의 ESG 점수를 높이고 성과평가 기준지수 대비 포트폴리오의 추적 오류를 줄임으로써, 잠재적으로 상반되는 특성들 사이에 균형을 유지해, 투자자가 ESG 영향을 통합할 수 있도록 합니다. 따라서 ESG 지표는 공개기업의 가치를 평가하기 위해 전통적인 재무평가와 세금 등 기타 기본정보에 추가되었습니다.

그러나 ESG의 초기 단계에 있는 많은 투자자들은 주로 술, 담배, 화석 연료와 같은 특정 유형의 주식을 투자에서 효과적으로 배제하는 더 간단한 접근방식으로 부정적인 심사기술을 사용했습니다. 대안적으로 투자자는 투자제외 관점에 주어진 테마 또는 산업의 개별 주식이나 긍정적인 ESG 점수를 보여 주고 있는 주식, 산업, 테마를 추가하는 긍정적인 심사 방식을 강조함으로써 이러한 자신들의 접근방식을 넓혀왔습니다(이러한 접근방식은 뒤에 나오는 'ESG 요소를 통합하

는 주식 포트폴리오 구성'에서 다룹니다.). 이러한 현상은 ESG와 관련해 관리되고 있는 자산이 가장 많은 유럽에서 특히 두드러집니다. 주로 이것은 재무성과에 영향을 미칠 수 있는 중요한 ESG 데이터를 그동안 기업들이 보고하거나 명시적으로 식별하지 않았기 때문입니다. 따라서 ESG 통합을 달성할 수 있는 유일한 방법은 투자자가 기업의 경영에 적극적으로 참여하는 것입니다.

긍정적인 점은 ESG 데이터 및 보고 요구사항의 표준화 수준을 높이기 위해 전체 업계가 광범위하게 노력하고 있음에 따라, 관련 데이터에 대한 접근성을 대폭 개선해야 한다는 것입니다. 표준화가 계속 진전됨에 따라 더 많은 기관투자자가 중요한 ESG 요소의 통합 접근방식을 따라야 합니다. 이는 상장 주식을 투자분석할 때, ESG 통합을 가장 일반적인 ESG 접근방식으로 보고 있는 미국의 경우에는 기정사실이 되었습니다. 그러나 미국에서 ESG 통합이 더 많이 일어나는 것은 미국 기업들이 중요한 ESG 요소에 대한 보고를 다른 국가보다 더 잘하고 있기 때문이 아닙니다. 따라서 ESG 데이터 공급자의 정보 입력과 관련된 더욱 폭넓은 표준화 작업이 여전히 필요합니다.

적극적 전략 사용
Using active strategies

ESG 투자의 발전은 자산소유자의 상향식 압력과 하향식 정책 이니셔티브에 의해 주도되고 있습니다. 이제 더 많은 투자자들이 위험조정수익을 우선시하는 기존 접근방식보다, 위험 수익의 제한을 통해 ESG 성과를 극대화하는 데 집중하고 있습니다. 다시 말해, 더 많은 투자자들이 이제는 투자수익을 달성하기 위해 받아들인 위험 정도에 따라 얻은 순전한 투자수익에 집중하는 대신, 자신의 위험수익 한도에 따라 ESG 성과를 극대화하는 데 집중하고 있습니다(헤지펀드와 투자자는 일반적으로 위험수준 대비 자산수익률(샤프 지수, Sharpe rates)[1]을 사용합니다.).

---

1 위험수준 대비 자산수익률(Sharpe rates)은 위험을 고려해 투자의 효율성을 따지는 지수입니다. '샤프'라

적극적인 펀드운용자는 전통적으로 기본적인 상향식 접근방법을 통해 중요한 투자성과와 가장 관계있는 문제에 초점을 맞춰 왔습니다. 따라서 시장 참여자들은 상향식 접근방법이 재무적으로 중요한 ESG 문제를 탐색하고 평가할 능력이 있다고 설명합니다. 또한 적극적인 경영 접근방식은 일관된 방식으로 경영진과 주주 참여에 초점을 맞추고 있습니다. 적극적인 펀드운용자는 회사에 대한 깊은 이해를 바탕으로 중요한 ESG 정보 부문에 경영진이 참여하는데 중요한 역할을 함으로써 회사의 경영활동에 긍정적인 영향을 주고, 투자자에게 지속가능한 장기적인 가치를 제공할 수 있는 부가가치와 관련된 제안을 주어야 합니다.

ESG 문제는 경영 현안에 내재돼 있기 때문에, 단일 데이터 소스만을 가지고 투자에 대한 찬성과 반대를 결정하기는 쉽지 않습니다. 많은 적극적 ESG 전략에는 기초 자산 및 신용도를 조사, 분석할 수 있는 팀이 포함되어 있어야 하며, 이들은 외부 ESG 데이터 제공업체에 전적으로 의존하지 않고 중요한 ESG 요소를 직접 평가할 수 있는 사내 ESG 팀의 지원을 받습니다. 이러한 다양한 데이터 소스는 투자 테마와 관련된 가장 중요한 문제에 집중할 수 있는 유연성과 역량을 제공해야 합니다. 적극적인 주주권 행사는 기업과의 의사소통을 통해 ESG 정책 및 실행방식을 향상시켜야 합니다. 데이터 제공업체마다 기업의 ESG 실행방식을 평가하는 방법이 조금씩 다르기 때문에, 경영에 대한 적극적인 참여는 이러한 형식적인 데이터 이상의 의미를 가질 수 있습니다.

또한 ESG 분석은 적극적인 기초 분석에도 똑같이 필수적입니다. 성과의 중요한 문제들이 지속적으로 진화하고 있으므로 이에 따라 경영참여 및 분석에 대한 투자자의 접근방식도 계속 진화해야 합니다. 애널리스트들이 해당 회사 및 산업의 동향, 절차, 산업적 요구사항에 직접 관여하는 경우, 그들은 진화하

는 이름은 이 지수를 만든 William Sharpe 교수의 이름을 딴 것입니다. 일반적으로 안정 자산으로 분류되려면, 위험은 낮고 수익률의 변동성은 적어야 합니다. 샤프 지수는 위험이 전혀 없다고 평가되는 자산(일반적으로 국채)과 평가대상 자산의 수익률을 표준편차로 나눕니다. 그 결과, 투자의 위험성에 비해 수익이 어느 수준인지 측정할 수 있게 됩니다. 샤프 지수가 높다는 것은 위험 대비 수익률이 높다는 것을 나타냅니다. 다시 말해, 투자 매력이 높다는 것입니다.

는 ESG 문제를 파악하여 근본적인 투자 프로세스의 신뢰성을 측정하고 확립하는 데 확신을 제공해야 합니다. 또한 ESG 평가에 대한 변경사항이 발생할 때, 이를 반영하도록 관련 부문을 조정할 수 있어야 합니다. 변화에 역동적으로 즉시 대응할 수 있는 이러한 능력을 통해 적극적인 경영자는 안정적인 ESG 전략에서 놓칠 수 있는 기회나 위험을 발견할 수 있으며, 이러한 능력은 변화하는 공시규정과 투자자 기대수준에 맞추기 위해 기업들이 치열하게 노력하고 있는 현재 경영환경에서 더 중요할 수 있습니다.

다양한 ESG 점수의 영향 분석
Analyzing the impact of different ESG scores

ESG 문제를 우선시하는 기업이 매출 성장, 자기자본수익률(ROE) 및 초과수익(시장성과측정 기준)을 포함한 다양한 지표에서 우수한 장기성과를 창출한다는 증거가 점점 늘어나고 있습니다. ESG를 장기 전략에 통합하는 방법으로 가치창출을 하기 위해 이해관계자 접근방식을 추구하는 기업은 최고의 인재를 유치하고, 충성도 높은 고객을 찾아 기반으로 삼고, 건전한 기업지배구조 감시를 통해 혜택을 얻고, 위험을 완화하고, 지속가능한 혁신에 투자하여 수익성 있는 성장을 추진할 수 있습니다. 주주는 여전히 이익을 가져야 하지만 직원, 고객, 협력업체 또는 지역사회를 희생시켜서는 안 됩니다. 이런 기업들이 기존에 갖고있던 강력한 경영기반과 시장수익을 초과해 성과를 만들 수 있는 능력을 감안해 볼 때, ESG 요소를 중심으로 비즈니스를 모델화하는 것은 오히려 결과적으로 지속가능한 경쟁 우위를 제대로 인정받지 못하는 원인이 될 수 있습니다. 이러한 결과는 주식수익률에 미치는 중요 ESG 점수의 영향을 분석한 테스트에서 확인되고 있습니다.

회사의 중요한 재무적 문제만을 식별하고 평가하는 중요 ESG 점수는 총 ESG 점수와 비교하여 재무성과의 예측성을 높입니다. 이 연구결과는 ESG 점 수 변화(총 ESG 점수의 상대적인 변화)와는 달리, 총 ESG 점수(ESG 문제에 주어진 개별 점수 합산)에 있어서 특히 사실이었습니다. 이는 장기적인 가치를 창출하는 ESG 성과의 특성과 일치하는 것입니다.

▶ **총 ESG 점수**(Total ESG scores)는 장기적인 비즈니스 성과를 보다 정확하게 예측하는 것으로 알려져 있습니다.

▶ **ESG 점수의 변화**(ESG score changes)는 단기 이벤트에 따라 결정되므로 단기성과에 더 큰 영향을 미칩니다.

이러한 분석은 장기적인 중요 ESG 요소가 현재 시장에서 잘못 평가되고 있다는 견해를 검증하는 데 사용될 수 있습니다. 따라서 가치평가의 접근방법에서 중요한 ESG 데이터를 보다 정성적으로 통합함으로써 투자자는 이러한 잘못된 평가로부터 이익을 얻을 수 있습니다. 그러한 정보를 투명하게 사용할 수 없는 한, 해당 정보를 제공할 수 있는 애널리스트에게는 경쟁 우위가 있으며 시장이 적응에 느리다는 점을 감안할 때 이렇게 잘못된 가격 책정은 얼마 동안 계속될 수 있습니다. 더욱이 이러한 정보가 지속가능경영 평가 설문지에 제공된 데이터와 결합되면, 특히 환경 위험이 더 높은 산업에 속한 기업에 널리 적용될 수 있는 공개 정보보다 재무수익을 예측하는 데 훨씬 더 중요한 역할을 하게 됩니다.

주의: 위험과 공시에 대해 생각하기
Watch out: Thinking about risks and disclosures

투자관리자는 위험을 관리하기 위해 위험을 측정하고 이해할 수 있어야 합니다. 위험관리는 투자관리의 본질이므로 ESG 위험요소를 보다 전통적인 통계요소와 정량적 위험요소로 함께 분석하면, 잠재적인 하방 위험에 대한 이해를 높이는 데 도움이 됩니다. 이에 따라 현재 ESG 프레임워크를 통합하기 위해 발전 중인 투자연구에 들인 시간은 미래에 성공할 펀드를 차별화하는 데 도움이 될 것입니다. 또한 추적 오류 또는 베타(시장 전체와 비교한 증권 또는 포트폴리오의 변동성)와 같은 보다 전통적인 양적 위험측정을 좀 더 정성적인 ESG 위험 체계와 함께 분석하면 다차원적인 관점을 확보할 수 있습니다.

　ESG 데이터 및 분석의 품질과 가용성이 계속 발전함에 따라 데이터를 이해하는 자산 관리자는 이를 활용해 투자 평가에 더 많은 정보를 제공할 수 있습니다. ESG 데이터는 대차대조표와 재무비율에 숨겨진 위험을 찾아내고 새로운 투자 기회를 식별할 수 있는 새로운 관점을 제공해야 합니다. 또한 ESG 평가점수와 순위를 결정하는 독점적인 기술이 제공하는 정보는 투자자가 기업의 ESG 성과에 대한 세부적인 그림을 그리는 데 도움이 되어 왔습니다. 이는 ESG 관련 의무 공시사항의 범위가 확대되는 방법으로 추진되고 있습니다.

　예를 들어, EU의 비재무보고지침(2017년 1월에 도입되어 현재 개정 중)에 따라 EU 지역에 있는 직원 500명 이상의 상장기업은 근로자, 환경, 인권과 부정부패와 같은 사회 문제에 관한 다양한 정보를 연간 보고서로 공개해야 합니다. 또한 탄소공개프로젝트(CDP), 금융안정위원회(FSB)의 기후관련재무공개전담협의체(TCFD), 과학기반목표(SBT) 이니셔티브와 같은 자발적 기준과 프레임워크는 보다 많은 정보로 평가한 ESG 점수를 이끌어내기 위해 보다 표준화된 보고를 장려하고 있습니다.

　한편, 가장 널리 사용되고 있는 보고 표준인 Global Reporting Initiative(GRI; www.globalreporting.org/)를 통해 기업은 보고 목적에서 중요 문제를 결정할 수 있으며, 궁극적으로 투자자는 기업의 ESG 성과를 비교할 수 있고, 기업은 관련 지침들을 재무보고에 통합할 수 있습니다. 또한, 지속가능성회계기준위원회(SASB; www.sasb.org/)는 어떤 지속가능성 지표가 기업의 재무상태 또는 운영성과에 중대한 영향을 미칠 것으로 예상되는지를 투자자 관점에서 이해하도록 합니다. 지속가능성회계기준위원회(SASB)가 각 산업 및 부문별 중요성으로 결정한 개념 정의는 많은 시장 참여자들에게 중요 참고사항이 되었습니다(GRI 및 SASB에 대한 자세한 내용은 1장을 참고하기 바랍니다.).

ESG 점수가 높은 회사의 성과 조사
Investigating how companies with higher ESG scores outperform

강력한 ESG 실행전략을 가진 기업에 투자하는 경우, 투자자들은 지속가능성 투자에 위험과 수익의 상쇄관계(risk/return trade-off)가 나타나는 것을 전통적으로 우려해 왔습니다. 이러한 접근방식은 위험뿐만 아니라 수익률까지 낮추게 합니다. ESG에 초점을 맞춘 투자 상품들이 투자자에게 보다 많이 제공되고 ESG 펀드에 기록적인 금액의 자산이 투자됨에 따라 최근 몇 년 동안 더 문제가 될 수 있습니다. 그럼에도 불구하고 분석에 따르면 최근 몇 년 동안 그리고 코로나19 대유행 기간 동안 ESG 기반 펀드는 잘 운영되고 있습니다.

이에 대한 한 가지 설명은, ESG 점수가 높은 회사가 이미 더 나은 지배구조를 달성했고, 운영위험을 낮췄으며, 더 나은 노사 관계와 더 안정적인 공급망으로 인해 더 큰 유연성을 구축하는 데 성공해, 기업의 평판 위험을 최소화했기 때문이라는 것입니다. 결과적으로, 그 회사들은 더 높은 품질, 더 낮은 변동성, 큰 시가총액 규모, 더 높은 수익성과 배당수익률로 보다 더 성숙해지는 경향이 있습니다. 이러한 요소를 통해 수익성을 보다 잘 보호할 수 있었고 따라서 ESG 지표가 낮은 회사보다 폭넓은 인정을 받을 수 있었습니다.

이와 반대로, ESG 펀드의 성과는 그들이 현재 보유하는 것보다 보유하지 않은 것에 의해 더 잘 설명될 수 있다는 반대 설명도 있습니다. 적극적으로 운용되는 ESG 펀드는 엄격한 선택 기준을 가지고 있으며 포트폴리오에 있는 회사의 경영에 적극적으로 참여합니다. 반면, ESG 등급이 낮은 회사와 산업에는 투자하지 않습니다. 이러한 펀드는 종종 항공사, 담배 제조업체, 석탄·석유·가스와 같은 에너지 부문에 투자 비중을 낮추거나 전혀 투자하지 않음으로써 문제된 주식의 저조한 실적이 전체 수익에 미치는 영향을 차단합니다.

더 간단하게 말하면, 일반적으로 '최고 등급'의 주식을 사고 '최저 등급'의 주식을 팔면, 연간으로 환산해 최근 몇 년 동안 초과수익이 발생했을 것입니다. 역사적으로 이것은 거시지표의 주기적 변동에 따라 특정 산업에 대한 투자전략의 변화로 설명될 수 있었습니다. 그러나 최근 몇 년 동안 패러다임의 전환이 있었던 것으로 보입니다. 처음에는 기후변화의 우려로 주도되었고, 최근에는 유행병의 영향으로 더욱 격화되었습니다.

ESG 구성요소별로 수익 동인을 자세히 살펴보면, 'E' 구성요소(환경은 3장 참조)가 '최고 등급' 주식의 초과 성과와 '최저 등급' 주식의 저조한 성과로 인해 긍정적인 초과 수익을 나타냅니다. 또는 'S'(사회) 및 'G'(지배구조) 구성요소는 '최저 등급' 주식의 저조한 성과에서 긍정적인 초과수익을 창출하는 것으로 보입니다(사회 및 지배구조의 요인에 대한 자세한 내용은 4장 및 5장 참조). 더욱이 'S'의 구성요소는 최근 몇 년간 각광을 받은 것으로 보이며, 코로나 대유행 이후 더 많은 주목을 받을 것으로 예상됩니다. ESG 등급을 계산하려면 각 산업별로 중요한 ESG 위험과 기회를 식별하고 중요성에 따라 주요 지표에 가중치를 정한 다음, 정량적 ESG 등급을 분석가의 재무 권장사항과 결합해 질적 방식과 양적 방식 그리고 참여 기반 접근방식을 혼합해야 합니다.

REMEMBER

ESG 투자 쉽게 하기: 안정적(패시브) 전략의 적용
Take it easy: Applying passive strategies

최근 몇 년간 눈에 띄는 투자 개발의 두 가지 부분은 안정적으로 관리되는 자산의 증가와 지속가능한 투자의 증가였습니다. 이러한 개발 양상을 그대로 보이면서, ESG 요소를 특징으로 하는 지수 기반 펀드는 그 개수와 자산규모 모두에서 성장했습니다. 지속가능하게 투자된 자산의 대부분은 적극적으로 운용되는 ESG 펀드에 남아 있지만, 안정적으로 관리되는 ESG 펀드로의 순흐름은 지난 5년 중 4년 동안 운영되고 있는 펀드의 순흐름을 능가했습니다. 투자자들은 일반적으로 2009년 금융위기 이후의 성과와 시장변동성에 대한 저비용 위험 노출수준에 대한 요구로 인해 안정적인 지수 펀드 및 ETF(상장지수펀드, exchange-traded fund)와 같은 안정적인 전략에 이끌려 왔습니다. 한편 ESG 지수로의 전환은 책임 있는 투자가 글로벌 ETF(상장지수펀드, exchange-traded fund)

REMEMBER

시장에서 차지하는 비중을 높이는 것으로 나타났으며, 이러한 추세는 더욱 증가할 것으로 보입니다. 지수형 투자성과 판단기준(Index benchmarks)은 펀드매니저가 투자종목의 매수·보유·매도를 결정하고, 투자 방향을 재지정하는 도구로 사용되고 있습니다.

다음 절에서는 ESG를 투자의사결정에 통합하는 안정적 방법의 장단점에 대해 설명하겠습니다.

장점
The pros

많은 ESG 투자자가 적극적인 주식 선택 접근방법을 사용하지만, (지수 기반과 같이) 안정적인 방법도 ESG 기반 포트폴리오에 적합할 수 있습니다. ESG 문제 관련 지수 선택의 기준은 ESG 품질, 지속가능성, 특정 주제 및 산업을 투자에서 제외하는 등 다양한 접근방법에 걸쳐 있을 수 있습니다. 안정적 전략은 안정적인 ESG 목표에 중점을 둔 특성과 저비용으로 금융시장에 대한 접근성을 대중적으로 높였으며, 두 가지 모두 데이터 기반의 접근방식입니다.

적절한 지수(ESG 또는 non-ESG)가 선택되었다고 가정하면, 자산운용사는 안정적으로 관리되는 ESG 펀드와 같은 제안에 다음 경로 중 하나를 만들 수 있습니다.

▶ ESG 지수 라이선스의 구매(Purchase an ESG index license)는 지수 구성회사의 초기 투자범위를 제공하고, 지수를 그대로 활용하게 될 펀드를 설계합니다.
▶ ESG 지수 라이선스의 구매 및 ESG 방법론의 적용(Purchase an ESG index license and apply ESG methodology approaches)은 예컨대, 투자제외 심사, ESG 통합 및(또는) ESG 테마 선별(이상은 이번 장에서 모두 다룹니다)과 같은 ESG 방법론의 접근방식을 적용하여 투자대상을 구체적으로 선택하고, 정의된 규칙에 부합하는 회사 집단으로 전체 투자범위를 축소합니다.

▶ **지수의 구성종목이 선택되면 가중치를 부여합니다**(Weight the index constituents once they are selected.). 그들은 시가총액, 동일한 가중치 또는 특정 규칙에 따라 주어진 회사에 대해 비중을 낮추거나 높이도록 '틸팅'(tilting)[2]과 같은 지수 규칙에 따라 이를 수행할 수 있습니다.

기존의 안정적 투자펀드는 지수를 기반으로 하기 때문에, 긍정적인 ESG 영향에 기여하기 위해 투자하려는 투자자들에게 분명히 매력적인 특징을 가지고 있습니다.

▶ 이 지수들은 투명성과 법규를 기반으로 하기 때문에, 단순하고 이해하기 쉽습니다.
▶ 기본 포트폴리오가 지수를 그대로 사용하기 때문에, 지수의 구성요소가 수정됨에 따라 포트폴리오를 구성하는 회사도 변경됩니다.
▶ 이 지수들은 성과판단을 위한 기준지표를 만들고 ESG 및 non-ESG의 전체 투자범위가 거둔 광범위한 성과를 평가하는 데 도움을 줍니다. 이것은 적극적으로 운영되는 자금보다 일반적으로 유지 관리가 덜 필요하기 때문에, 수수료와 운영비용이 더 낮은 경향이 있습니다.
▶ 그러나 투자자들은 ETF(상장지수펀드, exchange-traded fund)와 지수펀드를 통한 안정적인 투자의 '저비용' 특성이 ESG 프레임워크에서 크게 다르다는 점을 유의해야 합니다.

안정적인 펀드와 ETF(상장지수펀드, exchange-traded fund)의 순 총비용 비율은 일반적으로 non-ESG의 전체 투자범위보다 높으며, 안정적인 ESG 상품은 다양한 수수료를 부과하고, 주식 ETF의 중간비용 비율은 40~50 베이시스 포인

---

2 '틸팅'(tilting)은 자산배분의 전술적 판단에 따른 '인위적인' 자산 비중의 변화를 뜻하는 용어입니다. 반면, 드리프트(Drift)는 연기금과 같은 기관투자자의 포트폴리오에서 시장가격 변화에 따른 '자연적인' 자산 비중의 변화를 의미합니다.

트(basis points, bps)3입니다. 투자회사는 ESG 펀드에 대한 추가 실사 또는 심사를 수행할 필요성을 통해 이러한 추가비용을 정당화하지만, 실제로는 일반적으로 ESG 관련 공급업체의 등급 및 제3부문의 데이터에 의존합니다. 그럼에도 불구하고 더 높은 비용 비율을 시장이 받아들인다는 것은 ESG 분석에 대한 실사의 요구사항을 인정한다는 것을 의미합니다. 광범위한 기초 지수를 추적하는 안정적인 운용사는 ESG 통합을 사용하여 ESG 점수가 더 높은 회사의 비중을 늘리고, 다른 회사의 비중을 낮출 수 있습니다. 또한 일부 안정적인 운용사는 화석 연료 회사와 같이 논란이 많은 회사를 투자에서 제외함으로써 전통적인 성과평가 기준지표의 산업 가중치와 의도적으로 다르게 만듭니다.

단점
The cons

안정적으로 관리되는 펀드를 비판하는 사람들은 이러한 펀드의 ESG 변형이 S&P 500과 같은 기존 지수가 실제 경제, 보상 규모, 유동성을 반영하지 않는다는 사실, 예를 들어 기업지배구조와 같은 요소를 고려하지 않는다는 사실을 단지 복잡하게 만든 것뿐이라고 합니다. 따라서 이러한 지수로부터 물려받은 특성을 가진 펀드는 진정한 지속가능성을 향한 목표와 부합하지 않습니다. 또한 안정적인 펀드 운용전략은 일반적으로 자발적인 회사 공시에 크게 의존하는 ESG 연구 및 데이터를 위한 일종의 제3부문 소스를 활용해 사용되고 있습니다. 이는 ESG 데이터에 내재된 정보의 질, 공시내용, 기타 편견에 새로운 제한을 만들 수 있습니다. 이 데이터는 역방향 데이터이기 때문에 투자자는 완전한 위험보상 분석을 놓치고 있습니다. 따라서 포트폴리오의 최적화와 산업별 가중치

---

3 베이시스 포인트(basis points, bps 또는 bips)는 변동폭이 매우 미미한 경우 사용하는 단위입니다. 여기서 베이시스는 소수점 아래 두 번째 자리를 말합니다. 예컨대, 소수점 아래 두 번째 자리를 기준(베이시스)으로 하면, 0.01%는 1 베이시스 포인트가 됩니다. 따라서 본문의 40~50 베이시스 포인트를 백분율(%)로 바꾸면, 0.40~0.50%가 됩니다.

에 배분된 비율들이 왜곡될 수 있습니다. 또한 서로 다른 제3부문의 ESG 등급 제공업체는 종종 동일한 회사에 대해서도 서로 상반된 견해를 가지고 있습니다. 이로 인해 안정적인 운용사는 어떤 회사에 일정한 점수를 줄 때 반영된 분석, 기준, 가정의 출처를 알지 못하기 때문에 관련 내용을 이해하기 어렵습니다.

이러한 상황은 선택된 안정적(패시브) 지수 내 구성종목의 숫자로 인해 더욱 악화되며, 회사의 기본사항과 회사 경영에의 참여 보장, 주주제안서 제출, 회사의 ESG 정책 및 실행을 개선하기 위한 의결권 대리 행사 관련 지침 개발 등과 같은 적극적인 주주권 행사 전략을 추구하는데 필요한 심층적인 이해를 부족하게 만들고 있습니다. 많은 감시인들은 지속가능한 투자범위에 포함되는 안정적인 운용사로부터 기업의 ESG 관행을 개선하기 위해 더 큰 노력을 하도록 요구받고 있습니다. 지수형 자산의 약 80%를 함께 보유하고 있는 가장 큰 지수펀드 운용사인 블랙록(BlackRock), 뱅가드(Vanguard), SSGA(State Street Global Adivor)는, 특히 의결권 대리행사의 기록들을 봤을 때, 경영진을 지원하고 ESG에 반대하는 주주제안에 대해 과거 정기적으로 찬성표를 던져 비판을 받고 있습니다. 그들이 보유하고 있는 지분 규모를 고려할 때, 이러한 주주제안을 관철하는 데 있어 그들의 도움이 필수적인 경우가 많습니다.

반대로, 지수펀드와 유사한 특성을 겨냥한 우려의 목소리들은 펀드의 모든 회사가 특정 테마에 기여하고 있는지 확실하게 선별하고 있는, 예컨대 청정에너지와 같은 특정 테마나 산업에 중점을 두고 있는 지수 기반의 안정적인 펀드와는 관련이 적습니다. 지속가능한 투자자가 다루는 ESG 문제의 또 다른 예로는 청정 기술, 물 사용 및 보존, 지속가능한 천연자원, 농업 등과 같은 환경문제가 있으며, 사회문제에는 인권, 성별 및 인종의 평등, 작업현장 문제가 포함됩니다. 또한 ESG 위험을 결정하는 방법에 초점을 맞추기보다는 파리협정에 따른 기후 전환 목표를 달성하는 데 도움이 되는 것과 같은 측정 가능한 영향을 미칠 수 있는 새로운 세대의 ESG 벤치마크가 수립되고 있습니다.

마지막으로, 적극적인 운용사는 주식 선택 포트폴리오에 더 집중하지만, 많은 기관투자자들은 전략적 자산 배분(SAA) 정책에 맞는 최적화된 벤치마킹 포트폴리오를 이용해 ESG에 투자하는 전략을 선호합니다. 예를 들어, 그들은 일반적으로 시가총액 지수를 기반으로 SAA 포트폴리오를 정의하고 투자된 포트폴리오와 전략적 포트폴리오 간의 추적 오류를 계산하여 투자 상황을 지켜봅니다. 따라서 일부 관리자는 주어진 ESG 초과 점수에 대한 상한 가중치 지수로 추적 오류를 최소화해서 ESG 기반으로 최적화된 포트폴리오를 구축하도록 유도합니다.

ESG 오버레이 접근방식(ESG overlay approach)[4]을 사용한 이러한 지수화 방식은 전통적인 시가총액형 안정지향 전략(market-cap passive strategies)에 가격 경쟁력 있는 해결방법을 투자자에게 효과적으로 제공합니다. 결과적으로, ESG 지수를 좇아 반영하는 펀드는 많은 상장기업들의 지속 불가능한 경영관행을 피할 수 있는 실용적인 솔루션을 찾고 있는, 그러면서 ESG 지수를 의무적으로 보유해야만 하는 안정지향형 투자자에게 실행 가능하고 비용 효율적인 해결책을 제공할 수 있습니다.

ESG 주식의 상대적 수익률 및 성과 검토
Reviewing relative returns and performance of ESG stocks

보다 최근의 성과지표를 기반으로 연구원들과 시장이 주문처럼 말하는 일반적인 사실은 ESG 투자자가 경쟁력 있는 시장수익을 추구하기 위해 성과에 있어 타협할 필요가 없다는 것입니다. (외부에서 ESG 평가 제공업체가 만든 것이던, 내부에서 전담 분석가가 만든 것이던) ESG 점수를 기반으로 하는 긍정적인 선별 전략은 위험조정수익을 줄이지 않으면서 전통적인 안정형 및 공격형 포트폴리오와 스마트 베타형 포트폴리오[5] 모두에서 ESG 품질을 높일 수 있습니다. 그러나 현재

---

4 일반적인 오버레이(overlay) 투자전략은 환율, 주요국의 국채이자율, 석유 가격 등 특정 이슈를 분리해 각각의 변동성을 계산한 후, 그 결과를 전체 투자전략에 반영·수정하는 것을 의미합니다. 따라서 ESG 오버레이 접근방식(ESG overlay approach)은 ESG 관련 지표를 별도로 고려해, 이를 기초로 펀드운용사가 가진 전술적 자산분배 전략을 수정하는 접근방식을 말합니다.
5 스마트 베타 포트폴리오(smart beta portfolios)는 투자대상 기업의 배당성향과 성장성, 변동성, ESG 등

많은 투자자들은 ESG 평가기준에서 재무성과를 극대화하는 데 초점을 맞추는 대신, 위험 대비 수익률 조건에 따라 ESG 성과를 극대화하는 데 집중하고 있습니다.

대부분의 시장 참여자들이 2020년 코로나19 유행에 대한 두려움으로 주식을 매각하기 전후 시장의 ESG 포트폴리오 성과를 검토했습니다. 이 기간, ESG 등급이 높은 미국 대기업을 추적 반영하는 S&P500 ESG 지수의 성과가 기존 S&P 지수의 성과를 0.6% 상회했습니다. 마찬가지로 모건스탠리캐피털인터내셔널(MSCI)의 신흥시장 ESG 리더 지수(MSCI's emerging markets ESG leaders index)와 아시아 중심 AC 아시아 ESG 리더 지수(the more Asia−focused AC Asia ESG leaders index)도 자신들의 모지수를 각각 0.5%와 3.83% 상회했습니다. 실제로, 블랙록(BlackRock)은 전 세계적으로 대표적인 지속가능성 지수의 88%가 같은 기간 동안 지속가능 비관련 지수를 능가한다고 계산했습니다. 그리고 이것은 새로운 현상이 아니라는 것이 블랙록(BlackRock)이 제시한 결과로 밝혀졌습니다. 2015년부터 2016년, 그리고 2018년 시장이 침체된 기간에도 유사한 성과가 나타난 것입니다.

Technical Stuff

물론 일부 투자자는 해당 주식에 배치된 펀드의 가중치를 고려할 때, 높은 등급의 ESG 주식에 대한 수요를 잠재적인 거품으로 볼 수도 있습니다. 현재의 초과 성과가 과도한 가치평가로 이어질 수 있고, 따라서 장기적으로는 저조한 실적으로 바뀔 가능성도 있지 않을까요? 이로 인해 일부 투자자는 현재 ESG 등급이 그다지 높지 않은 주식을 분석하지만, 강력하고 지속가능한 경영 관행을 통해 ESG 등급을 높이기 위한 믿을 만한 노력을 하고 있습니다.

ESG 초과 성과에 대한 또 다른 일반적인 설명은, 화석 연료 관련 기업을 선

을 복합적으로 고려해 설계된 포트폴리오를 말합니다. '스마트 베타'는 최근 미국을 중심으로 주목받고 있는 투자 전략입니다. 전통적인 투자전략에는 크게 두 가지가 있습니다. 하나는 안정을 지향하는 지수형 투자전략입니다. 이를 패시브(passive) 전략이라고 합니다. 일반적으로, 시장의 변화를 그대로 반영하는 종합주가지수에 따라 펀드를 수동적으로 운용합니다. 다른 하나는 투자자의 직관과 경험에 의존하는 공격형 투자전략입니다. 이를 액티브(active) 전략이라고 합니다. 이러한 전통적인 투자전략들은 포트폴리오를 구성할 때, 위험을 줄이기 위해 시가총액을 고려하는 경우가 상당히 많습니다. 반면, 스마트 베타 전략은 다양한 관점의 지표에 가중치를 부여해 투자함으로써 위험 대비 수익률이 높은 것으로 알려져 있습니다.

별하며 투자제외 또는 가중치 감소 정책을 적용함으로써 대부분의 ESG 펀드가 화석 연료 자산으로 인한 투자위험을 감소시켰고, 따라서 유가 및 에너지 재고가 하락했을 때 자신들의 포트폴리오를 보호할 수 있었다는 것입니다. 일부 분석가들은 투자자의 구매지원가격으로 인한 여파를 제외하고, 그러한 요소들은 모든 성과의 극히 일부만을 설명하며, 개선된 공급망 관리 및 기업지배구조가 초과 성과에 기여했다고 설명합니다. 높은 ESG 등급을 유지하기 위해 기업은 공급망 감시, 직원들의 실무 관행, 환경 관리와 같은 문제에 대해 높은 수준의 공시내용을 꾸준히 보고해야 합니다. 기업들은 종종 GRI(Global Reporting Initiative) 또는 SASB(Sustainability Accounting Standards Board)와 같은 보고 형식을 사용합니다(SASB에 대한 자세한 내용은 1장을 참조하십시오). 이들 보고 형식은 기업들의 자체 프로세스를 개선하고 동종업계 타사 대비 자사의 성과를 비교 평가하는 데 도움을 줍니다.

REMEMBER

그러나 투자자는 ESG 스크리닝(선별) 기법이 대규모의 수익성 높고, 보수적인 기업에 대한 노출을 증가시킬 수 있으며, 이로 인해 특정 산업, 부문 또는 지리적 편향성을 갖는 위험에 더 많이 노출될 수 있다는 점도 알아야 합니다. 결론은 ESG 펀드에 대한 과거 실적 데이터가 보다 넓은 다른 투자시장만큼 많지 않다는 것입니다. 따라서 연구자들은 여전히 지속가능한 투자 데이터에서 도출된 결론을 토대로 실적 데이터를 구축하고 있습니다. 이는 시간이 지남에 따라 지속가능한 투자전략을 구성하는 항목에 대한 분류 또는 정의의 변경(이전의 '죄악 주식'(sin stocks)의 투자배제를 강조했던 것은 오늘날 '화석 연료'의 투자배제를 강조하는 것에 더 가까울 수 있습니다)으로 인해 더욱 복잡해져, 결과적으로 평가 및 비교가 더 어려워졌습니다. 이로 인해 연구원들은 포트폴리오의 ESG 프로필을 최적화하는 알고리즘을 개발하는 동시에 주어진 한도 내에서 다양한 위험 요소에 대한 노출을 관리할 수 있는 충분한 여지를 남기고 있습니다.

정량적 전략 검증
Verifying Quantitative Strategies

주식시장에서 중요한 데이터의 양이 엄청나게 증가하고 분석가와 연구원이 사용할 수 있는 컴퓨팅 파워의 양이 동시에 증가함에 따라, 정량적 거래 전략의 개발과 성장이 가능해졌습니다. 마찬가지로 중요한 ESG 데이터의 가용성이 증가함에 따라 ESG 포트폴리오 및 주식에 대한 정량적 전략에 대한 관심이 증가하고 있습니다. 이 장의 앞부분에서 언급했듯이 양적 접근방식은 ESG 전략을 통합할 때 고려해야 할 4가지 일반적인 단계 중 하나이며 통합, 선별 또는 테마 전략과 함께 사용할 수 있습니다.

양적 투자와 관련한 한 가지 접근방식은 주어진 위험 노출수준을 목표로 하여 투자자가 이 장의 앞부분에서 언급한 산업, 부문 또는 지리적 편향성이 지닌 의도하지 않았던 위험을 피하도록 돕는 것입니다. 이러한 전략은 효율적으로 관리되고 수익성이 높으며 현금흐름이 강한 기업 간의 교차점을 목표로 하며 동시에 주어진 ESG 요소가 무엇인지 보여줍니다.

투자대상 기업의 ESG 속성을 결정하기 위해 양적 전략은 NLP(자연어 처리)와 같은 인공지능(AI) 기술을 사용해, 기업의 지속가능성 보고서 또는 외부 ESG 데이터 제공업체로부터 수집할 수 있는 비재무 성과지표를 점점 더 많이 포함하고 있습니다. 또한 ESG 통합을 실행하는 정량적 관리자는 성장, 모멘텀, 규모, 가치 및 변동성과 같은 다른 요소와 함께 ESG 요소를 통합하는 모델을 구성합니다. ESG 데이터와 등급이 투자 절차에 통합되어 개별 주식의 가중치가 상향 또는 하향 조정될 수 있습니다.

종종 투자자는 ESG 기준을 포트폴리오에 통합할 때의 영향 또는 통합된 포트폴리오의 위험 및 수익 특성이 어느 정도 수정되는지, 그리고 그 결과 스타일 또는 요인별 변동가능성이 개선될 수 있는지에 대해 제한적으로 이해하고 있습니다. 이러한 결과를 평가하고 통제하는 데 정량적 기법이 사용되어 투자자가 재무 및 지속가능성 목표를 유지할 수 있습니다.

REMEMBER

또한 GRI 및 SASB(1장 참조)와 같은 비재무정보 공시 및 보고 이니셔티브의 수가 증가함에 따라 기업 ESG 투명성이 높아져 정량적 기법에 대한 더 나은 데이터를 제공하고 있습니다. 정량적 전략의 잠재적인 이점은 투자 프로세스에서 사전 결정된 (의식적 또는 무의식적) 편견을 제거할 수 있는 모델에 의해 투자의 사결정이 내려지기 때문에, 인간의 판단이나 재량에 의한 구매 결정이 없다는 것입니다(일부 사람들은 이 모델들을 구성할 때 내리는 결정 방식에도 내재된 편견이 있다고 주장합니다). 기후 변화, 다양성, 포용성과 같은 감정적 주제를 다룰 때 자연스러운 편견이 투자 과정에 스며들 수 있습니다. ESG 기반 정량 전략에 대한 연구가 증가함에 따라 ESG 규정 준수와 초과수익 창출이 상호 배타적인 결과가 아니라는 사실을 알 수 있습니다.

다음 절은 ESG 요소가 활용되는 방식을 식별하기 위해 정량적 접근방식을 사용하는 원칙으로 구성되어 있습니다. 정량적 접근법에는 주식 포트폴리오 구성, 특정 지수의 가중치 조정, 보다 중요한 ESG 요소의 결정이 포함됩니다.

ESG 요소를 통합하는 주식 포트폴리오 구축

Constructing equity portfolios that integrate ESG factors

ESG 정보는 전통적인 재무 지표들을 통해 인식되지 않는 많은 위험요소를 식별합니다. 정량적 ESG 분석가는 회사 무형자산의 가치를 수정하고 할당하는 데 도움이 되도록 소셜 미디어 콘텐츠를 골라 면밀하게 조사할 수 있습니다. ESG 인텔리전스는 수익과의 상관관계를 확립하고 이러한 요소에 위험 노출된 주식의 가치를 제공하는 투자 테마로, 두 배 위험한 요소로 반영되어야 합니다. 이 요소들은 모멘텀, 가치, 품질, 성장 및 변동성과 같은 전통적인 투자 테마에 포함될 수 있으며, 기존 요소와의 낮은 상관관계로 인해 다양성을 높일 수 있는 장점을 가집니다. ESG 데이터가 더 많이 구축되고 통계적으로 보다 정확해져 서로 비교 가능해짐에 따라, 결론적으로 보다 많은 투자자들이 통계기법을 사용해 ESG 요인과 포트폴리오 구성에서 중요한 위험을 줄일 수 있는 가격변동

간의 상관관계를 정확히 파악할 수 있을 것입니다.

ESG 포트폴리오 구축을 위해 아래와 같은 네 가지 주요 접근방식이 사용됩니다.

REMEMBER

- ▶ ESG 통합(ESG integration): 투자자는 ESG 주요 이슈의 중요도 또는 ESG 종합 등급(특정 지속가능성 평가기준을 충족한 회사들을 위해 '긍정적 변화'(positive tilt)라고도 함)을 기준으로 포트폴리오 구성 기업의 가중치를 조정해 특정 ESG 요인에 대한 위험 노출수준을 높이거나 낮춥니다. 이 접근방식에는 ESG 등급이 높은 '최고 등급' 회사에 투자하거나 ESG 등급이 낮은 '최저 등급' 회사는 제외됩니다(ESG 통합은 이 장의 앞부분에서 다룹니다.).
- ▶ 배제 심사(Exclusionary screening): 투자자는 용납할 수 없거나 비윤리적이거나 논란의 여지가 있는 활동에 참여하는 특정 회사 또는 산업 부문을 단순하게 배제합니다.
- ▶ 테마 선별을 위한 배제/포괄적 선별(Exclusionary/inclusionary screening for thematic filters): 투자자는 특정 산업(예컨대, 화석연료, 무기제조, 도박, 술 등)에 대한 위험 노출수준을 기준으로 해당 기업을 투자에서 제외하거나, (예컨대, 오염 방지 또는 1장에서 다룬 UN지속가능개발목표 중 하나 이상을 다루는) 기업들을 투자대상에 포함합니다.
- ▶ 규준 기반 배제(Norms-based exclusions): 이 접근방식은 경제협력개발기구(OECD) 또는 UN이나 UN인권선언에서 정의한 국제 규범 또는 행동 기준을 위반하거나 준수하지 않은 회사에 초점을 맞춰 투자에서 배제한다는 점에서 일반적인 투자배제 정책과 다릅니다.

위 접근방식을 출발점으로 삼아, 관리자는 서로 다른 전략을 실행할 수 있습니다. 예를 들어, (벤치마크지수 대비) 상대수익률 또는 총수익률을 기준으로 성과를 평가할 수 있습니다. 두 전략 모두 주식시장의 특정 요소들이 더 오래 보유한 다른 부분들보다 더 뛰어난 위험조정수익을 실현한다고 가정합니다. 더욱이 연구에 따르면, 금융시장은 중요한 ESG 점수를 결정하는 데 비효율적이며, 단기적으로 봤을 때 다양한 수준의 ESG 성과에 대해 반드시 좋은 가격을 책정하지는 않았습니다. 이것은 장기적으로 봤을 때에도 특별히 다르지 않습니다. 당연히 많은 운용사들이 포트폴리오의 ESG 점수가 벤치마크 지수와 비교되도록 하기 때문에, ESG 점수가 높은 회사는 그러한 포트폴리오에 포함될 가능성이 더 큽니다. 따라서 투자관리자는 포함 및 배제 전략을 사용하기 위해 주식을 긍정적으로 선별할 뿐만 아니라 부정적으로도 선별해야 할 것입니다.

관리자가 자체적인 내부 ESG 등급을 가지지 못한 경우, ESG 등급 평가기관의 더 큰 샘플 데이터를 사용해 필요한 정보를 추출하거나, 특정 평가기관의 개별 점수를 하나의 총점수로 집계하는 모델을 구축해야 합니다. 이를 통해 다른 공급자가 사용하는 방법론의 차이를 설명할 수 있습니다. 연구에 따르면, 알파(시장지수수익 대비 투자의 적극 운용에 따른 초과 수익률)와 ESG 투자목표의 조합은 투자자의 적극적인 운용에 따른 더 높은 위험을 받아들여야 합니다. 향후 ESG 요소와 연결될 것으로 예측되는 관리대상 자산의 비율을 고려할 때, 투자자와 자산운용사는 현재 시장의 투자성과 평가기준 지수(표준 시가총액 가중치 지수)가 기존에 있던 자신들의 지속가능성 및 위험 대비 수익목표에 적절한 평가기준인지 검토해야 합니다.

투자자는 포트폴리오 구성에서 ESG 통합을 위한 적절한 시간 범위도 알고 있어야 합니다.

▶ 상대적으로 높은 총매출액(높은 비용 발생)을 가진 회사의 주식을 중심으로 포트폴리오를 구축하는 매우 공격적인 관리자는 단기 위험을 피하고 완화하는 데 집중할 수 있습니다. 결과적으로, 그들은 보다 자주 발생하는 잠재적인 ESG 문제에 보다 큰 관심을 가질 것입니다.

▶ 지수형 또는 매수-보유형 투자자와 같이, 장기적인 투자기간에 따라 광범위하고 다양한 포트폴리오를 구성하는 관리자는 ESG 기준 및 통합을 선택할 때 투자 다각화를 통해 위험을 완화할 수 있도록 장기 위험에 집중할

필요가 있습니다.

또한 ESG 등급이 높은 회사가 ESG 등급이 낮은 회사보다 우수한 성과를 보이고 있으며 각 주식별 이벤트 발생률이 낮아 위험 수준이 체계적으로 낮아지는 것으로 나타났습니다.

주가지수 구성 종목의 가중치 조정
Adjusting stock index constituent weights

ESG 지수 제공업체에서 제공하는 다양한 ESG 지수의 목적은 투자자가 ESG에 맞춘 포트폴리오의 성과를 측정할 수 있도록 돕는 것입니다. 지수 수준의 ESG 성과 향상에 따라 얻는 추가 혜택을 제공하면서, 포트폴리오의 근간이 되는 전체 투자범위와 유사한 위험－수익 특성을 제공하도록 설계되는 경우가 많습니다. 예를 들면:

- ▶ 이러한 지수 중 일부는 지수 제공업체의 ESG 등급을 기반으로 회사 가중치를 수정하기 위해 서로 다른 방법론을 사용해, 각 지수의 산업 가중치가 기본 평가기준 지수의 전체 투자범위와 일치하도록 산업 중립적으로 재조정된 가중치를 허용합니다.
- ▶ 다른 지수는 특정 지역 내에서 시가총액이 가장 큰 주식과 동일하게 가중된 성과와 결합된 ESG 최고 점수를 가진 주식에 초점을 맞출 수 있습니다.

그러나 궁극적으로 투자자는 투자성과에 중요한 ESG 문제와 더 광범위한 ESG 지표가 기존 ESG 요인들의 특정 데이터와 관련된 가치를 제공하는지 여부를 고려해야 합니다.

ESG 등급이 개선된 기업을 매입해 ESG '모멘텀'(momentum)을 흡수하면, ESG 등급 자체에 집중할 때보다 성과가 향상되었습니다. 또한 ESG 점수를 전통적인 재무 지표와 결합하면, ESG 데이터를 독립적으로 사용하는 것보다 더 긍정적인 결과를 얻을 수 있습니다. 그럼에도 불구하고 ESG 기반 주식 선택은 표준지수 기반으로 선택된 결과에 비해 규모, 산업 또는 지리적인 편향을 유발할 수 있습니다. 이 문제는 지수 제공업체가 ESG 등급에 사용하는 방법론에 의해 더욱 악화될 수 있습니다. 접근방식이 다르면 개별 기업에 대해 ESG 점수가 현저히 다를 수 있으며, 이는 자연스럽게 특정 산업 또는 지역에 대해 서로 다른 지수 구성요소 또는 서로 다른 ESG 지수별 가중치를 초래할 수 있습니다.

정량적 전략에서 가장 중요한 ESG 요소 결정
Determining which ESG factors matter most in quantitative strategies

아문디(Amundi)와 모건스탠리캐피탈인터내셔널(MSCI)과 같은 금융기관의 연구조사에 따르면, ESG 추세 및 성과를 찾을 때 모든 ESG 데이터가 '목적 적합성'을 가진 것은 아닌 것으로 나타났습니다.

▶ 위험과 수익을 해석하는 데 가장 관련성이 높은 데이터는 산업별로 중요한 재무적 점수를 기초로 내린 ESG 등급에서 나옵니다. 또한 산업별 지표가 필요한 지속가능회계기준위원회(SASB)의 기업공시 접근방식이 지원하는 다양한 ESG 문제가 다른 산업에도 중요할 수 있다는 것은 분명합니다.

▶ ESG 이슈가 반드시 모든 주식에 영향을 미치는 것은 아니며, 시장에서 '최고 등급'와 '최저 등급' 회사에 불균형적인 영향을 미칩니다. 또한 ESG 위험 노출수준에 대한 투자자 수요가 증가함에 따라, '최고 등급' 주식에 대한 투자가 증가하여 해당 이름의 주가와 실적이 자연스럽게 상승하는 반면, '최저 등급' 주식에 대한 제외 정책은 가격 하락 및 해당 기업들의 성과 저하로 이어집니다.

▶ 이 연구는 시간(보유기간), 규모(전체 투자범위), (투자전략의) 범위가 포트폴리오의 수익성, 변동성 및 손실에 미치는 ESG 심사의 영향을 측정할 때, 투자

자가 고려해야 하는 세 가지 추가 요소라는 사실을 강조합니다.

다양한 ESG 이슈가 산업별로 중요하다는 점을 감안할 때, 이러한 이슈들은 해당 이슈에 대한 잠재적인 위험 노출수준을 기반으로 글로벌산업분류기준 (Global Industry Classification Standard, GICS)의 각 하위 산업에 대해 선택되고 가중 치를 부여할 수 있습니다. 회사의 ESG 등급을 계산할 때 가장 일반적으로 사용 되는 문제는 다음과 같습니다.

▶ 환경('E' 부분): 탄소 배출, 물 부족, 독성 배출 및 폐기물(3장 참조)
▶ 사회('S' 부분): 노동 관리, 건강 및 안전, 인적 자본 관리, 개인정보 및 데이 터 보안(4장 참조)
▶ 지배구조('G' 부분): 기업지배구조, 경영 윤리, 부패 및 불안정, 반경쟁 관행 (5장 참조)

이러한 ESG 영역 중 어느 것이 가장 큰 영향을 미치는지 생각할 때, 일부 핵심 문제들이 상호 관련되어 있고, 기업의 주가에 영향을 미치는 부정부패 또 는 기름 유출과 같은 단기적인 사건과 관련된 위험을 포착하는 데 초점을 맞춰 야 한다는 것을 기억하는 것이 중요합니다. 한편, 또 다른 핵심 이슈들은 탄소 배출과 같이 장기간에 걸쳐 기업의 주가를 잠식시킬 수 있는 장기 위험에 초점 을 맞추고 있습니다. 물론 일부 이슈는 장단기 위험의 특징을 모두 보여줄 수 있습니다.

환경 문제는 시간이 지남에 따라 발생하는 장기적인 위험으로 인해 더 많은 고통을 주는 경향이 있습니다. 사회 문제는 장기와 단기 위험의 특성이 혼합된 것을 보여주며, 지배구조 문제는 개별 사건의 위험 성향이 높기 때문에 단기 위험이 가장 높습니다. 이러한 정보를 어떻게 적용할지 결정할 때, 적극적인 포 트폴리오 관리자는 얼마나 적극적으로 거래하고 기간이 얼마인지에 따라 단기 이벤트 위험을 완화하는 데 집중할 수 있습니다. 반대로, 투자 기간이 긴 다양한 포트폴리오를 구축하는 포트폴리오 관리자는 장기적인 잠재적 위험에 더 집중할 수 있습니다.

'E', 'S', 'G'의 뚜렷한 차이점은 다음 절에 요약되어 있습니다.

환경 문제
Environmental issues

탄소 배출, 물 부족 및 독성 배출이라는 세 가지 주요 환경 문제는 장기적인 위험을 유발하며, 개별 기업의 성과는 '최고 등급'을 받은 기업과 '최저 등급'을 받은 기업 사이에 확실한 장기적 차이를 보여줍니다. 일반적으로 이러한 기업 사이의 단기 사건별 위험 성향에는 미미한 차이가 있습니다.

사회 문제
Social issues

주요 사회 문제는 서로 다른 결과를 보여 주며, 노동 관리(노사 갈등 포함)는 강력한 사건 위험과 장기 위험의 특성을 모두 나타냅니다. 그러나 이러한 현상은 최고 등급 점수를 받는 회사의 경우 훨씬 덜 나타났습니다.

건강 및 안전 문제는 최고 등급을 받은 회사의 경우 사회 문제에서 보여준 특성과 유사한 현상을 보였지만, 개별 사건의 위험에 대해 높은 점수를 받은 회사와 낮은 점수를 받은 회사 사이에는 큰 차이가 없었습니다.

일부 유명 사례에도 불구하고, 회사의 개인정보보호 및 데이터 보안관리의 차이는 역사적으로 긍정적인 성과에 기여하지 않았으며, 높은 점수의 회사들이 낮은 점수의 회사들이 겪은 사건보다 더 부정적인 사건들을 피하진 못했습니다.

지배구조 문제
Governance issues

지배구조와 관련된 문제들은 일반적으로 두 가지 위험 관점에서 가장 강력한 결과를 보여줍니다. 그러나 경영 윤리와 반경쟁 관행은 장기적인 위험을 무시할 수 있는 수준으로 훨씬 더 강력한 이벤트 위험 특성을 보여 줍니다. 경영 윤리에서 낮은 점수를 받은 기업은 최고 점수를 받은 기업보다 주가가 크게 하락할 가능성이 훨씬 높으며, 부패에 대해서는 양자의 차이가 별로 크지 않았습니다. 그러나 특히 부패 문제와 관련해 기업지배구조는 장기적인 위험 특성이 더 크고 개별 사건들이 야기하는 위험에는 큰 차이가 없다는 것을 보여줍니다.

일반적으로 우수한 기업지배구조를 가진 회사는 주요 지배구조 문제에 대해 점수가 낮은 회사보다 훨씬 더 나은 수익성을 보여 주고, 개별 주식 및 체계적 위험은 더 낮습니다.

모두 모아보기
Putting it all together

주요 개별이슈 내에서 탄소 배출('E' 부분)은 모든 주요 이슈 중 가장 의미있는 성과를 보여 주었습니다. 그 다음 대표적으로 중요한 주요 개별 이슈는 건강 및 안전뿐만 아니라, 근로 관리('S' 부분) 및 부패('G' 부분)입니다. 이들 '최고 성과'의 핵심 문제들은 개별 사건의 위험들이 'G' 부분에 보다 많이 집중되는 것에 비해, 장기적인 위험들의 경우는 ESG 전반에 균등하게 분산되고 있다는 것을 보여 줍니다. 이것은 단기간의 주가 위험에 있어 지배구조 문제가 왜 가장 큰 중요성을 계속 보여 왔는지 설명해 줍니다.

각 구성요소 내에서 주요 ESG 문제를 식별했으므로, 이제 개별 요소가 포트폴리오 내에서 어떻게 집계되는지 생각해 보는 것이 중요합니다. 어떤 투자자가 다양한 ESG 이슈를 가진 주식을 선택하고 부문별 또는 산업별 분류에 따른

REMEMBER

기존 가중치를 부여했고, 이로써 전체 ESG 종합 점수 또는 등급이 구성된다고 가정해 봅시다. 이러한 접근방식은 시간이 지남에 따라 재무성과에 상당한 차이를 만들 수 있습니다. 'E', 'S', 'G' 각각의 구성요소를 무작위로 결합하는 것은 미리 결정된 기준에 따라 산업별 문제와 중요성 그리고 적절한 가중치를 조정하는 동적 접근방식을 취하는 것보다 덜 효과적입니다. 동적 접근방식은 투자자에게 새로운 위험과 기회를 포착하는 방식으로 관련 ESG 요소를 통합할 수 있도록 합니다.

스마트 베타 전략의 식별

Identifying Smart Beta Strategies

글로벌 자산관리 산업에서 가장 중요한 두 가지 추세는 ESG 투자의 성장과 스마트 베타 전략의 성장입니다. 스마트 베타는 적극적 관리와 기존의 안정적 관리(시가총액 가중치) 사이에 있는 규준 기반 투자전략으로 정의할 수 있습니다. 따라서 스마트 베타 전략은 전형적으로 특정 요인의 위험 노출수준을 포착한다는 점에서, ESG 포트폴리오를 구축하기 위해 이 장의 앞부분에서 언급한 접근방식에 대한 오버레이 전략으로 볼 수 있습니다.

스마트 베타 전략의 성장은 낮은 비용과 잠재적 수익성의 결합에 의해 주도되고 있습니다. 스마트 베타 전략은 일반적으로 공격형 펀드보다 비용은 적게 드는 반면, 기존 안정형 금융상품 보다 뛰어난 성과를 약속하고 있습니다. 스마트 베타와 ESG의 상대적 중요성은 최근 몇 년 동안 상당히 증가했으며, 투자자들이 이러한 전략을 결합함에 따라 추가적인 성장이 예상됩니다. 금융시장의 일부 전문가들은 스마트 베타 및 시가총액 가중치 접근방식을 포함한 안정적 전략이 2025년까지 운용 중인 글로벌 자산의 약 25%에 달할 것이라고 말합니다.

현재 스마트 베타 ESG가 주류를 형성하고 있지 않지만, 연구 결과에 따르면 미국과 아시아보다 유럽의 채택 비율이 훨씬 더 높아지고 있으며, 최근에는 규모가 큰 투자자가 소규모 투자자보다 더 활발하게 사용하고 있습니다. 스마트 베타와 ESG를 결합하기 위한 세 가지 광범위한 접근방식은 아래와 같이 확인되었습니다.

▶ **확대된 부정 심사 기법**(Extending negative screening)은, 담배나 논쟁의 여지가 있는 무기와 관련된 회사를 투자에서 제외하는 것과 같은 부정적 심사를 스마트 베타 전략으로 확장하는 접근방식입니다. 이 간단한 접근방식은 가장 널리 사용되는 것으로, 권한위임 펀드(mandates funds), 특화 펀드(dedicated funds) 또는 내부 관리 포트폴리오를 통해 달성할 수 있습니다.

▶ **ESG 지표 사용하기**(Using ESG metrics)는, 내부 정량 테스트를 통해 계산됩니다(이 장의 앞부분에서 다루고 있습니다). 많은 투자자들이 내부 스마트 베타 지수의 위험 대비 수익률을 개선하기 위해 이 접근방식으로 기존 요소 전략에 재무적 가치를 추가합니다.

▶ **ESG 정보와 스마트 베타 전략의 결합**(Blending ESG information and smart beta strategies). 적은 수의 투자자가 기후 변화와 같은 특정 ESG 지표를 기반으로 포트폴리오의 변동성 추이(portfolio tilts)를 사용해 이 접근방식을 따릅니다.

ESG 데이터 및 공시정보에 대한 불충분한 추적 기록은 이들 접근방식에 장애물로 작용할 수 있습니다. 그러나 다른 사람들은 머신 러닝(Machine Learning, ML)의 지속적인 개발이 ESG 성과와 주식수익률의 상관관계를 식별해 향후 스마트 베타 ESG에 포함하는 일이 많아질 수 있다고 생각합니다.

ESG 데이터를 인식된 위험 프리미엄(위험 자산의 수익이 무위험 자산의 수익을 넘어설 것으로 예상되는 금액)과 결합하는 것은 일부 투자자가 ESG를 그 자체로 확립된 요인으로 보고 있는 스마트 베타 산업에서 중요한 발전입니다. 또한 스마트 베타 ESG에 관한 상당한 연구 분량, 테스트 및 계획이 이루어지고 있으며, 이는 가까운 미래에 구체화 될 것으로 보입니다. 투자자들은 규준 기반 스마트 베타가 ESG 통합에 가져다주는 명확성을 높이 평가하고 있는데, 이로써 어떤 정보가 ESG 입력값으로 사용되는지 더 명확하게 파악하고, ESG 목표의 위험 노출 수준을 발전시킬 수 있습니다. 어떤 사람들은 ESG 통합 맥락에서 ESG 지표가 전체 점수보다 더 나은 통찰력을 제공하고, 스마트 베타의 정량적 초점이 시간이 지남에 따라 고품질 ESG 데이터를 생성하는 데 도움이 될 것으로 기대하고 있습니다.

반대로, ESG 정보를 스마트 베타 전략에 통합하는 것은 잠재적으로 요인 편향을 야기할 수 있습니다. 왜냐하면 일부 투자자가 ESG와 가치주는 음의 상관관계를 갖고, ESG와 질은 양의 상관관계를 갖는다는 것을 발견할 수 있기 때문입니다. 또한 일부 투자자는 적극적인 자산운용(이 장의 앞부분에서 논의)이 경영참여를 위한 더 나은 플랫폼을 제공한다고 생각합니다. 적극적인 자산운용이 포트폴리오의 집중도가 높고 적극적인 관리자가 스마트 베타 관리자보다 새로운 ESG 정보에 대응해 포트폴리오를 전술적으로 변경할 수 있는 유연성을 더 많이 가지고 있기 때문입니다.

다음 절에서는 원치 않는 위험 노출을 보다 명확하게 피하고 포트폴리오에서 특정 가중치를 달성하기 위해 ESG 요소를 스마트 베타 및 포트폴리오 구성 접근방식에 통합하는 방법을 설명하겠습니다.

부정적인 주식 심사기법을 스마트 베타 전략으로 확장하기

Extending negative stock screening to smart beta strategies

ESG 점수는 포트폴리오에서 '나쁜' 주식을 제외하는 데 사용될 수 있으며, 이는 위험 조정된 성과를 악화시키지 않으면서, 표준화된 패시브 포트폴리오에 대한 점수를 향상시킵니다. 그러나 ESG 점수는 또한 스마트 베타 전략을 더욱 향상시킬 수 있습니다. 한 가지 접근방식은 담배나 논란의 여지가 있는 무기 관련 회사를 제외하는 부정적인 심사를 스마트 베타 전략으로 넓게 활용하는 것입니다. 이것은 일반적으로 권한위임 펀드, 특화 펀드 또는 내부관리 포트폴리오를 통해 실현됩니다. 일부 투자자는 탄소 관련 조치와 같은 특정 ESG 문제에 선별심사를 집중해, 동종업계 타사 대비 자사의 탄소 강도를 강조할 수 있습니다. 이 접근방식은 대부분의 스마트 베타 전략에서 사용되고 있습니다.

또는 다른 투자자는 정량적 테스트를 통해 발견한 ESG 지표를 사용해 기존 요소 전략에 재무적 가치를 추가합니다. 예를 들어, 기업 환경, 탄소 또는 지배구조 데이터와 같은 문제에 대한 ESG 요소를 개발함으로써 기존의 내부 스마트 베타 지수의 위험 대비 수익률을 개선할 수 있습니다.

ESG 지분 요소와 점수를 사용해 포트폴리오 구성에 가중치 부여하기
Using ESG equity factors and scores to weight portfolio construction

ESG 요소를 투자전략에 통합하려는 기관투자자는 포트폴리오 위험 특성과 성과를 평가할 수 있는 올바른 도구가 필요합니다. 또한 ESG 포트폴리오의 구성은 투자자의 목표에 달려 있습니다. ESG 투자의 이유는 사회적 행동주의와 같은 윤리적 요인과 초과수익 창출 또는 지수 추적과 같은 재무적 고려 사항에 의해 좌우될 수 있습니다. 이러한 다양한 목표들의 묶음은 포트폴리오의 구성을 가능하게 하는 세부적인 기술 조건들의 묶음과 연결됩니다. 후속 기술 사양은 ESG 중요 데이터의 품질, 투자자의 위험 회피 수준, 합의된 투자배제 및 비중 축소와 관련된 주식의 안전도에 의존합니다.

모든 포트폴리오에서 원치 않는 위험 노출이나 벤치마크 지수(benchmark) 대비 저조한 성과가 발생할 수 있습니다. 그러나 ESG 데이터 저장소 개발과 포트폴리오 구성기술의 발전으로 투자자는 윤리적 및 재무적 관점에 부합하는 구성요소를 계속 보유할 수 있습니다.

대부분의 투자자들은 기존 벤치마크와 유사한 위험, 성과, 국가, 산업 및 스타일 속성을 유지하면서, 향상된 ESG 점수로 최적화된 포트폴리오를 구축하고자 합니다. 또한 개선된 ESG 점수를 예상함으로써 투자자는 기존 투자배제 중심 전략을 뛰어넘을 수 있습니다. ESG 투자 활동가들은 금융시장이 ESG 요소의 가격을 효율적으로 책정하지 않는다고 믿습니다. 금융시장이 경제주체로서는 알 수 없는 장기적인 위험을 다루기 때문입니다. 따라서 이런 이유로 저평가된 효과를 시장이 인식하기 시작하면 초과수익 창출이 가능합니다. 포트폴리오 성과를 개선하는 방법에는 ESG 점수가 향상되고 있는 (ESG 모멘텀의 혜택을 받는) 기업의 비중을 높이거나, ESG 점수가 낮은 기업의 비중을 낮추는 것, 두 가지 방법이 있습니다. 그러나 확립된 벤치마크에서 허용할 수 있는 수준의 추적 오류를 유지하면서, 중요한 ESG 요인으로부터 혜택을 받는 자산별 특정 수익과 상대적으로 비교해, 시장의 공통적인 기여 원인에서 수익의 구조적인 원인을 알아내는 것이 중요합니다.

연구에 따르면, 시장은 ESG 점수가 높은 회사에 보상하는 것보다 ESG 점수가 낮은 회사에 더 많은 불이익을 줍니다. 이러한 현상의 원인은 아마도 나쁜 ESG 경영관행이 위험의 원인이라는 투자자들의 생각 때문일 것입니다. 이러한 생각은 ESG 기회가 만들 장기적인 상승요인을 주가에 포함하는 것보다 개별 사건(오염, 사기 등)에 따라 발생하는 ESG 위험을 주가에 더 빨리 반영하도록 강제합니다. ESG 등급이 낮을수록 중요하고 장기적인 상승을 만들 수 있는 더 높은 ESG 등급을 예상하기보다는, 주식 수익을 위협해 해당 주식 가치를 할인하게 만드는 개별 사건 뉴스를 더 많이 예상하게 됩니다.

주어진 테마에 집중하기

Focusing on a Given Theme

투자자는 포트폴리오에서 많은 ESG 투자 테마의 위험에 노출될 수 있습니다. 이들은 주로 재생가능에너지 또는 건강 및 행복과 같은 환경 또는 사회적 주제에 초점을 맞추고 테마에 대한 명시적 위험 노출수준을 원하는 특정 투자자의 가치를 다루는 경향이 있습니다. 특정 기업보다는 해당 주제를 다루는 특정 분야에 투자함으로써 산업부문의 위험 노출수준은 유사한 목표에 대한 암시적 접근방식으로 간주될 수 있습니다.

산업 부문별 위험 노출수준
Sector exposure

ESG 투자 펀드는 종종 제약 및 기술 주식과 같은 산업에 편향되지만 항공사 또는 에너지와 같은 부문에서는 비중이 낮습니다. 주로 ESG 순위 또는 투자제외에 의해 주도되는 이러한 산업부문별 편견은 최근 몇 년 동안 ESG 펀드를 모든 하락에 대비해 보호하고 대부분의 성과를 높였습니다.

글로벌산업분류기준(Global Industry Classification Standard)에는 11개 부문과 158개의 하위 산업이 있습니다. 이 158개의 하위 산업 중 약 100개만이 ESG 점수를 받은 상위 30%의 기업으로 구성된 포트폴리오에 진입합니다. 따라서 포트폴리오에서 산업별 가중치는 관련 산업 ESG 점수와 대략 일치합니다. 또한 가중치가 가장 큰 5개 산업은 ESG 점수가 더 높고 위험 노출수준이 미미하거나 없는 5개 산업은 ESG 점수가 더 낮습니다. 결과적으로 부문 및 산업 선택은 ESG 펀드가 최근 몇 년 동안 주요 벤치마크 지수를 능가하는 데 도움이 되었습니다.

현재 ESG 포트폴리오 내에서 전년 대비 선제적인 산업 부문별 순환이 얼마나 많이 발생하는지는 불분명합니다. 따라서 산업별 '변동성 추세'(tilts)는 ESG 포트폴리오 관리자가 알아야 하는 장기적인 편향을 유발할 수 있으며, 필요에 따라 부문 또는 산업 선택 또는 관련 가중치를 조정해야 합니다.

부문 또는 하위 산업별 성과도 해마다 달라질 수 있지만, ESG 포트폴리오의 부문별 가중치를 변경하는 주된 방법은 서로 다른 부문별 기업의 ESG 등급을 높이고 통합하거나 아래로 내려 탈락시키는 것입니다. 또한 일부 산업에는 ESG 점수 공급업체에서 평가한 회사가 없으므로 해당 산업은 ESG 포트폴리오에 포함시킬 수 없습니다. 관리자가 포트폴리오의 부문별 가중치를 조정해야 한다고 생각하는 경우, 기존 포트폴리오를 개선하기 위해 적극적인 부문별 오버레이 전략을 실행할 수도 있습니다.

테마별 위험 노출수준
Thematic exposure

UN지속가능개발목표(SDGs, 1장 참조)와 관련된 투자 테마는 글로벌 주식시장에서 기회를 포착하는 동시에, 긍정적인 영향을 창출하려는 투자자의 지속가능성 로드맵에서 더욱 두드러지고 있습니다. SDGs는 많은 투자자, 정부 및 시민사회 그룹의 지속가능성 접근방식을 형성하는 데 중심적인 역할을 하고 있습니다. 새로운 10년이 시작되어 SDGs를 달성해야 하는 2030년까지 10년이 남았습니다. 그러나 EU와 UN이 발표한 최근 진행보고서에 따르면 17개 SDGs 대부분이 제시간에 충족될 가능성은 낮습니다.

그럼에도 불구하고 SDGs는 오늘날의 주식시장에서 더욱 흥미로운 상승 기회를 포착하고 글로벌 경제성장 및 전반적인 거시경제의 건전성과 밀접한 관련이 있습니다. 이 중 5가지 주요 ESG 테마가 두드러집니다. 깨끗하고 효율적인 에너지, 환경 보호, 지속가능한 인프라 및 개발, 건강과 행복, 사회적 형평성이 그것입니다. 또한 ESG 투자를 위한 개선된 데이터 및 분석은 투자자가 SDGs에 대한 위험과 성과를 더 잘 관리할 수 있는 기회를 제공합니다.

SDGs에 대한 초점은 깨끗한 물, 재생가능에너지 및 공공 주택과 같은 분야에서 테마별 기금 출시를 활성화했습니다. 그러나 예를 들어 화석 연료에서 재생가능에너지로의 전환은 화석 연료 수출업체와 에너지 부문을 넘어 국가, 산업 및 부문에 영향을 미칠 것입니다. 저탄소 미래로 전환하지 않는 전체 산업과 부문은 하향 조정에 직면할 수 있으며, 연구에 따르면 글로벌 주식 및 채권 시장의 4분의 1이 화석 연료 가치 사슬과 관련이 있다고 추정됩니다.

2019년에는 전 세계 탄소배출량의 약 20%가 일종의 탄소세로 상당수 충당

Technical
Stuff

되었으며, 그 비율은 100개 가까운 국가가 새로운 규정을 제정함에 따라 50% 이상 증가할 것으로 보입니다. 또한 책임투자원칙(PRI)은 재생에너지 지원, 석탄 및 탄소 가격에 대한 반대 등 기후변화에 대처하기 위한 정부 정책으로 인해 2025년까지 최대 2조 3천억 달러의 기업 가치가 손실될 수 있다고 경고합니다. 점점 더 많은 투자자들이 화석 연료가 없는 포트폴리오를 원하고 있으며, 투자를 통해 기후 변화 해결책에 자금을 지원하라는 요구가 증가하고 있습니다. 한편, 기업은 더 높은 연료비용, 수정 보완된 건축 법규 및 청정에너지 요구에 직면하게 되므로 탄소 전환을 낮추는 제품과 서비스로 기업을 지원하는 새로운 전략이 널리 사용되고 있습니다.

예를 들어, 유틸리티, 의류 및 농업 등 수자원에 대한 접근에 크게 의존하는 다양한 분야에서 자원부족 문제가 점점 더 중요해지고 있습니다. 건조한 지역에서 사업을 운영하는 회사는 특히 이러한 위험에 노출되어 있으며 선진국도 이 문제에서 자유롭지 못합니다. 추정에 따르면, 미국의 강과 호수의 거의 절반이 인프라의 노후화, 인구 증가 및 연간 강우량 감소로 인해 향후 50년 동안 사람들의 요구를 충족하지 못할 수 있습니다. 투자자들은 기업이 물 부족을 얼마나 잘 관리하고 효율적인 해결책을 가지고 있는지 모니터링하고 있으며 물 재생 지원에 전념하는 자금을 확보해 나가고 있습니다.

9

ESG 및 고정수익 금융상품
ESG and Fixed Income Instruments

이 장에서는 . . .

✔ 채권(요인) 살펴보기
✔ 채권발행인 간의 차이점 구별
✔ 고정수익증권 지수 스포트라이트
✔ ESG 고정수익증권 익스포저 유형 분류

채권투자자는 일반적으로 ESG 요소를 포트폴리오에 통합할 때, 주식투자자
보다 뒤처져 있습니다. 주식(8장 참조)과는 달리 채권투자자의 주된 초점은 상승
잠재력(자연적으로 제한됨)을 확보하고 미래 시점에 투자원금을 회수하는 것("돈을
되찾을 수 있을까요?")보다, 부도 위험을 줄이는 데 있습니다. 그러나 신용등급에
대한 ESG 인플레이션이 증가하고 채권에 대한 투자자의 참여가 증가함에 따라
고정수익 부문이 따라잡기 시작했습니다. 특히, 명확한 범위가 정해져 있는 채
무 상품, 채권 발행자, 뮤추얼 펀드, 고정수익률 상품의 투자자는 ESG 고려사
항을 자신들의 투자분석에 통합하고 있습니다. 왜냐하면 ESG 투자가 시장의
모든 영역으로 확장되고 ESG 관련 지표가 새로운 위험요소를 발견하는 데 도
움이 되기 때문입니다.

또 다른 고려사항은 수년 동안 ESG 투자가 고정수익과 관련이 없는 것으로 여겨졌다는 것입니다. 왜냐하면 채권 보유자는 의결권이 없어 주식 투자자보다 회사에 미치는 영향이 적기 때문입니다. 그럼에도 불구하고 채권에 투자하는 경우, 특히 회사채의 경우에는 지배구조('G') 요소 때문에 실사에 항상 큰 영향을 받았습니다. 그리고 사회적('S') 및 녹색('E') 채권 발행이 증가하고, 기후('E') 및 코로나19('S') 위험 영향에 대한 인식이 발전함에 따라 'S' 및 'E' 요소 역시 고정수익 투자에 동일하게 적용됩니다(환경, 사회, 지배구조 각각의 요인에 대한 자세한 내용은 3장, 4장 및 5장을 참조하기 바랍니다.).

이 장에서는 ESG가 주류 채권투자에 어떻게 통합되는지 분석하고 다양한 유형별 채권발행인 사이에 발생하는 몇 가지 차이점을 강조합니다. 또한 채권 포트폴리오를 나타내기 위해 채권 지수의 사용이 증가하고 있다는 것을 강조하고 투자자가 알아야 할 특정 ESG 익스포저 중 일부를 식별합니다.

고정수익률 상품(채권)의 요인 분석

Analyzing Fixed Income(Bond) Factors

채권가격에 영향을 미치는 주요 요인은 금리 변동, 부도 또는 신용 위험, 2차 시장의 유동성 위험 등 입니다. 채권등급 시스템은 주로 기간, 신용등급, 유동성 등 세 가지 요소에 의해 결정됩니다. 물론 ESG 투자에서 발생하는 가장 큰 위험 중 하나는, 기업 평판에 영향을 미칠 수 있고 신용위험에 대한 우려로 이어지는 뉴스에 의해 주도되는 일종의 이벤트 위험입니다. 따라서 투자의사결정의 고려사항으로 ESG 요소를 분석하는 절차는 주식투자 만큼이나 채권투자에 있어서도 자연스럽게 확장·적용됩니다(8장 참조).

아래에서는 위험, 채권 포트폴리오 전략, 발행자 및 통합 요소와 관련된 다양한 ESG 고려사항에 대해 설명하고, 신용등급과 ESG 등급 간의 차이점과 유사점을 정리하는 것으로 마무리하도록 하겠습니다.

위험의 중요성
The importance of risk

ESG 요소를 사용해 채권투자를 결정하는 주된 일은 놓치기 쉬운 위험과 기회를 구별해 인식하는 것입니다. ESG 통합에는 다양한 접근방식이 있지만 일관된 주제는 재무적으로 중요한 위험을 포착하는 것입니다(재무적으로 중요하다는 것은 회사의 비즈니스 모델 및 가치 동인, 예컨대, 마진율, 필수 자본, 위험에 긍정적이든 부정적이든 의미 있는 영향을 미친다는 의미입니다. 또한 중요 요인은 산업 부문별로 다를 수 있습니다.).

고객들이 ESG 통합의 증거를 찾을 때, 그들은 ESG가 기본 분석, 특히 장기적인 요구사항에 통합되었는지 검증 가능한 사례를 기대합니다. 따라서 일부 회사들은 다양한 기업 부문들에 적용될 수 있는 중요한 위험을 인식해 ESG 위험을 포괄하는 보다 체계적인 접근방식을 채택하고 있습니다. 이것은 주식 투자자가 사용하는 것과 유사한 접근방식입니다. 기존 산업 부문을 식별함으로써 해당 산업의 현안에 대한 특정 지표를 보다 쉽게 강조할 수 있고 해당 기업들이 이를 적절하게 관리하고 있는지 여부를 판단하는 것 또한 보다 쉽게 결정할 수 있게 됩니다. 투자 가능한 채권 규모가 너무 크기 때문에 투자자는 포트폴리오에서 '위험 신호(red flags)'를 개발하고 ESG 성과 측면에서 경쟁사와 비교하여 투자대상 회사를 벤치마킹할 수 있습니다.

이러한 ESG 지표들은 외부 ESG 공급업체가 제공한 데이터의 단면을 사용해 만들 수 있습니다. 생성된 점수는 비교 그룹 분석(peer group analysis)의 부분이기도 한 각 범주별로 가중치가 부여된 상태에서, 특정 'E', 'S', 'G' 부분별 점수로 쪼개지거나, 전체 ESG 점수로 유지될 수 있습니다(관련 추가정보는 14장 참조). 한편, 거시지표를 적용하여 산업 부문별 또는 특정 기업과 관련된 다른 국가, 지역 또는 지정학적 유형의 위험을 식별할 수도 있습니다. 고정금리 채권 기간이 더 길 수 있다는 점을 감안할 때, 잠재적인 장기 위험을 나타내는 ESG 점수를 결합하는 것도 적절한 방법일 수 있습니다.

주식 수익률은 주로 근본적인 위험 분석보다는 수익 또는 이익 예측과 관련된 기분에 의해 좌우된다는 점을 생각할 때, 이러한 분석은 나쁜 채권에 투자하는 것이 나쁜 주식에 투자하는 것보다 일반적으로 더 큰 결과를 가져온다는 주장에 의해 뒷받침될 수 있습니다. 이는 주식이 ESG 요인에 보다 즉각적이고 직접적인 반응을 보이는 반면, 채권의 경우에는 채권발행인의 신용도가 ESG 위험에 대한 완충 역할을 할 수 있어 그 영향을 완화하거나 지연하는 효과를 나타낼 수 있다는 것을 보여줍니다. 따라서 ESG 위험은 비즈니스 위험 관점에서 의미 있는 것으로 간주될 수 있지만, 신용등급을 변경하거나 회사 채권가격에 실질적인 영향을 미치기에는 충분하지 않을 수 있습니다.

전통적으로 고정수익 투자 내에서는 지배구조('G') 리스크에 크게 중점을 두어 왔는데, 그 이유는 지배구조 리스크가 신용도 분석에 주도적 역할을 하고 투자 등급 있는 채권으로부터 나오는 안정적인 수익을 보장하기 때문입니다. 엑손 발데즈호(Exxon Valdez) 또는 영국국영석유회사(BP)의 기름 유출 사고와 같은 환경('E') 또는 사회('S') 부문의 실패로 인해 부도 상황까지 발생하는 경우는 드뭅니다. 그러나 기존에 발생한 지배구조('G') 실패를 봤을 때, 시간이 지남에 따라 회사가 무너지고 부도 상황이 발생할 수도 있는 많은 사례가 존재해 왔습니다.

고정수익증권 포트폴리오에 ESG를 추가하기 위한 전략
Strategies for adding ESG to fixed income portfolios

ESG 요소를 고정수익증권 포트폴리오 전략에 결합하는 접근 방식은 다음과 같습니다.

▶ 네거티브 스크리닝: 포트폴리오에서 전체 섹터를 제외하는 전략입니다. 그

러나 투자 영역과 관련된 섹터의 크기에 따라 제외 전략이 달라질 수 있습니다.

▶ 포지티브 스크리닝: 이것은 산업 부문 또는 전체 투자대상에서 가장 좋은 ESG 성과를 나타낸 회사를 선택하는 전략입니다. 그러나 포트폴리오에 ESG 품질이 좋은 기업만 있다면, 해당 채권에 대한 수익률이 그리 높지 않을 것이기 때문에 투자자는 비록 현재 ESG 점수는 낮은 편이지만 ESG 순위가 높아지고 있는 기업을 포트폴리오에 혼합할 수 있을 것입니다.

▶ 동종업계 최고 등급(Best-in-class): 이 전략은 기존 산업 부문 내에서 투자등급(IG, investment grade)과 고수익(HY, high yield)을 내는 채권발행사를 분리하는 것입니다. 그러나 모든 채권에 적용 가능한 요구사항보다는, 전체 투자대상으로부터 일부 채권을 선택하기 위한 구체적인 요구사항에 따라 전략이 달라질 수 있습니다.

▶ 경영 참여(Engagement): 이 전략은 회사의 채권 전략을 위해 최근에 등장한 실행 기법입니다. (회사가 새로운 채권을 발행하거나 만기 이후 다시 발행해 기존 채권을 대체하는 경우와 같이) 특히 발행 또는 재발행과 관련된 채권의 핵심 조건에 대해 전반적으로 논의할 경우 사용됩니다. 다만 채권 투자자들의 경우 주식 투자자가 활용할 수 있는 공식적인 의결권 없기 때문에 이러한 전략 사용이 좀 더 어려울 수 있다는 것을 인식해야 할 것입니다.

▶ 테마투자(Thematic): 기후 변화와 같은 특정 이슈를 해결하는 데 필요한 투자 규모는 지난 5~10년 동안 녹색, 지속가능 나아가 전염병 관련 채권에 대한 수요로 크게 증가한 것으로 보입니다.

따라서 ESG 요소는 점점 더 일반적 고정수익증권 포트폴리오 요소에 포함되고 있지만 주식 포트폴리오에 사용되는 ESG 접근 방식의 정교함과 비교할 때 여전히 뒤떨어져 있습니다. 그러나 평가기관들은 항상 지배구조 또는 경영상 강점을 신용위험평가의 표준 프레임워크에서 중요한 부분으로 보고 있습니다. 이런 이유로 주식형 ESG 등급 제공업체보다 3대 신용평가기관(Fitch, Moody's 및

S&P)이 제공하는 ESG 신용등급 사이에서 나타나는 더 높은 상관관계를 보다 쉽게 설명할 수 있습니다.

채권 발행인의 목표
Bond issuer goals

많은 회사의 경우, 채권 발행을 통한 자금 조달을 선호합니다. 왜냐하면 지분을 포기하는 것보다 더 효율적이고 비용도 적게 들 수 있기 때문입니다. 기준 금리가 낮을 때는 특히 그렇습니다. 이에 채권 시장은 주식 시장보다 상당히 크고, 많은 기업들은 채권 투자자 유치와 우수한 ESG 프로세스 사이의 높아지고 있는 상관관계를 깨닫고 있습니다.

또한 (회사, 지방자치단체 또는 정부 등) 채권발행인들은 종종 채권 시장을 다시 방문해 오래된 부채를 재융자하거나 새로운 자금을 찾곤 합니다. 이 경우, 그들은 리스크 식별, 발행법인의 경영 참여 그리고 경영상 변화를 줄 수 있는 유대관계 형성을 위해 특별한 감독권한을 제공하고 있습니다. 이런 이유로 고정수익형 채권 투자자는 1차 발행주기에 가장 큰 영향력을 행사할 수 있습니다. 이 시기가 발행인들이 투자자들의 요구에 보다 열린 자세를 갖고 새로운 채권 조건에 이러한 요구사항을 반영할 가능성이 더 높기 때문입니다. 따라서 ESG에 초점을 맞춘 투자자는 이미 ESG에 대한 통합 접근 방식을 지지하는 발행자에게만 영향을 미칠 수 있는 것이 아닙니다. 이러한 투자자들은 자신들의 제안을 발전시키고자 하는 채권발행인과도 관계를 맺어야 할 것이고, ESG 목표 실현을 적극적으로 바라는 대출 기관과도 협업할 수 있을 것입니다.

이 장의 앞부분에서 언급했듯이, 가장 좋은 ESG 점수를 보여주는 채권발행인에게 투자하면 적용 금리를 낮출 수 있으며 이는 발행인에게 유리한 일입니다. 결과적으로 위험 조정 수익률은 더 좋아질 수 있습니다. 따라서 투자자들이 ESG 점수를 높이려고 노력하고 있는 채권발행인들에게 투자함으로써 수익을 높이면서 선제적 ESG 역량 개발에도 영향을 미치고 있다는 것을 채권발행인들은 인식해야 합니다. 또한 이러한 사실은 채권발행인이 ESG 점수와 신용도를 개선하는 경우 투자자들이 수익률 압착(투자 등급이 높을수록 위험 수준이 낮아지고 따라서 더 낮은 금리 또는 수익률에 투자하는 경우)의 혜택을 얻을 수 있도록 합니다.

한편, 시장은 ESG 이슈와 관련된 사회적 채권형 증권의 추가 발행을 환영하는 것으로 보입니다. 예를 들어 성차별 문제와 건강, 기타 사회 관련 인프라 영역(예컨대, 식품 유통 및 운송), 위생 및 식수 접근성, 특히 코로나 바이러스 대유행 이후의 요구사항이 ESG 이슈에 포함됩니다. 개발은행 및 기관들은 거래를 찾아내고 공동 투자하기 위해 민간 금융 및 기관투자자와 더 긴밀하게 협력하고 있습니다. 또한 UN 지속가능발전목표(SDGs, 1장 참조)는 채권발행인이 투자자에게 수익을 제공하는 동시에 사회에 긍정적인 영향을 줄 수 있도록 안내하는 중심적인 ESG 프레임워크를 만들고 있는 중 입니다. 이에 따라 UN은 2030년까지 UN 지속가능발전목표(SDGs)를 달성하기 위해서는 매년 3조 달러에서 5조 달러 사이의 투자가 필요할 것으로 추정하고 있습니다. 이러한 추정은 새로운 채권 발행을 촉발할 것이며, 이에 대한 투자의 대부분은 민간 부문에서 이루어지게 될 것입니다.

UN 지속가능발전목표(SDGs)의 장기적인 특성과 자금 대부분이 사회 및 환경 등 장기 프로젝트에 사용되어야 한다는 요구는 고정수익형 채권의 신규 발행이 이러한 의무를 충족하기에 가장 적합한 방법이라는 것을 암시합니다. 또한 UN 글로벌 컴팩트(UN Global Compact)는 채권 발행의 정의, 개발 및 영향 측정에 대한 지침을 기업 및 투자자에게 제공하는 "SDG 채권에 대한 청사진"을 개발했습니다(www.unglobalcompact.org/library/5713 에서 확인할 수 있음). 따라서 국가, 개발은행, 기업의 SDG 채권 시장이 성장할 것으로 예상되며, 일부는 아시아 개발은행(Asian Development Bank)의 2017년 젠더 채권(gender bond)처럼 구체적인 목표를 갖는 특정 테마형 채권이 될 것으로 보입니다. 또한, 녹색 채권의 진화는 많은 투자자들이 주로 환경, 특히 기후 관련 문제에 관심이 있음을 잘 보여줍니다. 녹색 채권, 사회적 채권, 지속가능성 채권의 세부 내용은 이 장의 뒷부분에서 자세히 다룹니다. 투자자는 신용평가 수단으로 ESG 등급을 적용하는 채권과 지속가능한 금융상품이라는 라벨이 부착되어 명시적으로 발행된 채권 사이에는 차이가 있다는 점을 알아야만 할 것입니다.

금리 비용 감소
Defraying interest rate costs

ESG 요인은 채무자의 현금 흐름과 채무 불이행 가능성에 영향을 미칠 수 있습니다. 따라서 ESG 요소는 차용자의 신용도를 평가하는 데 중요한 요소입니다. 기업 입장에서는 기후 변화의 원인과 관련된 (예상치 못한 조기 감가상각 또는 평가절하로 인한) 좌초 자산(the stranding of assets), 노동관계 문제 또는 회계 처리 관행의 투명성 부족과 같은 우려로 인해 예상치 못한 손실, 소송, 규제 압력 및 평판에 부정적인 영향이 발생할 수 있습니다.

연구에 따르면 ESG와 신용등급은 양의 상관관계(positively correlated)가 있습니다. ESG의 한계 효과를 확인하기 위해 투자자는 통합 ESG 신용 가격결정 모델의 필요성을 인식해야 합니다. 일부 증거는 ESG가 자본 비용에 긍정적인 방식으로 영향을 미친다는 것을 시사합니다. ESG 점수가 높은 채권발행인은 동일한 신용등급 중 ESG 점수가 낮은 채권발행인보다 자본 비용이 낮습니다. ESG 점수 최상위 기업과 최하위 기업 사이에는 분명한 수익률 스프레드 차이가 있습니다. 이러한 차이는 일반적으로 유로 표시 채권(Euro-denominated bonds)이 미국 달러 표시 투자 등급 채권(투자위험이 낮은 것으로 여겨지는 채권으로 신용평가기관으로부터 더 높은 투자등급을 받습니다)보다 더 큽니다. 이는 최근 몇 년 동안 더욱 두드러졌지만, 데이터 활용능력 향상으로 인해 측정 가능해진 이러한 ESG의 영향력을 10년 전에는 따로 구별해 낼 수 없었습니다. ESG 등급이 고정 수익형 분야에 계속 통합되고 있으므로 채권발행인은 자금 조달 시 이러한 비용 상의 이점을 고려해야 합니다.

이제 모두 함께: ESG 통합 문제

All together now: ESG integration issues

이 장의 앞부분에서 설명한 일부 전략에 제한사항이 있다는 점을 볼 때, 많은 투자자들은 채권의 다양한 특성과 투자자의 ESG 위험 수준을 포함할 수 있는 완전한 ESG 통합 접근 방식을 선호합니다. 그러나 투자자들이 ESG 통합에 의문을 제기하는 이유도 있습니다.

▶ 무디스(Moody's) 및 S&P와 같은 신용평가기관(CRAs, Credit rating agencies)은 이미 ESG 리스크를 지표 중 하나로 통합하고 있다고 주장하지만, ESG 요소를 신용 분석에 통합하기는 여전히 어렵다는 인식이 있습니다.

▶ 유동성 문제는 고정수익형 투자 분야에 더 널리 퍼져 있으므로, ESG 신호를 활용해 적극적으로 운용되는 포트폴리오일수록 그 균형을 재조정하기가 더 어려울 수 있습니다.

▶ 채권 보유자가 채권상품 수익률을 알고 있다는 점을 고려할 때, 주요 목표는 상품 만기 내에 채무불이행 위험을 최소화하는 것입니다. 따라서 주식 투자자는 채권 투자자보다 ESG 위험에 더 민감해야 합니다.

또한 발행인 수준의 ESG 데이터의 품질과 활용능력, ESG 신용등급 분석(일부 ESG 위험의 장기적 특성과 관련된 신용 분석의 기간 포함), 고정수익형에 맞춘 ESG 투자전략 경험이 개선돼야 합니다. 더욱이 ESG 데이터 업체들은 일반적으로 소규모 기업과 채권만 발행하는 기업을 무시하면서 상장회사에 집중하고 있습니다. 따라서 미국 달러 및 유로 투자 등급 회사는 일반적으로 투자보상률이 좋지만, 고수익형 투자대상들과 신흥시장의 기업들에 대한 투자보상률은 이보다 훨씬 낮습니다.

신용평가기관(CRAs)들은 지속가능성을 등급 프레임워크에 이미 통합하고 있습니다. 총 2조 달러 이상의 등급 부여 채권을 보유한 많은 산업부문이 신용하락 위험에 처해 있기 때문에 이러한 분석의 발전 방식에 대해 큰 관심을 불러일으킬 것입니다. 이러한 신용 하락의 위험은 주로 탄소 전환(carbon transition)과 같은 환경 위험에 대한 노출 때문입니다. 전력 유틸리티 및 석탄 부문은 더 많은 긴급한 위험에 직면하고 있으며 자동차 제조업체, 화학품 제조업체, 석유 및 가스 회사는 앞으로 3~5년 동안 계속해서 여러 위협들에 대응해야 합니다.

　적극적인 투자전략을 사용하는 투자자는 이러한 문제에 대한 다른 완화 접근법을 좀 더 자유롭게 고려할 수 있습니다. 예를 들어, 적극적인 투자자들은 독립적으로 투자해도 충분히 매력적이라고 판단되고, 포트폴리오의 전체 ESG 점수도 상대적으로 높은 경우에는 ESG 등급이 낮은 국가에도 투자할 수 있습니다. 그들은 각 국가, 예컨대 ESG 신흥시장의 포트폴리오에 가중치를 부여할 수 있습니다. 또한 현재 수준의 ESG 경영 관행과 개선 지표를 바탕으로 국가별 가중치를 높일 수 있고, 반대로 지표가 하락하는 경우에는 가중치를 줄일 수 있습니다. 이러한 동적 접근 방식은 신용도 상승 또는 하락에 대한 노출 수준을 각각 늘리거나 줄일 수 있습니다.

채권 가격 결정
Bond pricing

　주식과 달리 채권의 최종 가치는 액면가(par value, 채권이 발행되는 액면가)로 제한됩니다. 따라서 대부분의 채권 투자분석은 상환 및 부도 위험에 중점을 두며 상승 가능성보다는 하방 위험에 더 중점을 둡니다. 이는 분쟁 점수 및 기타 "위험 신호"에 대한 ESG 측정의 중요성을 증가시킵니다. 따라서 이러한 대응의 핵심 과제는 채권 가격에서 ESG 위험의 영향을 분리해 내는 것입니다. 왜냐하면 신용 위험 지표에는 기존 약정 이자, 만기 구조 및 금리가 모두 반영되어 있기 때문입니다. 채권투자자는 투자상품의 품질과 수량에 상당한 차이가 있는 광범위한 투자 풀에서 운영되며, 기존 주식 시장보다 낮은 수준의 유동성을 경험할 수 있습니다.

채권 가격은 신용등급과 채무불이행 위험을 기준으로 측정되기 때문에 일반
적으로 변동성이 적습니다. 이에 채권 투자자는 다음 사항도 고려해야 합니다.

▶ 영구적으로 보유할 수 있는 주식에 대한 고정수익 채권의 고정 만기
▶ 기업 대차대조표에서 고정수익형 금융상품이 차지하는 위치
▶ 주주에게 부여된 다양한 권리들. 특히 의결권 및 경영 참여 관점의 권리
▶ 주식 시장에는 없는 국채(sovereign), 다국적 기관의 채권 및 자산 담보 증권

채권형 투자연구는 회사채에 대한 주식 ESG 요소의 주요 고려사항들을 채권에 맞게 조정하는 데 중점을 두고 있습니다. 그러나 회사채는 고정수익형 투자자에게 중요한 문제를 항상 반영하지는 않습니다. 회사채는 전통적으로 만기, 신용등급 및 산업별 버킷(industry buckets) 등으로 잘게 분류되지만, 일부 투자자는 유동성, 품질, 가치 및 모멘텀을 포함해 투자 모델을 만들고 있습니다. 따라서 낮은 비용과 안정형 투자에 잠재된 초과 성과를 얻으려는 동기에 따라 주식 시장에서 팩터 투자가 상당히 성장하였지만, 새로운 연구결과들은 이러한 팩터 투자가 고정수익형 투자에도 확장될 수 있음을 보여주고 있습니다. 이러한 투자 전략들에는 낮은 변동성 또는 위험 편향, 증권 스크리닝 전략, 구체적인 전체 투자대상 내에서의 가치 추구, 그리고 고품질 채권으로 향하는 포트폴리오의 변화 추이 등이 포함됩니다.

혼합하기: 신용 및 ESG 등급
Mix it up: Credit and ESG ratings

신용등급은 발행자의 신용도에 중대한 영향을 미치는 모든 요소를 나타내야 합니다. 따라서 발행자의 ESG 성과에 대한 장기적인 요소를 통합해야 하지만, 신용 분석에 ESG 요소를 포함하는 것은 지금까지 비교적 제한적이었습니다. 그러나 중요한 ESG 요소는 이제 산업 부문별, 회사 및 기간별로 신용 위험의

중요성이 있는 표준 신용위험 평가모델의 일부로 고려되고 있습니다.

또한 유럽증권시장청(ESMA)은 신용평가기관들(CRAs)이 ESG 요소를 통합하는 방법에 대한 기술적 조언을 배포했습니다(www.esma.europa.eu/sites/default/files/library/esma33－9321_technical_advice_on_sustainability_considerations_in_the_credit_rating_market.pdf 참조). 이 간행물은 그동안 신용평가기관들(CRAs)이 ESG 요소를 염두에 두고 있었지만, 자산 등급별 또는 산업부문별로 다양한 접근방식을 가지고 있다고 판단했습니다. 따라서 유럽증권시장청(ESMA)은 발행인의 지속가능성 특성에 대한 의견을 제시하는 데 신용등급에 의존할 수 없으므로 투명성에 초점을 맞춰야 한다고 규정합니다. 이에 대응하여 신용평가기관들(Fitch, Moody's 및 S&P)은 추가 ESG 데이터 생성 기능을 개발하고 있으며, 모든 산업 부문에 적용할 수 있도록 등급 방법론을 변경했습니다.

결과적으로 Fitch(ESG 관련 점수)와 S&P(ESG 평가 도구)는 이제 신용등급을 보완하기 위해 별도의 ESG 점수를 만들고 있으며, Moody's는 자신들의 신용등급에 ESG 분석을 통합하고 있습니다. 새로운 ESG 접근 방식이 도입되었지만, 모든 신용평가기관들(CRAs)이 현재 자신들의 신용등급을 바꾸고 있지는 않습니다. 그러나 투자자는 이제 ESG와 신용등급 간에 상관관계가 있는지 평가할 수 있습니다.

한편, 책임투자원칙(PRI, Principle for Responsible Investments) 그룹에서 만든 신용위험 및 신용평가 이니셔티브의 ESG는 ESG 요소를 신용 위험 분석에 명확하고 체계적으로 통합하기 위해 노력하고 있습니다. 그들은 표준화된 용어를 홍보하고 신용도에 미치는 ESG 위험 관련 토론을 위해 신용평가기관들(CRAs)과 투자자 간의 대화를 촉진하였으며, 이는 30조 달러 이상의 자산을 관리하는 160명 이상의 투자자들과 23개 신용평가기관들(CRAs)들이 서명한 신용 위험 및 등급에 대한 ESG 보고서로 시작되었습니다. 이 성명서에 서명함으로써 신용평가기관들(CRAs)과 고정수익형 투자자들은 신용등급 및 분석에 ESG를 포함시킬 것을 약속하게 됩니다(www.unpri.org/credit－risk－and－ratings/statement－on－esg－in－credit－risk－and－ratings－available－in－differentlanguages/77.article).

좋은 기업지배구조는 신용도 평가의 명확한 기준이기 때문에 ESG의 'G' 요소(5장에서 다룹니다)는 신용도를 산출하는 방정식에 항상 큰 부분이었습니다. 따라서 신용평가기관들(CRAs)은 지배구조의 특성을 평가하는 데 익숙합니다. 최근 ESG 등급 성과에 'E' 및 'S' 요소가 얼마나 명확하게 고려될 것인지 현재로서는 불분명하지만, ESG 요소를 보다 획기적으로 강조하는 것은 ESG 요소를 통합하는데 뒤떨어진 기업들의 경우 자본 비용이 증가할 가능성이 있다는 것과 발생 가능성이 있는 위험한 사건들에 대해 최소한 투자자들이 잠재적으로 인식하는데 도움을 줄 수 있습니다. 초기 연구에 따르면, ESG 필터를 사용하는 경우 수익 감소 없이 고정수익의 위험도를 낮출 수 있는 반면, ESG 등급이 낮은 회사는 높은 시장 변동성(high market betas)을 나타내는 경향이 있다는 것을 분명하게 알 수 있습니다. 따라서 포트폴리오에 그러한 회사의 비중을 줄이면 위험을 줄일 수 있습니다. 그러나 2008~2009년 금융위기가 신용평가 방법론과 관련해 몇 가지 문제점을 잘 드러냈듯이, 2020년 코로나 바이러스 전염병 대유행의 영향으로 일부 ESG 신용등급의 타당성에 의문이 제기되고 있습니다.

따라서 이해관계자는 신용등급이 채권발행자의 신용도에 대한 평가만을 의미한다는 점을 인정해야 합니다. 신용평가기관들(CRAs)은 등급 판단의 중요한 기준을 결정할 때 완전한 독립성을 유지해야 합니다. 발행인에 대한 ESG 분석은 신용등급의 중요한 부분으로 간주될 수 있지만, 두 가지 측정값을 서로 바꿔서 사용할 수는 없습니다. ESG 요소가 신용등급에 중요할 수 있지만, 일반적으로 재무건전성과 같은 다른 기준들이 더 중요하다고 인식됩니다. 채권발행인은 재무건전성을 통해 시간이 지남에 따라 ESG 위험에 적응할 수 있지만, 신용평가기관들(CRAs)은 ESG 중 'G'에 중점을 두는 경향이 있기 때문에, 재무건전성은 기업의 ESG 위험 관리 경영을 위한 훌륭한 대리인 역할을 하기도 합니다. 그러나 좋은 기업지배구조가 신용등급에 개별적으로 긍정적인 영향을 미치지 않습니다.

채권발행인 차이 강조
Emphasizing Bond Issuer Differences

　다양한 ESG 구성요소의 재무적 중요성은 요소별로 크게 다릅니다. 관련 연구들은 환경('E')적 구성요소(3장 참조)가 일반적으로 생각했던 것보다 금융 기관에 더 큰 영향을 미친다는 사실을 보여줍니다. 왜냐하면 저탄소 경제로 전환하는 시기에 화석 연료 생산 업체에 대한 대출이 은행을 재무적 위험에 노출시킬 수 있기 때문입니다. 따라서 산업별로 더 중요한 ESG 요소에 대한 비중 확대는 포트폴리오의 성과를 높일 수 있습니다.

　더 많은 연구결과들은 신흥시장의 정부 채권을 포함한 신용등급 범위의 편차에 대해 ESG 요소들이 상당 부분 설명한다고 보고하고 있습니다. 이 장의 앞에서 설명했듯이, ESG 성과가 좋지 않은 채권발행인들은 일반적으로 부채를 발행하기 위해 더 높은 시장 프리미엄을 지불하며, ESG 성과가 좋은 발행인들의 경우에는 그 반대 현상이 나타납니다. 따라서 신용등급 범위와 ESG 점수의 상관관계가 "위험회피(risk-off)" 시기처럼 거시적 영향력에 의해 좌우될 수 있음에도 불구하고, 고정수익형 투자시장은 ESG 관련 위험 범위 내에서 이미 가격을 책정하고 있는 것으로 보입니다. 왜냐하면 규제 압력으로 인해 채권발행사들이 지속가능성 문제에 더 많은 관심을 기울이고 있기 때문입니다.

　블룸버그 바클레이스 미국 종합 채권 지수(Bloomberg Barclays US Aggregate Bond Index)의 약 1/3을 차지하는 미국의 부동산대출상품의 정부보증기관들을 포함해, 지속가능한 투자자들이 놓친 부문들에도 ESG의 잠재력은 여전히 존재합니다. 신용대출 후원, 소외 이웃 지원, 지역사회 개발 촉진 등의 프로그램에 참여함으로써 사회('S') 부문에 집중할 수 있는 능력 또한 있습니다. 마찬가지로 미국 지방채 시장은 점차 ESG 투자자들의 관심을 끌고 있습니다. 다시 말해, 미국 지방채 시장에서 발행되는 채권의 약 3분의 1이 UN 지속가능발전목표(SDGs, 1장 참조)와 관련되어 있기 때문에, 환경 보호 및 사회적 영향 측면에서 좋은 성과를 내고 있는 채권발행인에 초점을 맞추는 것이 자본을 유치하는데 유리합니다. 한편, 이 장의 뒷부분에서 자세히 설명 하겠지만, 지속가능투자는 녹색채권 및 지속가능발전목표(SDGs) 채권과 같은 특정 의무를 포함해 보다 정기적으로 이루어집니다.

다음에서는 ESG 등급이 통합되는 방식에 대한 평가와 함께 국채에서 신흥시장에 이르기까지 다양한 유형의 채권발행인을 분석합니다.

국가의 경우: 국채 발행
For king and country: Sovereign issuance

국채는 고정 금리를 지급하는 채권 발행 중 많은 양을 차지하고 있습니다. 그러나 국가의 ESG 요소는 기업보다 훨씬 덜 발달되어 있습니다. 국가 부채에 대한 신용분석은 전통적으로 부채 대 GDP(국내총생산) 비율 또는 채권의 지속가능성을 강조하는 기타 관계 등 거시경제지표에 집중되어 있습니다. 이와 관련된 것은 채권발행인의 경상수지 상태와 부채 상환을 위한 약속 또는 능력입니다. 이러한 것들은 ESG 중 지배구조('G')에 포함될 수 있는 정치적 안정성 또는 정부 효율성과 같은 요인에 의해 결정될 수 있습니다. 그러나 지속가능성 요소와 국채의 신용등급 범위의 상관관계는 재무상 더 중요한 것으로 간주되는 거시적 경제 요인에 의해 모호해지는 경우가 많습니다. 이자율이나 인플레이션의 변화, "위험감수(risk on)"에서 "위험회피(risk off)"로의 투자위험에 대한 정서적 변화는 국채 수요에 변화를 촉발합니다.

국채 발행인(soverign bond issuers)은 정기적인 신용분석에 대해 대안적인 접근 방식을 요구합니다. ESG 문제에 대해 기업 수준으로 정부와 협력할 수 있는 기회는 많지 않습니다. 또한 회사채는 기초 주식에 적용되는 ESG 등급 시스템을 기준으로 순위를 매길 수 있습니다. 국채를 평가할 때는 정부 정책에 대한 주관적인 관점보다는 국가 문제에 대한 객관적인 ESG 평가를 하는 것이 중요하므로, 정치 간섭을 이유로 기소될 위험은 거의 없습니다. 예를 들어, 무기 제조, 사회적 불평등에 대한 우려, 사형 집행, 오염 배출 기록 및 파리 기후 협정

탈퇴로 볼 때, 미국이 ESG 표준을 충족하지 못한다고 주장할 수 있습니다. 그럼에도 불구하고, 미국은 세계 최대 국채 발행국입니다. 연기금 펀드가 크고 다양한 채권 포트폴리오에서 미국 국채를 과연 제외할 수 있을까요?

개발도상국에서도 ESG 기반 국채 투자는 어려울 수 있습니다. ESG 평가는 교육 표준, 노동 시장 및 사회적 이동성에 대한 데이터와 같은 사회 및 거시경제 지표를 기반으로 하는 경향이 있지만, 연구 결과에 따르면 ESG 점수와 1인당 GDP에는 상관관계가 있습니다. 비록 칠레와 같은 중위 소득(middle-income)의 개발도상국이 예를 들어, 방글라데시보다 더 높은 평가를 받을 수 있다는 것을 의미할 수도 있지만, UN 지속가능발전목표(SDGs)의 분석은 투자자가 저개발 국가의 공채 발행인에게 적합한 지속가능성의 핵심 요소를 인식하는 데 도움을 줄 수 있습니다. 따라서 특정 ESG 요소는 자금이 가장 필요한 국가를 거부하고, 대신 이미 금융 시장에 더 잘 접근할 수 있는 국가를 지원할 위험이 있습니다. 그럼에도 불구하고 이러한 상황은 신흥시장 또는 프론티어 시장(frontier markets)에 대한 투자의 일반적인 ESG 원칙에 대한 관점과 재조정해야 할 것을 요구하고 있습니다. 신흥시장 또는 프론티어 시장(frontier markets)은 사회지도층의 부정부패, 취약한 법집행력으로 인한 열악한 지배구조로 그 시장들이 불안정할 수 있고, 선진시장에 비해 계속해서 더 많이 오염되고 있기 때문입니다.

국채 발행이 환경에 미치는 영향과 국가가 기후 위험에 노출되는 방식을 포함하여 ESG 관점에서 경제성과에 영향을 미치는 몇 가지 중요한 동인을 고려할 수 있습니다. 더욱이, 정부가 받는 자금이 국가 시민들에게 어떻게 투자되고 있는지, 그리고 그들이 얼마나 효과적으로 국민을 통치하고 있는지가 논의의 중심이 되고 있습니다. 국가 차원에서 공중 보건 기준, 천연 자원 관리 및 부패와 관련된 위험은 무역 수지, 세수 및 외국인 투자에 영향을 미칠 수 있습니다. 이러한 요인은 채권의 가격 변동성을 유발하고 채무불이행 위험을 증가시킬 수 있습니다.

이와 같은 원칙들 또는 유사 원칙들은 각국의 지속가능성에 대한 보다 완전

한 관점을 만드는 데 있어 세계은행의 ESG 데이터 포털에서 이용 가능한 기본
지표를 선택하도록 안내할 수 있습니다. ESG 포털을 통해 투자자는 재생가능에
너지 생산량 및 CO_2 배출량('E'), 실업률 및 문맹률('S'), 법치 및 부패('G')를 다루
는 조치와 같은 지표들을 식별할 수 있게 됩니다. ESG 포털이 이미 확립된 경제
지표에는 포착되지 않는 지속가능성 문제를 강조할 수 있는 것입니다. 이들 기
초 지표들은 'E', 'S', 'G'라는 세 가지 중심축 각각에 대한 공식적인 점수로 사용
될 수 있습니다. 이들 세 가지 중심축 점수를 등가중치한 결과는 각국의 전체 ESG
점수를 제공하게 됩니다. 자세한 내용은 https://databank.worldbank.org/
source/environment − socialand − governance − (esg) − data를 참조하십시오.

회사채 발행

Corporate issuance

많은 투자자와 펀드운용자가 중요한 주식 요소의 ESG 유형을 회사채에 맞게
적용하는 데 집중해 왔습니다. 회사채의 투자성과는 일반적으로 다양한 요인에
의해 결정된다는 사실을 고려해볼 때, ESG가 회사채의 신용 등급에 어느 정도
영향을 미칠까요? 포트폴리오 수준에서는 채권발행인의 선택과 다각화가 중요
한 요소이지만, 전통적으로 채권의 가격변동성, 신용 부도 스왑 가격 및 신용등
급 범위와 관련해 신용 위험을 정량화했습니다. 최근에는 ESG를 신용 등급 및
분석에 보다 체계적이고 투명하게 통합하기 위한 실행용 솔루션의 확장을 위해
책임투자원칙 이니셔티브(PRI, Principles for Responsible Investment initiative, 앞 절
"혼합하기: 신용 및 ESG 등급"에서 언급)가 출범되었습니다.

ESG 리스크는 이미 기업 신용 기준 프레임워크 분석에서 중요한 요소로 인
식되고 있으나, 그 목표는 ESG 요소를 프로세스의 일부로 고려해 채권발행인
의 특성에 대한 전체적인 관점을 제공하는 것입니다. 모든 신용평가기관들
(CRAs)의 신용분석은 신용 등급 전망을 개선하기 위해 요구되는 유리한 요소를
고려하기 전에 ESG 요소를 사용해 모든 하방(downside) 신용위험을 식별하는데

주로 초점이 맞춰져 있습니다. 특히 기업지배구조는 중립적이거나 부정적인 척도로만 평가됩니다. 평가되는 다른 요인으로는 법규 및 규제 요건 준수, 직원, 고객 및 지역사회와의 관계, 기후 변화 정책, 환경오염, 자원 고갈 등이 있습니다. 그러나 신용평가기관들(CRAs)은 일반적으로 다른 신용 요소에 대한 회사의 접근 방식을 평가하기 때문에, 'E' 및 'S' 요소가 평가에 암묵적으로 포함되어 있다고 주장합니다. 결과적으로 ESG에 대한 관심은 신용평가기관들(CRAs)이 채권발행인의 채무불이행 가능성과 채무불이행하는 경우 예상되는 신용손실 가능성을 평가하는 등급 시스템의 중점 항목에 ESG에 대한 우려가 중대한 영향을 미칠 것이라고 생각할 때 드러나게 됩니다.

더 많은 여지: 신흥시장
Room for more: Emerging markets

ESG 요소를 아시아의 투자 관행에 통합하는 것은 관련 혜택에 대한 이해 부족과 상업적 인센티브의 비교 부재 등 여러 가지 이유로 미국과 유럽에 비해 뒤처졌습니다. 아시아는 지속가능성과 금융이 만나는 곳에서 독특한 위치에 있습니다. 이 지역은 세계 GDP의 거의 40%를 담당하고 있고, 세계 인구의 약 60%를 차지하고 있으며, 3대 에너지 소비국 중 두 개가 위치해 있고, 현대판 노예제의 근원지이면서, 수조 달러 규모의 신용 시장이 확대되고 있는 곳이기도 합니다.

따라서 ESG 요인은 신용 품질, 부도 및 신용등급과 같은 분야에서 아시아 채권의 투자 결과에 눈에 띄는 영향을 미치고 있습니다. ESG 관점으로 투자하면 향상된 위험 관리를 통해 포트폴리오를 강화할 수 있습니다. 현지 지식과 현장감을 이용한 적극적인 투자는 위험과 기회를 인식하는 보다 세련된 방법이 만드는 추가적인 이점을 많은 참여자들에게 제공합니다. 이는 또한 기업의 경영 참여에 도움이 될 수 있으며, 기업지배구조의 문제는 계속해서 등급 변경의 가장 빈번하고 중요한 요소입니다.

규제 및 기관투자자의 요구사항은 아시아에서 환경 요인 심사의 주요 동인입니다. 특정 부문(에너지, 금속, 광업 및 유틸리티 포함)에서 환경 요인은 기후 변화에 대한 인식이 높아지고 지속가능한 자금의 유입으로 인해 점점 더 중요한 역할을 하고 있습니다. 예를 들어, 전 세계 공급량의 대부분을 생산하는 아시아 팜유(palm oil) 산업은 삼림 벌채 및 야생 동물 멸종에 대한 조사를 받았으며, 최근에는 대규모 기관투자자들이 해당 분야에서 보유하고 있던 자산을 매각했습니다.

채권 지수 강조
Highlighting Fixed Income Indexes

연구에 따르면 과거 데이터를 기반으로 적극적인 주식투자 포트폴리오의 관리자는 거래 비용 이후 평균적으로 벤치마크 지수보다 낮은 성과를 보였습니다. 그러나 이와는 대조적으로 채권에 투자한 적극적인 관리자는 거래 비용 이후에 각각의 벤치마크를 능가하는 성과를 보였습니다. 따라서 안정적인 포트폴리오 관리에 대한 필요성은 주식에 대한 수요만큼 많지는 않았습니다. 그러나 더 많은 데이터와 투명성으로 인해 투자자가 앞으로 자금을 할당하는 방법을 변경할 수 있는 추가 연구가 등장하고 있습니다. 고정수익형 ESG 지수는 가까운 미래에 수많은 투자자들에게 전략적 벤치마크가 될 것입니다.

고정수익형 ESG 투자에 대한 다양한 접근 방식은 주식에 대한 접근 방식과 다르지 않습니다(8장 참조).

REMEMBER

▶ 고정수익형 ESG 투자자들은 ESG 등급을 기반으로 유사 기업들과 비교해 열악한 인권 기록(법규기반 투자제외 전략), 지속가능성 접근 방식 또는 "동급 최하위" 평가를 받아, 투자자의 가치에 반하는 회사(또는 채권발행인)를 투자

에서 제외하는 배제 심사(exclusion screens) 전략을 사용합니다.

▸ 고정수익형 ESG 투자자들은 상대적으로 높은 ("동급 최상위 등급") ESG 성과 기업에 집중 투자하는 전략과 투자배제 심사 전략을 결합하기도 합니다. 이러한 결합전략은 투자기준에 미달하는 ESG 등급의 모든 유가증권("최하위 등급")을 투자대상에서 제외함으로써 실행할 수 있습니다.

▸ 고정수익형 ESG 투자자들은 최적화 전략을 활용하여 포트폴리오의 가중평균된 ESG 점수를 최대화하는 동시에, 기존 벤치마크 지수의 속성을 면밀히 추적합니다.

여기에 설명된 처음 두 가지 접근 방식은 주식시장에서 중요한 "추적 오류(tracking error)" 또는 포트폴리오의 벤치마크 지수와 비교해 투자성과의 차이로 이어질 것입니다. 그러나 이자율 변동과 같은 거시적 위험이 채권의 전체 위험의 대부분을 차지하기 때문에 채권의 경우에는 그렇지 않습니다. 따라서 고정수익형 포트폴리오의 비중 확대 배분은 주식의 경우보다 전체 위험 관점에서 영향을 덜 미칩니다. 결과적으로 채권형 투자자는 ESG 채권 지수 벤치마크에 대한 이러한 접근 방식 아래에서 수익률, 투자다각화 또는 수익 목표를 희생할 필요가 없습니다. 따라서 ESG 채권 지수를 통해 펀드관리자는 투자자가 이제 지속가능한 다중 자산 포트폴리오의 핵심을 형성하는 데 사용할 수 있는 필수 구성요소(building blocks)를 만들 수 있습니다. 이를 통해 투자자는 ESG 점수를 포함한 주요 지속가능성 지표를 개선하는 동시에 기간 및 수익률과 같은 표준 채권 지수의 기본 특성을 밀접하게 따르는 포트폴리오를 만들 수 있습니다.

ESG 요소를 포함하는 안정형 ESG 펀드는 2019년 이후로 큰 자본 유입을 보였으며, 관리 중인 전체 자산은 두 배가 되었습니다. 그러나 안정형 ESG 채권 펀드에 대한 인수는 주식에 비해 이제 막 생긴 수준입니다. 그럼에도 불구하고, 경기침체 및 지정학적 위험 등 이벤트성 위험에 대한 고객의 우려가 신용등급에 매우 엄격하게 적용되는 저수익 환경에서 지속가능성은 빠르게 투자 모델의 핵심이 되고 있습니다. 따라서 벤치마크 채권 지수에서 특정 채권발행인을 제외하고 포트폴리오의 구성 종목에 다시 가중치를 반영해, 지수가 ESG 등급이 높은 ESG 선도기업 쪽으로 변동되는 접근 방식을 통합한 새로운 채권 지수가 많이 만들어지고 있습니다. 투자자들은 산업부문별 ESG 선도기업에 대해 더 큰 가중치를 부여하는 전략과 함께 투자배제 정책을 더 많이 적용하는 지수에 참여하고 있습니다. 이를 통해 투자자는 적극적인 관리 전략보다 판매비용이 저렴한 보다 안정적이고 지수 중심의 위험수준을 통해 고정수익형 ESG 관점을 드러낼 수 있는 다양한 접근 방법을 가질 수 있습니다.

또한 ESG 채권 지수는 베타를 주요 구성 요소로 하는 ETF(상장지수펀드, Exchange-Traded Fund)의 기초가 되며, 이는 결과적으로 일부 익스포저 관련 수수료를 낮추고 알파(alpha, 전체 채권 시장의 변화에 대한 초과 수익)를 추가할 수 있는 액티브 펀드에 대한 수수료로 집중할 수 있습니다. 또한 투자자는 특정 부문 또는 특정 상품에서 ETF를 사용해 유동성에 따라 위험수준을 재빠르게 조정할 수 있습니다. 나아가, ETF를 통한 채권 거래는 가격 발견을 향상시키며, ETF의 가격은 투자자가 관련 기초 채권의 가격 결정에 대한 정보를 즉시 확보할 수 있기 때문에, 채권형 포트폴리오의 전체 가격을 결정하는데 필요한 정보 제공에 도움을 주게 됩니다.

Technical Stuff

고정수익형 투자 지수는 지속가능한 채권뿐만 아니라 정기적인 기업 또는 국채 발행을 위한 ESG 조정 지수에도 활용될 수 있습니다. 연구에 따르면, 2019년 블룸버그 바클레이스 MSCI 유로 녹색채권 지수(Bloomberg Barclays MSCI Euro Green Bond Index)는 7.4%를 반환했으며 이는 정규 유로 표시 기업 및 국채의 블룸버그 바클레이스 MSCI 유로 종합 지수(Bloomberg Barclays MSCI Euro Aggregate Index)보다 6% 높았습니다. 또한, 유로 표시 녹색 채권은 지난 4년 중 3년 동안 연간 평균 0.7%씩 유로 종합 지수를 능가했습니다. 그러나 녹색 채권 지수의 연간 변동성은 그중 3년 동안 더 높았으며, 이는 부분적으로 더 높은 위험에 기인한 높은 수익률을 보여줍니다. 이는 프랑스가 22년 만기의 녹색 국채를 최초로 발행한 2017년에 녹색 채권 지수가 증가하는 기간으로 부분적으로 설명할 수 있는데, 이는 전체 지수가 금리 변동에 더 민감해졌음을 의미합니다.

특정 ESG 익스포저 식별
Identifying Specific ESG Exposures

고정수익형 투자 내에서 해당 채권의 자금 활용 용도에 대한 구체적인 요구 사항이 있는 증권이 발행되고 있습니다. 이러한 채권은 기후, 사회적 또는 기타 환경적 이익 창출을 목표로 하는 프로젝트에 자금을 지원합니다. 일반적으로 다음 5가지 범주 중 하나에 해당합니다.

▶ 녹색 채권 발행은 2007년 유럽투자은행(EIB)과 세계은행의 지원으로 시작 되었습니다. 녹색 채권은 환경 또는 기후에 분명한 이익이 있는 프로젝트 를 지원하기 위해 설계되었습니다. 발행된 녹색 채권의 대부분은 녹색 "자 금 활용 용도(use of proceeds)" 또는 자산 연계 채권입니다. 이 채권에서 조 달된 자금은 녹색 프로젝트를 위해 확보되었지만 발행인의 전체 대차 대조 표에 의해 지원됩니다.

▶ 사회적 채권은 긍정적인 사회적 성과를 기대하는 신규 또는 현재 프로젝트 의 재정 조달에 자금을 사용하는 채권입니다. 사회적 채권은 전적으로 신 규 또는 자격을 갖춘 기존의 사회적 프로젝트에 자금을 지원하거나 재융자 하는 모든 유형의 채권 형태입니다. 채권발행인은 일반적으로 채권이 시장 기대치와 산업의 모범규준을 충족하는지 확인하는 동시에, 투자자에게 발 행에 대한 확신을 주기 위해 사회적 채권 프레임워크의 적격 여부에 대한 외부 검토의견서(second-party opinion)를 구하고 있습니다.

▶ 사회성과연계채권의 배당금은 일반적으로 정부로부터 투자자에게 지급됩 니다. 투자 수익은 대상 사회적 프로그램의 실현을 조건으로 합니다. 이 채

권의 자금은 교육, 고용, 의료 및 주택과 같은 분야로 전달됩니다.

▶ 지속가능한 채권은 채권 수익금을 ESG에 적절하게 사용할 수 있는 더 많은 권한을 발행자에게 제공한다는 점에서 녹색 채권과 대조됩니다.

▶ 블루 채권(Blue bonds)은 지속가능한 채권 중 가장 최근에 발행된 것입니다. 첫 번째 발행은 2018년 10월 세계은행과 협력하여 세이셸(Seychelles)과 함께 1,500만 달러의 채권을 발행했습니다. 블루 채권은 긍정적인 환경적, 경제적, 기후적 이점을 지닌 해양 및 해양 기반 프로젝트에 자금을 지원하기 위해 만들어졌습니다.

다음 절에서 더 자세히 다룰 상기 모든 채권들은 지속가능성 연결 채권을 제외하고 채권발행인의 전반적인 성과보다는 발행으로 조달된 자본이 어떻게 배분되는지에 초점을 맞추고 있습니다.

지구를 위해: 녹색 채권

For the earth: Green bonds

녹색 채권은 기후 및 환경 프로그램을 위한 기금을 조성하며 일반적으로 정부, 기업 및 금융 기관에서 발행합니다. 유럽 투자 은행(European Investment Bank)과 세계 은행(World Bank)을 포함한 다자간 개발은행은 녹색 채권을 2007년에 시장에 최초로 출시하였고, 최근 몇 년간 그 발행량이 상당히 증가하여 2019년에는 전 세계적으로 2,580억 달러를 넘었습니다. 녹색 채권 시장은 지난 2020년 9월 개시 이후 2015년 시장규모의 10배가 넘는 총 발행액 1조 달러를 돌파하는 등 성숙기를 맞고 있습니다.

다음에서는 녹색 채권 원칙, 트랜지션 본드, 관련 지수 및 실무 그룹을 포함하여 녹색 채권의 다양한 측면을 살펴봅니다.

녹색 채권 원칙

Green Bond Principles

녹색 채권 원칙(GBP; www.greenbond.org/)은 시장에서 투명성과 청렴성을 증진하는 것을 목표로 하는 일련의 자발적 지침입니다. 녹색 채권 원칙(GBP)의 네 가지 구성요소는 녹색 채권 라벨에 대한 최소 요구사항을 설정하고 있습니다.

- ▶ 투자적격을 갖춘 프로젝트 종류의 사전 발표
- ▶ 환경의 지속가능성 목표를 확정하기 위한 실행 노력
- ▶ 최소 매년, 자금 활용 용도의 계량화된 보고
- ▶ 공표된 프로젝트를 위한 펀드의 지정 사용(ring-fenced) 보장

녹색 채권 원칙(GBP)은 에너지 효율성에서 재생 가능 에너지 및 지속가능한 수자원 프로젝트에 이르기까지 10개의 광범위한 범주를 인정하고 있습니다. 그러나 녹색 채권의 자격을 획득하는 것은 이분법적인 결정이 되어선 안됩니다. 따라서 투자 운용사는 검토 중인 채권의 "녹색적 특징" 또는 자금 활용 용도를 결정하기 위한 등급 시스템을 개발하고 있습니다. 예를 들면:

- ▶ 재생 가능 에너지 및 전기 운송 프로젝트는 탄소 제로 경제라는 장기 목표에 초점을 맞추기 때문에 일반적으로 가장 높은 등급을 받습니다.
- ▶ 친환경 건물 프로젝트에서 의심스러운 에너지 효율성을 다루는 채권은 낮은 등급을 받습니다.
- ▶ 석탄 연소의 환경적 영향을 줄이기 위한 기술을 포함하여 화석 연료 기반 시설에 대한 개선은 부적격한 것으로 간주됩니다. 이러한 프로젝트는 환경적 이익을 창출할 수 있지만, 화석 연료 자산의 유효 수명을 연장하는 것은 투자 적격한 녹색 프로젝트라고 할 수 없습니다.
- ▶ 원자력 프로젝트는 탄소 제로 혜택에도 불구하고 방사성 폐기물의 잠재적

인 환경 영향으로 인해 제외됩니다.

녹색건축물과 지속가능한 운송부문이 비슷한 시장점유율로 2, 3위를 차지하고 있는 가운데, 대체·재생에너지 사업이 녹색 채권의 수익금 배분을 지배하는 경향이 있습니다. 한편, 에너지 효율과 지속가능한 물 사업은 주목할 만한 또 다른 두 분야입니다. 녹색 채권 분야의 발행량이 증가함에 따라, 녹색 채권과 비녹색 채권 사이의 심각한 가격 차이가 사라지고 있는 것이 분명하고, 미국 달러 및 유로 표시 녹색 채권의 정부 및 기업 발행자에 대한 입찰 제안 등급 범위에는 큰 차이가 없습니다. 신용 위험과 유동성에 대해서도 동일한 조건이 적용됩니다. 또한 녹색 채권의 실적은 유럽 발행자의 투자 등급 채권이 실적을 능가하는 것으로 나타났지만, 현재 미국 발행자의 경우는 그 반대 상황입니다.

이는 녹색 채권이 더 이상 임팩트 투자자를 위한 틈새 전략이 아님을 확인해 줍니다. 그리고 기후 협약, 지속가능한 인프라 및 수자원 프로젝트와 관련된 현재 환경을 고려할 때 이러한 상황은 계속될 것입니다. 또 다른 중요한 이정표는 2020년 9월, 독일 연방 정부가 65억 유로(미화 77억 달러)의 국채를 발행함으로써 세워졌습니다. 특히 오염 방지 및 기타 영역에 대한 전환 프로젝트(다음 부분에서 언급) 및 명시적 목표와 관련된 채권과 관련하여 시장에서 혁신이 증가하고 있습니다. 또한 여러 부문에 걸쳐 다양한 채권 상품이 있습니다.

REMEMBER

트랜지션 본드
Transition bonds

악사자산운용사(AXA Investment Managers)는 적극적으로 탈탄소화하고 있지만 녹색 채권을 발행할 수 없는 탄소 집약적 기업을 위한 새로운 수단에 초점을 맞춰 "트랜지션 본드(Transition bonds)"라는 아이디어를 처음으로 발전시켰습니다. 이러한 회사는 녹색 채권을 발행하기에 적합한 녹색 자산이 부족합니다. 따라서 트랜지션 본드는 그들이 친환경적 기업이 될 수 있도록 돕는 명확한 목표에 대체 자금원을 제공합니다. 이러한 생각은 녹색 채권을 지원하는 조달자금의 사용 방식을 그러한 기업들이 의존할 수 있다는 것입니다. 이러한 자금은 특정 프로젝트의 전체, 부분 또는 재융자에 한정해 독점적으로 사용되어야 합니다. 트랜지션 본드의 발행인은 상업적 혁신과 기후 전환의 관점에서 그 중요성을 정당화해야 합니다.

그러나 트랜지션 본드에 대한 우려도 있습니다. 녹색 채권이 자금을 조달하고 있는 프로젝트 중 환경적 가치가 의심스러운 경우, 그 시장의 신뢰성을 트랜지션 본드가 훼손할 수 있다는 것입니다. 특히 트랜지션 본드의 발행인이 일반적으로 녹색 금융과 관련된 실체가 아닌 경우에 그렇습니다. 탄소 집약적 산업의 모든 부문이 미래의 녹색 산업이 되는 것을 꿈꿀 수는 있지만, 많은 기업들이 이러한 전환을 이루는 데는 시간이 걸립니다. 그러나 현재까지 트랜지션 본드에 관해 일반적으로 받아들여지는 개념 정의는 없는 상황입니다(기후 관련 채권에 대한 더 나은 정의를 제공하기 위한 이니셔티브의 예로서 www.climatebonds.net/transitionfinance/fin-credible-transitions 참조). 녹색 채권 시장은 트랜지션 금융에 효과적으로 활용되어 왔으며, 유럽부흥개발은행(EBRD, European Bank for Reconstruction and Development)과 같은 일부 발행자는 두 부문이 결합되어야 한다고 생각합니다. 유럽부흥개발은행(EBRD)은 2019년에 탈탄소화 및 자원 효율성에 중점을 둔 프로젝트를 위한 포트폴리오를 만든 후 첫 번째 "녹색 트랜지션 본드"를 발행했습니다.

관련 지수들과 워킹 그룹
Indexes and working groups

시장의 투명성을 높이기 위한 노력은 녹색 채권 세계를 추적하는 지수의 성장을 촉진하고 있습니다. 이러한 지수들은 시장 개발을 추적하고, 성과를 측정하며, 시장 위험을 평가하는 방법을 제공합니다. 일반적으로 사용되는 벤치마크로는 블룸버그 바클레이스 MSCI 그린본드지수(Bloomberg Barclays MSCI Green

Bond Index), S&P 그린본드선택지수(S&P Green Bond Select Index), 뱅크오브아메리카 메릴린치 그린본드지수(Bank of America Merrill Lynch Green Bond Index)가 있습니다. 또한 "기후 트랜지션 금융"의 워킹 그룹("climate transition finance" working group)은 녹색채권원칙(GBP) 집행위원회가 설립한 새로운 실무협의체입니다. 녹색채권원칙(GBP) 집행위원회는 국제자본시장협회(ICMA, International Capital Market Association)의 지원을 받는 곳입니다.

크게 생각하라: 사회적 채권
Think big: Social bonds

사회적 채권은 지속가능한 채권 중 별도 부문입니다. 사회적 채권은 녹색 채권과 유사한 가치와 정보 품질 의무를 따르지만, 그 자금은 사회적 프로그램을 지원하기 위해 사용됩니다. 사회적 채권의 발행 사례에는 필수 서비스(예: 건강, 교육 및 금융 서비스), 저렴한 주택 및 소액 금융 지원이 있습니다.

점점 더 많은 투자자들이 긍정적인 효과를 내는 동시에 수익성도 그런대로 괜찮은 사회적 채권에 보다 큰 투자 가능성을 열어두고 있습니다. 그러나 몇 가지 우려가 계속되고 있습니다. 사회적 영향 보고 기준 및 유동성을 둘러싼 문제가 해결될 때까지 사회적 채권발행인과 투자자는 이를 보류할 수 있습니다. 그러나 사회적 채권의 총발행량이 증가한 2016~2019년 사이에 사회적 채권이 전체 발행량의 약 6.5%를 차지하는 등 발행 증가율이 높았습니다. 발행된 대부분의 사회적 금융상품들은 국가, 다국적 기업 및 기관(SSAs, soverigns, supranationals, agencies)이 발행한 것이며, 금융그룹들이 그 뒤를 잇고 있습니다.

초우량 발행기관들(SSA, Sovereigns, Supranationals and Agencies)이 주도한 사회적 채권의 지배력은 녹색 채권 발행 초기(이 장의 앞부분에서 다룬)를 잘 보여줍니다. 이들의 발행량은 유로화 발행 전체의 약 3분의 2를 차지하고 있으며, 이 비중은 미국 달러 발행의 약 1/8과 대조됩니다. 사회적 채권의 발행은 기존 채권과 유사한 수익률 및 신용 위험의 특성을 보이지만, 사회적 채권 시장은 여전히 녹색 채권에 의해 가려져 빛을 보지 못하고 있습니다. 사회적 영향을 확실하게 측정할 수 있는 합의된 프레임워크가 확보될 때까지 발행이 지연되고 이에 따라 공급 부족과 유동성 감소로 이어지는 악순환은 관련 업계가 사회적 영향에 대한 합의에 도달해야만 해결될 수 있습니다.

국제자본시장협회(ICMA, International Capital Markets Association)에서 제작한 사회적채권원칙(SBP, Social Bond Principles)가이드는 정성적 성과 지표를 통해 영향력을 나타내는 발행인을 옹호하는 동시에 정량적 성과 측정을 병행하는 것에 대해 조언하고 있습니다. (자세한 내용은 www.icmagroup.org/green-social-and-sustainability-bonds/social-bondprinciples-sbp/를 방문하십시오.)

투자자는 유형의 데이터가 필요하지만, 사회적 영향 지표와 해석의 범위에 대한 논의는 여전히 진행 중입니다. 기관투자자들은 사회적 프로젝트가 미치는 영향의 "추적성(traceability)"에 대한 필요성을 강조하면서 시작점으로 "산출(output)" 유형 지표(예: 수혜자 수)에 기꺼이 동의할 수 있다고 제안하고 있습니다. 또한 보다 광범위하고 표적화된 발행자 교육을 통해 녹색 채권 시장이 번성했던 것처럼, 사회적 채권 시장도 기업 발행자로부터 더 많은 발행을 받을 수 있어야 합니다.

실제 사회적 "영향"에 대한 접근 방식의 산출 과정에서 개선 사항이 확인되어, 발행인이 보다 자세한 보고를 할 수 있습니다. UN 지속가능발전목표(UN SDGs, 1장 참조)는 녹색 금융을 넘어서 시장을 발전시키는 데 있어 귀중한 참고 자료입니다. ESG 프레임워크도 유용하지만, 여기에서는 사회적 또는 지배구조 문제보다 환경 문제에 더 중점을 두는 것으로 보이며, 지속가능한 금융에 대한 EU의 행동 계획은 사회적 영향보다는 기업의 환경 행동 벤치마킹에 주로 초점을 맞추고 있습니다. 2020년 코로나19 전염병은 규제 기관이 사회적 문제에 대한 관심을 높이는 촉매 역할을 할 수 있습니다. 특히, 기관투자자가 사회적 채권이 이익을 얻을 수 있도록 ESG 프로젝트에 더 많은 자본을 할당하는 것을 고려하고 있기 때문입니다. 실제로 EU는 최근 환경 분류 체계와 유사한 방법으로 사회 분류 체계의 개발 가능성을 고려한 하위 그룹이 있는 지속가능한 금융 플랫폼을 구축했습니다.

유지하라: 지속가능성 및 지속가능 연계 채권
Keep it up: Sustainability and sustainability-linked bonds

지속가능 채권은 대출 시장에서 유사한 거래가 크게 성장한 후, 특정 프로젝트와는 달리, 채권 발행기관이 보다 광범위한 환경 목표에 연계된 채권을 발행하도록 장려하기 위해 고안된 새로운 금융상품입니다(2017년 처음 도입된 이후 미화 2,000억 달러 이상 발행). 지속가능 채권의 수익금은 녹색 사업과 사회적 사업이 결합된 프로젝트의 자금 지원 또는 재융자에 모두 사용됩니다.

이와 별도로, 국제자본시장협회(ICMA)는 지속가능성 연계 채권에 대한 원칙도 발표했습니다. 이 원칙은 특정 ESG 목표와의 연계를 조건으로 늘어나고 있는 환경친화적 채권을 찾고 있는 발행자에게 지침을 제공하기 위한 것입니다. 가이드라인은 자발적이지만 녹색 및 사회적 채권에 대한 유사한 규칙이 발행기관과 투자자에 의해 채택되어 있습니다. 자세한 내용은 www.icmagroup.org/green-social-and-sustainability-bonds/sustainability-bond-guidelines-sbg/를 방문하십시오.

TIP

그러나 공통규정이 부족한 데다 스텝-업 쿠폰(step-up coupons, 처음에는 낮은 이자율로 발행되지만 채권 존속기간에 따라 이자율이 점차 증가하는 수의상환권부 채권)이 유럽중앙은행(ECB)의 매입 대상이 아니라는 점이 지속가능 연계채권 발행 확대를 막는 주요 장벽이 됐다.

WARNING

지속가능 연계 채권 구조에 매력을 느낄 수 있는 채권발행인의 경우에는 일반적으로 녹색 채권 발행과 짝을 이룰 수 있는 대규모 자본 사업이 없습니다. 이 때문에 여기에는 식음료 회사와 같은 소비재를 생산하는 회사가 포함됩니다. 투자자들에게 이러한 새로운 금융상품은 일반적인 자금 활용 용도 때문에, 다른 지속가능한 채권을 보완할 수 있습니다. 이탈리아의 유틸리티 에넬(Enel SpA)이 추진하는 또 다른 새로운 접근 방식은 ESG 연결 채권으로, 회사가 환경 목표를 달성하지 못할 경우 지불해야 하는 이자율이 증가하는 것입니다. 에넬 채권은 환경 테마를 가지고 있지만, 특정 프로젝트와는 연계되어 있지 않고 펀드 자금을 일반적인 목적에도 사용할 수 있습니다. 그러나 에넬이 재생에너지 설치 요건과 온실가스 배출 목표치(SDGs 중 2개)를 충족하지 못하는 경우에는, 25 베이시스 포인트(basis points) '금리 상승'된 이자율을 지급하게 됩니다.

10

파생상품 및 대체 금융상품을 찾아보자
Exploring Derivative and Alternative Instruments

이 장에서는 . . .

✔ ESG 지수로 패시브 수익 창출
✔ 대체 자산에서 ESG에 집중
✔ 비유동 자산 살펴보기
✔ "전통적인" ESG 조사하기

책임있는 투자와 ESG는 전통적으로 주식(8장 참조) 및 채권(9장 참조)과 같은 유동 자산에 편중되어 왔습니다. 그 이유는 관리대상 자산의 중요성, 정보의 가용성, 주주에게 제공되는 권리와 접근을 포함하여 몇 가지 이유가 있습니다. 그러나 보다 최근에는 ESG 요소가 대체 자산 등급에 포함되도록 보장하는 것이 더 중요해 졌습니다. 그 이유는 주로 대안 해결책을 찾고 있는 연기금 펀드들의 자산 재배분과 개념 정의상 더 많은 유동성 자산이 장기적인 투자 기간을 가지므로 ESG 위험에 더 많이 노출된다는 인식 때문입니다. 이 문제는 UN 지속가능발전목표(SDGs)를 달성하는 데 도움이 되는 수단으로서 혼합 금융(사회에 도움이 되는 프로젝트를 위해 자본을 유치하고 투자자에게 재정적 수익을 제공하는 것을 목표로 하는 접근 방식)에 초점을 맞추면서 훨씬 더 큰 의미를 갖게 되었습니다(SDGs; 1장 참조).

이 장에서는 ESG 투자에 대한 몇 가지 전통적인 접근 방식을 살펴봅니다. 그런 다음 상장 및 장외(OTC) 파생상품을 사용하여 기초 자산의 위험을 복제하거나 완화하고, ESG 트위스트(twist)와 함께 대출 또는 헤지펀드 전략에 투자하는 대안적인 투자위험 수준을 고려합니다. 그 후 부동산과 같은 금융 시장 관점에서 실물 자산에 대한 투자를 살펴본 다음, 재생 가능 에너지 분야에 특정한 지속가능한 임팩트 투자를 살펴봅니다.

ESG 지수를 사용하여 안정적 수익 달성
Achieving Passive Returns Using ESG Indexes

지수 기반 투자상품(안정형 투자전략)에 대한 수요 증가와 ESG 기반 전략에 대한 열의가 결합되어 S&P 500 ESG 지수 및 STOXX Europe 600 ESG – X 인덱스와 같은 ESG 중심 지수 상품이 급증했습니다. ESG 측정 및 배제를 객관적인 투자기준으로 사용하여 투자자에게 간단하고 저렴한 해결책을 제공하는 안정적인 전략의 수가 최근 몇 년 동안 증가했습니다.

그러나 많은 안정형 투자상품들은 실제로 ESG 전략을 적용하는 방법을 완전히 공개하지 않으며, 그중 일부는 단일 제3자 ESG 등급 제공업체(자세한 내용은 14장 참조)에 의존해 기본 투자대상 범위 내에서 지수편입 종목을 결정하고 있습니다. 따라서 이러한 투자상품 중 일부는 시가 총액, 산업부문 또는 지정학적 위치 편향(domicile biases)을 포함하여 기존 안정형 투자상품이 보여주는 것과 동일한 투자 제한성을 나타냅니다. 따라서 표준지수를 검토하거나 자체 지수 기반 ESG 전략을 구성할 경우, 자산관리자는 소수 데이터 제공자의 ESG 등급을 고려하여 구성 요소에 적합한지 확인해야 합니다.

그럼에도 불구하고 지수는 투자 과정에 필수적인 요소가 되었고 기관과 개인 투자자들의 투자 결정에 자리를 잡았습니다. 결과적으로 ESG 지수는 투자 정책, 자산 할당 계획 및 성과 측정에 대한 벤치마킹을 포함하여 기존 지수(예: S&P 500 및 FTSE 100)와 유사한 응용 지수에 사용됩니다. 세계 최대 재보험사 중 하나인 스위스 리(Swiss Re)사가 2017년에 벤치마크를 ESG 지수로 전환한 경우와 같은 해에 자산 규모가 1조 5천억 달러가 넘는 일본의 연금적립금관리운용 독립행정법인(GPIF, Government Pension Investment Fund)이 일본 주식 포트폴리오를 ESG 벤치마크로 변경한 경우를 그 예로 들 수 있습니다.

과거에는 ESG 지수 또는 지수 추종 펀드 수가 훨씬 적었기 때문에, 지속가능한 투자는 적극적인 주식 관리자가 지배했습니다. 최근에는 ESG 투자의 모멘텀, 안정적인 투자 추세, 투자자의 ETF(상장지수펀드) 활용으로 인해 ESG 지수 가용성이 급증하여 채권과 같은 다른 자산군으로 확산되었습니다. 새로운 ESG 관련 지수는 확립된 벤치마크와 ESG 순위 표준화를 위한 개발 노력 모두에서 광범위한 데이터와 연구를 통해 이익을 얻었습니다. 지수의 성과를 추적하려는 투자 전략은 고비용 투자를 반영하기 위해 비용 효율적이고 표준화된 대안을 제공합니다.

REMEMBER

따라서 ESG 지수는 자산 배분의 기본 구성 요소가 되고 있으며, 기관 및 개인투자자에 의해 사용되고 있습니다. 이들 지수들은 자산 관리자가 사용할 명시적인 ESG 기준을 충족하는 투자대상들을 분류하는 데 도움이 되며, ESG 기능에 대한 표준을 제공하여 기본 시장과 비교할 수 있습니다. 이제 수천 개의 서로 다른 ESG 지수가 제공되지만, 기존 벤치마크 제공자들은 기초 지수에 연결되어 있기 때문에 관리중인 ESG 자산의 가장 큰 부분을 여전히 차지하고 있습니다. 특히 ESG 주요 지수가 공인된 벤치마크의 ESG 변형인 경향이 있으며, 상장 및 OTC 파생상품은 새로운 투자상품의 기초로 가장 유동적인 기초 지수를 사용하는 경향으로 있기에 이러한 유동성은 유동성을 낮게 됩니다. 능동적 ESG 전략은 여전히 총 관리중인 ESG 관련 자산의 대부분에 해당하는 반면, 수동적 전략은 2019년, 주로 미국에서 신규 자산 유입의 대부분을 얻었습니다.

다음에서는 장외 거래 선물 및 옵션, 장외 파생 상품, 맞춤형 상품, 구조화 상품을 포함하여 ESG 지수에 연결된 대체 상품에 대해 설명합니다.

상장지수상품(ETP)의 기본
The basics of exchange-traded products

기존 지수 제공 업체의 주요 글로벌, 지역 및 국가단위 지수에 대한 ESG 중심의 선물 및 옵션 계약을 설정함으로써, 다른 지속가능한 테마 제공의 범위를 보완하기 위해 상장된 파생 상품 제품군의 확장이 확인되었습니다. Euro STOXX 50 Futures와 같은 유동성 상장지수상품은 오랫동안 "현물시장에서 개를 흔드는 꼬리"였습니다. 유동성의 이점이 몇 가지 표준화된 벤치마크 상품에 퍼져 있습니다. 따라서 ESG 지수와 연계되거나 관련 ETF(상장지수펀드)에 투자된 운용 자산이 계속 증가함에 따라, 상장지수상품의 거래량이 그에 따라 증가할 가능성이 높아집니다. 더욱이 ESG를 전략에 필수적인 것으로 간주하는 투자 실무자의 비율이 증가함에 따라, 이러한 새로운 투자상품은 투자자와 자산운영자에게 기본 위험수준을 복제하거나 완화하여 지속가능성 중심의 의무를 통합할 수 있는 추가 도구를 제공합니다.

투자자들은 이미 Euro STOXX 50 및 S&P 500과 같은 주요 벤치마크 지수와 이러한 지수 내의 각 구성 종목에 대해 매우 잘 알고 있습니다. 결과적으로 ESG 호환 버전으로 전환하는 것은 비교적 간단하며, 많은 자산운용사가 기준으로 사용하는 기존 성과 벤치마크와 새로운 투자가 분리되지 않도록 하는데도 도움이 됩니다. 거래소는 ESG 인식 및 성숙도의 현재 상태를 고려할 때 처음에 "선별된(screened)" 상품군을 도입했습니다. 네거티브 ESG 스크리닝 또는 배제 방식은 논란이 되고 있는 무기회사, 담배 제조업체 및 발전용 석탄에서 수익을 창출하는 회사를 친숙한 벤치마크의 구성 요소에서 제외시킵니다(자세한 내용은 8장 참조). 이는 각 지수에 대한 추적 오류가 낮은 투명하고 논리적인 접근 방식을 제공합니다. 유럽에서도 이는 네거티브 또는 포지티브 스크리닝에 초점을 맞춘 기본 ESG 전략에 대한 현재 선호도와 일치합니다. S&P 500 ESG 선물 및 새로운 Euro STOXX 50 ESG 선물과 같은 일부 선물 상품도 해당 업종 내에서 ESG 점수가 가장 낮은 종목의 수를 줄이기 위해 기초 지수의 종목에 ESG

점수를 사용하여 구성 요소를 일정 비율 재조정합니다.

추가적인 이점은 활용된 평가 기관에 관계없이 구성 종목에 대해 제외 기준을 표준화 할 수 있다는 것입니다. 이는 지수 구성 방법론 전반에 걸쳐 불일치를 제거하는 데 도움이 됩니다. 또한 배제기반 지수는 UN 글로벌 콤팩트 원칙(1장 참조)에서 이미 배제 대상 기업에 대한 합의를 형성했다는 확신으로부터 혜택을 받습니다. 따라서 배제기반 지수는 ESG 및 사회적 책임 주제에 대한 합리적인 진입점을 나타냅니다. 한편 규제 측면에서는 기후 벤치마크와 공통 분류를 개발하기 위한 유럽 연합 내 활동이 증가하고 있습니다.

이러한 명확한 지침은 지수 및 투자 상품 개발 측면에서 더 많은 모멘텀을 구축하는 데 도움이 될 것이며, ESG 보고 요구 사항은 자산운용사가 ESG 상품의 규모를 더 늘리도록 장려할 것입니다. 이에 발맞춰 유럽과 미국 모두에서 단순 스크리닝부터 산업내 최고 선별에 이르기까지, 저탄소 및 기후 영향에 기반한 보다 집중적인 제품(열석탄 채굴 및 석탄 화력발전소 주식 선별 포함)에 이르기까지 광범위한 상품군이 등장할 것으로 예상됩니다.

OTC 파생 상품
OTC derivatives

간단히 말해서 파생 상품은 기초 자산 또는 자산 그룹에서 가치가 파생되는 금융 상품입니다. OTC(장외거래) 파생상품은 금융 시장의 위험을 관리하거나 회피하는 데 널리 사용되지만, ESG 문제와 관련된 재무 위험을 관리하는 데에도 매우 중요한 역할을 할 수 있습니다. 위험 교환을 가능하게 하여 파생 상품은 미래 가격에 대한 불확실성을 줄임으로써 기후 위험(직접적인 물리적 위험 또는 필수적인 재무 전환과 관련된 위험)을 완화할 수 있는 효과적인 도구를 제공합니다. 즉, 기후 또는 환경 위험으로부터 포트폴리오에 방어막을 제공하고 불규칙한 현금 흐름을 예측 가능한 수익원으로 바꿉니다. 예를 들어, ESG 파생 상품은 원하지 않는 지속가능성 위험을 관리하고 ESG를 투자 의사 결정에 통합하기 위한 유동적이고 비용 효율적인 대안을 제공합니다.

또한 은행은 파생 상품을 사용하여 지속가능성 문제로 인해 재무 결과가 악화될 수 있는 상대방의 신용 리스크를 관리할 수 있습니다. 예를 들어 신용부도스와프(CDS, Credit Default Swaps)은 파산 사건(파산 또는 채무불이행으로 이어지는) 발생 후 실현될 미래의 잠재적 손실을 대비할 수 있습니다. 또한 시장 참여자가 ESG에 초점을 맞춘 유럽 신용부도스와프(CDS) 시장의 가장 유동적인 부분(예: ESG 선별 기업 또는 국채 지수)을 대비하거나 위험을 감수할 수 있도록 새로운 ESG 지수가 개발되고 있습니다. 이러한 지수는 또한 기업이 유럽 연합 집행위원회의 분류 체계에 따라 친환경 의제를 채택하도록 장려하는 효과적인 방법을 만들고 있습니다. 예를 들어, 금융 기관은 파생 상품을 사용하여 차용자에 대한 신용 위험 노출을 완화하므로 지속가능하고 환경 친화적인 투자 프로젝트를 통해 기업에 대한 신용 공급을 잠재적으로 증가시킵니다.

REMEMBER

지속가능발전목표(SDGs) 연계 파생 상품은 ESG 문제에 초점을 맞춘 기업에 대한 자본 유통경로를 지원하기 위해 보다 최근에 사용되어 위험 관리가 가능합니다. 지속가능성 연계 파생 상품은 지속가능 연계 채권(SLB, sustainability-linked bonds) 및 대출(SLL)의 형태로 SDG 투자와 관련된 위험을 고정된 반복 지불에 대한 대가로 금융 중개자에게 이전합니다. 이들은 주로 투자의 잠재적 환율 변동성과 이자율 위험을 대비하기 위해 사용되는 통화스왑입니다. 또한 상품의 파이낸싱 솔루션에 설명된 지속가능한 성과 지표와 완전히 일치하는 전용 인센티브 메커니즘이 포함되어 있습니다.

분류체계를 준수하는 회사에 직접 투자하는 기관투자자는 파생 상품을 사용하여 ESG 분류법 지수에 대한 투자를 대비하거나 거래 비용을 줄일 수 있습니다. 이러한 목표를 달성하기 위해 기관투자자는 합의된 ESG 기초에 해당하는 수익을 투자자에게 제공하는 총수익스왑(TRSs, total return swaps)에 참여하려고 합니다(파생 상품의 기초는 자산, 자산 바구니 또는 인덱스). 이와 관련하여 패시브 운용 관점에서 ESG 펀드에 의한 총수익스왑(TRS) 실행을 통한 합성 복제는 파생 상품 제공자가 자신의 포지션을 헤지할 수 있게 하여 ESG 기반에 더 많은 유동성을 제공합니다.

구성 요소: 구조화 상품
Building blocks: Structured products

은행은 ESG 노출에 대한 수요가 증가함에 따라, ESG 연계 파생 상품이 향후 몇 년간 가장 높은 성장 가능성이 있는 분야 중 하나로 보고 있습니다. 지속가능한 펀드의 관리 대상 자산이 증가함에 따라, 해당 펀드 주변의 구조화된 상품에 대한 관심도 그 여세를 유지하고 있습니다. 예를 들어, 한 은행은 새로운 형태의 구조화 채권을 개인 고객에게 판매하여, 판매된 채권의 1,000유로 당 나무를 심어 100만 그루 이상의 나무를 심었습니다! 주식 관련 상품이 이 개발의 초점이었으며, 은행은 이미 ESG 지수를 기반으로 한 채권을 보유하고 있습니다. 한편, 최근에는 은행들이 금리와 통화의 움직임에 대비하기 위해 유사한 상품을 고안했습니다.

구조화채권(Structured Notes) 판매와 관련된 투자 은행의 주요 활동은 특히 ESG에 적합하다는 것이 입증되었습니다. 구조화채권은 일반적으로 개인투자자에게 판매되어 주요 벤치마크 지수가 아닌 ESG 친화적인 지수에 연결된 종목군의 수익에 따라 연간 지불금을 제공합니다. 구조화 상품 부문에서 증가된 관심은 민간 은행과 고액 자산가에 초점을 맞추고 있습니다.

한편, 이 테마는 기관 고객을 위한 장단기 전략과 함께 ESG 친화적 자산을 제공하기 위해 더욱 발전되었습니다. 선순환 구조화 상품을 발행하는 은행의 경우, 리스크를 재활용할 수 있는 파생 상품을 상장하는 것이 신상품 발행 능력을 유지하는 데 중요합니다. 위험에 갇히고 위험 한도에 도달하는 것보다, 즉 신상품을 발행할 수 없다는 것을 의미하는 대신, 선물과 옵션을 사용하여 위험 장부를 더 정확하게 대비함으로써 ESG 전략에서 자산을 늘릴 수 있습니다.

대체 자산에서 ESG에 대한 관심 증가

Increasing Focus on ESG in Alternative Assets

대체 자산 종류에는 고유한 투자 고려 사항이 있으며, 부동산 및 인프라에서 구조화 금융 및 민간 기업 부채에 이르기까지 맞춤형 ESG 전략을 개발하는 데 상당한 진전을 이루었습니다. 다음에서는 대체 대출과 헤지펀드 및 사모 펀드가 ESG 분야에서 더 큰 역할을 시작하는 방법에 대해 설명합니다.

지속가능한 대출

Sustainable lending

지속가능연계대출(SLL)은 상업 및 투자 은행이 지속가능성 자격을 충족하면서 대출 포트폴리오를 확장할 수 있는 구조적이고 실용적인 방법입니다. SLL(또는 ESG 연계 대출)은 지속가능성 연계 대출 원칙에 부합하는 범용 대출이며 기업 고객이 지속가능성 성과를 개선하도록 장려합니다. SLL의 사용은 2019년에 빠르게 증가했으며, 전체 SLL의 약 80%가 발행된 유럽에서 특히 인기가 있었습니다. 기업들은 2018년에 비해 거의 2.5배에 달하는 1,630억 달러의 녹색 및 지속가능성 관련 발행을 모금했으며 SLL에서 1,370억 달러가 발생했습니다. SLL의 장점은 다음과 같습니다.

▸ 은행 대출 금리(자본 비용)를 사전에 합의된 지속가능성 성과 목표 달성에 연결
▸ 주요 ESG 지표에 대한 차용자의 지속가능성 성과 평가
▸ 고객에게 비즈니스의 모든 측면에 자금을 사용할 수 있는 유연성 제공
▸ ESG 등급을 사용하여 차용자의 지속가능성 약속에 대한 가시적인 지표 제공

SLL은 특정 녹색 목적에 자금을 지원하는 데 사용되는 대출인 "녹색 대출"과
는 다릅니다(9장 참조). SLL은 모든 목적("친환경" 여부)에 적용할 수 있지만, 기본
제공 가격 책정 메커니즘은 차용자가 특정 지속가능성 또는 ESG 관련 목표를
달성할 경우 대출이 더 저렴하다는 것을 의미합니다.

초기 SLL은 ESG 목표가 충족되면 가격이 낮아지도록 구조화된 반면, 차용자
가 규정된 목표를 달성하지 못한 경우에도 벌금은 부과되지 않았습니다. 이 구
조는 발전했으며, 최근 거래에서는 양방향 가격 구조를 사용하여 목표가 충족
되면 가격이 낮아지지만, 차용자가 ESG 목표를 충족하지 못하면 가격이 인상
됩니다. 이 양방향 구조는 차용자가 이러한 목표를 달성하도록 장려합니다. 그
러나 궁극적으로 대출 기관은 차용인이 ESG 전략을 성공적으로 관리하지 못하
여 이익을 얻을 수 있기 때문에 비판을 받았습니다. 한 가지 가능한 해결책은
대출 기관이 인상된 가격의 수익을 받는 대신 이러한 자금이 별도의 은행 계좌
로 이체되고 ESG 활동에 대한 지출을 위해 회사에서만 접근할 수 있다는 것입
니다.

2019년 3월, Loan Syndications and Trading Association(LSTA)은 Loan
Market Association(LMA)과 함께 제안된 기준 목록을 설정하는 지속가능연계대출
원칙(SLLP)을 발표했습니다(자세한 내용은 www.lsta.org/content/sustainability-linked-
loan-principles-sllp/ 참조). 핵심 요소는 선택한 기준이 차용자의 비즈니스에 야
심차고 의미가 있다는 것입니다. 목표 CO_2 배출량과 같은 지표가 일반적이지
만 더 구체적인 예도 널리 사용됩니다. 예를 들어, 부동산 금융 거래에서 지속
가능성 계약은 일반적으로 차용자가 의뢰한 환경 보고서의 결과를 참조하여 설
정됩니다. 여기에는 건물의 탄소 발자국을 줄이고 모든 전기 및 가스를 재생
가능 에너지원에서 확보하기 위한 연간 최소 자본 지출이 포함되는 경우가 많
습니다. SLLP는 외부 검토 필요성이 사례별로 협상되고 결정되어야 한다고 명
시합니다. 상장 기업의 경우 공시만으로도 대출 계약의 성과를 검증할 수 있습
니다.

더 낮은 가격 책정 가능성은 SLL을 채택하는 분명한 인센티브이지만, 마진

감소는 종종 상당히 적습니다. 따라서 표준 기업 회전거래 신용이 지속가능성과 연계될 수 있다는 점에서 SLLs의 변동성이 이자를 유발하고 있습니다. 그러나 차용자가 수익금을 녹색 활동에 즉시 적용할 필요가 없기 때문에 제한적인 녹색 대출보다 SLL이 더 매력적입니다. 대출 기관의 핵심 초점은 지속가능성과 ESG 요소를 통합하는 투자 의사 결정을 개발하는 것입니다.

헤지펀드의 ESG
ESG in hedge funds

ESG 헤지펀드는 절대 수익의 목표와 지속가능한 투자의 이상이 언뜻 보기에 모순되는 것처럼 보일 수 있으므로 일부 투자자에게는 모순처럼 들립니다. 그러나 대안투자운용협회(AIMA, Alternative Investment Management Association)의 최근 연구에 따르면 설문 조사에 참여한 헤지펀드 매니저의 40%가 책임투자를 하고 있는 반면, 절반은 ESG에 대한 투자자의 관심이 증가했다고 보고했습니다. 그럼에도 불구하고 ESG 관행에 대해 헤지펀드 매니저를 평가하는 기관투자자들은 책임투자를 헤지펀드에 쉽게 적용할 수 있는 두 가지 요소를 가지고 있다고 믿습니다. 다음을 수행해야 합니다.

▶ 투자 프로세스와 주식 가치평가에 ESG 데이터 통합―즉, ESG 통합, 스크리닝, 그리고 테마투자
▶ 적극적인 주주권 행사 및 지배구조 개선을 위한 경영참여

헤지펀드 매니저는 전체 자산군을 포괄하는 광범위한 전략을 실행하며, 매니저는 베타(시장 전체 대비 투자의 변동성)보다 알파(기준지수 수익률 대비 투자 수익률 초과)를 강조하면서 무지향적이고 절대적인 수익을 계속 추구합니다. 그들은 집중된 포트폴리오를 구축하고, 전문적인 기본적 분석을 이용해 특이한 노출을 찾거나 거래 시장에 대한 정교한 체계적 모델을 구축합니다. 여기에는 주식, 신용, 통

화 및 국채를 통한 상품이 포함됩니다. 그들은 종종 그들의 견해에 영향을 미치기 위해 파생 상품, 레버리지 및 정교한 도구를 사용합니다. 그들은 손실을 최소화하는 데 초점을 맞추고 성과 중심적이며 틈새시장의 인식되지 않은 기회를 찾을 수 있습니다. 중요한 것은 관리자가 벤치마크나 관습적인 사고에 제약을 받지 않고 장기적인 관점에서 접근하는 것을 선호한다는 것입니다.

따라서 헤지펀드 매니저는 ESG 투자에 기여할 수 있는 도구를 가지고 있습니다. 헤지펀드는 기관 포트폴리오에 중요한 다각화 보완을 제공하는 동시에 ESG를 장기 주식 관리를 넘어 통화, 상품, 글로벌 매크로(Global Macro) 투자, 장기 단기 신용, 상대 가치, 체계적인 거래 및 활동가 투자와 같은 다양한 전략 및 자산 종류로 전환합니다. 그들은 종종 장기 비전과 세부 사항에 초점을 맞추고, 가격 리스크에 대한 전문가이며, 변화의 촉매제를 식별하고, 기업과 적극적으로 참여한 경험이 있으며, 숏 포지션을 취할 수 있는 능력과 기술을 보유하고 있습니다.

또한 헤지펀드는 인공지능을 투자 관리 도구로 개발하는 데 앞장서서 자연어처리(NLP)와 같은 기술을 사용하여 기업의 현재 및 계속적인 지속가능성 측정을 이해함으로써 ESG의 일부 데이터 문제를 극복하는 데 도움이 될 수 있습니다. 일부 헤지펀드 접근 방식은 ESG 맥락에서 비교적 쉽게 구현할 수 있지만 다른 전략은 더 복잡할 수 있습니다.

유가증권을 빌린 후 매도하여 가치가 떨어질 때 이익을 얻기 위해 숏 포지션을 취하는 것은 헤지펀드 정신의 핵심입니다. 간단한 ESG 헤지펀드 전략은 "덕(virtue)"에 대해서는 오래 가고 "죄(sin)"에는 짧게 할 수 있습니다. 그러나 일부 기관투자자는 투자대상에서 제외된 기업에서 공매도 및 매수 포지션을 금지하는 정책을 가지고 있을 수 있습니다(비윤리적 기업의 주식을 공매도하는 윤리는 향후 논쟁의 주제가 될 가능성이 높습니다).

지수에서 주식이나 섹터를 소유하지 않는 전통적인 ESG 접근 방식은 전체 지수 구성의 위험노출보다 효과성이 떨어집니다. 실물 숏 포지션을 취하면 포트폴리오의 시장 위험을 줄이면서 그러한 관점을 확대하는 데 도움이 됩니다.

투자자는 장기적인 윤리적 관점에 따라 적극적인 입장을 취함으로써 이익을 얻습니다. 헤지펀드 회사는 유연하고 고객의 요구에 민감합니다. 별도의 관리 계정을 사용하면 사용자 지정 포트폴리오를 사용할 수 있습니다. 이 관리자는 혁신적인 기술과 도구를 사용하여 ESG 투자 관행을 정의하고 새로운 전략을 개발하는 데 도움을 줄 수 있습니다.

보다 구체적으로, 탄소 배출, 폐기물 생산, 식품, 물, 에너지 문제 같은 다양한 환경 문제를 해결하는 혁신적인 회사에 대해서는 장기 보유를, 지속가능하지 않은 회사나 비즈니스 모델이 전환 위험에 취약한 회사에는 단기 보유를 취하고 이러한 접근 방식을 정확히 통합하기 위해 일부 헤지펀드 전략이 시작되고 있습니다. 헤지펀드는 혼란에 취약한 산업에 투자하고 자본이 승자에게 할당되고 패자로부터 멀어지도록 하는 오랜 실적을 가지고 있습니다. 주식 선택은 주제별, 상대적 가치 또는 촉매 기반 거래 아이디어를 중심으로 구축되는 경향이 있으며 지속가능발전목표(SDGs)와 관련된 위치를 찾아 맞추고 측정합니다.

흥미롭게도 최근 연구에 따르면 ESG 요소가 이제 대부분의 헤지펀드 투자자의 배분 결정에 영향을 미친다는 사실이 밝혀졌습니다. 또한 지배구조 요소(5장 참조)는 헤지펀드로 주식을 선택하는 데 중요한 역할을 해 왔으며, 장기 및 단기 포트폴리오 모두에서 수익에 기여해 왔습니다. 예를 들어, 행동주의(activism)와 회사의 고위경영진과 함께한 적극적인 경영참여는 이벤트 기반 및 행동주의 헤지펀드와 많은 일반 주식 롱숏 펀드에서 수익을 창출하는 중요한 동인이었습니다.

비유동성 자산에 집중
Focusing on Illiquid Assets

주식 가치가 높은 저금리 환경에서는 전통적인 투자로 매력적인 수익을 달성하기가 점점 더 어려워집니다. 이는 다양한 자산군의 수익률 간의 상관관계 증가와 결합되어 투자자들이 장기적인 관점에서 새로운 투자 가능성을 모색하게 되었습니다. 수익 증대와 더 나은 다각화에 대한 이러한 추구로 인해 기관은 포트폴리오의 상당 부분을 자산, 인프라, 헤지펀드(이 장의 앞부분에서 다룬 내용) 및 사모 펀드와 같은 대체 자산 종류에 할당했습니다. 책임투자에 대한 유사한 관심을 감안할 때 기관투자자들이 이 두 가지 추세, 즉 ESG를 대체투자에 통합하는 것을 점점 더 고려하고 있습니다.

고정자산 둘러보기: 부동산
Around the block: Real estate

부동산 시장은 2020년 코로나19가 강타하기 전에 이미 구조적 변화를 겪고 있었으며, 전염병과 그 영향은 상업시설에 대한 수요 감소와 같은 일부 추세를 악화시켰고, 사무 공간과 같은 다른 부문에 대한 향후 수요에 의문을 제기했습니다. 부동산 부문은 의심할 여지없이 현재와 미래의 사회적 충격과 스트레스에 대응할 수 있는 탄력성을 가진 부문이 될 것이며, 투자자와 관리자는 그에 따라 자산 포트폴리오를 재배치하는 방법을 고려할 것입니다. 그러나 이러한 상황들이 다음의 사실을 바꿀 순 없습니다. 그것은 건물이 쓰레기와 전기를 통해 가장 많은 배출가스를 생산하는 주체 중 하나이며, 코로나19 전염병의 강타 이전에도 반드시 "변모(make-over)"해야만 했다는 사실이 그것입니다.

따라서 자산 소유자 및 투자자와 같은 이해관계자는 이미 ESG를 주류 문제로 다루었으며 ESG를 부동산 투자 전략에 통합할 수 있는 방법을 고려하고 있었습니다. 넷제로(Net-zero) 탄소 중립 목표를 가진 60개 이상의 국가가 있다는 점을 감안할 때, 건물의 지속가능성을 높이도록 요구하는 더 많은 규정이 시행되어 환경을 보호하고 잠재적으로 투자 수익을 높일 수 있습니다.

건물은 건축 및 운영을 통해 전 세계 에너지 사용량의 36%를 차지하며 에너지 관련 이산화탄소 배출량의 거의 40%를 차지합니다. 이 수치는 건물에서 사용하는 물과 원자재의 양을 고려하지 않은 수치입니다. UN은 2030년까지 지구 온도 상승을 섭씨 2도 미만으로 제한하기 위해 부동산 업계가 건물의 평균 에너지 집약도를 최소 30%까지 줄여야한다고 추정합니다.

연구에 따르면, 더 높은 환경 관련 인증을 취득한 건물은 더 높은 임대료, 더 낮은 노후화 비율, 세입자 만족도 향상을 가져오고, 더 적은 시간 동안 비어 있는 것으로 나타났습니다. 건물을 건설하고 관리하는 사람들에게 환경이 우선시됨에 따라, 그린빌딩과 그에 반해 효율성이 낮은 비교 건물 간의 성과 격차는 향후 몇 년 동안 더욱 확대될 것입니다. 이것은 최근 몇 년 동안 3조 4천억 달러의 자본을 부동산에 투자한 투자자들에게 중요한 의미를 지닙니다. 전 세계 모든 건물의 70% 이상이 20년 이상 된 건물입니다. 따라서 기존 건물과 새 건물의 환경 개선에 대한 진전이 필요합니다. 결과적으로 더 빠른 5G 인터넷 연결로 촉진되는 사물 인터넷의 발달은 최적의 효율성과 웰빙을 위해 건물 환경을 제어할 수 있는 더 많은 가능성을 열어 줄 것입니다.

긍정적인 소식은 ESG를 측정하고 보고하는 데 허용되는 표준 부족으로 인해 다른 자산 군이 겪고 있는 어려움을 부동산은 겪지는 않아도 된다는 것입니다. 1990년에 제정된 BREEAM(Building Research Establishment Environmental Assessment Method) 인증은 기술적으로 가장 진보된 건물의 지속가능성을 평가하고 인증하는 세계적으로 인정받는 방법입니다. 자세한 내용은 www.breeam.com/을 방문하십시오. 또한 GRESB(Global Real Estate Sustainability Benchmark)는 전 세계적으로 부동산의 ESG 성과를 평가하는 업계의 중심 조직입니다. https://gresb.com/에서 자세히 알아보십시오.

기반 마련하기: 인프라
Laying foundations: Infrastructure

상당한 신규 인프라 투자는 유엔 지속가능발전목표(SDGs, 1장 참조) 달성의 기본이지만, 이 부문은 글로벌 지속가능 개발 및 경제 성장 요구에 비해 자금이 부족합니다. 그럼에도 불구하고 자산과 시스템이 긍정적인 실제 결과를 달성할 수 있는 "지속가능한 인프라"로 정의할 수 있는 것에 대한 관심이 증가하고 있습니다. 많은 인프라 투자자들이 투자 접근 방식에서 이미 지속가능발전목표(SDGs)를 고려하고 있지만 투자관행에는 일관성이 없습니다. 이해관계자가 지속가능발전목표(SDGs)에 따라 인프라 투자가 어떻게 (그리고 어떤) 결과를 형성하는지, 그리고 공통 관심사가 어떻게 가장 효과적으로 조정될 수 있는지 이해하도록 돕기 위해 더 표준화된 접근 방식이 필요합니다.

투자자들은 주로 지속가능발전목표(SDGs) 결과를 식별하고, 지속가능발전목표(SDGs)와 관련된 목표와 정책을 정의하고, 투자 결정 및 자산 관리를 통해 지속가능발전목표(SDGs) 결과를 구현하기 위해 두 가지 접근 방식을 취하고 있습니다. 이러한 접근 방식은 주로 기존 투자에 초점을 맞추며, 일반적으로 서로 다른 인프라 자산에서 제공하는 서비스 또는 특정 결과를 달성하기 위해 관리되는 방식 또는 두 접근 방식의 조합을 염두에 둡니다. 종종 이러한 평가는 포트폴리오나 자산에 대한 세계의 영향을 결정하는 위험에 기반합니다. 지속가능발전목표(SDGs) 결과를 고려하려면 포트폴리오 또는 자산이 세계에 미치는 영향을 대신 고려해야 합니다. 어떤 유형의 인프라 자산이 지속가능발전목표(SDGs)에 따라 특정 결과를 얻을 가능성이 있는지 확인하는 하나의 접근 방식은 없습니다. 지리적 위치, 지역 사회와의 관계, 제공되는 서비스 유형 및 더 넓은 공급망을 포함한 자산의 컨텍스트가 다른 결과를 식별하는 데 중요하기 때문입니다.

인프라 투자자가 지속가능발전목표(SDGs)를 투자 프로세스에 통합하여 자산 관리 요소 또는 전체 전략 또는 포트폴리오 구성의 목표를 설정하고 있지만,

이 통합이 광범위하고 의미 있고 일관되게 되기 위해서는 상당한 과제를 극복해야 합니다.

일부 정부에서는 지속가능발전목표(SDGs)를 사용하여 인프라 계획 및 프로젝트 설계 요구 사항을 구성하고 있습니다. 이는 투자자가 새로운 인프라 프로젝트에 대한 정부 입찰에서 더 나은 위치를 차지하기 위해 자체 내부 프로세스를 조정하도록 장려해야 합니다. 또한 인프라 투자자는 지속가능발전목표(SDGs)와 관련된 작업을 보다 정기적으로 전달하고 있습니다(www.unpri.org/sustaina-bledevelopment-goals/investing-with-sdg-outcomes-a-five-part-frame-work/5895.article 참조). 그리고 서비스 제공 업체들은 이러한 노력을 지원하기 위해 지표와 분석을 개발하고 있습니다.

그러나 투자자와 서비스 제공 업체는 다음을 수행하기 위해 협력해야 합니다.

▶ 관련 데이터 수집을 위한 도구와 인센티브를 만듭니다.
▶ 지속가능성 결과에 대한 성찰이 투자 프로세스의 다양한 단계로 발전할 수 있는 방법을 조사합니다.
▶ 자산 소유자와 투자 관리자를 보다 밀접하게 조화시켜 지속가능발전목표(SDGs) 결과 목표를 설명합니다.
▶ 지속가능성 요인에 보다 명확하게 초점을 맞추기 위해 인프라 파이프라인 및 프로젝트 설계에 대한 정부와의 기존 대화를 개선합니다.
▶ 결과가 처음부터 내재될 수 있는 그린 필드 투자(greenfield investment)를 더 많이 허용하도록 전략적 자산 할당 결정 시 고려하십시오.
▶ 투자자 간의 협력을 강화하기 위해 산업 이니셔티브(산업 협회에서 개발한 계획 포함)에 참여하거나 계속 지원하십시오.

쉬쉬하는: 사모 펀드
Hush-hush: Private equity

사모 펀드는 일반적으로 "사적(private)" 상태를 유지하고 비재무적 지표를 공개적으로 전달하는 것을 피했습니다. 그러나 500개 이상의 사모펀드가 (비록 대다수의 펀드가 가입하지 않았지만) 사모펀드 시장을 포함하여 여러 자산군에 걸쳐 책임투자를 촉진하기 위해 책임투자 원칙(PRI; www.unpri.org/)에 서명함에 따라 이러한 관점이 바뀌고 있습니다. 실제로 사모펀드가 투자대상기간 동안 구현하고자 노력하는 운용에서의 최선관행이 ESG와 매우 밀접하다는 점에서 사모펀드와 ESG 사이에는 많은 유사점이 있습니다. 또한 책임투자는 장기적인 투자 기간과 스튜어드십 기반 스타일을 통해 자연스럽게 사모 펀드와 연계됩니다.

그럼에도 불구하고 많은 사람들이 사모 펀드가 ESG 모니터링 및 보고에 관여하지 않는다는 점을 비판해 왔으며, 너무 어려운 것으로 간주되는 사모펀드 투자 기업에서 ESG 데이터를 수집하는 작업이 있었습니다. 사모 펀드의 주요 과제 중 하나는 ESG가 투자 선택에 반영되는 방식의 불일치와 데이터 형식에 대한 승인된 표준이 없다는 것입니다. 상장기업 대상으로는 다양한 데이터 수집 솔루션, 제공 업체 및 인덱스가 있는 반면, 현재 사모펀드 시장에서는 투자 대상 기업에 대한 사전 심의 및 평가하는 서비스를 제공하는 명성이 있고 독립적인 글로벌 ESG 공급업체가 거의 없습니다. 따라서 시간상 효율적이고 논리적이며 정확한 방식으로 데이터를 모을 수 있는 방법과 국제 표준 또는 섹터 피어와 같이 성과를 측정할 대상에 대한 질문이 여전히 남아 있습니다.

비즈니스 초기 단계에서 소규모 회사에 투자하는 사모 펀드 회사는 환경 및 사회적 요인에 대해 ESG를 더 많이 인식하고 있으므로 회사가 성장함에 따라 지배구조 개선 프로세스를 구축하기 위해 회사와 협력하는 데 초점을 맞춰야 합니다. 일반적인 추세는 사모 펀드 회사가 ESG를 점점 더 중요하게 여기고 있으며, 유럽에 기반을 둔 회사가 선두를 달리는 반면, 북미는 계속 뒤처지고 아시아 태평양은 품질이 향상되고 있다는 것을 보여줍니다.

"전통적인" ESG에 투자
Investing in "Traditional" ESG

재생 가능 에너지로의 전환이 일어나고 있습니다. 풍력 및 태양열 설비는 산업을 지원하는 정부 프로그램으로 인해 증가하고 있으며, 이제 석탄 및 천연가스보다 더 경제적으로 에너지를 생산할 수 있습니다. 2019년 재생 에너지에 대한 투자 추세는 산업부문과 지역에 따라 크게 달랐지만, 풍력은 해상 프로젝트 금융 흥행에 힘입어 1,320억 달러를, 태양광은 1,311억 달러를 유치했습니다. 2019년 기준으로 글로벌 시장에서 전체 재생 에너지 투자는 역대 세 번째로 높은 해였으며, 자산 금융 프로젝트가 과거와 같이 투자의 대부분을 차지하였습니다. 또한 2010년 이후 10년 동안 재생 가능 에너지 프로젝트에 2.5조 달러 이상이 투자되었으며, 이 중 약 50%는 태양광 프로젝트에, 40%는 풍력 관련 프로젝트에 투자되었습니다.

지속가능한 에너지 부문의 투자 관점에서 볼 때, 태양과 바람은 실질적인 대상이라는 점도 지난 최근 몇 년보다 훨씬 더 분명해 졌습니다. 수력 에너지 프로젝트는 10년 전 수준보다 떨어졌고(몇몇 매우 큰 수력 발전 프로젝트에 투자된 금액은 제외) 현재 바이오매스(biomass)와 폐기물의 에너지화 사업이 세 번째를 차지하고 있습니다.

한편 환경 운동에 대한 대중의 지지는 계속해서 치솟았습니다. 예를 들어, 미국의 소비자들은 이제 처음으로 석탄보다 더 많은 재생 에너지를 사용하고 있습니다. 정부의 세금 감면 정책은 재생 가능 에너지의 성장에 도움이 됩니다. 예를 들어, 투자세 공제(ITC, Investment Tax Credit)는 미국에서 태양 에너지의 성장을 촉진하기 위한 가장 중요한 연방 정책 중 하나입니다. (ITC는 현재 태양광 자산 투자자들의 세금 부담에 대해 26%의 연방 세금 공제 혜택을 받고 있습니다.) 지난 10년 동안 연평균 52%의 성장률을 보였던 미국 태양광 산업은, ITC에 힘입어 2006년 이후에는 10,000% 이상 성장했습니다.

이러한 형태의 활동이 증가함에 따라 탄소 배출량 제로화로의 전환이 가속화되었으며, 그 결과 더 많은 운용역이 재생 에너지 자산에 대한 투자를 늘리고 다양한 포트폴리오를 구축하게 되었습니다. 운용역은 ESG 고려사항을 투자 프로세스에 포함하고, 환경과 커뮤니티를 향상시키는 이니셔티브를 구현할 기회를 모색하게 됩니다. 그런 후에는, 투자가 투자자, 환경, 사회에 미치는 긍정적인 영향을 측정하고 추적해야 합니다. 이와 같은 보고들은 일반적으로 지속가능발전목표(SDGs)와 연결될 수 있는 내부 핵심성과지표(KPI)에 대해 모니터링됩니다.

다음 절에서는 보다 지속가능한 유형 자산을 다루게 됩니다. 대체 자산과 더 일반적으로 관련된 금융 상품 및 관행보다, 재생 가능 에너지 사업 관련 자산들(특히 태양광과 풍력 기반 자산)이 그 대상입니다.

플러그를 뽑아라: 재생 가능 에너지 투자의 기본

Pull the plug: The basics of renewable energy investment

투자 운용역은 재생 가능 에너지 및 자원 효율성 부문의 투자자들에게 점점 더 많은 기회를 제공하고 있습니다. 이러한 투자들은 재생 가능 에너지 인프라 및 관련 효율성 기술의 출시를 가속화함으로써 환경에 긍정적인 영향을 미칠 필요가 있습니다. 따라서 이러한 서비스를 제공하는 기초 주식에 투자하는 상장지수펀드(ETF)는 유사한 펀드에 투자하는 대신, 펀드는 녹색 자산을 구입하고, 깨끗한 전기를 만들고, 경제를 탈탄소화 하는 직접 자산을 관리하고 운영합니다.

결과적으로 지속가능한 실무규준은 투자 의사 결정 프로세스와 지속적인 운영 프로세스 속에서 구축됩니다. 이 2단계 프로세스에 대한 일반적인 접근 방식이 여기에 요약되어 있습니다.

사전 투자단계에서는 다음이 포함됩니다.

▶ 저탄소 기회 포착
▶ 투자 제한 심사
▶ ESG 위험 평가와 완화 계획 통합
▶ 관례적인 프로세스에 따른 투자위원회 승인 요청
▶ 합작투자(joint venture) 구조 관리

지속적인 관리에는 다음이 포함됩니다.

▶ 건강과 안전은 물론 환경 문제에 대한 보호 및 보고
▶ 영향 및 환경 개선 관리
▶ 지역 사회 활동 연계 및 유지
▶ 제3자 실사 실시
▶ 최소 지배구조 표준 결정
▶ 법규 준수 행동
▶ 사업 진정성 보호
▶ 모범 사례 전달
▶ 구조화된 방식으로 ESG 문제 및 KPI에 대한 모니터링 및 보고

불을 밝히세요: 태양광 발전
Light my fire: Solar power

태양광 발전은 기반 기술이 발전함에 따라 최근 몇 년 동안 비용이 감소했기 때문에 미래의 에너지로 여겨지고 있습니다. 이는 지난 10년 동안 매년 평균 1,400억 달러 이상을 기록한 태양 에너지 기술에 대한 투자 덕분입니다. 유틸

리티가 비용을 충당하고 투자자를 만족시키기 위해 청구해야 하는 장기 가격인 균등화발전비용(LCOE, levelized cost of energy)은 일반적으로 업계 벤치마크로 간주됩니다. 이 측정법을 사용하여 미국의 대규모 태양광 발전소의 에너지 비용은 지난 5년 동안 연간 평균 13% 감소했습니다.

이러한 사실은 미국에서 다음을 의미합니다. 태양열 발전은 이미 새롭게 건설된 다른 형태의 에너지 발전들과 많은 주, 특히 남부에서 경쟁하고 있다는 것, 태양광 발전이 전통적인 발전 방식을 줄이기 시작할 정도로 현재 가장 저렴한 형태의 새로운 에너지 생산 방법이라는 것, 이러한 비용 경쟁은 미국에서 대부분의 새로운 태양광 건설이 이제 규제 기관의 요구보다는 경제적인 동기부여로 비롯되고 있다는 것입니다.

영국에서도 태양열 및 육상 풍력은 재생 가능 에너지의 가장 저렴한 형태이며, 신재생에너지 발전단가가 화석연료 발전단가와 같아지는 시점, 즉 그리드 패리티(grid parity)에 매우 근접해 있습니다. 이것은 영국에서 적절한 위치에 적절한 크기의 신재생에너지 생산설비가 정부 보조금 없이도 수익성이 있을 수 있다는 것을 의미합니다. 태양광 생산자들은 전기 가격의 변동성을 우회하는 방법을 찾고 있습니다. 한 가지 전략은 고객과 전력 구매 계약(PPA, power pur-chase agreement)을 체결하는 것입니다. 전력 구매 계약(PPA)을 맺게 되면, 회사들은 태양광 발전소에서 생성된 일정량의 전력을 고정 인플레이션 가격으로 10년에서 15년 동안 구매하게 됩니다. 전력 구매 계약(PPA)을 체결한 회사는 발전소에서 직접 또는 전력 회사를 통해 공급받던 동일한 양의 전력을 태양광 발전소에서 구매할 수 있습니다. 이러한 전력공급방식은 전력 생산자의 위험을 크게 줄이고, 이에 따라 확대된 확실성은 전체 자금 조달 비용을 보다 낮춥니다.

태양광 에너지 수익금 펀드가 일부 설립되어 있어, 태양광 발전소에 패널을 설치하는데 투자한 투자자들에게 수익금을 효과적으로 지급하고 있습니다. 그러나 투자자가 태양 에너지 투자로부터 이익을 얻는 주된 방법은 태양광을 전기로 변환하는 태양광 모듈 제품을 생산하는 회사의 주식이나 태양광 발전소를 건설하는 회사의 주식에 투자하는 것입니다(일부 예는 여기에서 찾을 수 있습니다:

www.investopedia.com/investing/top-solar-stocks/). 또한, 일반적으로 재생 가능 에너지 주식 수와 실적의 증가를 통해 관련 뮤추얼펀드와 ETF(상장지수펀드)가 개발되어 있습니다(www.ft.com/content/cad6fcf9-f755-4988-9c75-d41a9b6ff6d8 참조).

바람이 분다: 풍력
There she blows: Wind power

해상 풍력은 향후 20년에 걸쳐 크게 확장될 예정이며, 전력 공급의 일부를 담당하게 됨에 따라 에너지 시스템을 탈탄소화하고 대기 오염을 줄이기 위한 노력을 지원하게 될 것입니다. 국제에너지기구(IEA, International Environment Agency)는 글로벌 해상 풍력 발전량이 2040년까지 15배 증가하고, 약 1조 달러의 누적 투자를 유치할 것으로 보고 있습니다. 이는 비용 감소, 정부의 지원 정책, 그리고 더 먼 바다에 위치한 터빈을 위한 대형 터빈 및 부유식 기반과 같은 일부 주목할 만한 기술 발전에 의해 추진되고 있습니다.

또한 유럽 연합이 탄소 중립 목표를 달성하게 된다면 해상 풍력 발전 용량이 2040년까지 약 180기가와트(gigawatts)까지 급증하여 해상 풍력 발전은 유럽의 최대 단일 전력 공급원이 될 것입니다. 이와 관련하여 Green Deal(유럽 연합의 경제를 지속가능하게 만들기 위한 유럽위원회의 계획)의 투자 중심인 지속가능한 유럽투자계획(the Sustainable Europe Investment Plan)은 향후 10년 동안 최소 1조 유로의 공공 및 민간 자본을 동원하는 것을 목표로 할 예정입니다.

또한 해상 풍력은 균등화된 발전비용의 67% 감소를 2012년 이후 달성했습니다. 이러한 성과는 가장 최근에 설치된 거대 터빈의 성능으로 인한 것입니다. 이러한 배경 덕분에 2020년 상반기 유럽에서는 350억 달러의 해상 풍력 투자금을 조달했습니다. 이 금액은 전년 대비 319% 증가한 것으로, 기록적이었던 2019년의 (리서치 회사 Bloomberg NEF 연구에 따르면) 약 320억 달러보다도 많은 금액입니다. 한편, 육상 풍력 투자금은 미화 375억 달러를 기록했지만, 이 금액은 21% 감소한 것입니다.

이러한 투자금은 프로젝트 및 기업 수준에서 새로운 풍력 발전소 건설, 재융자 거래, 인수 합병, 공개시장에서의 거래, 사모 펀드 증액에 사용됩니다. 풍력 에너지 프로젝트는 현재 매력적인 투자로 간주되기 때문에 장기적으로 자금을 조달할 수 있는 충분한 자본력이 있어야 합니다.

또한 기존 석유 및 가스 부문 기업이 해양 전문성을 활용할 수 있는 잠재적인 비즈니스 기회가 있습니다. 건설 및 유지 보수를 포함하여 해상 풍력 프로젝트의 생애 비용의 약 40%가 해상 석유 및 가스 부문과 상당한 시너지 효과를 내고 있습니다. 이는 향후 20년 동안 유럽과 중국에서 4천억 달러 이상의 시장 기회를 의미합니다. 특히 중국은 해상 풍력 붐으로 2019년 같은 기간 대비 42% 증가한 미화 416억 달러를 2020년 상반기 동안 투자해 다시 가장 큰 해상 풍력 시장이 되었습니다.

ESG 투자에서 지역적 차이를 알아보자

Highlighting Geographical Differences in ESG Investing

이 장에서는 . . .

✔ 유럽의 ESG로 시작
✔ 북미의 ESG 확인
✔ 선진 시장과 신흥 시장 비교하기

2015년 12월 12일 파리 협정에 서명하고 2015년 9월 25일 지속가능한 개발을 위한 유엔(UN) 2030 의제 채택은 기후 변화, 일반적으로 환경에 대한 전 세계 전망의 주요 변화를 보여주었습니다. 그리고 사회 문제. 그 이후로 규제 기관, 중앙은행 및 무역협회는 지속가능한 투자를 향한 움직임을 지원하는 데 필요한 규제 프레임워크를 개발하기 위해 노력을 강화했습니다.

오늘날 지속가능성 전략 및 관련 ESG 정책은 기업 내 의사 결정 과정에서 근본적인 역할을 합니다. ESG 투자가 향후 20년 동안 50조 달러를 넘어 설 것으로 예상된다는 사실은 그것이 틈새시장에서 주류로 이동했음을 확인시켜 줍니다. 따라서 이러한 요소는 더 이상 "있으면 좋은(nice to have)" 요소가 아니라 회사의 성과 및 평가에 필수적인 요소입니다. 모든 이해관계자는 투자 과정에

REMEMBER

서 ESG 요소의 투명성과 관련 정보공개를 통해 이익을 얻어야 합니다. 그러나 여러 보고 프레임워크를 통해 공개가 필요할 수 있습니다. 따라서 SASB (Sustainability Accounting Standards Board) 및 GRI(Global Reporting Initiative) (1장 참조)와 같은 조직들에게 보고표준의 단일화 노력에 대한 강력한 강력한 요구가 있습니다. 한편, 세계경제포럼(IBC)의 최근 노력은 기업이 중요한 ESG 정보를 보고하는 데 도움이 되는 기본 공개 지표 세트를 생성하려는 시도입니다(15장 참조).

ESG 투자를 선호하는 장기적인 구조적 추세는 계속될 것으로 예상됩니다. 여기 예시들이 있습니다:

▶ 기업, 투자자 및 공공 기관이 ESG 조치를 목적의 핵심 구성 요소로 계속 우선시함에 따라 지속가능한 투자에 대한 수요를 자극한 사회적 및 정치적 의견의 변동이 가속화되고 있습니다.
▶ 기업은 이러한 변화하는 기대치를 충족해야 한다는 압력을 받고 있지만, 그 정도는 관할권(국가)에 따라 다를 수 있으나, 더 자세하고 신뢰할 수 있는 ESG 데이터가 전제 조건으로 간주됩니다.
▶ 성장은 ESG 요소가 장기 투자 수익에 중요한 영향을 미쳐야 한다는 인식이 높아지면서 주도되었습니다.

그 결과, ESG 원칙에 따라 관리되는 펀드는 업계가 지속가능성을 투자 접근 방식의 중심에 두고 인식이 증가함에 따라 그리고 자본의 실질적인 구조 조정이 수행됨에 따라 전 세계적으로 상당한 유입을 계속 유치하고 있습니다. 이는 ESG와 관련된 다양한 채권이 증가하고 있고 녹색 채권이 전 세계적으로 자산에서 1조 달러를 초과한 채권의 경우에도 마찬가지입니다.

이 장에서는 유럽을 ESG 투자 관행의 최전선에 계속 유지하는 유럽 규제 개발을 포함하여 전 세계적으로 ESG의 발전을 강조합니다. 미국의 시소 공약 (seesaw commitment)은 여전히 미국이 유럽에 뒤처지게 하고 있습니다. 신흥 시장, 특히 아시아에 투자하는 ESG의 발전이 증가하고 있지만 현재는 참여율이 낮습니다.

시작: 유럽
The Beginning: Europe

1960년대에 미국은 사회적 책임투자(SRI)의 중심지였으며, 자신의 투자 자금이 베트남 전쟁과 관련된 특정 활동이나 분야를 피하고 있다는 확신을 가지기를 원하는 투자자들에게 주로 가치 기반의 네거티브 또는 포지티브 스크리닝을 제공했습니다. 그러나 1992년 리우데자네이루 지구 정상 회의와 환경 의식(체르노빌 원자력 발전소 사고 및 엑손 발데즈 기름 유출과 같은 사건으로 촉발됨)이 새로운 유형의 유럽 투자자 출현에 촉매 역할을 했습니다. 2002년 Eurosif(European Sustainable and Responsible Investment Forum; www.eurosif.org/)와 같은 산업 조직의 형성으로 절정에 달했습니다.

따라서 미국은 투자자를 위한 세계에서 가장 크고 가장 깊은 시장이지만 ESG 투자에 관해서는 유럽에 뒤쳐져 있습니다. 최신 자료(Global Sustainable Investment Alliance (GSIA 제공))에 따르면, 유럽이 가장 많은 규모의 지속가능한 투자자산(총 14.1조 달러)을 차지하고 있으며, 미국(12조 달러)이 그 뒤를 이어, 전 세계적으로 관리 중인 총 자산의 약 25%를 지속가능한 투자가 차지하고 있음을 확인할 수 있습니다. 유럽, 중동 및 아프리카(EMEA)에 초점을 맞춘 투자자는 주로 투자 과정에서 거버넌스를 통합하는 것으로 간주되며, 환경 및 사회적 요인이 증가하지만 여전히 비교적 초기 단계에 있습니다. 이는 지배구조 문제가 일반적으로 환경적 또는 사회적 요인보다 먼저 고려되는 주식뿐만 아니라 회사채와 국채도 마찬가지입니다.

또한 ESG 투자에 중점을 둔 유럽 펀드는 친환경 및 윤리적 옵션에 대한 수

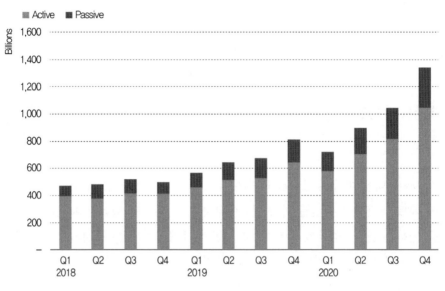

출처: Morningstar Research

요가 급증하면서 2020년 고객으로부터 2,730억 달러를 모금했습니다. 따라서 ESG를 포함한 유럽 펀드가 관리하는 자산은 65% 증가한 1조 3천억 달러 이상을 기록했습니다. 또한 2020년 마지막 3개월 동안 전분기 대비 84% 급증한 것은 주로 액티브가 주도한 반면 유럽에 기반을 둔 지속가능한 투자 펀드의 수는 3,000개 이상으로 증가했습니다.

[그림 11−1]을 참조하고 www.morningstar.com/content/dam/market-ing/shared/pdfs/Research/Global_Sustainable_Fund_Flows_Q4_2020.pdf를 확인하십시오.

유럽의 ESG 투자 동향에 대한 자세한 내용은 www.eurosif.org/wp−con-tent/uploads/2018/11/European−SRI−2018−Study.pdf를 참조하십시오.

규제 개발 강조

Highlighting the regulatory developments

ESG 투자를 주도하는 이러한 배경에서 유럽연합(EU)과 유럽증권시장감독청 (ESMA, European Securities and Markets Authority)은 ESG 투자에 대한 질문을 명확히 했습니다.

▶ ESMA는 금융 시장 참여자와 투자자문사(advisors)가 고객에게 최선의 이익을 위해 행동해야 하는 의무의 일환으로 ESG 위험과 기회를 절차에 통합해야 하는 방법을 설명하는 현재 규정에 대한 수많은 수정안을 제안했습니다. 제안서는 투자자문사가 왜 지속가능성 요소가 프로세스에 포함되지 않았는지 설명하도록 요구합니다. 이러한 ESG 통합의 필요성은 유럽의 거의 모든 기관 투자자가 ESG 투자에 참여하거나 관심을 갖는 이유를 설명하는 데 도움이 됩니다.

▶ EU 규제 당국은 지속가능한 성장 자금 조달 및 투자를 가능하게 하기 위해 공통 ESG 분류 체계(taxonomy)를 도입하는 데 앞장서 왔습니다. 그러나 그 사이에 더 엄격한 기준이 적용되고 있다는 사실은 관심 증가에도 불구하고 2014년과 2018년 사이에 총 자산 측면에서 ESG 표시 자산의 비율이 실제로 감소한 이유를 설명하는데도 도움이 됩니다. 이것은 투자 상품 제공자가 ESG 상품이라고 부르는 것에 더 주의를 기울이는 쪽으로 이동하고 있음을 나타냅니다(그린워싱에 대한 자세한 내용은 6장 참조).

다음에서는 유럽의 규제 개발에 대해 자세히 설명합니다.

지속가능한 투자를 촉진하기 위한 프레임워크 구축에 관한 규제

Regulation on the establishment of a framework to facilitate sustainable investment

지속가능한 투자를 촉진하기 위한 프레임워크 구축에 관한 규정이 2020년 6월 22일 유럽 연합 관보에 발표되었으며 기업과 투자자가 "환경적으로 지속가능한" 경제활동과 성과수준을 인식할 수 있도록 범유럽 분류 시스템(pan-European classification system, 또는 "분류(taxonomy)")을 규정합니다. 경제 활동 및 성과 수준은 "환경적으로 지속가능"합니다(https://eur-lex.europa.eu/legal-content/EN/TXT/?uri=CELEX%3A52018PC0353에서 자세한 정보에 대한 규정 및 링크 요약을 찾을 수 있습니다).

환경적으로 지속가능하려면 활동이 6개의 "환경 목표" 중 적어도 하나에 "실질적인 기여"를 해야 합니다. 여기에는 다음이 포함됩니다.

▶ 기후 변화 완화: 활동이 재생 가능 에너지 생성 또는 에너지 효율성 향상과 같은 온실 가스 안정화 목표(파리 협정의 목표와 일치)에 영향을 줍니까?

▶ 기후 변화 적응: 부정적인 영향의 위험을 높이지 않고, a) 사람, 자연 또는 자산이든 b) 경제활동 자체이든 기후에 예상되는 부정적 영향을 줄이는 솔루션을 통합하고 있습니까?

▶ 수자원 및 해양 자원의 지속가능한 사용 및 보호: 유해한 폐수 배출 또는 오염 물질로부터 환경을 보호함으로써 수역 또는 해양 자원의 양호한 상태 또는 악화를 실현하는 데 크게 기여합니까?

▶ 순환 경제로의 전환: 예를 들어 보다 효율적인 재활용 센터 또는 제품의 확장에 자금을 지원하고 매립지에서 폐기물 사용을 방지함으로써 폐기물 예방, 재사용 및 재활용에 크게 추가됩니까?

▶ 오염 방지 및 통제: 대기, 물 또는 토지(온실 가스 제외)로의 오염 물질 배출을 중단하거나 차단함으로써 오염 방지 및 통제에 크게 도움이 됩니까?

▶ 생물 다양성 및 생태계의 보호 및 복원: 생물 다양성을 보전 또는 복원하고

보존 노력 또는 생태계 복원을 통해 생태계의 양호한 상태를 실현하는 데 크게 기여합니까?

이 분류는 2019년 12월에 발표된 지속가능한 금융 공개 규정(SFDR)과 병행하여 작동하며 2021년 3월 이후에 시행됩니다. 이는 위임된 모든 조치와 실행 조치가 발효된 후에만 운영되며, 처음 두 가지 기후 관련 환경 목적은 2021년 12월 31일부터 운영되고 나머지 4가지 목표는 2022년 12월 31일부터 운영됩니다(추가 정보: www.responsibleinvestor.com/articles/ensuring-the-eu-sustainable-finance-disclosureregulation-can-deliver-on-its-ambitions.).

SFDR은 EU 기반 자산운용사가 관리하는 기금 및 연금 상품의 환경적 지속가능성 정도를 공개하거나, 그렇지 않은 경우 고지사항을 포함하도록 의무화하고, 대부분의 EU 기반 기업이 공시자료에 환경 관련 공시를 하도록 강제하고 있습니다. 전체적으로 이러한 규정을 통해 관리자는 오염 또는 지속 불가능한 투자에 투자하거나 근본적인 환경 기준을 충족하지 않는 투자와 차별화할 수 있습니다. 이는 기업이 ESG 요건이 과장된 ESG 제품을 제공하는 그린워싱을 줄여야 합니다(그린워싱에 대한 자세한 내용은 6장을 참고하세요).

기타 규정 및 개정안
Other regulations and amendments

유럽 위원회는 또한 보험상품판매지침, 제2차 금융상품시장지침(MiFID) II, 집합투자지침(UCITS) 지침, IFA 대체 투자 펀드 관리 지침(AIFMD) 및 비재무보고지침(NFRD)과 같은 EU의 기존 벤치마크 규정에 대한 많은 개정을 제안했습니다. 영국의 EU 탈퇴에도 불구하고 앞부분에서 다룬 SFDR 및 분류법은 영국 법률에 따라 집행될 것이며 영국에 기반을 둔 대체 투자 펀드 매니저, UCITS 관리 회사 및 MiFID 투자 회사도 준수해야 합니다. 이러한 입법 변경은 미국 기업에 직접적인 영향을 미치지 않지만 유럽에서 활동을 수행하는 미국 관리자에게는 간접적인 영향을 미칠 가능성이 높습니다(예: 유럽 마케팅).

앞에서 제가 여러분들에게 많은 영어 약자들을 제시했고 아마도 궁금해 할 것입니다. 이 각각이 무엇을 의미할까요? 간단히 말해서, 이러한 새로운 규정의 범위는 유럽에서 운영되는 자산 관리자와 투자 회사가 정책 및 절차뿐만 아니라 많은 정보공개(규제 당국과 투자자 모두에게)를 평가하고 수정하도록 강요할 수 있음을 의미합니다. 그들은 새로운 규정을 준수하는지 확인하기 위해 규정 제출, 연간 보고서 및 기타 공개를 업데이트해야 합니다.

한편 영국의 FCA(Financial Conduct Authority)는 2020년 12월에 시작되는 회계 기간에 적용하기 위해 런던 증권 거래소의 프리미엄 시장에 상장된 회사의 연간 재무 보고서에 필요한 새로운 기후 관련 공시를 요약한 정책 성명을 발표했습니다. 또는 2021년 1월 1일 이후 FCA 제안은 기후 관련 재무 공개에 관한 태스크 포스(TCFD)가 프리미엄 상장 기업에 의해 조정된 보고를 요구하는 것입니다. TCFD는 2015년 금융 안정위원회에서 제정한 기후 관련 위험과 기회의 공개에 초점을 맞춘 보고 프레임워크입니다.

FCA 정책 성명 내에서 TCFD는 거버넌스, 전략, 위험 관리, 지표 및 목표와 관련된 4가지 "핵심영역"을 지지하며 11개의 "권고공개내용"을 수반합니다. FCA는 프리미엄 상장 기업이 기후 관련 위험 및 기회에 대한 이사회의 감독을 공개해야 하거나 그러한 공개를 포함하지 않은 이유를 설명해야 하는 "준수 또는 설명" 체제를 제안합니다. 이 제안은 유럽 대륙과 영국에서 운영되는 자산 관리자에게 직접적인 영향을 주지는 않지만 포트폴리오 구성 및 위험 가중치에 간접적인 영향을 미칠 수 있으며 기후 관련 공개에 대한보다 엄격한 체제를 나타냅니다.

ESG 투자에 대한 선점자 이점 즐기기
Enjoying a first mover advantage on ESG investment

유럽의 ESG 투자 규모는 약 총 30조 달러 규모의 전세계 ESG 투자규모에서 절반에 가까운 14.1조 달러로 추정되며 유럽에서 관리되는 총 자산의 절반에 가깝습니다. 2019년 9월 Deutsche Bank가 발표한 예측에 따르면 ESG 투자는 2030년까지 미화 100조 달러를 넘어 설 정도로 전 세계적으로 성장할 것으로 예상됩니다. ESG 기준에 대한 이해가 다르기 때문에 예측에 제약이 있을 수 있지만 ESG가 유럽에 대한 투자는 이러한 추세를 따르지만 여전히 상승 여지가 많습니다!

보다 용이하고 즉각적으로 적용이 가능하다는 점에서 패시브 투자[1] 전략이 가장 먼저 빠르게 거래량을 확보한 반면, 이제 자산 관리자는 여러 ESG 관련 투자 접근 방식을 선택할 수 있습니다.

투자가 전 세계적으로 지속가능한 (기후 변화 또는 물 안보 측면에서) 또는 "동급 최고"(ESG 점수 및 성과가 가장 높은 회사)의 활동을 촉진하는 방법을 평가하는 보다 중급적이고 정교한 솔루션으로 초기 전환이 있었습니다. 이러한 접근 방식은 더 광범위한 ESG 요소 통합 명령(자금 투자 방법을 설정하는 투자 관리자와의 계약)에 추가로 포함되었습니다. 특히 2015년 이후(예: 파리 협정 및 UN SDG 수립 후, 1장 참조)ESG를 고려한 투자 심리가 높아짐에 따라 개별기업에 더 적극적인 관여활동을 수행하는 임팩트 투자나 액티브 투자[2]와 같이 ESG 목표에 더 직접적으로 영향을 줄 수 있는 투자방식으로 투자자들의 선호도가 바뀌기 시작했습니다.

그러나 순수 배제 및 네거티브 스크리닝 접근 방식에 대한 투자는 감소했지만 여전히 가장 일반적인 형태의 ESG 전략이자 가장 큰 자산을 관리하는 전략입니다. 화석 연료에 대한 우려와 그러한 자산의 가치가 재정적으로 "좌초(stranded)"될 가능성이 이 자산풀 형성에 기여했습니다.

이 장의 앞부분에서 설명한 규제 개발은 또한 많은 투자자들이 규제보다 앞서고자 하는 가운데 ESG 전략을 도입하는 핵심 요소가 되고 있습니다. ESG

---

1 시장 평균 수익률을 올리는 것을 목표로 코스피 200등 주요 지수의 등락에 따라 기계적으로 편입된 종목을 사고파는 투자 방식을 말합니다.
2 펀드매니저 등 전문가가 시장 평균을 웃도는 수익률을 내는 것을 목표로 하여 개별 종목의 강점과 약점을 분석, 선별적으로 주식을 사고파는 투자 방식을 말합니다.

위험을 완화하고 수탁자의 책임을 충족하며 평판 위험을 피하는 것도 고려된 주요 요소입니다. 한편, 신뢰할 수 있는 데이터의 부족은 ESG 통합을 심화하는 데 여전히 중요한 장애물이며, 규제 변경으로 인해 어느 정도의 불확실성과 잠재적 진입 장벽이 발생합니다. 지속가능한 활동에 대한 최소 요구 사항을 정의하기 위해 공통 분류 체계를 채택하고 SFDR이 ESG 공개에 대한 표준을 명확히 한다면, ESG 투자에 대한 많은 장애물을 제거해야 합니다. 또한 NFDR에는 EU 기업에 대한 특정 공개 요구 사항이 수반됩니다. 이는 유럽에서 사용 가능한 ESG 데이터 및 등급의 품질과 비교 가능성을 해결하는 데 큰 도움이 되지만 다른 관할권과 특정 자산 군에서 개선의 여지가 남아있을 수 있습니다.

모든 금융 기관이 새로운 규제 요구 사항을 준수해야 한다는 점을 감안할 때 특정 참여자는 자신을 ESG 혁신가로 자리 매김하고 새로운 고객이나 투자자를 유치하기 위해보다 적극적으로 비즈니스 운영을 수정할 수 있습니다.

ESG 펀드의 지속적인 유입
Continuing inflows for ESG funds

2020년은 개인 투자자를 대상으로 하는 ESG 투자 전략 및 펀드의 핵심 해였습니다. 지속가능한 펀드 시장은 대유행 초기에 지속적인 수요를 보였으며 2020년 1분기 동안 300억 유로의 유입을 기록한 반면 더 넓은 유럽 펀드 시장은 1,480억 유로로 감소했습니다. 또한 지속가능한 펀드의 총 자산은 2019년말 기록에서 6,120억 유로로 감소하였지만 이는 16.2%(Morningstar 기준) 하락한 더 넓은 시장 수준에는 미치지 못한 반면 ESG 기반의 펀드는 경기 침체기 동안 비ESG 펀드를 능가했습니다.

가장 많은 관심을 보인 하위 부문(sub-sector) 펀드는 "베스트셀러 목록"을 관리하는 환경 및 기후 인식 펀드였습니다. 지속가능한 금융에 대한 EU 실행 계획을 포함한 규제 개발로 인해 이러한 펀드가 투자자 지원을 계속 받을 것으로 보입니다(자세한 내용은 https://ec.europa.eu/info/businesseconomy-euro/banking-

and−finance/sustainable−finance_en 참조). 자료에 따르면 유럽에는 ESG 기준(그린 워싱에도 불구하고!)을 사용하는 2,500개 이상의 개발형 펀드와 상장지수펀드(ETFs)가 있으며, 그중 ESG 기준에 적합한 72개의 새로운 지속가능한 펀드와 다른 용도로 사용된 24개의 기존 펀드가 있습니다. 이 전략들은 배제 정책이 적용된 광범위한 ESG 펀드, 테마투자, 임팩트 투자 상품 및 UN의 SDG를 목표로 하는 전략에 이르기까지 다양한 범위를 제공했습니다. 흥미롭게도 2020년 1분기에 액티브 지속가능 펀드가 패시브 지속가능 펀드보다 유입 감소가 적었습니다. 한편, 채권분야에서는 소매 투자자를 위한 지속가능성을 고려한 복합자산 펀드를 포함하여 녹색 채권에 대한 관심이 증가하고 있습니다.

이 모든 것이 긍정적인 발전이지만 투자자는 이러한 제품이 지속가능성 기대치를 충족하는지 여부를 결정해야 합니다. 대부분의 ESG ETF(상장지수펀드)는 "ESG 중심(focused)"으로 분류될 수 있으며, ESG 분석을 주식 선택의 핵심 기능으로 사용하고 기업의 ESG 점수를 기반으로 가중치가 부여된 지수를 추적합니다. 이 지수에는 설득력있는 ESG 성과를 보유한 회사의 주식이 더 많이 포함되어 있습니다. 유럽에서 ETF(상장지수펀드) 투자자는 일반적으로 개인 투자자보다 크고 지식이 풍부한 기관 투자자입니다. 임팩트 펀드는 투자 수익을 창출하면서 특정 환경 또는 사회적 목표를 달성하려고 시도하며 지속가능한 부문 펀드는 재생 가능 에너지 및 에너지 효율성과 같은 산업에 중점을 둡니다.

또한 일부 유럽 제공 업체는 새로운 EU 분류법을 포트폴리오에 적용하여 운영에 필요한 변경 사항에 대한 조기 이해를 촉진하고 향후 규칙 변경에 영향을 미치기 위해 규제 기관과 함께 신뢰할 수 있는 파트너로 자리 매김하려고 노력하고 있습니다.

중간: 북미

The Middle: North America

유럽 투자자들이 가장 많은 규모의 ESG 관련 자산을 보유하고 있지만 (이 장의 앞부분에서 설명했듯이) 최근 ESG 투자시장의 성장은 미국의 수요 증가로 인한 것입니다. 2014년과 2018년 사이에 개인 및 기관 투자자가 보유한 ESG 투자 자산은 미국의 경우 4년 연평균(CAGR)이 16%로 유럽의 6%에 비해 크게 증가했습니다. 또한 미국의 ESG 펀드로의 유입은 2020년에도 지속적으로 증가했으며 주식 및 채권 ESG 뮤추얼 펀드와 ETF(상장지수펀드)는 4년 연속 기록적인 유입을 달성했습니다.

Morningstar의 2020 Global Sustainable Fund Flows 보고서에 따르면 지속가능한 펀드의 자산은 3분기에 비해 28% 증가한 1조 7천억 달러로 사상 최고치를 기록했습니다. 유럽은 1조 달러를 훨씬 넘어섰지만, 글로벌 지속가능한 펀드 유입은 2020년 4분기에 26% 증가한 3600억 달러에 육박했습니다. 미국은 전 세계 유입의 14%인 약 530억 달러를 차지했으며, 이는 2020년 전체로 봤을 때 유사한 규모였습니다. 설문 조사에 따르면 미국인의 60% 이상이 투자 시 ESG를 고려해야 한다고 생각하지만 실제로 지속가능한 테마 투자에 15%만 투자하므로 상승 여지가 충분합니다.

[그림 11-2]를 참조하고 www.morningstar.com/content/dam/market-ing/shared/pdfs/Research/Global_Sustainable_Fund_Flows_Q4_2020.pdf 를 확인하십시오.

더 큰 관심에 관계없이 자산운용사, 규제 기관 및 투자자에 의한 ESG 통합에 대한 다양한 접근 방식은 완전한 ESG 잠재력이 아직 실현되지 않았음을 시사합니다. 다음을 고려하세요:

▶ 자산 관리자는 고객 수요로 2025년까지 미국 내 운용자산의 절반이 ESG 투자를 고려할 것이라는 기대를 충족하기 위해 ESG 지표를 투자 결정에

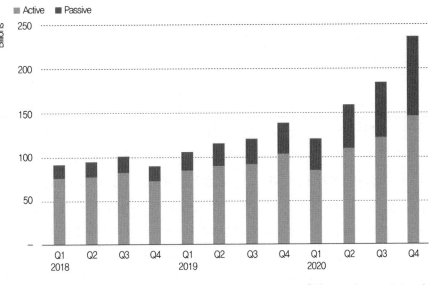

→ 그림 11-2 미국의 지속가능한 펀드 자산(10억 달러); 2020년 12월 기준 데이터

출처: Morningstar Research

지속적으로 반영해야 합니다.

▶ ESG 투자에 대한 우려 중 일부는 ESG를 수락하면 수익에 대한 비용이 발생하여 성과가 저조하다는 역사적 인식과 관련이 있습니다. 많은 미국인들은 여전히 담배, 술, 총기와 같은 특정 산업의 투자 회수, 매각이나 스크리닝(배제)을 주로 다루고 있다고 생각합니다.

▶ 2020년 초에 지속가능한 전략을 사용하는 미국 내 자산 16.6조 달러 중 ESG 통합전략은 자산의 약 7%가 적용되었습니다. 이는 스크리닝이 지금까지 지배적인 접근 방식이고 ESG 통합이 자산의 약 1/3을 차지하는 세번째로 가장 일반적인 전략인 유럽과 비교됩니다. 이 새로운 미국 데이터는 2020년11월에 발표된 미국 SIF 재단의 2020년 미국 지속가능 및 임팩트 투자 동향 보고서에서 발췌한 것입니다. 자세한 내용은 www. ussif.org/files/US%20SIF%20Trends%20Report%202020%20Executive%20Summary.pdf를 참고하십시오.

다음에서는 미국과 캐나다 ESG 투자에 대해 설명합니다.

미국의 정치, 규제 장애물 강조
Highlighting political and regulatory roadblocks in the United States

미국에서 ESG와 관련된 규제는 지난 수십년 동안 중립성과 적극적인 방해 사이에서 변동을 거듭해 왔습니다. 미국 노동부(DOL)는 1994년에 지속가능한 투자를 지원했지만 2008년 새로운 지침으로 인해 일부 수탁자들이 ESG 투자에 대해 의문을 제기했습니다. 보다 긍정적인 전망은 2015년에 ESG를 중요한 중요 요소로 인식하는 지침이 업데이트 되어 ESG 투자를 다시 촉진했습니다. 그러나 트럼프 행정부 하에서 연방 정부는 지속가능한 투자와 환경 보호를 억제하여 정치적 및 규제적 장애물이 발생했기 때문에 진자(pendulum)가 다시 부정적으로 바뀌었습니다. 당시 트럼프 행정부는 환경 규제를 철회하면서 파리 협정을 철회했습니다.

또한 2020년 DOL은 투자 관리자가 ESG 문제를 고려하지 못하도록 하는 몇 가지 제안을 제시했습니다.

▶ ERISA(Employee Retirement Income Security Act, 종업원퇴직소득보장법)에 의해 관리되는 사립 연금 계획에 대한 제안된 규칙은 사적 고용주가 후원하는 퇴직 계획이 사회적 목표 또는 정책 목표를 촉진하는 데 필요하지 않지만 근로자에게 은퇴 보장을 제공해야 한다고 명시하고 있습니다. 2020년 1분기에 약 29조 달러의 자산이 ERISA 규정에 따라 관리되었습니다.

▶ DOL은 퇴직 계획에 경제적 영향을 미치는 문제에 대해서만 주주 의결권 행사를 하는 계획을 요구하는 추가 규칙을 제안했으며, 측정 가능한 재정적 영향이 없는 경우 ESG 관련 문제에 의결권을 행사해서는 안된다고 추론했습니다. 일반적으로 주주 의결권 행사에 대한 미국 공개 요구 사항은 투자자가 회사의 ESG 관행과 관련된 정보를 검토할 수 있도록 허용했으며 관리

자는 이러한 규칙을 적용하여 회사의 ESG 원칙 구현에 영향을 미쳤습니다.

▶ 투자 전문가는 ESG 전략을 따를 수 있지만 기존 투자에 따라 이익을 창출한다는 것을 증명해야 합니다. 제안에 대한 대중의 피드백은 ESG 펀드를 연금의 기본 투자 옵션으로 사용하지 않는 것이 ESG 투자의 유입을 줄이고 성장 잠재력을 제한하므로 관리자가 ESG 위험을 완전히 반영하지 않을 것이라는 점을 강조합니다.

DOL의 접근 방식과 달리 EU 및 영국의 규제는 지속가능성 및 ESG 개념을 재무 의사 결정에 통합하도록 승인하여 연금 펀드 관리자에 대한 보다 공식적인 고려를 지원합니다. 유럽 연합 집행위원회가 제안한 금융 상품 시장 지침(MiFID) II 규칙 개정안은 투자 회사가 투자 조언을 제공할 때 소매 고객의 ESG 선호도를 고려해야 한다고 규정합니다.

지속가능한 투자에 관한 미국과 EU/영국 규정의 차이가 분명히 커지고 있습니다. EU/영국에 대한 ESG 투자가 진화하는 동안 DOL의 과거 보수적인 입장을 감안할 때, 다양한 규제 경로는 가까운 장래에 수렴될 가능성이 낮습니다. 이러한 모순적인 태도는 투자 운용사, 연기금 또는 그러한 계획을 후원하는 기관에 할당된 신용 등급에 즉시 영향을 미치지 않습니다. 그러나 장기적으로 반대되는 투자 고려 사항, 위험 및 잠재적 수익으로 변환될 가능성이 있습니다.

또한 미국증권거래위원회(SEC)의 OCIE(Office of Compliance Inspections and Examinations)는 2020년에 SEC 등록 투자자문사에 대한 심사 우선 순위를 발표했으며, 많은 투자자문사들이 회사의 ESG 투자 활동에 대한 중요한 문서 요청을 받고 있습니다. 공개, 마케팅, 지표 사용, 내부 통제 및 기타 정책을 포함합니다. OCIE의 초점은 SEC 등록 기업이 그린워싱(6장에서 다룸)을 방지하는 데 있지만, 이러한 조치는 ESG가 미국에서 상당히 집중되고 있는 영역임을 보여줍니다.

새로운 밀레니엄의 첫 10년 동안 나머지 세계가 ESG 통합에 더 많이 참여했지만 미국은 변화를 더 느리게 만들었습니다. SRI 형태의 투자가 너무 부정적이라는 확신(네거티브 스크리닝 사용으로 인해)과 수익이 감소했다는 믿음은 미국 투자자들이 ESG 투자에 너무 많이 참여하는 것을 막았습니다. 즉, 지속가능 회계기준위원회(SASB, 1장 참조)는 2011년부터 재무적으로 중요할 가능성이 있는 주요 부문 별 ESG 지표를 식별하기 위해 SEC에 기업 공시 관련 공통 표준을 생성하기 위해 노력해 왔습니다. 그러나 동일한 부문의 회사 간 동료 비교를 허용하는 정보를 찾는 투자자의 압력에도 불구하고 SEC는 회사가 보고 요구 사항에 특정 ESG 관련 데이터를 포함하도록 요구하지 않았습니다.

캐나다의 접근 방식 조사
Investigating Canada's approach

캐나다는 영국 규제기관(이 장의 앞부분에서 설명)과 유사한 경로를 따랐습니다. 자산 관리자, 소유자 및 수탁자는 투자 결정을 내리고 운용사를 선정할 때 주요 위험과 기회를 반영하도록 규정에 의해 강제됩니다. 예를 들어, 캐나다 온타리오주는 연금 기금에 ESG 관련 요소가 자산운용지침(IPS) 일부인지 여부를 밝히도록 강요합니다. 법에 따라 연금 수탁자는 ESG 통합이 펀드의 투자 수익에 미치는 영향을 평가하고 투자 정책 및 프로세스에 ESG 관련 정보가 포함되어 있는지 확인해야 합니다.

중요한 것은 법에서 연금 기금이 ESG 친화적인 투자를 하도록 강요하지 않는다는 것입니다. 대신, 투자 방법을 규제하기보다는 ESG와 관련된 가능성이 있는 중요한 문제에 대한 인식을 장려합니다. 온타리오는 이 법안이 있는 캐나다의 유일한 주입니다. 그러나 거버넌스, 다양성 및 기후 변화에 대한 캐나다 투자자의 관심은 상당히 증가했으며 대부분의 기관 투자자는 의결권 행사 시 ESG 측면을 고려합니다. 또한 자산운용사는 ESG 문제에 대해 자산 소유자에게 정기적으로 보고해야 합니다. 이는 투자기업과 ESG 관련 관여활동의 형태일 수 있으며 이러한 상호 작용에서 얻은 긍정적인 결론을 기반으로 합니다.

수요 증가
Driving up demand

연구에 따르면 미국의 자산운용사 중 절반 이상이 ESG 투자 솔루션 신설을 고려하고 있으며, 세대 간 자산 이전에 대한 관심이 높아지고 젊은 투자자들은 ESG를 더 호의적으로 생각하는 것으로 판단되는 가운데 많은 액티브 매니저들이 패시브 상품보다 우위를 점하고자 합니다. 고객의 보다 명확한 요구는 이 영역에서 ESG를 더 많이 구현하는 데 중요한 동인이 될 가능성이 높으며, 이는 정량적 스크리닝을 통해 확인된 성과를 제외하고 투자자가 다른 부가가치 서비스를 주목하고 있음을 시사합니다. ETF(상장지수펀드)로의 흐름은 개방형 펀드로의 흐름과 거의 비슷했습니다. 원래 지속가능한 ETF는 재생 가능 에너지, 환경 서비스 및 청정 기술과 관련된 영역의 펀드에 초점을 맞추고 있으며, 다각화된 ESG 중심의 ETF는 2개뿐입니다.

업계 전반에서 수동적으로 관리되는 펀드에 대한 추세에 따라, 지난 3년 동안 패시브 지속가능 펀드로의 흐름이 액티브 펀드로의 흐름을 능가했으며, 흐름의 70% 이상이 패시브 펀드로 들어갔다고 보고했습니다. 이것은 업계가 고려해야 할 몇 가지 주요 메시지를 강조했습니다.

- ▶ 미국에서 ESG를 고려한 투자 자산은 비 ESG 투자자산 보다 16%의 연평균 성장률(CAGR)로 훨씬 빠르게 성장하여 2025년까지 전문적으로 관리되는 모든 투자의 절반을 충당할 수 있으며 총 약 35조 달러에 이릅니다.
- ▶ ESG를 고려하는 200개 이상의 신규 펀드가 향후 3년 내에 출시될 것으로 예상되며 이는 이전 3년에 비해 두 배 이상 늘어난 것입니다.
- ▶ 인공지능(AI)과 대체 데이터의 사용은 관리자에게 중요한 ESG 데이터를 발굴하고 잠재적으로 알파를 달성 할 수 있는 더 큰 범위를 제공하고 있습니다.
- ▶ 맞춤형 ESG 상품 제공에서 보다 포괄적인 운영으로 사전에 전환하는 기업

은 향후 ESG 자산 흐름에서 더 많은 비율을 얻을 수 있습니다.

더 부정적인 측면에서, ESG 투자와 관련하여 미국의 다소 비우호적 규제 환경 외에도 ESG 투자가 개선된 성과를 창출한다는 것을 증명하기 위해 수탁자에게 규제가 부과된다는 점을 감안할 때 주주로부터 소송 위험이 있습니다. 더욱이 ESG 용어에도 문제가 있습니다. 일부 투자자는 ESG 통합에서 스크리닝에 이르기까지 모든 것을 표현하기 위해 "임팩트(impact)"라는 문구를 사용합니다. 불행히도 이것은 투자자들이 펀드가 무엇을 제공하는지 알아내려고 할 때 오히려 물을 진흙탕으로 만듭니다(muddies the water).

그러나 투자자는 이미 관련 개념에 익숙하기 때문에 SRI와 ESG 통합의 차이점에 대한 이해를 높이는 데 도움이 될 수 있습니다. 또한 더 많은 관리자들이 ESG를 전략적 비즈니스의 필수 요소로 보고 있으며 지속가능한 투자를 하면서 수익을 극대화 할 수 있다고 믿고 있습니다. 또한 AI와 같은 신기술이 ESG 데이터의 품질을 향상시키고 규제 환경이 더 명확해짐에 따라 투자자는 더 많은 포트폴리오에서 ESG 요소를 사용하도록 요구할 가능성이 높습니다.

마지막: 선진 시장과 신흥 시장
The End: Developed versus Emerging Markets

전세계 ESG 투자 자산의 거의 90%가 북미, 유럽 및 아시아(일본 및 호주 제외)의 3개 지역에 걸쳐 있습니다. 따라서 일반적인 논의는 모든 신흥 시장과 관련이 있지만 신흥 시장에 대한 본 장의 초점은 아시아에 집중되어 있습니다. 예를 들어 신흥 시장에 도전하는 투자자는 문화, 규제 환경 및 기술에서 차이에 직면합니다. 그렇다면 ESG를 포함하여 또 다른 복잡한 계층을 추가하는 이유는 무엇입니까? 분명히 신흥 시장의 경제 성장 속도는 선진 시장보다 더 크고 기회의 주머니를 찾을 수 있지만 불투명하고 탐색하기 어려울 수 있습니다.

아시아 기업의 환경 및 사회적 성과를 이해하고자 하는 투자자들은 ESG 위험을 인식하고 완화하는 기업의 능력을 더 명확히 인식하기 위한 견고하고 적절한 데이터가 부족하여 어려움을 겪고 있습니다. 모든 지역의 회사와 마찬가지로 어떤 형태의 "체크 박스(check box)" 활동을 통해 ESG 값을 대충 준수하는 것만으로는 충분하지 않습니다. 따라서 ESG 데이터의 가치가 다를 수 있으며 표준화된 보고가 부족합니다. 더욱이 많은 회사가 지속적으로 영어로 정보를 제공하지 않으며 공통의 ESG 용어에 문제가 있을 수 있습니다. 여기에 전통적인 거버넌스 문제와 더 가벼운 규제를 추가하면 신흥 시장이 ESG 투자자에게 추가 과제를 제시하는 이유를 쉽게 알 수 있습니다.

전통적으로 신흥 시장에 대한 투자에 대한 적극적인 접근 방식은 동질성 부족으로 인해 벤치마크 추적이 제한되기 때문에 배당금을 지급했습니다. 특히 아시아는 다양한 국가, 문화, 경제 및 정치 시스템의 대규모 그룹으로 구성됩니다. 지수가 국가 수준에 주로 집중되어 있고 지역 할당에서 빠르게 "중국 플러스(china-plus)"가 되기 때문에 벤치마크 추적은 필요한 다각화를 제공하지 않습니다(이전 30~35%에 비해 약 46%).

한편, 약 26%는 대만과 한국의 보다 선진화된 시장에 할당됩니다. 이는 전체 지수의 약 20%를 차지하는 정규 신흥 시장 벤치마크의 상위 5개 종목과 함께 주식 수준에서도 마찬가지입니다. 이것은 잘 알려지지 않은 다른 기회를 위한 공간을 거의 남기지 않습니다. 따라서 일부 중소형 주식에 ESG 요소를 오버레이하면 보석 발굴에 도움이 될 것입니다. 인도와 베트남과 같은 국가에 더 많이 노출 될 때도 마찬가지입니다.

ESG 요소를 통해 신흥 시장에 투자한 성과는 지난 10년 동안 동료 대비 ESG 지표에서 높은 성과를 내는 기업을 추적하는 MSCI 신흥 시장 ESG 리더 지수가 더 광범위한 MSCI 신흥 기업을 능가한다는 점을 감안할 때 입증되었습니다. MSCI 신흥시장 ESG 리더스 지수와 MSCI 신흥시장 지수는 각각 14.5%와 10.7%의 연간 수익률을 기록하였습니다.

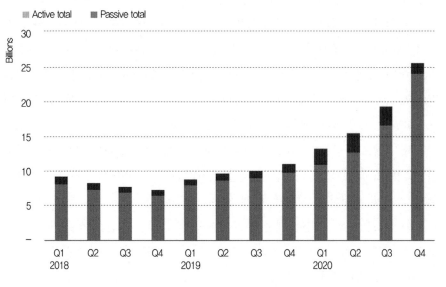

→ **그림 11-3** 일본 제외 아시아 지속가능한 펀드 자산(10억 달러); 2020년 12월 기준 데이터

출처: Morningstar Research

[그림 11−3]을 참조하고 www.morningstar.com/content/dam/market−ing/shared/pdfs/Research/Global_Sustainable_Fund_Flows_Q4_2020.pdf 를 확인하십시오.

신흥 시장이 뒤처지고 있지만 공개가 증가하고 있음을 확인

Seeing that emerging markets are lagging but disclosure is increasing

아시아 기업은 ESG 개념을 비즈니스 전략에 통합하고, 비용에 미치는 영향을 인식하거나, 광범위한 ESG 추세 및 통합의 혜택을 받을 기회를 인식하는 데 전 세계의 다른 기업보다 느렸습니다. 그러나 ESG 인식은 이제 자산 소유자와 관리자 사이에서 모멘텀을 구축하고 있으며 기업은 투자자가 비즈니스에 대한 더 많은 비재무 정보를 수신하는 데 관심이 있음을 인식하고 기업의 사회적 책임 보고서는 이제 영어로 더 자주 게시됩니다! 그러나 많은 신흥 시장의 기업들이 법적으로 그렇게 많은 ESG 정보를 공개하도록 강요받지 않고 있다는 점을 감안할 때, 표준화되고 측정 가능한 기준이 없다면 더 낮은 기준과 그린워싱(6장 참조)이 있을 수 있다는 우려가 여전히 있습니다.

일부 관리자의 대안은 신흥 시장에서 ESG 정보공개 및 실행 표준의 불일치가 ESG를 사용하여 회사를 차별화하고 잠재적인 승자를 선택할 수 있는 더 많은 기회를 제공한다는 것입니다. 한편 기업지배구조는 신흥 시장에서 세 가지 ESG 핵심 중 가장 많이 따르고 있으며 효과적인 스튜어드십과 지배구조를 보여주는 기업이 성과를 내고 알파를 창출할 가능성이 가장 높습니다(5장에서는 ESG의 거버넌스 측면에 대해 자세히 설명합니다).

또한 펀드 매니저는 UN이 지지하는 책임투자 원칙(PRI)에 가입하여 ESG 원칙에 대한 헌신을 보여줍니다. 아시아에서는 2019년에 서명 기관이 1년 전보다 약 20% 증가한 339개사로 증가했습니다. 그러나 교육에 대한 요구 사항이 있으며, 더 나은 데이터를 생성하기 위한 회사 단계가 뒤따르고 은행은 ESG 관련 요소를 사용하여 대출 여부와 대출 가격을 결정합니다. 또한 검색 엔진 데이터, 채용 공고 및 위성 스냅 샷으로 구성된 대체 데이터, 특히 중국에서 새로운 통찰력을 제공하고 있습니다.

또한 탄소 발자국, 다양성 및 인권이 최소 기준 충족을 장려하는 주요 주제로 발전하고 있습니다. 이는 기업과 투자자 간의 대화가 발전함에 따라 더 자세한 분석으로 발전해야 하며, 더 많은 참여를 통해 기업이 더 나은 투명성을 제공하도록 설득해야 합니다. 특히 중대성 평가(재무적 결과 인식)에 대한 투명성을 높이기 위한 요구가 있으며, 이는 각 회사가 고유한 중요 위험과 기회를 소유하고 있다는 점을 감안할 때 조정되어야 합니다. 더 나은 기업은 기회를 포착하면서 이러한 위험을 인식하고 우선순위를 정하고 완화합니다.

신흥 시장에서 다른 중요한 정보 소스는 국제 지속가능한 증권거래소 이니셔티브의 리더인 현지 증권 거래소입니다. 신흥 시장 거래소는 더 나은 ESG 관행과 정보공개를 현지 및 국제 투자자의 시장 신뢰를 개발하는 방법으로 빠르게 인식합니다. 이에 더해 국내 소규모 기업들은 적극적인 관리자 유치를 의미한다면 기업의 행동에 귀를 기울이고 변화시키려 합니다. 투자자는 또한 ESG 및 지속가능성 성과를 개선하기 위해 투자자 관여활동을 통해 SDG 목표에 맞추고 더 큰 임팩트 투자를 창출할 수 있습니다. 기업에 대한 관여활동이 강화되면 주주가 성과 측면에서 경쟁사 비교를 회사와 공유할 수 있으므로 생산적인 전략을 나타냅니다.

코로나19 감염병은 의료, 식량 및 물 안보뿐만 아니라 공급망 전반에 걸쳐 탄력성을 개발해야 하는 중요한 필요성에 더 큰 초점을 맞추었습니다. 더 많은 신흥 시장 정부가 이러한 긴급한 요구 사항을 해결하기 위해 민간 부문에 자금을 이전할 가능성이 높습니다. 반면에 ESG와 연결된 기술 자산의 주식 및 부채에 보다 정기적인 기회가 남아있을 수 있습니다. 신흥 시장의 10억 명 이상의 사람들이 의료 서비스에 모바일 기술을 사용하고 있다는 점을 감안할 때, 2025년까지 이들 중 상당수가 스마트 폰에 액세스할 수 있으며, 이는 교육에서 물류 및 ESG에 이르기까지 산업의 수요를 증가시킬 수 있습니다. 또한 일반적으로 기술 주가 MSCI ACWI ESG Leaders Index와 같은 벤치마크 지수에서 가장 큰 비중을 차지합니다.

정치 및 규제 개발 강조
Highlighting political and regulatory developments

아시아에서 규제 당국은 지속가능성 관행에 대한 추가 공개 의무가 외국인 투자를 촉진할 수 있다는 점을 인정했습니다. 예를 들어 싱가포르는 ESG 관련 표준을 조기에 채택하여 자본 시장의 성장에 고무적인 영향을 끼쳤습니다. ESG 데이터의 가치에 대한 투자자의 확신은 2016년 지속가능성 보고가 의무화된 이후 싱가포르에서 형성되었습니다. 여기에 더해 2018년 중국 정부는 투명성과 투자를 지원하기 위해 상장사와 채권발행사가 ESG 관련 리스크를 공개하도록 강제할 것이라고 발표했습니다. GRI(Global Reporting Initiative), SASB

(Sustainability Accounting Standards Board, 1장 참조)에서 설정한 프레임워크는 신흥 시장 국가에서 "청사진"으로 사용하여 기업이 ESG와 관련된 중요한 정보를 일관되게 보고하는 데 도움을 줄 수 있습니다.

따라서 기업은 투자자의 투명성에 부여된 향상된 가치가 그들에게 도움이 될 수 있음을 인정하고 규제 기관에서 요구하는 것보다 더 자세히 관련 ESG 요소에 대한 성과를 보고하기 시작했습니다. 이 지역의 또 다른 청사진은 ESG 통합의 선구자 중 하나인 호주에서 나왔습니다. ESG 분석의 채택은 "슈퍼 펀드"로 알려진 국가의 연금 기금에 의해 지난 10년 동안 주도되었습니다. 슈퍼 펀드는 이제 상당한 규모이며 정교한 ESG 통합 및 적극적인 소유권을 통합하는 상위 수준의 투자 전략을 사용합니다.

거래소는 또한 상장 기업이 ESG 관련 문제에 대한 보고 품질을 향상시킬 수 있도록 해야 합니다. 싱가포르 거래소(SGX)는 2016년에 "준수 또는 설명" 기준으로 상장 기업에 대한 지속가능성 보고를 도입했습니다. 또한 홍콩 거래소(HKEX)는 회원사들과의 협의를 통해 ESG 규칙을 강화하기 위한 견해를 모색했습니다. 한편, 아시아 기업 지배구조 협회(ACGA, Asian Corporate Governance Association)와 같은 기관은 정기적인 컨퍼런스 및 이벤트를 통해 이해관계자 간의 ESG 토론 프로그램을 지원합니다.

ESG 접근 방식이 선진국에 더 적합한 지 결정
Determining whether an ESG approach is better suited to developed economies

일부 시장 참여자들은 현재까지 거버넌스, 감독 및 규제의 일반적인 추세에서 얻은 것을 감안할 때 투자에 대한 ESG 접근 방식이 선진국에 더 적합하다고 제안했습니다. 브라질, 러시아, 인도 및 중국(BRIC)을 포함한 대부분의 신흥 시장 경제는 석유 및 석탄과 같은 탄소 기반 에너지로 경제 성장을 주도함으로써 선진 시장을 모방해 왔습니다. 문제는 화석 연료가 환경에 미치는 피해로 인해 이러한 접근 방식이 더 이상 지속가능하다고 느껴지지 않는다는 것입니다.

세계에서 두 번째 경제대국인 중국을 포함한 일부 정부는 문제를 적극적으로 해결하려 하고 있습니다.

- ▶ 2007년에 그들은 "생태 문명(ecological civilization)" 모델을 발표했는데, 지도자들은 대중교통과 녹색 건물을 오염을 줄이는 방법으로 강조했고 중국은 전기 자동차의 최대 시장이 되었습니다.
- ▶ 더 중요한 점은 중국은 이제 2030년 이전에 최대 배출량에 도달하는 것을 목표로 하고 있으며, 그 후 2060년까지 장기 배출 목표에 전념하며 탄소 중립이 되겠다는 장기적인 목표가 뒤따를 것입니다(중국은 세계 배출량의 약 28%를 차지함).

모든 개발도상국이 지속가능한 정책을 수립하는 데 있어 중국만큼 진보적인 것은 아닙니다. 그럼에도 불구하고 그들은 수백만 명의 사람들에게 식량을 제공하고, 에너지를 공급하고, 깨끗한 물과 의료 용품에 대한 접근성을 유지하는 책임이 있습니다.

10억 명이 넘는 인구가 살고 있는 인도는 인구의 상당 부분이 전력이나 위생 시설, 깨끗한 물을 공급받지 못해 아예 전력을 공급하지 않기보다는 석탄을 이용해 전력을 생산할 것이라는 모순에 직면한 나라입니다.

신흥 시장은 더 많은 국영 기업과 수많은 가족 소유 또는 국영 기업이 있는 것으로 알려져 있으며, 일부는 이로 인해 거버넌스 문제가 악화되었다고 주장하는 사람들도 있습니다. 그럼에도 불구하고 가족 소유 기업의 가능한 이점은 관리자와 리더가 장기간 고용되는 경향이 있다는 것입니다. 따라서 그들은 회사 운영에 대한 장기적인 관점을 취하며, 이는 투자자들이 높이 평가하는 보다 안정적이고 지속가능한 이익을 가져올 수 있습니다. 회사에 대한 국가 참여는 정부가 회사 지분을 소유하고 있을 때 모든 관행을 신속하게 무시하거나 간소화 할 수 있도록 하는 데 유용할 수 있습니다. 이를 통해 비용을 절감하고 부분적인 정부 소유로 이익을 얻는 기업의 수익을 높일 수 있습니다.

그러나 일반적인 가정은 명백한 성숙도 부족으로 인해 개발도상국에서 기업 지배구조 위험이 더 높다는 것입니다. 그들은 아직 가족 소유에서 광범위하게 소유가 분산된 상장 회사로 발전하지 않았습니다. 그럼에도 규제가 충분히 엄격하지 않아 기업공시 기준을 강화할 필요가 있다는 지적을 받아 왔습니다. 그러나 한편 부적절한 환경이 ESG가 기업 선택에 대한 통찰력을 제공할 수 있는 기회를 더 많이 생성하므로 ESG가 신흥 시장에 더 적합하게 만든다는 반론도 있습니다. 이는 합리적으로 들리지만 신흥 시장 정부와 규제 기관이 ESG 위험을 잘 관리하고 있다는 관점에 의존합니다. 결국 아시아는 지속가능한 투자가 꾸준히 성장하고 있는 일본을 제외하고는 전 세계 모든 지속가능한 투자의 2% 미만에 불과합니다.

그렇다면 많은 민간 시장 참여자들이 참여하기를 원한다는 점을 감안할 때 아시아의 경제 환경이 지속가능한 투자를 위해 어떻게 더 유망할 수 있습니까? 많은 기업들은 특히 현재의 환경 파괴 수준이 위기 지점에 도달함에 따라 지속가능성이 비즈니스에 가장 적합한 접근 방식이라는 것을 깨달았습니다. 이러한 배경에서 기업들은 2015년 금융 안정위원회(Financial Stability Board)에서 만든 기후 관련 재무 공개 태스크 포스(TCFD)와 같은 이니셔티브를 지원했습니다. TCFD(www.fsb-tcfd.org/)는 금융기관과 회사가 기후 관련 위험과 기회에 따른 재정적 영향에 대한 정보를 제공하는 데 사용할 수 있는 프레임워크를 만들 권한을 가지고 있으며, 아시아에서 잘 지원되고 있습니다.

따라서 아시아 정부가 지속가능성을 위한 주도권을 확보해야 하는 시급한 필요성이 있습니다. 이는 정부가 지원하는 국부 및 연금 기금으로 시작해야 합니다. 그들은 공공 자금을 지원하는 투자 기관이 수행한 투자에 대해 강제 ESG 지표를 집단적으로 시행해야 합니다. 그렇게 하고 이러한 기준을 충족하는 회사에 자금을 할당하면 국부 펀드와 연기금은 민간 투자 시장이 따를 수 있는 틀을 구축할 수 있습니다.

3

ESG 철학을 적용하기
APPLYING ESG PHILOSOPHY

쉽게 이해하고 적용하는 ESG 투자와 경영
ESG Investing (for dummies) by Brendan Bradley

여기에서는 . . .

✔ 기업이 투자자의 기대를 충족하기 위해 채택해야 하는 요구 사항과 비용, 수익 및 생산성 측면에서 그에 따른 이점을 살펴보십시오.
✔ 계획 수립에서 참여에 이르기까지 자산 소유자를 위한 ESG 정책을 구현하는 방법을 확인하십시오.
✔ ESG 포트폴리오의 통합, 성과, 보고 및 평가와 관련된 문제를 분석하십시오.
✔ 보고, 표준화 및 지속적인 학습의 추가 개발을 포함하여 ESG 생태계가 어디로 향하는 지 알아보십시오.

12

ESG를 통한 기업 가치 창출
Greating Value through ESG for Corporations

이 장에서는 . . .

✔ 기업 공개 및 투명성 검토
✔ 더 큰 수익 창출
✔ 더 많은 고객 확보
✔ 비용 절감
✔ 생산성 및 인재 유치 향상하기

기업은 진공 상태에서 운영되지 않습니다. 국경을 넘나드는 무역, 다방면의 공급망, 그리고 전 세계를 가로지르는 다양한 노동력에 의존하는 세계 경제에서, 기업들은 점차 기후 변화, 오염, 물 부족과 같은 환경 문제뿐만 아니라 제품 안전 및 규제 기관 및 사회와의 상호작용을 포함한 사회적 요인에 의해 도전을 받고 있습니다. 이러한 환경에서 ESG는 회사의 경쟁적 위치에 직접적인 영향을 미칠 수 있습니다. 따라서 ESG 요소를 통합하는 것은 오늘날 경제에서 경쟁 우위를 유지하는데 중요한 역할을 하며 장기적인 경쟁 성공에 필수적입니다.

ESG 문제를 적극적으로 해결함으로써 얻을 수 있는 이점은 주주, 투자자들을 만족시키고 좋은 홍보 스토리를 생성하는 것 이상입니다. 강력한 ESG 프로그램은 대규모 자본 풀에 대한 접근을 창출하고, 보다 명확한 기업 브랜드를 개발하며, 기업과 투자자 모두에게 이익이 되는 지속가능한 장기 성장을 보증하는 데 도움이 될 수 있습니다. 주요 기관 투자자는 이를 인식하고 기업이 ESG 정책 및 메시지에 대한 선제적 접근 방식을 취해야 한다고 분명히 밝히고 있습니다. 따라서 ESG 측면은 투자 결정의 구성 요소가 될 것이며 모든 포트폴리오 위치에 기본이 되는 지속가능성, 가치 평가 및 주요 위험에 반영될 것입니다.

많은 투자자들이 패시브 투자를 선호하여 기본적인 회사 분석에 대한 초점을 줄이고, 주요 연구를 덜하고, 광범위한 분산, 유동성에 초점을 맞추고 단기적 자극에 반응합니다. 따라서 많은 기업은 투자자들이 ESG 프로그램을 통해 공유 가치를 실천하지 못하도록 설득하고 있다고 생각할 수 있습니다. 이 상황에서 공유 가치 접근의 경제적 이점은 오랜 지연 후 주가에서만 나타납니다. 따라서 일부 기업은 ESG 요소의 개선을 추구하는 데 대한 단기적 보상이 없다고 주장합니다.

그러나 기업 리더들은 ESG 프로그램이 필연적으로 주주 가치를 즉시 높이지 않을 것이라는 데 동의하지만, ESG 문제에 대해 긍정적인 기록을 가진 회사를 인수하기 위해 기꺼이 프리미엄을 지불할 의향이 있다고 제안합니다. 더욱이, 점점 더 많은 연구 결과에 따르면 중요한 ESG 문제에 초점을 맞춘 기업은 경쟁사보다 성과가 뛰어나며 위기 상황(코로나19 감염병 대유행 및 2008년 글로벌 금융 위기 등) 동안 다른 기업보다 회복탄력적(resilient)이고 변동성이 적습니다.

이 장에서는 기업의 관점에서 본 ESG 여정과 기업이 ESG 요소에 대한 보다 전체적인 접근 방식을 수용함으로써 얻을 수 있는 이점에 중점을 둡니다. 기업이 기업 공시 및 투명성 요구 사항을 충족하는 문제와 더 많은 비즈니스 창출에서 생산성 향상 및 비용 절감에 이르기까지 달성할 수 있는 향상된 수익의 이점에 어떻게 접근하는지 알아봅니다.

매우 투명한 기업 공개 및 투명성
Crystal Clear: Corporate Disclosure and Transparency

지속가능성이 비즈니스에 어떤 영향을 미치는지에 대한 질문이 증가함에 따라 수많은 기업이 사회적 책임과 지속가능성 프로그램을 통합하고 ESG 사양(specifications)에 대해 보고합니다. 예를 들어, 2000년 유엔(UN)은 반부패, 인권, 노동 및 환경 원칙을 다루기 위해 글로벌 콤팩트(1장 참조)를 출범했습니다. 이제 수천 개의 기업이 자발적인 보고 프레임워크를 사용하여 매년 개선 사항을 공유하여 기업 지속가능성보고의 표준 부족을 해결하고 있습니다. 또한 시장의 힘을 통해 접근성과 지능의 질을 향상시키기 위해 상당한 진전이 이루어졌습니다. 여기에는 비정부기구(NGO)의 노력과 일부 관할권(국가)의 규제(예: 특정 규모의 모든 회사가 비재무적 정보 보고를 일년에 한 번 요구하는 유럽 연합의 NFRD(Non－Financial Reporting Directive))가 포함됩니다.

기업은 투자자가 장기적으로 경쟁 우위를 유지하려는 의지와 능력에 초점을 맞출 것임을 인식하고 다음을 포함한 여러 측면에서 기업의 ESG에 기반한 강점과 약점을 분석해야 합니다.

▶ 환경: 외부 효과를 줄이기 위한 환경 감독은 효율적인 운영에 필수적입니다. 에너지, 물, 자원의 소비를 최소화하는 동시에 배출, 오염 및 폐기물을 줄이면 비용을 줄이고 수익성을 높일 수 있습니다(ESG의 환경 부문에 대한 자세한 내용은 3장을 참조하십시오).

▶ 고객: 기업은 제품 안전을 인증하고, 고객 선호도에 대응하며, 자선 활동을 통해 지역 사회에 기여함으로써 명성을 보호할 수 있습니다.

▶ 직원: 숙련된 인적 자본이 부족하기 때문에 인재를 유치하고 유지하는 것이 중요합니다. 직원의 급여, 개발, 건강 및 안전과 관련된 직장 정책을 이해하는 것은 경영진과 직원 간의 좋은 관계를 보호하는 데 필수적입니다(사회적 요인－ESG의 'S'에 대한 자세한 내용은 4장을 참조하십시오).

▶ 공급업체: 운영 및 공급 업체 감사의 효율적인 관리를 통한 공급망의 연속성은 상호 관련된 세계에서 점점 더 중요해지고 있습니다.

▶ 규제기관: 투자 접근 방식을 수정할 수 있는 입법 및 규제 변경의 잠재적 영향은 평가할 가치가 있습니다.

▶ 거버넌스: 분석은 자본 배분, 독립 및 참여 이사회, 경영진 인센티브 및 회계 투명성에 초점을 맞출 수 있습니다(거버넌스에 대한 자세한 내용은 5장을 참조하십시오).

법률 및 기업 지배구조 표준이 선진 시장보다 빈번하게 낮은 신흥 시장 내에서 기업은 추가 실사 단계가 필요함을 인식해야 합니다. 회계 문제, 부패, 거버넌스 및 정치적 불안정으로 인한 위험을 철저히 조사해야 하며 기업은 투자자의 우려를 완화하기 위해 참여해야 합니다.

다음에서는 회사 공개 및 투명성의 두 가지 측면인 회사 참여 및 이사회 커뮤니케이션에 대해 설명합니다.

팀 만나기: ESG 참여

Meet the team: ESG engagement

ESG 요소는 투자자가 회사의 품질을 측정하는 중요한 방법이 되었으며 따라서 모든 투자 프로세스에서 중요한 부분이 되었습니다. 장기 투자자의 목표는 그들이 투자하는 회사를 포괄적으로 이해하는 것입니다. 많은 투자자가 투자 프로세스에 대해 "상향식(bottom-up)" 접근 방식을 채택하므로 집중 회사에 대한 철저한 실사가 몇 개월 필요합니다. 따라서 회사의 기본 사항에 대해 "심층 분석(deep dive)"을 수행하는 동안 회사 경영진, 경쟁 업체 및 공급업체와 만나야 합니다.

회사의 장점에 대한 투자 의견을 얻은 후에는 일반적으로 경쟁 우위의 지속 가능성과 수익성이 얼마나 될 수 있는지 확인합니다. 이것은 회사가 시장을 방해하고 있는지, 또는 시장 변화로부터 보호되는지, 그리고 그 위치를 유지할 재정적 능력이 있는지 확인함으로써 결정될 수 있습니다. 오늘날 환경에서 기업은 창출하지 않은 환경적 또는 사회적 외부 효과가 있는지, 아니면 거버넌스 및 회계 기업의 ESG에 기반한 강점과 약점을 분석해야 합니다. 위험이 있는지도 강조해야 하는데, 이 모든 것이 투자 의견을 조정할 수 있습니다.

주식을 장기간 보유하기를 기대하는 액티브 투자자이든, 벤치마크 지수에 머물면 영구적으로 보유할 수 있는 패시브 투자자이든 상관없이 모든 투자자들은 기업이 재무성과를 높일 중요한 ESG 이슈를 해결한다고 볼 이유가 있습니다. 적극적인 기업 관여는 기업과 투자자 간의 정보 흐름과 해석을 발전시킴으로써 가치를 창출합니다. 예를 들어, 기업은 ESG 문제에 대한 투자자의 기대에 대한 이해를 높이고 논쟁 중에 이미지를 개발하거나 외부에서 완전히 인식되지 않는 비즈니스 모델의 측면을 설명할 수 있습니다. 한편 투자자는 ESG 관행 및 대안에 대한 보다 포괄적이고 정확한 정보를 찾을 수 있습니다. 이를 통해 고객 또는 규제 당국에 대한 자체 ESG 관련 커뮤니케이션 및 책임을 개발합니다.

투자자의 접근 방식은 기업이 수용해야 할 사항이며, 기업은 관여 확대가 ESG 규정을 준수하기 위해 무엇을 하고 있는지, 그리고 어떻게 하면 투자 탄력성과 변동성이 낮은 투자를 할 수 있는지를 설명할 수 있는 기회를 제공한다는 점을 인식해야 합니다. 따라서 기업은 기존 주주 및 신규 주주와의 관계를 맺을 때 비즈니스에 미치는 이점을 파악하고 명확하게 전달해야 합니다. 그들은 의사소통이 효과적이고 계몽적인지 확인해야 합니다.

회사의 경우, 의결권 경쟁에 직면하기 보다 투자자와 솔직하게 관여활동에 참여하는 것이 바람직하며, 이는 지속가능한 투자를 위한 적극적인 주주권에서 선호하는 전략입니다. 기록에 따르면 미국에서 제기된 환경 및 사회적 주주 결의안의 수가 최근 몇 년 동안 상당히 증가했습니다. 이 결의안의 주요 주제에는 기후 변화 및 기타 환경 문제, 인권, 인적 자본 관리, 인력과 이사회의 다양성 등이 있습니다. 따라서 기업은 ESG 목표에 대한 진행 상황과 목표가 재무성과에 어떻게 기여하는지 설명하기 위해 투자자 설명회를 활용해야 합니다.

REMEMBER

공유해줘서 감사: 이사회 커뮤니케이션

Thank you for sharing: Communication from the board

오늘날 이사회 구성원이 사회에 회사의 입장을 알리는 일반적인 방법은 목적 성명서(Statement of Purpose)를 발행하는 것입니다. 이 성명서에서 이사회는 회사의 존재 이유를 전달하고, 지속적인 성공과 가장 관련이 있는 이해관계자를 식별하고, 이사회의 결정이 측정되고 보상을 받는 기간을 제시합니다. 그러나 성명서는 주주를 위한 더 큰 통합 보고서의 일부가 될 수도 있습니다. 국제 통합 보고 위원회(IIRC, International Integrated Reporting Council)에서 정의한대로 "통합 보고서는 조직의 전략, 거버넌스, 성과 및 전망이 외부 환경의 맥락에서 어떻게 가치 창출로 이어지는 지에 대한 간결한 커뮤니케이션입니다."

투자자 커뮤니케이션에는 주요 사회 동향이 산업 구조와 경쟁에 어떻게 영향을 미치는지, 기업의 대응이 기후 변화의 압력에 대응하여 비즈니스 모델을 변경하는 시점까지 미래 성장과 수익성에 어떻게 영향을 미칠지에 대한 설명도 포함되어야 합니다. 이러한 사회적 및 환경적 역학을 이해하면 투자자가 산업 구조의 변화를 예측하고 공유 가치를 창출 할 기회를 인식하는 데 도움이 됩니다.

이 목표의 양적 및 질적 정보는 투자자가 정보를 효과적으로 사용할 수 있도록 제시되어야 합니다. 궁극적으로 지속가능한 정보는 재무 회계 기준이 채택된 것과 동일한 방식으로 표준화되어야 합니다. 따라서 가능한 한 이러한 노력을 지원하는 것이 기업에 이익이 됩니다. 지속가능성 보고를 통해 조직의 관리, 전략 및 비전을 조사, 분석 및 재고할 수도 있습니다. 따라서 일반 ESG 커뮤니케이션 프로그램과 결합된 공개 및 보고는 조직의 경쟁력을 강화하고 좋은 기업 행동에 대한 사회의 기대치를 충족함으로써 주주 가치를 높이고 재무성과를 개선해야 합니다.

파이 키우기: 수익 증대

Grow the Pie: Generating Enhanced Returns

ESG 요소를 장기 전략 계획에 통합하고 투자자에게 그 메시지를 전달하는 회사는 잠재적 가치에 대한 보다 광범위한 그림을 제공합니다. 효과적인 ESG 관행은 비즈니스 및 재무 위험을 모두 감소시켜 더 많은 수익을 창출할 수 있을 뿐만 아니라 신용 지표가 강화되어 자본 비용이 낮아집니다. 또한 최근 보고서에 따르면 기업의 운영 및 주가 성과는 강력한 지속가능성과 ESG 관행에 긍정적인 영향을 받습니다. 효과적인 ESG 관행은 더 나은 운영 및 주가 성과를 창출하는 경향이 있으므로 대다수 기업의 자본 비용을 절감합니다. 따라서 ESG 점수가 높은 사람들은 투자 위험이 적었습니다.

다른 시장 참여자들에게 ESG 활동은 회사 가치를 보호하는 방법으로 간주됩니다. 기존 투자자들은 주로 ESG 지표를 위험 지표로 사용하여 거버넌스 약점 또는 거버넌스 실패로 인해 발생할 수 있는 환경 및 사회적 분쟁을 강조했습니다. ESG 지표가 재무적 가치를 정량화하기 위한 것이 아니기 때문에 투자자가 ESG 성과의 재무적 영향을 설정하는데 반드시 적합한 것은 아닙니다. 따라서 일부 기업은 ESG 전략과 재무성과 사이의 인과 관계를 설명하는 데 더 많은 시간을 할애해야 합니다. 일부 회사는 ESG 접근 방식이 얼마나 많은 가치를 창출했는지 투자자에게 나타내는 명시적이고 재정적으로 관련된 ESG 지표를 생성했습니다. 또한 회사 전체와 외부 투자자문사 및 파트너의 전문 지식을 통합하여 재무성과를 지속적으로 향상시킬 수 있는 대안을 마련합니다.

다음에서는 기업이 ESG를 사용하여 향상된 수익을 창출 할 수 있는 몇 가지 방법에 대해 설명합니다.

자본에 대한 접근성 증대
Increasing access to capital

ESG 문제를 사전에 해결함으로써 얻을 수 있는 이점은 기관 투자자(주주)를 만족시키고 좋은 홍보 스토리를 구축하는 것 이상입니다. 강력한 ESG 프로그램은 대규모 자본 풀에 대한 접근성을 높이고 강력한 기업 브랜드를 구축하며 기업과 투자자에게 이익이 되는 지속가능한 장기 성장을 촉진할 수 있습니다. 투자 조사 및 컨설팅 회사는 업계 동종 회사들과 비교하여 ESG 기준에 따라 회사를 측정하고 순위를 매기는 지수를 만들었습니다. 이러한 지수를 벤치마킹하는 투자 펀드와 ETF(상장지수펀드)는 건전한 ESG 정책을 실행하는 회사에 투자할 상당한 자금을 모으고 있습니다. 이들은 회사 주식에 대한 수요를 더욱 촉진할 수 있는 장기 지향적인 주주입니다(자세한 내용은 8장 참조).

또한 개인 및 기관 투자자는 윤리적이고 지속가능한 방식으로 적극적으로 관리하고 운영하는 회사에 상당한 금액을 투자하고 있습니다. 지속가능하고 임팩트있는 투자는 두 자릿수로 활발히 성장하고 있으며, US SIF 재단은 SRI(지속가능하고 책임감 있는 임팩트) 전략을 사용하는 미국 내 투자 총액이 거의 미화 17조 달러로 증가했습니다(www.ussif.org/files/US%20SIF%20Trends%20Report%202020%20 Executive%20Summary.pdf 참조).

기업 채택 및 행동
Corporate adoption and action

다양한 자산 군의 투자자들이 ESG 이슈에 대한 관심을 높임에 따라 기업 투명성 향상을 향한 움직임은 지속될 것입니다. 책임투자에 대한 UN 원칙(PRI)은 약 350개의 자산 소유자가 서명했으며 신용 등급에는 ESG 고려 사항이 포함되어 있으며 유럽 최대 자산운용사 중 일부는 모든 투자에서 ESG를 완전히 선별할 것을 약속합니다. 데이터 프라이버시, 다양성, 공급망의 노동 관리와 같은 주제가 면밀히 조사되면서 사회적 및 인적 자본 문제도 증가하고 있습니다. 많은 증권 거래소가 ESG 보고 지침을 발행했거나 ESG 공개를 의무화했기 때문에 ESG 문제에 대한 기업의 정보공개 의무도 증가할 것입니다. 이로 인해 필수 공개 요건이 없는 선진 시장의 기업이 더 나은 ESG 공개를 채택한 신흥 시장 기업과 자본 경쟁을 하게 될 수도 있습니다.

고객, 직원, 분석가 및 투자자를 포함한 이해관계자가 기업 문화와 가치의 일부가 되어야하는 시점까지 ESG 채택이 점점 더 요구되고 있습니다. 예를 들어, 상장 기업에서 환경 영향을 이해하고 완화하는 것은 더 이상 선택 사항이 아닙니다. 기업이 장기적으로 더 지속가능하도록 기업 전략을 조정하지 않으면 대형 자산운용사가 주식을 매각하여 주가가 하락할 수 있습니다. 따라서 모든 회사의 이사회는 지속가능하고 장기적인 기업 전략을 만들고 앞으로 탄소 배출량을 조절하고 있는지 확인해야 한다는 압력을 받고 있습니다. 또한 직원 선호도의 변화는 사람들이 자신의 커뮤니티와 지구를 염려하는 회사에서 일하기를 원한다는 것을 나타내며 소비자는 구매하는 회사의 지속가능성 프로필을 점점 더 이해하고 싶어합니다.

원칙적으로 기업은 일부 정부가 할 수 없거나 하지 않을 경우 신속하게 대응할 수 있는 능력이 있습니다. 대기업과 자산 관리자의 규모를 감안할 때 이러한 다국적 기업이 전 세계적으로 변혁의 주요 동인이 될 것이라는 기대가 커지고 있습니다. 그들의 사업은 지정학적 문제, 지속가능한 경제 개발 및 기후 변화로 인한 위협에 초점을 맞추고 있습니다. 이는 조치를 취해야 하는 대부분의 정부보다 더 긴박감을 가지고 더 광범위한 ESG 문제를 해결할 수 있는 책임과 능력을 창출합니다. 그들은 "좋은 시민(good citizen)"이 되는 것이 더 실행 가능하고 지속가능한 장기적인 사업을 낳는다는 것을 인정합니다. 이들 회사의 이사회에 의한 좋은 거버넌스는 고객, 지역 사회, 직원 및 궁극적으로 주주의 이익을 위해 적절한 'E' 및 'S' 요소가 충족되었음을 인증하는 것입니다. 그렇다면 ESG 원칙이 비즈니스, 환경 및 사회에 좋다면 선택적 조치가 의무화되는 것은 시간 문제일까요? 정보공개 및 실행 요건에 대한 새로운 규정을 기대해야 합니까?

또는 SASB(Sustainability Accounting Standard Board, 1장 참조)에서 중요하다고 강조한 많은 운영 요소는 전체 산업에서 공통적이며 특정 회사의 경쟁적 위치에만 국한되지 않습니다. 결과적으로 중요한 ESG 요소의 점진적인 향상은 시간이 지남에 따라 업계 전반의 모범 사례로 수렴됩니다. 예를 들어, 온실가스 배출은 연료 사용 비용과 관련이 있기 때문에 모든 물류 회사의 중요한 ESG 요소입니다. 따라서 모든 주요 물류 회사는 경쟁력있는 필수품으로 연료 소비를 줄이기 위한 모범 사례를 구현해야 합니다. 이러한 "순응화(acclimatization)"는 이러한 접근 방식을 강제할 필요없이 업계 전반의 운영 효율성에 대한 요구 사항을 증가시키고 탄소 배출을 자연스럽게 낮춥니다.

모습을 드러내라: 더 많은 고객 유치
Roll Up, Roll Up: Attracting More Customers

ESG 우려 사항을 비즈니스 전략에 적용하는 것은 회사의 비즈니스에 좋을 뿐만 아니라 고객 충성도에도 중요하며, 처음부터 건전한 비즈니스를 가능하게 하는 포용성과 사회적 안정에 대한 심각한 위협이 증가하는 것을 방지하는데도 중요합니다. 노동조건 개선, 팀의 다양성 증대, 지역사회에 환원, 지속가능한 환경정책에 대한 입장을 취하는 고위 경영진이 기업의 브랜드도 강화합니다. 밀레니얼 세대, 특히 Z세대가 소비자, 직원, 투자자가 되면서 기업의 선행을 끊임없이 지켜보고 충성도로 기업에 보답하고 있습니다.

변화하는 사회 경제적 및 환경적 조건에 적응하는 것의 중요성을 인식하는 기업은 전략적 기회를 더 잘 인식하고 경쟁 과제를 해결할 수 있습니다. 능동적이고 통합된 ESG 정책은 다른 업계 플레이어와 관련하여 회사의 "경쟁력있는 해자(competitive moat)"를 확대할 수 있습니다. 예를 들어, 스타벅스는 중국에서 시장 점유율을 확대하려고 할 때 이것을 배웠습니다. 그들은 확장에 대한 추진력을 얻기 위해 고군분투했지만 직원 부모에게 의료 서비스를 제공할 때 그 답을 발견했습니다. 갑자기 매출 성장이 급증했고 스타벅스는 이제 전 세계에서 가장 빠르게 성장하는 시장 중 하나에 2,000개가 넘는 매장을 보유하고 있습니다!

다음에서는 ESG를 통해 더 많은 고객을 유치하는 방법에 대해 설명합니다.

지속가능성 관행 추적
Tracking sustainability practices

기업 연구는 자선 활동과 같은 전통적인 기업의 사회적 책임(CSR) 노력과 기업 전략 DNA의 일부인 내재된 지속가능성 및 ESG 관행을 구분하지 못하는 경우가 많습니다. 확고한 지속가능성의 재무성과는 중요한 ESG 요소에 중점을 두기 때문에 CSR을 능가하며 최근 연구에 따르면 주식 시장의 성과는 비즈니스에 중요한 영향을 미치는 ESG 요소에 집중하는 회사에 달려 있음이 입증되었습니다.

그러나 일부 경영진은 재무성과를 향상시키는 지속가능한 경영 접근 방식을 이해하기가 어렵다고 생각합니다. 일부 문제는 직원, 리더 및 조직이 파악하기 어렵고 명확하지 않습니다. 오늘날 조직은 이러한 개념을 정의하고 재무성과를 개선하는 방법을 측정할 수 있어야 합니다. 또한, 이는 성과 프로필을 충족하기 위해 요구 사항이 다른 다양한 투자 전략을 사용하는 투자자에 의해 더욱 혼란스러울 수 있습니다. 따라서 기업은 모범 사례 지속가능성 접근 방식을 채택하면서 효율성을 높이고, 브랜드 가치와 평판을 개선하고, 더 나은 성장을 달성하고, 비용을 절감하고, 이해관계자 관계를 강화하는 방법에 계속 집중해야 합니다. 개선된 재무성과를 정확하게 평가하기는 여전히 어려울 수 있지만 기업은 올바른 방향으로 나아갈 것입니다.

결과적으로 지속가능성은 비즈니스 성과를 확장할 수 있는 차세대 모범 관리 관행의 필수 구성 요소로 간주됩니다. 이를 위해서는 혁신, 매출 증대, 직원 유

REMEMBER

지, 운영 효율성, 생산성 및 위험 완화를 포함하여 재무성과 개선을 추진할 수 있는 추가 요소를 인식해야 합니다. ESG 관행과 재무성과 간의 관계는 기업 의사 결정에 명확한 결과를 가져오며, 기업 임원은 관할권(국가)마다 다를 수 있지만 해당 부문에서 중요한 지속가능성 전략을 생성하는 요소에 대해 대부분 합의를 공유합니다. 예를 들어 자동차 산업에서 주요 전략은 폐기물 감소에서 제품 혁신에 이르기까지 다양합니다. 그러나 지속가능성 노력의 재정적 영향을 완전하고 정확하게 측정하기 위해 투자자와 관리자는 전략뿐만 아니라 전략이 어떻게 실행되었는지와 그에 따른 이점을 검토해야 합니다.

REMEMBER

이를 달성하기 위해 기업은 처음부터 부서 전체에서 지속가능성 노력의 투자수익(ROI)을 추적하는 회계 시스템을 설정해야 합니다. 매출 증가와 같은 유형의 항목과 위험 완화와 같은 무형의 항목은 기업이 비즈니스 전략 및 커뮤니케이션의 핵심에 지속가능성을 포함할 수 있도록 계산에 포함되어야 합니다. 한편 투자자는 이 정보를 사용하여 지속가능성 조치가 영향을 주는 위치를 보다 명확하게 파악하고 기업이 해당 부문에서 지속가능성 전략을 적용하는 방법을 평가하고 재무 결과를 모니터링할 수 있습니다.

무형적 가치 동인 측정
Measuring intangible value drivers

회사는 다양한 ESG 지표를 사용하여 자율적으로 보고하므로 보고서에 대한 균일성이 부족합니다. 또한 감사없이 보고서를 생성하여 데이터의 정확성을 규제하므로 성과를 확인하거나 비교하는 것이 어렵습니다. 또한 품질이 낮고 시의적절하지 못한 ESG 데이터는 투자자와 기업 관리자에게 어려움을 줍니다. 외부 기관에서 평가한 ESG 등급도 표준화가 부족하기 때문에 이러한 타사 ESG 데이터 제공 업체 및 등급 기관은 자체 평가하는 회사와 유사하며 서로 다른 데이터 및 평가 시스템을 사용하여 매우 다른 평가로 이어집니다.

통합 보고서를 작성하려는 많은 기업의 가장 큰 문제 중 하나는 ESG 정보의 여러 요소가 동시에 재무 정보와 동일한 형식으로 사용 가능한 경우가 거의 없다는 것입니다. 현재 보고된 바와 같이 기후 변화 또는 공급망 관리의 거버넌스에 대한 접근 방식과 같은 비재무적 ESG 지표는 수익 증가 또는 운전 자본과 같은 표준 회계 비율과 같은 재무 지표에서 완전히 배제됩니다. 회계시스템에서 ESG 관련 투자 또는 노력의 수익률을 추적하는 기업은 거의 없습니다. 따라서 회계 데이터와 지속가능성 투자 간에는 사실상 연관성이 없습니다. 더욱이 무형 자산을 수익화하는데 완전하지 못하여 회계 자체가 ESG 평가를 위한 불완전한 도구이기 때문에 무형 기업 추정치를 제대로 따르지 못하고 있습니다. 무형 자산은 오늘날 회사 가치의 대부분을 구성할 수 있으며 일반적으로 브랜드 평판 및 위험 완화와 같은 많은 지속가능성 이점을 포함합니다.

GRI(Global Reporting Initiative) 및 SASB(SASB, 1장 참조)는 특성 ESG 문제를 보고하는 메커니즘을 제공함으로써 이러한 발전을 개선하고 있지만 비즈니스 리더는 이러한 변화를 가속화하는 데 기여해야 합니다. 기업이 이 접근 방식을 지원할 수 있는 잠재적 프레임워크는 다음과 같습니다.

- ▶ 자체 외부 보고에 보고표준 적용
- ▶ ESG 지표로 확장하기 위해 재무 정보를 생성하는 소프트웨어 공급 업체에 계속 도전
- ▶ 감사회사가 재무성과와 마찬가지로 공시된 ESG 성과에 대한 보증을 제공하도록 압박함
- ▶ ESG 보고서를 IT 시스템에 통합
- ▶ 이 프로세스로 인해 증가된 부채를 완화

이러한 프레임워크를 구현하는 회사는 지속적인 투자와 참여를 통해 기존 및 잠재적 투자자 모두가 이러한 문제를 해결한 것에 대한 보상을 받아야 합니다.

중요한 기회 파악
Identifying material opportunities

REMEMBER

선택된 ESG 문제를 인식하고 활용하는 데 있어 탁월함이 시간이 지남에 따라 기업과 전체 부문에 상당한 경제적 영향을 미칠 수 있다는 설득력있는 증거가 있습니다. SASB는 ESG 지표별 영향과 경제적 성과 사이의 관계가 잘 정의된 산업 표준을 생성하는 데 주목할 만한 조치를 취했습니다. 추가 연구와 결합된 ESG 데이터의 향상된 가용성 및 신뢰성 덕분에 SASB는 산업계 대표들과 협력하여 특정 부문에 중요한 특정 지표를 구별할 수 있었습니다. 연구에 따르면, 기업이 대체로 중요한 ESG 요소에 지속가능성에 대한 노력을 집중하면 매년 더 많은 알파(벤치마크 지수의 시장수익 대비 투자의 초과 수익)가 생성되어 시장수익를 초과하고 덜 중요한 ESG 요소에 지속가능성 노력을 집중하는 경쟁기업 대비 초과 수익을 발생시킨다고 결과를 보여주었습니다.

따라서 ESG 평가 기관의 데이터를 주어진 대로 받아들이는 대신 미래 지향적인 기업은 SASB 방법론을 산업별로 정의된 주요 지속가능성 문제를 식별하기 위한 추가 기준점으로 사용할 수 있습니다. 이를 통해 기업은 ESG 지표를 가능한 한 완전하게 만들기 위해 수익성, 규모 및 소유권과 같은 다양한 다른 변수를 고려할 수 있습니다. 그런 다음 기업은 비즈니스에 중요한 정량화 가능한 ESG 기준의 기본 범위를 분류하는 동시에 기업 전략과도 연계할 수 있습니다. 예를 들어, 석유 및 가스 부문에 속한 파쇄 회사는 물, 폐기물 관리 및 부족한 천연 자원에 대한 영향을 측정해야 합니다. 반대로 귀하의 비즈니스가 서비스 직원 중심의 경우, 괴롭힘 방지 및 인종 감수성에 대한 사회적 교육은 보다 가시적인 효과를 생성하고 기업 브랜드를 지원할 수 있습니다. 따라서 앞에서 언급한 초기 참조 지표로 회사별 분석을 대신할 수는 없습니다.

TIP

경쟁사와 비교하여 귀사의 ESG 프레임워크를 벤치마킹하는 효과적인 방법은 주요 지속가능성 순위 지수 내에서 업계 순위를 조사하는 것입니다. 이러한 조직과 ESG 자문 회사는 기후 변화 영향, 천연 자원 부족, 공급망 관리, 노동 관행, 정치적 기여, 이사회 구성, 작업장 다양성 및 포용성을 포함하여 각 산업에 대한 광범위한 기준을 분석합니다. 많은 비영리 글로벌 옹호 단체가 지속가능성 공개 및 보고를 위한 표준 설정자 역할을 합니다. 그중 일부는 다음과 같습니다.

▶ GRI(Global Reporting Initiative): www.globalreporting.org/
▶ SASB(Sustainability Accounting Standards Board): www.sasb.org/
▶ IIRC(International Integrated Reporting Council): www.integratedreporting.org/
▶ 탄소 공개 프로젝트(CDP): www.cdp.net/en
▶ 기후 공개 표준위원회(CDSB): www.cdsb.net

또한 ISS(www.issgovernance.com/) 및 Glass Lewis(www.glasslewis.com/)와 같은 의결권 자문 회사가 기관 투자자에 대한 영향력이 최근 몇 년 동안 증가하고 있으므로 거버넌스를 검토합니다. 주어진 회사에 적용하는 점수는 또 다른 유용한 벤치마크를 제공할 수 있습니다.

기업이 ESG 프레임워크에 가장 적합한 기준을 결정한 후 다음 단계는 지표를 결정하고 정기적으로 평가하며 진행 상황을 공개적으로 전달하는 것입니다. (자세한 내용은 14장 참조) 예를 들어, 유럽 연합 법률은 이미 대기업이 NFRD (Non-Financial Reporting Directive)를 통해 사회 및 환경 문제를 운영하고 관리하는 방식에 대한 특정 정보를 공개하도록 요구하고 있습니다.

축소하라: 비용 절감
Pare It Back: Reducing Costs

ESG의 'G'(거버넌스) 요소(5장에서 다룹니다)는 좋은 기업 거버넌스가 신용도의 명확한 척도이기 때문에 항상 신용 등급 방정식의 큰 부분이었습니다. 따라서 신용 평가 기관은 거버넌스 특성을 평가하는 데 익숙합니다. 'E' 및 'S' 요소를 보다 명시적으로 고려하기 때문에 등급의 성능이 어떻게 영향을 받을지는 아직 명확하지 않지만(3장 및 4장 참조) ESG 요소를 강조하면 ESG 통합에 뒤처진 기업의 자본 비용이 증가할 수 있습니다.

이 부분에서 알 수 있듯이, 선호되는 기업 부채 형태는 특히 미국에서 회사채였지만, 글로벌 금융 위기가 저금리 환경을 촉발 한 이후로 더욱 광범위하게 나타났습니다. 그러나 특히 기업이 허용 가능하고 지속가능한 프로젝트를 식별할 수 있는 경우 녹색 금융과 같은 특정 형태의 부채에 대한 관심이 증가하고 있습니다.

그린 파이낸싱
Green financing

녹색 채권 시장이 성숙기에 접어들면서 녹색 채권 발행량이 최초 발행 이후 총 발행량 1조 달러를 넘어 섰습니다. 그러나 이러한 채권을 발행할 수 있는 회사의 능력은 환경 지속가능성 목표와 "친환경" 프로젝트에 대한 수익 사용을 정량화하는 측면에서 관련 기준을 충족하는지 여부에 따라 달라집니다. 따라서 이러한 채권은 대체 및 재생 가능 에너지, 그린 빌딩 및 지속가능한 운송 부문의 발행자가 지배했습니다.

따라서 탄소 집약적인 기업이 발행한 전환 채권은 적극적으로 탈탄소화하고 있지만 녹색 채권 발행이 더 어려운 기업이 녹색화를 시도하는 기업을 돕기 위한 대체 자금원을 제공할 수 있습니다. 그러나 자금은 특정 프로젝트의 전체 또는 부분 자금 조달 또는 재융자에만 독점적으로 사용되어야하며 발행자는 상업 전환 및 기후 전환의 관점에서 그 중요성을 정당화해야 합니다.

마지막으로, 또 다른 대안은 특정 프로젝트가 아닌 보다 광범위한 환경 목표에 초점을 맞춘 채권 발행을 장려하기 위해 고안된 지속가능성 채권입니다. 지속가능 채권 수익금은 녹색 및 사회 프로젝트의 조합에 자금을 조달하거나 재융자하는 데 전적으로 적용됩니다. 채권 및 ESG에 대한 자세한 내용은 9장을 참조하십시오.

얼마나 낮게 갈 수 있습니까? 낮은 이자율과 높은 신용 등급
How low can you go? Lower interest rates and higher credit ratings

ESG와 하방 위험(downside risk) 사이의 연관성은 채권 책정과 매우 관련이 있습니다. 신용과 채권 사이의 연관성에 대한 연구에 따르면 강력한 거버넌스 성과를 가진 발행자는 신용 강등을 덜 경험했습니다. 회사는 자신의 신용 등급을 가장 잘 개선하고 자금 요구 사항에 대한 이자율을 낮추는 방법을 고려하기 위해 다음 자료를 숙지해야 합니다.

신용 등급은 회사의 신용도에 대한 미래 지향적인 견해이므로 ESG 이슈는 기업의 신용도에 대한 전반적인 분석에 포함되어야 합니다. 기업 평가 기준에는 기업의 산업 위험, 경쟁 위치, 재무 예측 및 현금 흐름 또는 레버리지 평가뿐만 아니라 이러한 요소가 포함되어야 합니다. 그러나 평가 기관은 중요한 ESG 위험 또는 기회를 신용 분석에 통합하기 위해 시기와 잠재적 영향에 대한 충분한 가시성과 확실성을 필요로 합니다. 예를 들어, ESG 요인은 2015년과 2017년 사이에 225개의 기업 신용 등급 변경으로 이어졌고, S&P에 따르면 ESG 문제는 1,325개의 평가 보고서에서 분석 고려 사항으로 참조되었습니다.

ESG 분석은 또한 기업이 향후 탄소 규제의 잠재적 영향 및 자원 사용 개선과 관련된 비용 절감을 포함하여 가능한 장기적인 재무 위험과 기회를 밝혀내는 데 도움이 될 수 있습니다. 비재무적 지표에 대한 독립적이고 안정적인 측정은 기업을 구별하는 방법으로 단기에서 장기적으로 투자 및 기업 성과에 대한 더 많은 정보를 발굴해야 함이 분명합니다. 9장에서 언급했듯이, 증거에 따르면 ESG 요인은 동일한 신용에 대해 ESG 점수가 더 높은 발행인이 ESG 점수가 낮은 발행인보다 자본 비용이 더 낮은 긍정적인 방식(낮은 이자율)으로 자본 비용에 영향을 미칩니다. 또한 동급 최강 기업과 최하위 기업간에 명확한 수익률 차이가 있으며, 일반적으로 미국 달러 표시 투자 등급 채권보다 유로 표시 채권이 더 넓습니다.

핵심: 생산성 향상 및 인재 유치
The Bottom Line: Increasing Productivity and Attracting Talent

대부분 기업에서 CEO와 이사회가 ESG 심의를 진행하고 있다는 사실은 고무적입니다. 그러나 기업은 중요한 ESG 문제를 파악하고 관리하는 데 중간 관리자의 기여도를 높여야 합니다. 이는 매일 "공장 현장(on the factory floor)"에 있고 직속 보고서를 전략적 목표를 실현하기 위한 자원으로 할당하기 때문입니다.

요컨대, 비즈니스 단위는 생산성 향상을 극대화하기 위해 "ESG"를 구별하고 강조할 중요한 문제에 집중해야 합니다. 투자자와 CEO가 의제를 주도하지만 중간 경영진과 그 팀은 궁극적으로 주주와 사회 모두에게 봉사하는 제품과 서비스를 생성합니다.

따라서 고위 경영진은 투자자와의 논의에 중간 관리자를 참여시키고 기업이 비즈니스에 영향을 미치는 ESG 문제를 인식하는 중요성 결정 프로세스에 기여해야 합니다. 모든 이해관계가 일치하도록 하기 위해 고위 경영진은 재무 및 ESG 성과에 대해 중간 관리자를 분기별 또는 연간이 아닌 장기적인 관점에서 평가하고 보상해야 합니다. 이는 특히 단기적으로는 생산성 저하로 인식될 수 있으나 장기적으로는 더 높은 생산성을 실현하는 수단으로 인식되어야하기 때문에 필요합니다. 현재 인력을 기존의 단기 역할에서 벗어나 장기적인 의제로 재할당해야 할 수도 있습니다. 이는 단기 생산성 및 잠재적 수익성에 영향을 미칩니다.

또한 회사의 재정적 효율성이 주가 성과와 밀접한 관련이 있다는 사실을 받아들이는 연구에 따르면 가장 재정적으로 생산적인 회사는 탄소 발자국도 가장 낮습니다. 또한 가장 재정적으로 건설적인 회사는 일반적으로 가장 강력한 기업 지배구조를 가지고 있습니다. 이는 또한 강력한 ESG 원칙을 수용하는 기업이 생산성과 수익성을 높이는 잘 관리되는 기업임을 나타냅니다.

오늘날의 직업 시장에서 직원, 특히 밀레니얼 세대와 Z세대가 그들의 노력에 대한 급여 이상의 것을 찾음에 따라 인재를 얻기 위한 환경과 기류가 변화고 있습니다. 이들 근로자 중 상당수는 기후 변화와 같은 사회 및 환경 문제로 인해 평생 동안 영향을 받을 가능성이 더 높다는 것을 인정합니다. 따라서 그들은 자신이 중요하고 자신의 일이 차이를 만든다고 느낄 필요가 있습니다. 그러나 많은 조직이 참여, 보존 및 생산성을 높일 수 있는 이 기회를 놓치고 있습니다. 일부 조사에 따르면 미국 기업 내 직원의 3분의 1만이 직장에 종사하고 있으며, 이는 궁극적으로 매년 5,000억 달러 이상의 생산성 손실을 초래하고 있습니다.

이러한 환경에서 기업 전략의 목적을 일정하게 유지하는 것은 단지 이상적인 것이 아니라 비즈니스 기회입니다. 사전 예방적 접근 방식은 직원이 직장에 미치는 영향에 대한 열정을 가져다 줄 방법을 제공하는 조직에 배당금을 지급하여 유지율을 크게 향상시킬 수 있습니다. 밀레니얼 세대는 자신이 일하는 회사 (및 지원하는 관련 비즈니스)가 자신과 일치하는 가치를 채택하고 환경 및 사회적 책임이 중요하다는 점을 진정으로 염려합니다. 조직에 대한 열정이 있고 충성심을 보이고 자신이 소중하다는 것을 알고 있는 직원은 회사의 브랜드를 강화하고 직원의 전반적인 생산성을 향상시키는 무형의 선의를 생성합니다.

좋은 회사 평판을 유지하고 인재를 유치하고 유지하는 것은 ESG 프로그램이 재무성과를 개선하는 수단으로 가장 자주 언급되고 있습니다. 더욱이 ESG 프로그램은 조직의 경쟁력 강화를 통해 추진되는 재무성과를 개발함으로써 주주 가치를 확대하는 것으로 보이며 이는 좋은 경영의 대용치임을 시사합니다. 또한 환경, 사회, 거버넌스 프로그램에 참여하는 기업은 재능있는 직원과 고위 경영진이 회사와 사회에 확실히 장기적으로 기여하고 있다고 느끼기 때문에 매력적입니다.

13

ESG 정책 마련하기
Devising an ESG Policy

이 장에서는 . . .

✔ 정책 개발 계획 수립
✔ 동료 검토 참여
✔ 핵심 투자 원칙 검토
✔ ESG 특정 표준에 익숙해지기
✔ 보고, 공시 요구 사항 확인
✔ ESG 참여 시작하기

　자산 소유자는 자산의 경제적 소유자이며 연금 플랜, 보험 회사, 금융 기관, 재단, 기부금, 가족 회사 및 개인 투자자를 포함하며 각각 다른 투자 목표와 제약이 있습니다. 자산 소유자는 자산을 직접 구입하거나 자산 관리자를 고용하여 자산에 투자할 수 있습니다. 자산 소유자가 자산 관리자의 투자 관리 서비스를 활용하면 이러한 투자는 별도의 계정 또는 혼합 투자 수단(예: 뮤추얼 펀드)으로 구성될 수 있습니다.

　자산 소유자는 다음을 포함하여 자금 투자 방법에 대한 중요한 결정을 내립니다.

▶ 투자 정책 수립(예: 투자 목표, 자산 배분 정책, 지속가능성 또는 ESG 문제에 대한 접근 방식)

▶ 자산을 내부적으로 관리할지 외부 자산 관리자에게 아웃소싱(위탁)할지 여부

▶ 상장 기업 주주로서의 책임을 처리하는 방법(예: 대리 의결권 행사 정책, 대리 고문에 대한 의존, 투자 관리 활동의 인소싱 대 아웃소싱)

이 장에서는 자산 소유자를 위한 ESG 접근 방식을 고안하는 방법을 살펴봅니다. 많은 기업이 일반적으로 사명, 주요 목표 및 핵심 신념을 언급하는 목적 성명서를 채택했습니다. 그러한 선언들은 종종 (상세하지 않은) 상위 수준에서 전달되지만 기업이 열망하는 장기적인 지평을 포괄한다는 생각은 ESG 정책에 필요한 장기적인 목표와 비슷합니다.

훌륭한 아이디어: 계획을 수립

Here's a Great Idea: Creating a Plan

주어진 방향으로 조직의 의도를 보여주기 위해 개발된 모든 문서는 조직의 궁극적인 ESG 목표를 충족하기 위해 구현해야 하는 회사의 **장단기 목표**를 설정하는 계획으로 시작해야 합니다. 이는 조직의 현재 접근 방식 및 시스템에 대한 분석으로 시작할 수 있으며, 이는 명백한 초기 차이를 식별하기 위해 전체 목표에 매핑될 수 있습니다. 이 접근 방식은 검토를 위한 중간 목표와 조정된 방식으로 구현할 수 있도록 설정된 작업 및 프레임워크에 의해 안내될 수 있습니다.

일부 투자자, 특히 프로세스를 처음 접하는 소규모 조직에서는 접근 방식을 전달하는 데 어려움을 겪을 수 있습니다. 일부가 취한 초기 접근 방식은 UN 지속가능개

발목표(SDGs, 1장 참조) 및 책임투자원칙(PRI)과 같은 프레임워크를 참조하여 논의를 알리고 핵심적인 상위 수준의 신념 중심에 매핑되는 목표를 식별하는 데 도움이 됩니다. (자세한 내용은 www.un.org/sustainabledevelopment/sustainabledevelopment-goals/ 및 www.unpri.org/download?ac=4336을 참고하십시오.) 이는 ESG에서 필수적인 지속가능한 주제를 추가로 정의하는 우선순위 진술과 결합될 수 있습니다. 또한 잠재적인 투자 기회에 매핑할 수 있습니다. 분명히 일부 우선순위는 즉시 투자할 수 없지만 이러한 요구 사항을 확인하면 투자자가 미래에 대한 잠재적 투자 경로를 사전에 조사할 수 있습니다.

프로세스를 알리기 위한 추가 접근 방식에는 내부 검토 프로세스, 더 광범위한 이해관계자 협의 및 잠재적으로 외부 서비스 제공 업체의 참여가 포함되어야 합니다. 사용된 방법론이 모든 관련성 있고 중요한 평가를 대표할 수 있도록 포괄적으로 사용하는 것이 중요합니다. **뿐만 아니라, 잘 정의된 핵심 원칙 없이는 수탁자**(자산이 적절하게 관리되고 소유자의 이익이 안전한지 확인할 책임이 있는 사람)**와 기타 수탁자 및 규제 요구 사항을 강제로 구현하기 어려울 것이라는 점을 인식해야 합니다.**

계획이 전개되기 시작하면 원래 계획된 목표에 대한 조직의 개발을 관찰하기 위해 진행 상황을 모니터링하고 평가할 수 있는 이정표가 있어야 합니다. 또한 정책 및 결과에 대한 책임은 가능한 최고 수준의 경영진이 가져서 문화적 적합성과 조직적 거버넌스가 **"동의(buy-in)"**를 유지되도록 해야 합니다.

다음에서는 ESG 프레임워크 개발을 위한 몇 가지 주요 고려 사항을 간략하게 설명합니다. 핵심 투자 전략을 결정하기 전에 모든 이해관계자를 참여시키고 내부 거버넌스 구조에 동의하는 것이 중요합니다. 내부 거버넌스 구조 중 일부는 핵심 투자 전략을 결정하기 전에 동료 자산 소유자 검토에서 수집할 수 있습니다.

주요 이해관계자들 사이에서 ESG 촉진 시키기

Promoting ESG among key stakeholders

이해관계자 모델은 자산 소유자의 명시된 목적과 비전의 일부로 점점 **더 많은 조직들이** 따르고 있습니다. (여기서 말하는 이해관계자에는 수혜자, 임직원, 내외부 투자 관리자, 수탁자 그리고 경영진이 포함됩니다.) 따라서 ESG 지표를 사용하여 투자 성과를 평가하고 더 넓은 범위에 적용할 수 있는 다양한 주제에 대한 비교 포지셔닝(comparative positioning)을 평가하고 또 평가해야 합니다. 주주의 투자관리 성과를 평가하는 데 사용되는 성과 지표와 유사한 방식으로 ESG 목표의 실현이 이해관계자의 가치를 향상시킬 것이며 단순히 "체크박스" 또는 "그린 워싱" 행동으로 작용하지 않도록 보호하기 위해 ESG 이해관계자 지표 및 목표를 다른 성과 지표와 동일한 일관성으로 선택하고 설정하는 것이 매우 중요합니다(6장 참조).

ESG 측정 기준에 대한 "일률적인(one size fits all)" 접근 방식은 없으며 자산 소유자는 **장단기** 투자 성과 및 지속가능성 고려 사항에 적합한 ESG 요소 유형에 영향을 미치는 다양한 자산 클래스에 투자합니다. ESG 지표 구현은 자산 소유자 별 설계 프로세스입니다. 예를 들어, 일부 자산 소유자는 엄격한 ESG 요소 **데이터를 보유하고 보고를 받고 있음에도 불구하고** 보다 정성적인(qua-litative) ESG 투자 목표를 구현하기로 선택할 수 있으며, 다른 이들은 새로운 데이터 요소를 통합하는 정량적 ESG 목표를 고려할 것입니다(ESG 요인 통합에 대한 자세한 내용은 14장 참조).

내부 거버넌스 구조 만들기

Creating an internal governance structure

핵심적 책임투자 지침은 주로 조직의 투자 프로세스 및 철학에 맞는 책임있는 투자 관행에 따라 조직마다 매우 다르게 보일 수 있습니다. 이는 또한 내외부에서 관리되는 자산과 관련된 차이 및 지침에 영향을 미칠 수 있는 관할권 요구 사항 및 법적 측면에 따라 달라질 수 있습니다.

예를 들어, 조직은 피투자 회사가 준수해야 하는 최소 ESG 표준을 설정할 수 있습니다. 일부 투자자는 **ESG 요구 사항을** 부과할 수 있고, 다른 투자자는 기업이 ESG 문제를 관리하는 방법에 대한 특정 정보를 요구할 수 있으며 최소 표준은 광범위한 산업 표준을 충족해야 합니다. 마찬가지로 표준은 상장 주식, 채권, 사모 펀드, 부동산, 헤지펀드 또는 상품에 사용할 수 있는 ESG 등급에 따라 다를 수 있는 다양한 자산 클래스를 기준으로 설정할 수 있습니다.

물론 내부 관리자는 이미 설정된 내부 지침에 의해 다루어지므로 외부 관리자와 함께 작업하는 지침은 보다 구체적일 것입니다. 외부 투자 관리자는 자체 책임투자 정책을 마련하거나 자산 소유자의 정책을 채택해야 할 수 있습니다. 일부 자산 소유자는 이를 확장하여 운용사 선정 및 모니터링에 대한 지침, 투자 의무에 대한 제안 요청서(RFP)에 ESG 문제를 포함해달라고 하거나, **ESG 문제에 대한 보고와 공시를 하라는** 요구 사항을 포함할 수 있습니다.

쓸데없이 시간 낭비 하지 마세요: 동료 검토 수행
Don't Reinvent the Wheel: Undertaking a Peer Review

ESG 또는 책임있는 투자 정책을 마련하는 원칙이 여전히 많은 자산 소유자에게 **상대적으로 생소하다는 점을 감안할 때 다른** 소유자들이 "(이미 있는 것을 다시 만드느라) 쓸데없이 시간을 낭비"하는 것보다 프로세스에 어떻게 접근했는지에 관심을 갖는 **이해할 수 있는** 경향이 있습니다. 또한 동료들이 한 일을 이해하면 상위 수준의 투자 정책 토론을 장려할 수 있으며 이는 정책 초안 작성에 더욱 도움이 될 수 있습니다. 원칙적으로 운용중인 현재 자산을 고려할 때 ESG 투자 관행은 투자 정책 성명서의 전통적인 항목과 동일한 구조 및 일관성을 따라야합니다.

동료 검토는 투자 정책이 어떻게 공식화되었는지에 대한 지침을 제공하며 그 결과가 투명할 수 있습니다. 회사의 정책이 다른 접근 방식과 어떻게 비교되는지 고려할 때 이해관계자가 정책 수립에 어떻게 관여하는지 확인하는 것이 좋습니다. 또한 ESG 위험 또는 기회를 정의하고 식별하는 방법 또는 투자 결정에서 문제를 평가하고 평가하는 방법을 이해해야 합니다. 흥미롭게도 일부 조직은 그러한 정책에 대한 투자 요구 사항을 충족하는 것보다 포트폴리오를 통해 달성된 긍정적인 실제 영향을 모니터링합니다!

다음에서는 동료 검토 및 식별, 평가 및 선택을 포함한 다양한 유형의 ESG 투자 전략을 고려합니다.

ESG 투자 전략 고안

Devising ESG investment strategies

ESG 투자를 위한 다섯 가지 주요 전략이 있는데, 배제적 선별, 긍정적 선별, ESG 통합, 임팩트 투자 및 적극적 소유권입니다. (8장에서 이러한 전략에 대해 자세히 알아볼 수 있습니다) 이러한 전략은 ESG 위험 방지 또는 감소에서 측정 가능한 영향 추구에 이르기까지 다양한 의도를 보여줍니다. 또한 투자자가 고려해야 할 다양한 투자 및 영향 고려 사항을 보여줍니다. 일부 목표는 다른 ESG 전략과 어느 정도 겹치며, 여러 ESG 전략은 때때로 자산 소유자의 고유한 목표를 실현하기 위해 단일 투자 수단 내에서 결합됩니다. 또한 이러한 전략은 자산 클래스 및 투자 스타일에 걸쳐 실행될 수도 있습니다.

투자 프레임워크로서의 ESG 가치의 상당 부분은 정치적, 사회적 우선순위의 변화를 예측하여 결과적으로 투자자를 위한 경제적 기회의 변화를 가져온다고 주장 할 수 있습니다. 이러한 변화는 ESG 투자 관점에서 분명히 중요하지만 아직 발생하지 않은 사회적 규범의 변화를 예상하는 지표를 개발할 때와 기업 행동의 관련 변화가 사회적 영향을 평가할 때 문제를 야기합니다. ESG 투자의 근본적인 측면은 추세가 어떻게 진행되는지 확인하기 위해 장기적인 시간 프레임이 필요할 수 있다는 것입니다. ESG는 투자 프로세스로 간주될 수 있는데, 이는 시장과 많은 기업이 가치를 평가하는 기간이 너무 짧으며, ESG의 구조, 인력 및 지역사회에 투자함으로써 기업의 장기적인 성과를 개선할 수 있음을 시사합니다.

특정 ESG 위험이 이미 재정적으로 중요하므로 투자 기간에 관계없이 고려해야한다고 주장하는 사람들도 있습니다. 사실, 책임투자나 지속가능한 투자 전략을 따르는 관리 대상 자산의 급증을 고려할 때, ESG 투자 전략이 멀지 않은 미래에 예외가 아닌 표준이 될 것이기 때문에 ESG 투자 통합에 대해 언급해서는 안 된다는 주장도 있을 것입니다.

이 프레임워크를 기반으로 포괄적인 투자 전략 및 원칙을 게시하여 시장이 일반적으로 장기 추세를 고려하는 책임있는 투자 관행에 전념하고 있음을 인식하도록 해야 합니다. 또한, 여기에는 위험 관리 완화에 중점을 두는 동시에 잠재적인 기회를 발견하는 ESG 요소가 포함됩니다. 정책이 모범 사례 요구 사항을 **준수하는 경우** 이러한 요구 사항을 강조하여 중요성에 대한 인식을 강조해야 합니다. **그러한 진술은 다른 산업 관련 조직이 아닌 경우 최소한 회신의 웹사이트에 표시되어야 합니다.** 또한 조직이 책임있는 투자에 대한 의지를 공개적으로 입증 할 수 있도록 국제적으로 인정된 책임있는 투자 원칙에 서명하는 것을 고려해야 합니다(자세한 내용은 www.unpri.org/signatories 참조).

ESG 투자 식별, 평가 및 선택
Identifying, assessing, and selecting ESG investments

자산 소유자는 초기 심사, 이슈 선택, 포트폴리오 구성 및 위험 관리를 통합하여 ESG 분석을 투자 프로세스에 완전히 통합해야 합니다. 또한 ESG관리에 대한 포트폴리오 보유에 적극적으로 참여할 수 있는 투명하고 잘 구현된 프로그램이 있어야 합니다(자세한 내용은 www.unpri.org/investment-tools/stewardship 참조).

많은 지속가능한 펀드는 포트폴리오를 만들기 위해 통합 접근 방식을 취합니다. 그들의 강조는 해당 회사와 관련된 ESG 문제를 통합할 때 "동급 최고의" 관행을 가진 주식을 식별하는 경향이 있습니다. 이는 일반적으로 **경쟁펀드보다** ESG 문제를 더 잘 관리하는 회사로 포트폴리오를 구성하여 벌금, 소송 및 평판 손상과 같은 재정적 위험이나 논쟁에 직면할 가능성이 적습니다. 부정적 (또는 배제적) 선별 검사는 오늘날에도 여전히 사용되고 있으며, 특히 종교적 가치에 맞춰 투자하는 자금에 의해 사용됩니다. 그러나 이 접근 방식이 비재무적인 이유로 기존 기업을 배제한다는 사실은 기존 벤치마크 지수를 추적 할 때 실적이 저조하거나 문제를 일으킬 수 있습니다.

점점 더 많은 펀드가 투자 설명서(펀드의 투자 전략, 비용, 위험 및 관리에 대한 가이드로 게시해야 하는 문서)에 포트폴리오를 구축하고 투자를 선택할 때 지속가능성 요소를 프로세스의 주요 구성 요소로 만든다고 명시하고 있습니다. (ESG 포커스 펀드라고 함) 다른 그룹인 임팩트 펀드는 광범위한 지속가능성 주제에 초점을 맞추고 재정적 수익과 함께 사회적 또는 환경적 영향을 다루는 경향이 있습니다. 그들은 저탄소, 양성 평등, 녹색 채권(환경적 혜택이 있는 신규 및 기존 프로젝트에 자금 지원, 9장 참조)과 같은 특정 주제에 초점을 맞추는 경향이 있습니다. 마지막으로 지속가능한 부문 펀드는 에너지 효율성, 환경 서비스, 재생 에너지, 물 및 친환경 부동산과 같은 분야에서 녹색 경제로의 전환에 적극적으로 기여하는 기업에 집중합니다.

자세히 살펴보기: 핵심 투자 원칙 검토
Go Over It: Reviewing Your Core Investment Principles

투자 신념 성명서(Investment Beliefs Statement)는 상위 수준의 목표와 실질적인 의사 결정 사이의 통로 역할을 합니다. 투자 신념 성명서는 수탁자와 수탁자가 운영해야 하는 금융 시장의 현재 상태와 이러한 시장이 현재 어떻게 작동하는

지에 대한 견해를 명확히 하는 데 도움이 되기 때문에 가치가 있습니다. 그리고 투자 과정에 적용되는 핵심 투자 원칙을 고려하면서 투자 스타일과 관리자를 선택하는 기관의 이론적 근거를 설명합니다. 일반적으로 책임있는 투자 원칙은 이러한 신념과 전략적 투자 접근 방식을 통해 정보를 제공해야 하며 ESG 정책에서 조직의 문화와 가치를 적절하게 반영해야 합니다. 신탁 관리자와 수탁자는 이러한 핵심 원칙에 따라 감독 및 책임 조치가 실행되도록 보장합니다.

신념과 원칙을 검토할 때 지침이 되는 생각 중 일부에는 다각화의 가치(및 영향 선별에 미칠 수 있는 영향), 포함해야 하는 위험 유형(그리고 ESG 요소가 이를 완화하는 데 도움이 되는지 여부), 투자 수익에 중요한 ESG 요인이 무엇인지, 그리고 리스크 또는 기회를 반영하는지에 대한 고려사항이 포함되어야 합니다. 장기 투자 전망을 고수하고 있으며 일반 원칙이 전체 자산 기반에 적용됩니까? 아니면 주어진 자산 클래스에 따라 달라지나요? 임팩트 투자와 사람이나 지구에 이로울 수 있는 잠재력을 어떻게 보십니까? 예를 들어 저탄소 투자 원칙에 초점을 맞춰 주제별 투자를 유도합니까?

좋은 기업 지배구조는 이해관계자의 이익을 위해 기업 목표를 추구하는 기업의 기능에 대한 적절한 감독을 보장합니다. 그러나 근본적으로 이것은 경제 발전, 사회 발전 및 환경 개선의 세 가지 축 위에 세워져야 합니다. 따라서 좋은 거버넌스는 궁극적으로 지속가능한 가치를 창출하고 기업이 가치를 준수하도록 지원함으로써 지속가능성을 촉진합니다. 또한 기업이 위험 감소, 신규 투자자 유치, 기업 자본 증가 등 장기적인 이점을 실현하는 데 도움이 됩니다. 따라서 기업의 지속가능성 추구가 좋은 기업 지배구조의 원칙을 지속적으로 강화하고 확장함에 따라 기업은 더 큰 투명성과 공개를 통해 노력을 강화해야 할 필요성을 느낄 것입니다. 결과적으로 투명성 노력은 기업 지배구조와 향상된 지속가능성 간의 관계에 대한 정보를 투자자에게 제공할 것입니다.

주주 우월성의 지원이 회사 이사회 구성원들이 전체 금융 시장과 동일한 단기적 관점을 채택하도록 장려한다는 증거가 증가하고 있습니다. 금융 시장의 요구를 충족시켜야한다는 압력은 주식 환매, 과도한 배당금, 생산 능력에 대한 투자 실패를 유발한다는 것입니다. 이로 인해 유럽 집행위원회는 지속가능한 성장에 자금을 지원하기 위한 실행 계획(https://ec.europa.eu/info/business-economy-euro/banking-and-finance/sustainablefinance_en 참조)을 작성하고 다음과 같은 대담한 의제를 설정했습니다. 재무 흐름을 보다 지속가능한 결과로 재조정하기 위한 목표와 함께 기업 보고, 이사회의 의무 및 지속가능한 재무 분야에서 통합 개혁을 진행합니다. 원칙은 기업이 기후 변화와 관련된 재정적 위험을 관리하지 못하는 것을 시정하고 더 큰 지속가능성을 향한 움직임을 장려하는 것입니다.

2018년부터 EU 비재무보고 지침(NFRD)은 대기업, 은행 및 보험사에게 비재무 정보를 공개하도록 요구했습니다(https://ec.europa.eu/info/business-economy-euro/company-Reportingand-auditing/company-reporting/non-financial-report-ing_en#review). 그러나, 과다한 표준과 보고 주체에 부여된 유연성으로 인해 이 보고는 현재 포괄적이거나 충분히 비교할 수 없습니다. NFRD의 입법 검토는 이러한 문제 중 일부를 해결하기 위한 것이지만 코로나19로 인해 수정이 지연되었습니다. 따라서 비재무보고의 표준화는 투자 전반에 걸쳐 정보를 비교할 수 있으므로 지속가능한 금융 개발에 도움이 될 것입니다.

ESG 특정 규정에 익숙해지기
Familiarizing Yourself with ESG-Specific Regulations

일반적으로 현지 관할 법에 따라 연기금에 투자 원칙에 대한 설명이 포함되어 있거나 수탁자의 의무가 재정적으로 중요한 ESG 문제를 반영하도록 요구할 수 있습니다. 또한 다른 관할권에서는 투자 분석 및 의사 결정에서 중요한 ESG 요소로 간주되도록 다양성과 포용성을 명시적으로 의무화 할 수 있습니다. 따라서 책임 있는 투자 관행에 대한 수용이 증가함에 따라 대부분의 연기금은 이미 다양한 형태의 ESG 투자를 지지하고 있습니다.

또한 많은 국가에서 기업 거버넌스 및 스튜어드십 코드는 ESG 정책에 대한 귀중한 통찰력을 제공하며, **이 때문에** 기업, 부문, 지역 및 자산 클래스에 걸쳐 다양한 수준의 투자 포트폴리오 성과를 고려해야 합니다. 또한 자금 관리자에 대해 여기에서 언급한 많은 사항은 자체 ESG 정책을 구현하는 개별 회사와 비교할 수 있습니다.

다음에서는 두 주요 관할권의 규정을 관리중인 가장 큰 ESG 자산과 비교하고 관련된 지속가능성 위험과 "그린워싱" 관련 문제가 어떻게 해결되고 있는지 살펴봅니다.

유럽과 미국 비교

Comparing Europe and the United States

유럽은 새로운 ESG 공시 요구사항 있거나 금융 서비스 및 상품의 설계, 제공 및 판매에서의 명시적 역할과 관련하여 자산 관리자에게 중요한 규칙을 초래하는 사실상 규제라는 입법 쓰나미를 주도해 왔습니다. 이는 특정 ESG 요소가 재정적으로 중요하고 명시적으로 고려되어야 한다는 규제 기관의 인식과 금융 부문이 자본 흐름을 재조정하려는 욕구를 반영하는 것으로 보입니다. 비즈니스 특성, 고객 유형 및 활동에 따라 자산 관리자는 기업 지배구조, 프로세스 및 제품 수준에서 새로운 요구 사항에 직면합니다. 이에 대응하여 2020년 말까지 책임투자 원칙에 서명한 자산 소유자, 투자 관리자 및 서비스 제공 업체의 수는 2018년보다 50% 이상 증가해 3,000개를 넘었습니다.

자산 관리자는 이러한 과제의 중심에 있지만 자산 소유자, 비즈니스 부문, 관할권, 전문가 및 산업 표준 설정 기관이 정한 지속가능성 개념에 대한 다양한 접근 방식과 다양한 정의에 직면해 있습니다. 신뢰할 수 있는 정의 없이는 동등한 목표를 설정하고, 투자를 모니터링하고, 금융 서비스 부문과 국가 또는 지역 경계에서 경쟁 업체와의 성과를 평가하고 비교하는 데 필요한 데이터 포인트를 설정하기가 어렵습니다. 또한 자산 관리자는 자체 기업보고 요건을 충족하고, 적용 가능한 투자 및 위험 관리 결정을 관리하고, 고객 및 펀드 투자자에게 공개하기 위해 이 심층 데이터 분석을 제시해야 합니다. 문제는 자산 관리자가 일반적으로 여러 고유한 자산 클래스, 산업 및 지역에 대한 관련 ESG 고려사항의 끝없는 하위 집합을 검토해야 한다는 사실로 인해 더욱 복잡해집니다.

미국에서는 포괄적인 의무 요건이 부과되지 않았기 때문에 연방 정부가 ESG에 가만히 있다고 비난하는 사람들이 있습니다. 그러나 일부 주에서는 지속가능한 투자를 장려하기 위해 고안된 실질적인 규제를 주도하고 있습니다. 이 주들은 연금 시스템, 신탁 기금 및 이사회 구성을 추가로 규제하기 위해 ESG 요소를 사용하여 자본을 관리하는 데 시장의 **관심**이 점점 더 높아지고 있습니다. 결과적으로 이것은 유동성 스펙트럼에서 자금을 조달하고 관리하는 사람들에게 ESG를 더욱 중요하게 만듭니다. 이러한 활동을 촉진하는 가장 적극적인 주 연금 시스템은 캘리포니아주 공무원연금기금(CalPERS)과 캘리포니아주 교원연금(CalSTRS)입니다.

지속가능성 관련 위험 고려
Taking into account sustainability-related risks

지속가능성 위험이 커지고 있으며 경영진, 투자자, 대출기관 및 규제기관으로부터 더 많은 관심을 받고 있습니다. 존재하는 곳의 예로는 채광 작업에서 운영 면허에 대한 위협, 물 과소비 평가, 잠재적으로 환경에 영향을 미칠 수 있는 프로젝트에 대한 투자와 관련된 평판 위험, 불안정한 에너지 가격으로 인한 재무 성과 위험, 새로운 탄소 규제로 인한 규정 준수 위험, 고객이 보다 지속가능한 대안으로 전환함에 따라 제품 대체로 인한 위험 등입니다.

지속가능성에 대한 경영진의 태도가 점차 변화하고 있습니다. 지속가능성은 역사적으로 비용이 많이 들고, 기후 변화 목표에서 지역 사회에 대한 자선 기부에 이르기까지 요구 사항을 충족해야 하는 의무가 있는 기업의 사회적 책임

(CSR) 문제로 간주되었습니다. 그러나 더 많은 기업들이 시장 기회와 가치 창출의 관점에서 지속가능성을 보고 있습니다. 이제 그들은 지속가능성 트렌드와 관련된 새로운 시장 및 비즈니스 모델을 수립하여 이 평가를 지원할 재무 데이터를 보유하고 있습니다. 이러한 전략 계획의 가시적인 재무 결과가 나타나려면 시간이 걸리겠지만 일부 세계 최고의 브랜드 관리자가 전환되고 있습니다.

따라서 지속가능성 리스크관리(SRM, sustainability risk management)는 내부 녹색 전략 및 정책과 이익 목표를 연계하는 사업 전략으로 부상하고 있습니다. 이러한 정책은 천연자원 사용을 줄이고 탄소 배출량, 독성 물질 및 부산물을 줄임으로써 부정적인 환경 영향을 줄이려고 합니다. SRM의 목표는 환경을 유지하면서 비즈니스를 유지하고 성장시키기에 충분한 이러한 조정을 만드는 것입니다. SRM은 이제 전사적 리스크 관리(enterprise risk management)의 중요한 부분으로 간주됩니다.

REMEMBER

ESG 그린워싱에 대한 효과적인 실사 수행
Doing effective due diligence on ESG greenwashing

모든 종류의 비즈니스와 브랜드가 마케팅에서 "지속가능"이라는 단어를 사용하기 시작했습니다. 윤리적 면화로 만든 티셔츠든 "에코" 자동차든, 기업들은 **친환경** 자격 증명을 보여주고 싶어합니다. 그렇다면 변화에 대한 실제적이고 긍정적인 약속과 "그린워싱"의 차이를 어떻게 구분할 수 있습니까? 현재 환경에서 그린워싱(6장에서 자세히 다룹니다)은 두 가지 주요 형태를 취할 수 있습니다.

▶ 하나는 회사가 **친환경 명분에** 대한 인상적인 공개 제스처로 의심스러운 환경 기록을 숨기거나 은폐하려는 경우입니다. 그러나 소셜 미디어 시대에 이러한 큰 PR 캠페인은 종종 비판을 받고 매우 빠르게 조사됩니다.

▶ 다른 형태는 회사와 브랜드가 "녹색", "지속가능", "친환경" 또는 "비건

(vegan)"과 같은 단어를 단순히 마케팅 전략으로 사용하는 것입니다. 그들의 행동에 대한 책임이 전혀 없습니다.

투자 상품은 그린워싱에 영향을 받지 않습니다. 자산 관리자는 ESG 관련 상품에 대한 수요가 기하급수적으로 증가함에 따라 투자자로부터 자금을 유치할 수 있는 기회를 보았습니다. 그들은 환경, 사회 및 거버넌스 고려 사항을 투자 프로세스에 통합했다고 주장하지만 ESG 투자는 여전히 다소 새로운 것이기 때문에 명시된 ESG 요소의 중요성을 평가할 수 있는 투자 관리자 및 투자자의 능력이 진화하고 있습니다. 따라서 자산 소유자와 자문가들은 펀드의 ESG 접근 방식에 의문을 제기하고 펀드 매니저가 잠재적인 그린워싱을 식별하는 것이 중요합니다.

확실히, 유럽의 금융상품 시장지침(MiFID) II 법률은 자문가가 MiFID II에 대한 2020년 개정에 **기반하여** 연구를 수행할 때 고객에게 ESG 선호도에 대해 질문할 것을 의무화합니다. 또한 미국증권거래위원회(SEC)는 지나치게 단순한 등급 시스템이 잘못된 정보를 얻거나 심지어 잘못된 투자 결정을 초래할 수 있다는 우려로 인해 자산 관리 업계가 ESG 펀드 데이터에 대한 단일 등급에 대한 의존도를 "부정확(imprecise)"하다고 공개적으로 비판했습니다. 일부는 이러한 잘못된 정보를 그린워싱 모니터링에서 추가 고려 사항으로 간주할 수 있습니다.

보고 요구사항 조사
Surveying Reporting Requirements

보고 요구 사항의 더 광범위한 요소는 14장에서 다루지만 여기에서는 필요한 고려 사항에 대한 요약된 보기가 포함되어 있습니다. 다음 중 어떤 것을 선택해야 하는지 알기 어려울 정도로 많은 보고 프레임워크, 표준 및 지침을 사용할 수 있습니다.

▶ GRI(Global Reporting Initiative)와 같은 일부 프레임워크는 산업별로 다르며 SASB(Sustainability Accounting Standards Board)는 산업별로 다릅니다.
▶ 그러나 GRI와 SASB는 보고 요건과 관련하여 잠재적인 협력에 대해 논의하고 있습니다(1장에서는 GRI와 SASB에 대해 자세히 설명합니다).
▶ 기후 변화에 초점을 맞춘 기후 관련 재무공개 태스크포스(TCFD)와 부동산 산업에 보다 구체적인 표준인 실물 자산에 대한 글로벌 ESG 벤치마크(GRESB)와 같이 다른 표준은 보다 주제별로 다를 수 있습니다.

그러나 일률적인 접근 방식은 없으며 조직의 보고 요구 사항 및 보고 대상에 따라 다릅니다. 품질 지속가능성 및 ESG 데이터를 정확하게 수집하고 보고하는 것은 어려울 수 있지만 그 신뢰성과 정확성을 보장해야 합니다.

ESG 데이터의 필수 특성
Essential characteristics of ESG data

대규모 데이터 제공업체 IHS Markit의 설문 조사에 따르면 펀드 투자자가 ESG 지표/데이터가 일반적으로 보고되는 방식에 대해 가장 많이 선호하는 7가지 항목은 다음과 같습니다.

▶ 목적 중심의 지표를 정량화하고 보고하기 위한 일관되고 통제된 정책을 개발합니다.
▶ 외부에서 보고 된 지표를 비즈니스 운영 시 경영진이 사용하는 지표와 일치시킵니다.
▶ 체계적인 방식으로 지표를 구성합니다(즉, 기술을 사용하여 정보를 상호 작용하고

매력적으로 작성).

▶ 일관성을 보여주는 비교 수치를 제공합니다.

▶ 적절한 보고 형식과 빈도를 결정합니다.

▶ 기존 재무보고에 대한 통제와 동일한 엄격함으로 목적 중심 측정 항목의 준비 및 보고에 대한 통제를 구현합니다.

▶ 앞뒤 맥락을 제공합니다(예: 가장 관련성이 높은 지표는 기업의 산업 및 시장을 고려합니다).

투자자를 위한 중요 요소
Material factors for investors

앞에서의 접근 방식이 널리 사용되고 있지만 기업 및 재무보고에 전체 지표 세트를 포함시키는 WEF(세계경제포럼, World Economic Forum) 지침은 보다 광범위한 ESG 측정항목을 정의하기 위한 선의의 경로를 나타냅니다. 하지만 측정 및 ESG 데이터의 품질이 문제로 남아 있습니다.

쉽게 보고할 수 있는 수치로 구체화되지 않고 일반적으로 허용되는 측정 기준이 없는 ESG 노력의 여러 영역이 있습니다. 이러한 격차를 메우려는 시도에는 공식적인 환경 정책을 수립하고 기업 운영의 환경 비용을 관찰하고 처리하는 데 있어 경영진의 역량을 강조하는 것이 포함될 수 있습니다. 이와는 별도로, 더 넓은 가치 사슬에서 생성된 탄소 배출량을 포함하여 직간접적으로 탄소 배출량을 추정할 수 있는 능력은 투자자가 유용하다고 생각하는 정보가 될 것입니다.

대기업의 성별 임금 격차와 같은 공개에 대한 법적 요구 사항이 있는 경우 데이터를 비교하기가 더 쉽지만 여전히 불일치가 발생하고 범위가 제한됩니다. 타이밍은 또 다른 문제로, 실시간 보고가 고려되지 않고 결과적으로 순위가 조정되지 않으면 기업이 ESG 위기를 겪은 후에도 계속해서 높은 점수를 받을 수 있습니다. 또한 현재 시스템에서 소스 자료의 추적 가능성이 부족하여 신뢰성에 대한 의문이 더 커지고 있습니다.

ESG 참여 검토
Examining ESG Engagement

자산 소유자는 자신의 소유권을 적극적으로 사용하여 회사와 협력하거나 자산 관리자가 건설적인 방식으로 자신을 대신하여 관여할 수 있는지 찾아야 합니다. 지속가능한 기업 행동의 개선은 모든 투자에 대한 위험/수익 프로파일을 향상시킬 수 있습니다. 참여(Engagement)는 투자의 장기적인 성과를 높이기 위한 목적으로 회사의 ESG 접근 방식을 개선하는 것을 목표로 합니다. 참여 노력의 결과는 통합 지속가능성 투자 프레임워크의 일부로 투자 결정에 정보를 통합 할 수 있도록 분석가와 포트폴리오 관리자에게 전달되어야 합니다.

첫 번째 기준은 참여가 투자 익스포저와 관련이 있어야 한다는 것입니다. 중요성 프레임워크를 개발하는 것은 가장 관련성이 높은 지속가능성 위험과 해결 기회를 결정하는 중요성 통찰력과 함께 잠재적 참여의 우선순위를 정하는 출발점이 될 수 있습니다. 지속가능성은 회사 재무 및 시장 모멘텀과 같은 다른 구성 요소와 함께 가치 동인으로 간주되어야 합니다. 강력한 지속가능성 및 거버넌스 정책을 가진 상장 기업의 경영진과 이사회는 비재무적 위험 및 규제 변화와 같은 문제를 더 잘 관리하는 것으로 입증되었습니다. 결과적으로 그들은 또한 기후 변화와 같은 장기적인 추세에 더 잘 대처할 준비가 되어있는 것으로 보입니다.

다음에서는 자산 소유자가 고려해야 하는 참여와 초기 단계 ESG 분석의 후보가 될 수 있는 회사 유형과 관련된 접근 방식을 고려합니다.

ESG 위험 관리에 대한 건설적 대화 실시
Conducting constructive dialogue on managing ESG risks

참여는 자산 소유자와 관리자 및 피투자 회사 간의 건설적인 대화를 통해 ESG 위험을 관리하고 지속가능성 문제와 관련된 비즈니스 기회를 파악하는 방법을 검토해야 합니다. 이러한 대화는 사후 대응 방식으로 관리하거나 특정 사고를 검토하거나 사전 예방적으로 관리하여 잠재적인 위험과 기회를 개선할 수 있습니다. 관련된 약속 수준은 일반적으로 회사에 대한 투자 규모 및 회사가 처리하고 있는 상황과 관련이 있습니다. 소유주가 대주주인 경우 회사와 직접 약속해야 합니다. 그러나 지분이 적을 경우 다른 투자자와 협력하여 할 수 있습니다.

일반적으로 참여는 기업 수준이지만, 세계은행(World Bank) 재무팀은 ESG 문제와 관련하여 기관 투자자와 국채 발행자 간의 개방적이고 생산적인 대화를 촉진하는 데에도 적극적으로 참여했습니다. 주식 시장의 경험을 바탕으로 투자자는 국채 투자를 포함한 자산군(asset classes) 전반에 걸쳐 ESG 접근 방식을 지원하고 개발하여 위험 관리 및 수익을 강화하는 동시에 긍정적인 영향을 미칠 수 있는 방법을 모색하고 있습니다. ESG 기준에 따라 주권 발행자를 평가하기 위해 ESG 위험 평가 및 포트폴리오 선택 프레임워크를 개발하는 투자자는 국가의 ESG 정책, 전략 및 접근 방식에 대해 배우는 데 관심이 있습니다. 또한 국부펀드 ESG투자 성과(sovereign ESG performance)에 대한 데이터를 분석하고 SDG 및 파리 기후 협약에 대한 진행 상황을 평가해야 합니다. 세계은행 재무 신디케이션은 이러한 활동 중 일부를 지원하여 국채 발행자와의 접근 및 참여를 강화합니다.

대화를 유지하는 것은 자원 집약적이지만 효과적인 것으로 입증되었으므로 계속해서 높은 우선순위가 되어야 합니다. ESG와 지속가능성은 점차 제도적 사고에 뿌리를 내리고 점차 민간 투자에 더 많이 뿌리를 내리고 있습니다.

지속가능성 문제와 관련된 비즈니스 기회 포착

Seizing business opportunities associated with sustainability challenges

변화는 위협적으로 느껴질 수 있지만 적용 가능한 전략과 성공적인 관리는 조직의 변화를 촉진하고 새로운 비즈니스 기회를 가져올 수 있습니다. 수용적이고 지금 계획을 시작하는 회사는 초기 경쟁 우위를 보장할 수 있습니다. 그러나 이는 비즈니스 모델의 핵심에 지속가능성을 포함하고 미래 타당성을 면밀히 조사하여 위험 완화에서 기회 수용에 이르기까지 지속가능성 전략 강조를 재구성하는 능력을 포함하여 문제가 없는 것은 아닙니다. 자산 소유자는 개선된 지속가능성 접근 방식에서 가장 많은 혜택을 받을 것으로 생각되는 회사와 협력하여 전환 프로세스에 기여하고 동종 산업에서 사용하는 몇 가지 모범 사례를 공유할 수 있습니다. 또는 소유자는 자산 관리자가 더 많이 참여하도록 장려해야 합니다.

대부분의 기업은 지속가능성이 장기적인 비즈니스 성공의 중요한 요소라는 데 동의하지만 현재와 미래의 발전에 긍정적인 영감을 줄 발전 사항을 파악하지 못하고 있으며, 이는 명확한 전략적 방향을 형성하는 데 사용해야 합니다. 현재의 글로벌 경제 상황은 기업이 전략적 인식을 재구성하고 효과적인 관리 구조와 시스템을 구축하여 기업의 지속가능성 책임을 합리화하고 명확한 지표, 유형의 행동 및 정량화 가능한 성과로 전환할 수 있는 기회를 갖는다는 것을 의미합니다. 자산 소유자는 직간접적으로 지속가능성 기회에 더 중점을 둘 수 있습니다.

자산 소유자의 신탁 의무는 투자 프로세스에서 ESG 문제에 주의를 기울이고 기업과 적극적으로 참여해야 합니다. 따라서 위험과 기회가 확인되면 소유자는 기업이 목표 한 조치를 실행하도록 장려해야 합니다. 이 프로세스는 운영 및 환경 효율성을 개선하기 위해 새로운 방식으로 수용된 접근 방식을 고려하여 시작할 수 있습니다. 이를 통해 기업의 지속가능성은 프로세스 개선 및 폐기물 방지, 에너지 및 자원 효율성과 같은 효과적인 기술에 대한 투자를 기반으로

REMEMBER

합니다. 다음 단계는 효율성을 높이고 탄소 중립성과 같은 결정적인 개선 및 목표를 달성하기 위한 새로운 방법 채택을 고려하는 것입니다. 이러한 조치는 예를 들어 탄소 목표 설정과 관련하여 민간 부문에서 점점 더 많이 나타나고 있습니다. 이 단계에서 지속가능성 측정은 환경 영향에서 운영을 분리하는 것을 목표로 해야 합니다. 확실히 이 프로세스는 자산 소유자가 회사와 협력하여 점차 지속가능한 전환을 개발할 수 있는 지속적으로 진화하는 서클입니다.

14

ESG 성과 정의, 측정 및 보고
Defining and Measuring ESG Performance and Reporting

이 장에서는 . . .

✔ 기준 및 지표 연구
✔ 상대적 ESG 성과 파악
✔ 등급 및 순위 검토
✔ 보고를 위한 프레임워크 구축

학계에서 투자 은행에 이르기까지 다양한 출처의 보고서 및 연구에 따르면 ESG 지표가 높은 기업에 대한 투자를 기반으로 한 포트폴리오가 지난 5~10년 동안 매년 더 큰 규모로 시장을 압도하고 있습니다! 이에 대응하여 수많은 기업 속성을 노출하는 수많은 ESG 지표가 포함된 데이터베이스가 생겨났으며, 이는 ESG 데이터를 이해하고 활용하기 위한 타겟 접근 방식이 필요함을 시사합니다. ESG 지표가 많기 때문에 투자자는 평가를 개선하기 위해 요구 사항을 아웃소싱하는 경향이 있습니다.

많은 평가 기관이 개별 증권에 대한 단일 ESG 점수를 제공하지만, 이러한 측정 기준을 사용하여 단일 보유 또는 특정 포트폴리오를 평가하면 투자자들 간에 ESG 가치의 공유 집합을 간접적으로 가정할 수 있습니다. 그러나, 어떤 투자자에게 사회적 책임이 있더라도 다른 투자자에게는 아닐 수 있습니다. 수렴할 ESG 요소를 결정하는 것 외에도 투자자는 주어진 ESG 지표의 상대적 가치를 계산하는 방법을 설정해야 합니다. 현재 세 가지 기본 접근 방식이 있습니다.

- ▶ 동등한 포트폴리오를 관리하는 동종 기업에 대한 참조
- ▶ 공통 벤치마크 지수에 대한 평가
- ▶ 투자자 자신의 투자이력과 비교

이러한 접근 방식의 관련성은 예를 들어 포트폴리오의 위험 특성과 양태, 이해관계자의 조정 및 신탁 책임을 포함하여 투자자의 특정 상황에 따라 다릅니다.

이 장에서는 중요한 ESG 요소에 대한 기준과 지표를 정의하는 방법과 이러한 요소 뒤에 있는 데이터의 관련 보고 프레임워크를 계속 개발하는 방법에 대해 자세히 설명합니다. 이러한 요소는 시장이 상대적 ESG 성과 및 관련 등급 및 순위를 계산하는 방법에 대한 배경을 제공합니다.

기준 및 지표 정의
Defining Criteria and Metrics

ESG 요소는 다양한 방식으로 공개 시장 포트폴리오에서 사용되며 일부 적극적 운영자는 ESG 요소를 투자 프로세스의 통합 부분으로 사용합니다. 적극적 운영자는 일반적으로 ESG 요소(예: 수익 성장, 마진 또는 필요한 자본)를 통합할 재무적으로 중요한 방법을 찾습니다. 소극적 투자자는 ESG 요소를 통합하는 재무적으로 중요하지 않은 방법을 받아들일 수 있습니다(일반적으로 주어진 지수 익스포저의 구성 종목을 받아들이는 경우). 재무적으로 중요하지 않은 방법의 사례로는 회사

의 비즈니스 모델에 큰 영향을 미치지 않지만 일반적인 지속가능성 관점에서 관련 될 수 있는 방법이 있습니다.

그러나 소극적 포트폴리오의 ESG 점수를 분석할 때 투자자는 탄소 배출이 낮은 기업의 높은 'E' 점수와 같이 특정 특성을 강조하는 지수를 고려하여 포트폴리오를 가치에 더 잘 일치시키는 요인을 사용할 수 있습니다(자세한 내용은 8장 참조).

다음에서는 기업이 규정을 준수해야 하는 방법, 지속가능성 보고에 필요한 기준, 이것이 기업의 사회적 책임 관행을 주도하는 방법 및 관련 기업 성과에 대한 지표에 영향을 미치는 방법을 살펴봅니다.

규칙 준수: 규제 기관의 업무 살펴보기
Follow the rules: Looking at regulators' work

다른 투자 전략과 마찬가지로 투자자는 위험 및 수익 목표를 결정해야 합니다. ESG 인식 소극적 포트폴리오에서는 주어진 ESG 지표를 사용하여 부정적으로 선별(제외)하거나 특정 'E', 'S' 또는 'G' 방향에 대한 포트폴리오를 사전에 편향시키는 데 따라 더 상위 수준의 집중 또는 추적 오류가 발생할 수 있으므로 위험 허용 범위 표시가 중요합니다. 데이터 접근성, 기술 및 고급 위험 관리 기술이 향상됨에 따라 투자자는 ESG 요소를 적용하여 포트폴리오와 가치의 정렬을 강화하는 동시에 집중 문제, 추적 오류 및 위험 고려 사항을 주시하는 것이 더 쉽습니다.

반대로, 다른 제공 업체의 ESG 등급 간의 불일치는 양쪽의 규제 기관이 보다 표준화된 프레임워크를 만들고 더 많은 투명성을 가져 오도록 동기를 부여했습니다. ESG 등급에 대한 불확실성이 지속가능성 시장 이슈를 결정하는 과정을 지연시킨다는 견해였습니다. 따라서 2020년 5월 미국증권거래위원회(SEC) 투자위원회는 투자자가 신뢰할 수 있는 중요한 정보를 공개하기 위해 제3자 평가 기관을 사용하지 않고 투자 및 의결권 행사 결정을 내리기 위한 일관되고 비교

가능한 정보에 대한 ESG 공개 프레임워크를 제안했습니다.

한편, 유럽에서는 최근 세 가지 상호 연결된 규제 접근 방식이 도입되었습니다.

▶ 현재 검토중인 NFRD(비재무보고지침, Non-Financial Reporting Directive)에 따라 대규모 EU "공익(public interest)" 기업은 자신의 활동이 ESG 요소에 미치는 영향에 대한 데이터를 게시해야 합니다. 자세한 내용은 https://ec.europa.eu/info/business-economy-euro/company-reporting-and-auditing/company-reporting/non-financial-reporting_en#review를 참조하십시오.

▶ 분류법은 투자자, 회사 및 금융기관을 대상으로하는 지속가능성 분류도구를 도입하여 투자회사가 NFRD 데이터(및 기타 데이터 세트)를 기반으로 투자를 분류해야 하는 광범위한 산업 전반에 걸친 경제활동의 환경성과를 정의합니다. https://ec.europa.eu/info/business-economy-euro/banking-and-finance/sustainable-finance/eu-taxonomy-sustainable-activities_en을 참조하십시오.

▶ 지속가능한 금융 공개 규정(SFDR; https://ec.europa.eu/info/business-economy-euro/banking-and-finance/sustainable-finance/sustainability-related-disclosure-financial-services-sector_en 참조) 분류법에 의해 보완된 대로 투자 회사는 다음을 공개해야 합니다.

• 투자의 환경적 지속가능성과 ESG 주장의 출처
• 투자가 ESG 요소에 미치는 위험
• ESG 요인이 투자에 미치는 위험

2020년 9월 세계경제포럼(WEF)은 "이해관계자 자본주의 측정: 지속가능한 가치 창출에 대한 공통 지표 및 일관된 보고"라는 보고서를 발표했습니다

(http://www3.weforum.org/docs/WEF_IBC_Measuring_Stakeholder_Capitalism_Report_202
0.pdf를 방문하십시오.).

이는 공개의 일관성과 표준화를 추진하기 위한 목적으로 기업 공개의 기준 세트를 생성하는 것을 목표로 합니다. 그들의 원칙은 금융 시장, 투자자 및 사회에 대한 ESG 지표 및 공개를 포함하는 보편적인 "이해관계자 자본주의 지표" 세트를 통해 지속가능한 비즈니스 성과를 벤치마킹하는 것이 더 쉬울 것이라고 명시합니다. 이 지표는 기업이 장기적인 가치 창출과 UN지속가능개발목표(SDGs, 1장 참조)에 대한 기여를 입증하는 데 도움이 됩니다. WEF에 따르면 그들의 노력은 투자자들이 이미 사용하고 있는 산업별 ESG 지표를 대체하기 위한 것이 아니며 이러한 지표는 경쟁 이니셔티브가 아니라 보완적입니다. 또한 컨설팅에 기여한 대부분의 투자자는 회사의 연간 보고서에 ESG 보고가 포함되어 있는지 확인하고 싶어합니다.

악마는 디테일에 있다: 기업 지속가능성 보고서 분석
The devil is in the details: Analyzing corporate sustainability reports

기업에 대한 상당한 양의 ESG 데이터가 자체 보고되므로 ESG 점수를 생성하는 데 사용되는 집계 데이터가 크게 손상될 수 있습니다. 더욱이 일부 요인은 투자 가능한 기업의 세계를 포괄할 만큼 충분히 보고되지 않았습니다. 예를 들어, 새로운 WEF 공개(이전 부분을 참조)를 고려할 때 21개의 핵심 지표 또는 확장된 35개의 지표에 대해 보고해야 하는 잠재적 요구 사항이 있습니다. 이러한 지표 중 많은 부분이 특정 산업에 중요하지 않거나 제공하기가 너무 어렵다는 점을 감안할 때 복잡성, 표준화 및 관련성 사이에는 항상 상충관계가 있습니다. 그러나 WEF 방법론은 SASB(Sustainability Accounting Standards Board), GRI (Global Reporting Initiative), CDP(Carbon Disclosure Project), Climate Disclosure Standards Board(Chemical Disclosure Standards Board, CDSB) 및 국제 통합보고위원회(IIRC)를 포함한 많은 주요 공개 및 보고 표준설정 주체들에 의해 검토되고 있습니다. 아마도 이는 접근 방식이 기존 제공 업체의 기존 프레임워크를 기반으로 하기 때문일 수 있습니다. 이 프레임워크는 (이미 있는 것을 다시 만드느라) 쓸데없이 시간을 낭비하지 보다는 산업 부문 편향을 충족시키기 위한 것입니다.

WEF 지표는 다음과 같은 여러 ESG 요소를 포함하는 네 가지 축을 기반으로 합니다.

- ▶ 사람 People: 다양성 보고, 임금 격차, 건강 및 안전
- ▶ 지구 Planet: 온실 가스 배출, 토지 보호 및 물 사용
- ▶ 번영 Prosperity: 고용 및 부의 창출, 납세 및 연구 개발 비용
- ▶ 거버넌스의 원칙 Principles of governance: 위험 및 윤리적 행동을 알리는 목적, 전략 및 책임

따라서 기업은 앞서 언급한 ESG 지표에 대해 보고하고 있고, WEF의 움직임은 일관성과 표준화를 향한 추가 이니셔티브를 의미하지만 ESG 데이터의 측정 및 품질은 계속해서 답변보다 더 많은 질문을 제기하고 있습니다. WEF 및 기타 기관에서 지원하는 자체 공개 보고는 대부분 자발적이고 여전히 공개 표준에 대한 동의가 필요하기 때문에 불일치, 편향 및 불투명성이 있을 수 있습니다. ESG 활동의 여러 영역은 쉽게 보고할 수 있는 숫자로 특성화되지 않았거나 일반적으로 허용되는 평가 기준이 없거나 단순히 인정된 정의가 없으므로 여전히 불완전한 ESG 보고 상황을 남길 수 있습니다.

또한 특정 ESG 활동 영역의 중요성과 빈도는 기업마다 다르지 않더라도 부문마다 다릅니다. 상위 수준의 ESG 지표는 대부분의 산업 부문에 공통적으로 적용될 수 있기 때문에 투자자가 수용하여 그 영향에 대한 광범위한 개요를 제공합니다. 그럼에도 불구하고 더 많은 중요한 문제를 강조하기 위해 "매우 자세히 파헤치기(digging into the weeds)"보다는 간단하고 안정적으로 측정할 수 있는 지점으로 ESG 보고를 일반화할 위험이 있습니다.

실천하기: 기업의 사회적 책임 관행에 전념

Walk the walk: Committing to corporate social responsibility practices

지표 및 공개에 대한 WEF 제안은 수많은 기업, 투자자, 국제기구 및 표준 설정 주체 및 임팩트 관리 프로젝트(지속가능성에 대한 영향을 측정, 관리) 및 보고하는 방법에 대한 글로벌 합의를 구축하기 위한 포럼(www.impactmanagementproject.com/ 참조)과 협의한 후 대형 회계법인인 딜로이트, EY, KPMG 및 PwC와 협력하여 생성되었습니다. 그 목적은 보다 일관되고 철저한 보고 시스템과 확립된 측정기준을 보완하는 의향서를 생성하는 일련의 기존 공시를 제공하는 것입니다. 비재무보고의 이점은 기후 변화 및 사회 통합과 같은 문제를 더욱 강조하는 것입니다. 따라서 기업은 환경과 사회에 미치는 영향을 측정하고 개선하는 데 전념하고 있음을 주주, 이해관계자 및 사회 전반에 보여줌으로써 기업의 사회적 책임 관행(CSR, 7장 참조)을 향상시킬 수 있습니다.

흥미롭게도 SEC는 기후 변화, 다양성 및 이사회 구성원에 대한 과도한 급여와 같은 ESG 문제에 대해 회사 이사회에 제안서를 다시 제출하는 데 필요한 소유권 임계값을 크게 높이는 주주 제안 규칙의 변경을 승인했습니다. ESG 참여를 촉진하기 위해 다른 영역에서 이루어진 긍정적인 움직임을 감안할 때, 이 수정안은 모순적인 것처럼 보이며 지속 불가능한 관행을 강조하는 소규모 투자자의 능력을 감소시킵니다. 주주 결의안은 경영진의 변화를 옹호하는 확립되고 효과적인 접근 방식이며, CSR에 대한 책임을 져야합니다.

돈을 보여주세요: 투자 성과의 확인

Show me the money: Identifying investment performance

ESG 성과는 기업 가치 평가에서 발전하는 고려 사항입니다. 지속가능성이 비즈니스 생존의 중심이 되는 환경에서 기업은 ESG 기준을 사용하여 비재무 성과를 평가하고 있습니다. ESG 투자 성과 지표의 개발로 인해 독립적인 평가

등급 시스템, 자발적인 회사 자체 공시와 함께 의무적인 회사 공시, 연례 보고서 및 간헐적인 언론 보도가 초래되었습니다. UN SDG에 가입하는 것조차도 기업이 투자 분석, 관리 데이터 및 ESG 요인 위험과 통합된 명시적인 ESG 기준을 충족하도록 자발적으로 약속합니다. 이들은 모두 ESG "용융점(melting pot)"에 배치되고 ESG 성과의 대용으로 글자와 숫자(alphanumeric)로 표시되는 점수가 생성됩니다.

ESG 프로필이 많은 조직에서 가치 있고 광범위하게 이해되고 있다는 점에 대해 아무도 이의를 제기하지 않지만, 이를 측정하는 불일치와 인정된 방법론의 부재로 인해 주요 결과에 연결하는 능력이 누락되는 경우가 많습니다. 물론, 광범위한 ESG 범위에 속할 수 있는 여러 측면을 하나의 지표로 통합하는 능력은 도전적이며 회사가 모든 잠재적 부채에 대해 보고하도록 보장하는 능력도 마찬가지입니다. 여기에 추가된 것은 다른 부문에 기인할 수 있는 다른 위험입니다. 그렇지 않다면 이후에 관련성이 입증된 ESG 요소에 대한 보고를 실패하여 회사의 평판 위험을 높입니다.

현재로서는 ESG 등급과 비교하여 성과를 검토하고 주어진 ESG 기준에 따라 기업의 순위를 매기고 지속가능성 척도에서 성과를 측정해야 합니다. 그러나 ESG 점수에 대한 이상적인 솔루션은 없으며, 따라서 서로 다른 평가 기관 간의 특정 회사에 대한 상관관계가 없기 때문에 오해의 소지가 없더라도 주관적인 것으로 간주해야 합니다. 여러 평가 기관 간에 특정 회사에 대한 상관관계가 없기 때문입니다. 그럼에도 불구하고 머신 러닝, 특히 자연어처리(Natural Language Processing) 기술의 사용을 정보에 입각한 사람의 감독과 결합하여 이러한 문제 중 일부를 해결할 수 있는 몇 가지 새로운 서비스가 제공되고 있습니다. 또한 정보의 여러 흐름을 수집하고 기계가 어떤 것이 관련되어 있는지 학습할 수 있도록 하면 ESG 문제에 대한 실시간 이해와 대응이 가능해질 수 있습니다.

상대적 ESG 성과 계산
Calculating Relative ESG Performance

지속적으로 진화하는 환경에서 ESG 성과를 더 정확하게 정량화하려는 수많은 ESG 평가 회사가 여전히 존재합니다. (통합이 시작되기 시작했지만) ESG 등급은 주어진 ESG 표준을 기준으로 기업을 평가하고 지속가능성 척도에서 성과를 평가합니다. 연간 보고서, 투자 분석, 관리 데이터 및 미디어 보도에서 이질적인 데이터를 수집하고 기업이 ESG 위험에 대한 노출을 인지할 수 있도록 허용함으로써 ESG 성과를 글자와 숫자(일부 평가 기관은 문자를 사용하고 다른 기관에서는 숫자를 사용) 점수를 다음과 같이 생성합니다.

안타깝게도 "골든 카피"(golden copy, 기록의 공식적인 마스터 버전)는 특정 회사의 ESG 등급을 범주적으로 나타내지 않으며 서로 다른 ESG 점수의 등급이 서로 잘 연관되어 있지도 않습니다. 현재 모든 등급은 다양한 제공업체가 사용하는 다양한 방법론에 주관적이며 부문, 지역 및 분석되는 비즈니스 규모에 따라 일관성이 다릅니다.

ESG 프로필의 개념은 많은 기업에서 중요하게 여기고 대부분 이해하고 있지만 실질적인 결과를 식별하는 능력은 일반적으로 부족합니다. 결과적으로 이는 지속가능성 등급을 보고하는 회사의 능력과 결과를 의미있게 측정할 수 있는 투자자의 능력을 악화시키고 도전합니다. 이는 주로 ESG 점수 내에서 고려할 수 있는 다양한 주제에 의해 좌우됩니다. 모든 환경, 사회 및 정부 조치와 해당 비즈니스에 대한 결과적 영향을 통합한 하나의 정의는 없습니다. 게다가 이 작업은 진행 중인 작업이기 때문에, 기업들은 ESG 기관에서 중요하다고 생각하는 주제에 대한 보고를 놓칠 가능성이 높으며, 따라서 기존의 분석가 측정 문제와 재무제표 데이터가 결합되어 가용 수치가 일부 가공될 수도 있습니다. 특정 업종에 속한 기업의 부문 및 지역별 고려 사항을 곱하면 ESG 책임 계산이 복잡해질 수 있습니다.

또한 서로 다른 이해관계자가 ESG 꾸러미 내에서 'E', 'S' 또는 'G' 구성 요소의 적절한 관련성과 관련하여 다양한 우선순위를 표현하므로 각 구성 요소에 대한 가중치 요구 사항이 다릅니다.

▶ 주주는 위험 감소를 암시하기 위해 높은 ESG 등급으로 장기 수익성을 보이는 회사에 집중할 수 있습니다.
▶ 소비자는 명확한 양심을 가진 제품과 서비스를 사용하고 있는지 확인하기를 원합니다.
▶ 직원들은 자신의 가치에 부합하는 회사에서 일하기를 원합니다.

따라서 주주는 회사가 상당한 벌금을 방지하기 위해 탄소 배출량 감소를 우선시하기를 기대하고 있으며, 소비자는 플라스틱 포장의 감소를 기대하고, 직원은 더 큰 다양성과 직원 참여를 원합니다. 그런 다음 회사는 전체 기업 목표를 평가하고 ESG 점수에 미치는 영향이 관련성이 있는지 여부를 평가할 때 이러한 요구 사항을 충족하기 위해 부여하는 우선순위를 결정해야 합니다.

또한 평가 기관이 세 가지 구성 요소 모두에 대해 집계된 점수만 생성할 때 투자자는 특정 구성 요소에 부여된 가중치를 어떻게 평가할 수 있을까요? 또한 많은 대행사가 점수에 도달하는 데 사용하는 방법론에 대한 전체 설명을 제공하지 않아 적절한 성과 기여가 어렵습니다. 따라서 기업 수준에서 공개에 대한 법적 요구 사항을 시행하면 데이터를 보다 쉽게 비교하고 대조할 수 있지만, 이 접근 방식에는 불일치로 인해 제한되지 않도록 앞서 언급한 표준이 필요합니다. 근시(실시간에 가까운) 데이터는 프로세스를 크게 지원하여 기업 이벤트가 발생할 때 등급을 잠재적으로 조정할 수 있습니다. 그렇지 않으면 회사는 정기적인 업데이트가 공개될 때까지 주어진 점수를 계속 유지할 수 있습니다.

부문마다 ESG 위험과 기회가 다르며 해당 부문에서 보고하는 시기도 다를 수 있습니다. 지속가능한 투자 테이블에 배치되는 칩의 크기를 고려할 때 투자자는 ESG 성과를 평가하고 ESG 위험을 인식하여 투자 프로세스를 개선할 수 있는 정확한 방법을 가져야 합니다. 당연히 그들은 투자 전략을 수립할 때 ESG

중심의 비즈니스 모델로 인해 장기적으로 긍정적인 재무성과를 창출할 것으로 기대되는 기업을 찾고 있습니다.

다음에서는 MSCI Europe과 같은 광범위한 시장 벤치마크와 S&P 500과 같은 보다 구체적인 벤치마크와 비교하여 ESG 포트폴리오가 어떻게 수행되었는지 고려합니다.

더 넓은 시장에 반하여
Against the broader market

데이터 공급업체 모닝스타(Morningstar)의 2020년 6월 조사에 따르면 유럽 기반 745개 지속가능 펀드 표본에서 대부분의 지속가능 전략이 1, 3, 5, 10년 동안 4,900개 펀드에서 비(非)ESG 펀드를 능가하는 것으로 나타났습니다. 이전에는 수많은 전략의 비교적 짧은 실적과 ESG 접근 방식의 상당한 차이로 인해 지속가능한 펀드의 장기성과에 대한 데이터가 불완전했습니다. ESG를 준수하지 않는 주식을 제외하는 것이 ESG 포트폴리오에 대해 유럽에서 선호되는 접근 방식이라는 점을 감안할 때 그러한 펀드는 더 넓은 시장 세계보다 더 집중되었을 수 있습니다. 그러나 일반적으로 벤치마크 지수에서 제외되는 주식의 수는 상대적으로 적습니다.

결과적으로 연구에 명시적으로 언급되어 있지는 않지만 이러한 포트폴리오는 일반적으로 더 집중되어 있기 때문에 근본적으로 관리되는 적극적인 전략에 적합했을 수 있습니다. 또는 양적으로 관리되는 수동적 전략의 경우 어떠한 제외든 다양화 및 예상되는 성과를 줄여 모델의 힘을 줄이는 경향이 있습니다. 그러나 역사적 테스트에 따르면 제외된 주식의 수가 적더라도 모수 전체는 노출의 대부분 또는 전부를 유지할 수 있을 만큼 충분히 큰 것으로 나타났습니다.

지속가능성과 미래 투자 수익 간의 연관성을 탐색할 때 회사의 현재 지속가능성 등급과 미래 투자 수익 간의 연관성을 고려하는 것이 일반적이었습니다. 보다 최근의 연구는 기업의 지속가능성 등급의 긍정적인 변화와 미래성과 간의 관계를 연구했습니다. 이러한 연구에 따르면 기업의 ESG 등급 업그레이드로 혜택을 받고자 하는 기업에 투자하기에 가장 좋은 시기는 이러한 발전이 더 넓은 시장에서 널리 인식되고 보상을 받기 이전입니다.

물론 이것은 "이 증거가 이미 주가에 어느 정도 반영되어 있는가?"라는 질문을 제기합니다. 긍정적인 ESG 등급이 이미 높은 등급의 주식으로 가격이 책정된 경우 대체 전략은 ESG 등급이 낮은 주식을 매입하는 것입니다. 이것은 보통 가장 잘 나가는 회사의 지분을 취득하려고 하지 않지만, 종종 구조조정 시 더 큰 잠재적 이익을 가지고 있기 때문에 운영상의 문제를 가지고 있는 회사에 초점을 맞추는 사모 투자 관리자들이 취하는 일반적인 접근법을 반영할 것입니다. 마찬가지로, 오늘날의 ESG "개(dogs, 매력적이지 않은 투자 대상)"는 시간이 지남에 따라 ESG 성과를 개선하고 개선한다면 내일의 "라이징 스타"가 될 수 있습니다.

마지막으로, ESG 등급은 다른 투자 요소보다 더 긴 수명을 경험하는 것으로 보이며, 이는 ESG 펀드와 광범위한 자산 배분 논의 및 정책 벤치마크에 포함하기에 적합하다고 판단되는 기업에 의해 확인되었습니다. 다양한 연구에 따르면 모멘텀과 같은 전통적인 요인은 특징적으로 한 번에 몇 달 동안 지속되는 반면, ESG 등급이 체계적이고 특징적인 위험에 미치는 영향은 몇 년 동안 지속되었습니다. 아마도 이것은 모멘텀 기반 ESG 포트폴리오가 고려해야 할 사항임을 시사합니다.

특정 벤치마크 대비

Against specific benchmarks

ESG 또는 지속가능성에 초점을 맞춘 포트폴리오의 긍정적인 성과를 검증하는 연구는 재무적으로 중요한 요인을 가진 주식을 강조하는 경향이 있습니다. 이 연구에 따르면 중요한 ESG 요소가 있는 주식에 대한 투자는 주주에게 긍정적인 수익을 창출할 수 있는 반면, 중요하지 않은 ESG 요소에 대한 투자는 수익에 거의 영향을 미치지 않습니다.

중요한 요인의 예로는 탄소 배출량을 줄이거나 가능한 경우 재생 에너지를 활용하려는 항공사를 들 수 있습니다. 이에 비해 투자 은행은 유사한 것을 목표로 할 수 있지만 탄소 배출량을 줄이는 것은 고귀하지만 중요하지 않으며, 오히려 사무실에 재생 에너지를 사용하는 것은 중요할 수 있습니다. 기본적으로 이는 전체 ESG 등급에서 중요한 'E' 등급을 추출하고 이에 따라 적용하는 것을 수반합니다.

2020년 상반기 수익 분석에 따르면 많은 ESG 통합 지수 전략이 S&P 500 지수의 수익률과 같은 광범위한 시장을 능가했습니다. 연구에 따르면 ESG 프로파일 개선을 목표로 광범위한 위험 및 수익 특성을 재현하기 위해 다양한 지수 제공업체가 제공하는 S&P 500 지수를 기반으로 미국 주식형 ESG 지수의 성과를 분석했습니다. 모든 ESG 지수가 벤치마크 지수를 능가하는 반면, 포트폴리오 구성은 예를 들어 일부 지수가 다른 지수 전략에 비해 더 적극적인 위험을 감수하는 성과 차이를 수반했습니다. 이는 ESG 전략이 공동으로 잘 수행되는 기간 동안 일부 지수가 다른 지수를 능가한다는 것을 의미합니다. 그러나 이 정도의 적극적인 노출은 모든 투자자에게 적합하지 않을 수 있습니다. 이러한 차이는 개별 주식 또는 부문에 부여된 다른 가중치와 각 지수 제공자가 채택한 제외 정책으로 설명될 수도 있습니다.

더 분석 해보면, 이러한 시장의 성과는 S&P 500 지수와 비교하여 ESG 지수에서 주어진 섹터 가중치의 성과에 크게 기인할 수 있다는 점을 알 수 있습니다. 모든 ESG 지수는 상대적인 성과에 가장 크게 기여한 부문이 정보기술기업(주로 FAANG 주식−페이스북, 아마존, 애플, 넷플릭스와 구글)임을 보여주었습니다. 그런 다음 특정 지수 구축 접근 방식에 따라 산업, 금융 및 임의 소비재도 초과 성과에 기여했습니다. 그러나 반대의 제안에도 불구하고 ESG 지수 포트폴리오 구성에서 예상되는 주제인 벤치마크 지수에 대한 에너지 부문 보유비중 축소(제외로 인한)는 초과 성과에 많은 부가가치를 기여하지 못했습니다.

Technical Stuff

벤치마크 지수를 기반으로 하는 많은 ESG 지수는 매우 유사한 특성과 구성

요소를 가지고 있지만 각 지수 제공 업체는 방법론적 접근 방식을 차별화하는 요소를 사용하는 경향이 있습니다. 여기에는 ESG에 중점을 두지 않은 다수의 증권을 통해 다각화를 우선시하는 지수가 포함될 수 있습니다. 이 지수에는 "최고" ESG 주식 또는 섹터 가중치에 더 큰 가중치를 부여하거나 다른 종목과 다른 제외 규칙이 있는 지수가 포함될 수 있습니다. 결과적으로 ESG에 대한 노출 수준을 제공하는 지수를 찾는 투자자는 주요 방법론의 차이를 관찰해야 합니다. 다양한 유형의 지수 노출에 대한 예는 www.msci.com/documents/1296102/17835852/MSCI – ESG – Indexes – Factsheet.pdf에서 찾을 수 있습니다.

또한 수요 기반 요인이 성과에 미치는 영향에 주목할 가치가 있습니다. 수요 주도 요인이 성능에 미치는 영향도 주목할 필요가 있습니다. ESG에 대한 인식이 높아짐에 따라 수동적인 ESG 전략의 성장 및 능동적인 접근 방식의 개발 등 수요 주도 요인이 수렴되어 ESG 등급이 낮은 ESG 종목 중 일부에 "집결(crowding)"하게 되었습니다.

등급 및 순위 처리
Getting a Handle on Ratings and Rankings

책에서 자주 언급했듯이 모든 ESG 평가 기관이 동일 회사의 'E', 'S' 및 'G' 구성 요소를 동일하게 평가하는 것은 아닙니다. 이는 집계된 ESG 등급을 생성하는 기관과 특정 'E', 'S' 및 'G' 수준에 대해 보다 세분화된 등급을 생성하는 기관 모두에게 정확합니다. 대부분의 경우, 이 문제는 기업의 부도 확률 등급에서 신용평가기관 간에 볼 수 있는 대조적으로 상위 수준의 상관관계로 인해 더욱 복잡해집니다.

그러나 신용 등급은 훨씬 더 오랜 기간 동안 사업에 있었고 사용 가능한 데이터는 더 시의적절하게 표준화되었으며 결과는 재무제표 정보와 더 밀접하게 일치한다는 점은 분명합니다. 또한 불이행 가능성에 기여하는 ESG 위험 요소의 결정은 재무성과를 초래할 수 있는 요소의 조합보다 결정하기가 더 쉽습니다. 판매측 리서치 분석가는 공개적으로 사용 가능한 동일한 재무제표 정보에 접근 할 수 있음에도 불구하고 일반적으로 매수, 보유 및 매도 권장 사항이 상당히 다르다는 사실을 잊어서는 안됩니다.

이 장의 앞부분에서 논의한 바와 같이, 이는 특정 국가 관할권에서 ESG 보고에 대한 필수 요구 사항의 부과와 이러한 문제를 극복하기 위한 업계 주도 이니셔티브로 변화하고 있는 표준화의 부족을 강조합니다. 그러나 이러한 이니셔티브는 모든 데이터 문제에 대한 답을 제공하지 않으며 모든 사람이 자동으로 준수할 일반적으로 합의된 입력 및 출력에 대한 솔루션으로 즉시 이어집니다. 결론은 이미 표준화된 주식 및 채권 연구와 마찬가지로 분석가는 'E', 'S' 및 'G' 데이터에 대해 주어진 기업에 적용 할 관련성과 가중치에 대해 다른 관점을 갖게 될 것입니다. 의견은 시장을 주도하고 일부 분석가는 다른 분석가와 다른 인텔리전스 또는 시기적절한 데이터에 액세스하여 시장을 만듭니다. 따라서 이것은 당분간 아직 진행중인 작업이라는 것을 인정해야 합니다.

다음에서는 ESG 요소를 증권 및 포트폴리오 분석에 통합하는 방법과 이러한 접근 방식 중 하나와 함께 스마트 베타 전략을 통합할 수 있는 위치를 고려합니다.

증권
Securities

ESG 요소가 증권 분석에 통합되면 다른 평가 기준과 함께 분석됩니다. 역사적으로 정성 분석을 사용하여 ESG 요소를 통합하는 것이 일반적이었습니다. 그러나 투자자들은 ESG 요소를 다른 재무 요소와 함께 재무 예측 및 회사 평가 모델에 점진적으로 측정하고 통합하고 있습니다.

예측된 회사 재무는 DCF(discounted cash flow, 할인된 현금흐름) 모델과 같은 평가 모델에 영향을 미치며 궁극적으로 회사의 추정 가치(또는 공정 가치)를 결정합니다. 투자자는 ESG 요소의 예상 영향에 대해 운영비용, 수익 및 자본 지출과 같은 예상 재무를 조정하는 경향이 있습니다. 미래의 수익과 성장률이 회사의 공정 가치에 상당한 영향을 미치므로 투자자는 일반적으로 산업 성장과 특정 회사의 시장 점유율이 얼마나 증가하거나 잃을지 추측할 것입니다. ESG 요소는 ESG 기회 또는 위험 수준을 나타내는 수량으로 회사의 판매 성장률을 수정하여 이러한 예측에 포함될 수 있습니다. 투자자는 ESG 요소가 미래의 운영비용과 그에 따른 영업 이익률에 미치는 영향에 대해서도 가정합니다.

투자자가 기업을 평가하기 위해 사용하는 평가 모델은 ESG 요소를 반영하도록 조정할 수 있습니다. 일부 모델은 회사의 최종 가치(회사가 주어진 수준의 현금 흐름을 영원히 생성한다고 가정하고 미래 시점에 회사의 예상 가치)를 계산하는 것을 수반하며, 이는 현재 날짜로 다시 할인됩니다. 양의 최종 가치는 회사의 공정 가치를 높여야 합니다. 그러나 ESG 요인으로 인해 투자자는 회사가 무기한 존재하지 않을 것이라고 가정할 수 있습니다. 석탄 채굴, 석유 및 가스 회사와 같은 화석 연료 회사가 자산을 좌초시킬 수 있다는 가능성에 대해 많은 논의가 있습니다(경제 수명이 끝나기 전에 더 이상 경제적 수익을 얻을 수 없습니다. 저탄소 경제로의 전환과 관련된 변화의 결과). 비즈니스 모델의 지속가능성에 의문이 있습니다. 이 상황에서 최종 가치는 제로(0)로 수정될 수 있습니다.

포트폴리오
Portfolios

심사위원은 ESG 요소를 포트폴리오에 통합할 때 일관성을 보장하는 최선의 방법과 이를 달성하기 위한 모범 사례가 무엇인지에 대해 여전히 의견이 분분합니다. 따라서 ESG 통합이 일관되지 않게 적용되고 자산 소유자가 위험 조정 수익 개선을 추구하는 과정에서 ESG 통합의 잠재적 이점을 완전히 활용하지 않는 것은 놀라운 일이 아닙니다. 그러나 더 명확한 것은 기관 투자자가 투자 전략과 현재 포트폴리오의 일반적인 할당을 변경하지 않고 개선된 위험 조정 수익을 찾기 위해 주로 재무적 이유로 ESG 통합에 집중하는 것으로 보인다는 것입니다. 또한 대부분 또는 모든 자산에 ESG를 통합한 주요 자산 소유자를 제외하고 대부분의 투자자는 모든 포트폴리오에 ESG를 통합하지 않았으며 다양한 유형의 할당 또는 위임에 일관된 접근 방식을 적용하지 않습니다.

적극적인 투자자는 ESG 요소를 기본 분석 또는 포트폴리오 구성에 통합하기 위해 수많은 경로를 조사할 수 있으며(아마도 조사했을 것입니다), 소극적 지수 투자자는 전체 또는 대부분의 인덱스 구성 요소를 유지하는 것 외에 선택의 여지가 거의 없습니다. 적극적인 참여는 지속가능한 장기 성장 및 위험 관리를 지원하는 효과적인 수단으로 선호되고 있지만, 지속적인 참여는 비용이 많이 들고 다른 규모로 수행하기 어려울 수 있습니다. 따라서 더 넓은 시장에서와 마찬가지로 많은 투자자들은 수동적인 접근 방식을 취하고 ESG를 맞춤형 지수 투자 또는 요구 사항을 충족하는 확립된 지수 설계에 직접 통합하여 ESG 등급을 체계적으로 통합하는 접근 방식에 대한 접근권한을 제공하려고 합니다. 인덱스 투자의 일반적인 이점은 ESG 중심 인덱스 투자에도 동일하게 적용됩니다.

그럼에도 불구하고 투자자가 ESG에 대한 자신의 입장을 이해할 수 있도록 추가 추적 조치가 필요합니다. 다음 지표 목록은 관련 문제가 고려되었는지 확인하는 체크리스트 역할을 할 수 있습니다.

▶ 자발적이거나 의무적인 회사 공개를 넘어선 광범위한 데이터
▶ 점수를 기본 동인과 연결할 수 있는 인식 가능한 데이터
▶ 전반적인 ESG 성과 및 중요한 ESG 문제 모두에 대한 세심한 채점
▶ SASB 표준 분류와 같은 업계 모범 사례를 사용하는 섹터(산업군)별 그룹화 및 가중치
▶ 분야 벤치마킹, 해당 분야의 유사한 회사와 비교한 회사 프로필 이해
▶ ESG 문제가 개발되는 속도를 반영하기 위한 실시간 보고
▶ 이해관계자의 반대 요구와 견해를 반영하기 위한 이해관계자의 특이성

이러한 요소는 ESG 점수를 도출하기 위해 지속적으로 변화하는 관점과 여러

콘텐츠 채널의 실시간 조회의 현실을 반영해야 합니다. 이들의 강점을 보완하기 위해 모든 점수를 벤치마크 지표에 대해 색인화할 수 있습니다. 앞서 언급했듯이 머신 러닝 및 NLP 기술을 사용하면 ESG 위험 및 노출에 대한 신뢰할 수 있고 객관적인 관점을 생성하는 것을 목표로 이러한 데이터의 효과적인 분석이 향상됩니다.

가장 날카로운 도구는 아님: 스마트 베타
Not the sharpest tool: Smart beta

스마트 베타[1] 전략은 일반적으로 기존의 시가 총액 기반 지수에 대한 대체 지수 구성 규칙의 사용을 강조하는 일련의 투자 전략으로 정의됩니다. 이러한 전략은 특히 ESG 요소와 관련하여 포트폴리오 선택 및 최적화를 결정하기 위해 투자 분석에 점점 더 많이 사용되고 있습니다. ESG와 스마트 베타 분석 간의 통합 효과를 검증하기 위해 투자자는 다양한 스마트 베타 전략에 따라 선택한 증권의 ESG 점수를 기반으로 포트폴리오 재조정 방법론을 사용하는 경향이 있습니다. 그런 다음 발행자의 ESG 점수에 따라 선별된 지속가능한 포트폴리오에 다양한 스마트 베타 접근 방식을 적용할 수 있습니다(예: "동급 최고" 선별 접근 방식 사용).

연구에 따르면 ESG 재조정 및 스크리닝 접근 방식은 모두 수익 및 위험 통계에 영향을 미칠 수 있지만 사용되는 스마트 베타 전략에 따라 효과 수준이 다릅니다. 예를 들어 ESG 재조정은 가치 기반 포트폴리오에 적용할 때 더 효율적입니다. 또는 스마트 베타가 ESG 선별 포트폴리오에 적용될 때 성장 기반 포트폴리오는 특히 미국 주식 시장에서 위험 조정 실적에서 가장 큰 증가를 보여주는 전략이 되는 경향이 있습니다. 이는 시장이 성장에서 가치 기반 주식으

---

1 전통적인 시가총액가중 방식이 아니라 기업의 내재가치(Value)나 성장 모멘텀(Momentum), 낮은 변동성 (Low volatility), 고배당(High Dividend) 등 특정 요인을 활용해 지수를 가공, 플러스 알파 수익을 추구하는 전략에 기초하는 자산 운용방식.

로 또는 그 반대의 순환적 전환에 대해 고민 할 때 특히 흥미로운 결론입니다.

보고를 위한 프레임워크 개발
Developing Frameworks for Reporting

ESG 공개 프레임워크의 잠재적인 구현을 고려하는 기업은 개발된 다양한 보고 표준을 알고 있어야합니다. 서로 다른 프레임워크는 ESG 문제의 서로 다른 단면을 해결할 수 있으며 어떤 요소가 중요한지에 대한 서로 다른 개념을 가질 수 있습니다. 자주 사용되는 몇 가지 프레임워크가 여기에 언급되어 있습니다.

▶ GRI: Global Reporting Initiative는 지속가능성보고에 세계에서 가장 널리 사용되는 표준으로 기업, 정부 및 기타 조직이 기후 변화, 인권 및 부패와 같은 문제에 미치는 영향을 이해하고 전달할 수 있도록 지원합니다.
▶ SASB: SASB 프레임워크는 온실 가스(GHG) 배출, 에너지 및 수자원 관리, 데이터 보안, 임직원 건강 및 안전을 포함한 다양한 ESG 주제에 대한 부문별 지침을 제공하는 한편, SASB가 중요하다고 생각하는 주제를 강조하는 부문별 지침을 제공합니다(참고로 SASB는 지속가능회계 기준위원회의 약자입니다).
▶ TCFD: TCFD 프레임워크는 일반 및 부문 별 지침을 제공하지만 기후 변화 및 기후 관련 기회의 물리적 위험과 같은 기후 관련 주제에 대해서만 제공하며 자원 효율성 및 대체 에너지 원도 포함합니다. TCFD 프레임워크는 유럽 연합, 영국 및 홍콩의 규제 기관에 의해 승인되고 필수보고 체제에 통합되었습니다(TCFD는 기후 관련 재무 공개에 관한 태스크 포스를 의미합니다).

일부 프레임워크는 재정적으로 중요하다고 생각하는 정보에 초점을 맞추는 SASB 및 TCFD와는 눈에 띄게 다른 방식으로 중요성 개념에 접근합니다. 반대로 노동 및 인권 문제부터 생물 다양성에 미치는 영향까지 포함하는 GRI의 틀은 경제, 환경, 사회에 미치는 영향을 기준으로 중요성을 측정합니다.

다음에서는 다른 관점을 가진 투자자와 관련된 ESG 목표와 규제 요구 사항을 준수하는 방법을 고려합니다.

당신의 관점에서: ESG 목표

In your view: ESG objectives

REMEMBER
많은 대기업이 글로벌 전략을 수립할 때 지속가능한 목표를 통합하지만, 수많은 경우 이러한 목표 중 상당수가 잘 표현되지 않았거나 측정할 수 없기 때문에 업계의 변화에 대한 기여도가 감소합니다. 더욱이 ESG 목표 설정은 단기 목표가 성장과 실제 변화를 제한하는 단기 사고 프로세스를 장려한다는 점을 고려할 때 장기적인 접근 방식을 따라야 합니다. 이상적으로는 목표를 달성할 수 있도록 개선사항과 특정 날짜를 설정하기 위해 참조 지점에 연결되어야 합니다.

앞서 언급했듯이 점점 더 많은 연구 기관에서 ESG 요소가 장기적인 재무성과에 추가되었다고 주장합니다. ESG 요소는 더 잘 관리되는 비즈니스를 정확히 찾아내거나 인구 통계, 환경, 규제 또는 기술 동향을 빠르게 발전시킴으로써 추진되는 도전이나 기회에 직면 할 가능성이 있는 비즈니스 모델을 가진 회사를 식별하는 데 사용됩니다. 투자자들은 ESG 요소에 점진적으로 의존하여 이러한 위험을 강조 및 통제하고 장기적으로 지속가능한 재무성과에 기여하고 있습니다. 대부분의 투자자는 여전히 재무성과에 특별히 중점을 두고 투자하지만 건강한 지구와 사회 생태계 환경에서 부를 창출하는 데 더 신경을 씁니다.

수많은 투자자들은 ESG 주제를 윤리적, 종교적 또는 정치적 신념에 맞춰 투자를 조정하는 방법으로 간주합니다. 그들은 일반적으로 ESG 연구를 주류업, 도박, 화석 연료, 담배 및 무기와 같은 논란이 많은 비즈니스를 투자 세계에서 배제하는 방법으로 사용합니다. 잠재적인 경제적 영향을 기반으로 하는 ESG

통합 목표와 달리, 많은 투자자는 자신의 신념을 주변 세계에 변화를 가져올 영향을 생성하는 가치 기반 목표와 일치시킵니다. 대규모 투자자는 환경 또는 사회적 문제에 대한 솔루션을 제공하는 회사에 직접 자본을 투자하고 이러한 투자가 재정적 수익과 함께 긍정적인 사회적 또는 환경적 영향을 얼마나 생성하는지 관찰할 수 있습니다.

예를 들어, 전통적인 ESG 목표는 기업 활동의 부정적인 영향을 줄이기 위한 것이었지만 최근의 혁신 목표는 전체 가치사슬과 사회에 변화를 가져올 것으로 예상합니다. 또한 지속가능성 순위는 야심찬 지속가능한 목표 설정을 촉진하여 기업이 점점 더 경쟁이 치열해지는 ESG 관련 채권 발행에 대해 더 나은 위치를 확보할 수 있도록 합니다. 잊지 말아야 하는 것은, 좋은 거버넌스 목표는 ESG 요소를 투자 프로세스 및 기업의 내부 의사 결정에 통합하는 데 중요합니다. 현재 및 장기적으로 잠재적인 문제를 해결하고 완화하는 것은 미래의 위험을 최소화하고 일반적으로 투자자와 사회에 대한 기업 이미지를 개선하는 효과적인 방법입니다.

산업 변혁의 기본 목표는 좋은 거버넌스의 목표인 것입니다. 새로운 정책과 내부 절차를 통해 전략적 행동 계획을 수립할 수 있도록 시작부터 진화 과정을 주도하기 때문입니다. 장기 목표와 합의된 ESG 조치는 기업이 성과를 점진적으로 모니터링하여 정확하고 투명한 방식으로 약속의 준수 수준을 알릴 수 있도록 정량화할 수 있어야합니다. 장기적인 ESG 목표는 기업이 위험 관리를 강화하고, 비즈니스 수익성을 개선하고, 브랜드 이미지를 "재개조(refurbish)"하고 강화하며 이러한 목표가 충족되도록 보호하는 데 도움이 됩니다. 마찬가지로, 이러한 측정 기준은 사회에 대한 긍정적인 순 가치 개념에 대한 접근 방식을 촉진합니다. 이는 기업과 이해관계자는 물론 더 넓은 사회와 공유되기 시작하는 접근 방식입니다.

규칙 준수: ESG 준거성
Play by the rules: ESG compliance

사회적 가치 및 임팩트 투자와 같은 새로운 주제에 힘입어 기후 위기 및 탄소중립(net－zero) 목표에 대한 강조된 우려와 함께 공개는 모든 산업분야 기업에서 일반적인 관행이 되고 있습니다. 이러한 공개는 원래 투자자와 이해관계자의 요청이었지만 현재 요구 사항은 정확하지 않거나 정밀하지 않은 공개 또는 공개와 관련된 규정 준수 위험을 해결하는 데 중점을 둡니다. 이는 프로세스에서 준법 감시인이 수행해야 하는 중요한 역할과 이사회 의제에서 ESG 문제가 증가했다는 사실을 강조했습니다.

이에 대한 좋은 예는 2020년에 도입된 유럽 연합의 "택소노미(분류 규정, taxonomy regulation)"입니다. 여기서 "지속가능"하다고 주장하는 모든 금융 상품은 정의된 경제 활동이 지속가능한 것으로 가정된다는 검증이 필요합니다(그들은 현재 기후 변화 완화와 적응을 계획했고, 환경 문제에 대해 작업하고 있으며, 사회적 이슈에 접근하는 방법을 결정하고 있습니다). 그 전에는 연기금과 중개인이 이러한 주장에 대한 독립적인 검토없이 금융 상품을 "지속가능한" 것으로 판매하고 표시할 수 있었으며 규제 당국은 그린워싱 가능성에 대해 우려했습니다(6장에서 다룹니다). 또한 NFRD는 대규모 EU "공익" 기업이 자신의 활동이 ESG 요소에 미치는 영향에 대한 데이터를 게시하도록 요구합니다. 한편, 모든 영국 기업은 2022년까지 TCFD에 대해 공개할 것으로 예상됩니다.

또한 비재무적 위험이 투자의 재정적 안정성과 지속가능성에 미칠 수 있는 영향에 대한 인식이 높아지면서 보험사, 투자자 및 대출 기관에 의해 공개가 점점 더 요구되고 있습니다. 책임투자를 위한 유엔 원칙(PRI)은 자본 흐름을 공개하는 데 사용되는 프레임워크 유형의 한 예입니다. PRI 서명자 중 일부는 기후 변화 및 ESG 심사를 포함한 비재무적 요소를 투자 결정 프로세스에 통합하고 있습니다. 이러한 상충되는 요구 사항을 충족하기 위해 기업은 비재무적 공개를 요청하는 사람, 필요한 특정 공개, 사용 목적을 인식하는 것이 중요합니다. 공개 및 보고는 시간과 리소스를 많이 사용하므로 특정 이해관계자를 위한 효율적인 방법으로 가장 관련성이 높은 콘텐츠를 식별하는 것이 중요합니다.

플레이어 만나기: 다양한 프레임워크 비교
Meet the players: Comparing different frameworks

다양한 프레임워크는 서로 다른 이해관계자 그룹에 중점을 둡니다. 일부는 기후 변화와 같은 특정 주제에 초점을 맞추고, 다른 일부는 ESG 주제에 대한 광범위한 공개를 요구합니다. 또한 일부 프레임워크는 지속가능성 보고서와 같은 일반 이해관계자를 위한 지침에 초점을 맞출 수 있는 반면, 다른 프레임워크는 재무 공개와 함께 포함되므로 증권 보유자의 투자 결정을 안내하는 데 더 적합합니다. 또한 기관 투자자들이 예를 들어 SASB 또는 TCFD 표준을 지원하기 위해 자체 지침을 발행하는 추세가 증가하고 있습니다. 블랙록(BlackRock)은 피투자 회사가 TCFD의 권장 사항에 따라 산업별 SASB 지침 및 기후 관련 위험에 따라 정보를 공개하도록 요구합니다. 준수하지 않으면 회사가 ESG 위험을 효과적으로 관리하지 못하고 있으며 매각이나 투자 회수로 이어질 수 있음을 나타냅니다.

국제적으로 운영되는 기업은 관할권 별 ESG 공개 요구사항의 적용을 받을 수 있음을 인식하는 것도 중요합니다. 예를 들어, 유럽에서 활동하는 미국 기업은 회사의 법률 관할권이나 세금 주소에 관계없이 금융 서비스 부문의 지속가능성 관련 공개에 대한 EU 규정의 적용을 받을 수 있습니다. 이에 비해 미국은 현재 필수 ESG 공개 요건이 없습니다. 결과적으로 미국 기업의 지속가능성 팀이 보다 엄격한 ESG 공개 의무를 가진 경제와 자본을 놓고 경쟁하는 경우 ESG 공개를 강화하는 것이 훨씬 더 중요할 수 있습니다.

물론 재정적으로 중요한 지속가능성 이슈를 투자자에게 보고하기 위해 SASB 자발적 지침과 같은 기관을 따르는 것은 강력한 대안입니다. 현재 미화 60조 달러의 자산을 운영하고 있는 195개 기업이 지속가능성 보고에 표준을 사용하고 있습니다. 잊지 말아야 할 점은 전 세계 40개 이상의 증권 거래소에서 발행자에게 ESG 지침을 제공하며, 이 접근 방식은 2015년에 지속가능한 증권 거래소 배너 아래서 시작되었습니다.

　ESG 보고 요건은 일부 중요한 법적 계약에 따라 시행될 수도 있습니다. 예를 들어, 지속가능성 연계 대출 및 채권으로 인해 차용자와 발행인이 대출 또는 채권에 따라 지급할 이자를 설정하는 주어진 ESG 성과 지표를 측정하고 보고해야 하는 경우입니다. 이러한 경우, 측정 기준은 현재 평가 보고서에 ESG 요소를 통합하는 신용평가 기관에서 개발한 표준을 기반으로 할 수 있습니다. 따라서 이제 발행자는 신용평가 기관과의 논의에서 ESG 문제를 고려해야 합니다. 마찬가지로 상장지수펀드(ETF) 등이 ESG펀드에 투자한 '펀드의 벽(wall of funds)'을 계속 받을 경우 주가도 간접적으로 이익을 볼 수 있기 때문에 기업들도 벤치마크 지수에 포함 여부에 더 신경을 씁니다. 그러나 이러한 ESG 연결 인덱스에는 자체 포함 기준과 표준이 있습니다.

　준수해야 할 문제가 너무 많기 때문에 기업은 전담 지속가능성 리소스, 투자자 관계, 위험, 법률, 규정 준수, 재무 및 인적 자원을 포함할 수 있는 다기능 팀을 만들어야 합니다. 많은 회사에서 투자자 관계는 보고 기능을 직접하는 경향이 있지만 재무보고와의 연계를 고려할 때 재무팀은 향후 데이터 정렬 및 분석을 수행하기에 적절한 직무인 것 같습니다. 보고 프레임워크의 수가 증가함에 따라 기업이 보고 할 최선의 방법을 결정하기가 어려울 수 있으며 솔루션은 그들이 운영하는 부문, 회사의 규모 및 게시해야 하는 이해관계자의 범위에 따라 계속해서 달라질 것입니다! 일반적으로 다음 질문을 고려해야 합니다.

▶ 데이터가 규제 보고 요구 사항을 준수합니까? 기업은 목적 중심의 측정 항목을 측정하고 보고하기 위해 조정되고 구조화된 정책을 만들어야 합니다.
▶ 재무보고에 따라 데이터의 신뢰성과 정확성을 보장하기 위해 내부 통제가 얼마나 강력합니까? 회사는 경영진이 회사를 운영하는 데 사용하는 지표와

함께 외부에서 보고되는 지표를 지원해야 합니다.

▶ 보고된 데이터에 대해 (제3자) 보증을 획득하기 위한 요구 사항이 있습니까? 기업은 기존의 재무 보고에 대한 통제와 동일한 주의를 기울여 준비 및 보고에 대한 통제를 도입해야 합니다.

▶ 회사는 모든 이해관계자들에게 일관된 커뮤니케이션 메시지를 가지고 있습니까? 기업은 일관성을 유지하기 위해 비교 수치를 제공해야 합니다.

〈표 14-1〉은 프레임워크의 개요와 비교 및 대조 방법을 제공합니다.

→ 표 14-1   선택 가능한 ESG 보고 프레임워크와 대상 범위 비교

프레임워크	공시 정보	산업	표준/ 프레임워크/ 가이드라인	수용자
탄소정보공개프로젝트 CDP(www.cdp.net)	기후변화, 공급망, 용수, 산림자원에 대한 구체적 내용	특정 산업	프레임워크	투자자, 소비자
글로벌부동산지속가능성평가 Global ESG Benchmark for Real Assets (GRESB: www.gresb.com)	경제, 환경, 사회 전반에 걸친 다중 지표	부동산	표준(인덱스)	투자자
지속가능성 보고기준 Global Reporting Initiative (GRI: www.globalreporting.org/)	경제, 환경, 사회 전반에 걸친 다양한 표준	모든 산업에 적용	표준, 프레임워크	다중 이해관계자그룹
국제통합보고위원회 International Integrated Reporting Council (IIRC: www.integrated reporting.org/)	재무, 비재무성과 이슈를 다루는 프레임워크	모든 산업에 적용	프레임워크	다중 이해관계자그룹
국제표준화기구 International Standards Organization (ISO: www.iso.org)	온실가스(GHG), 에너지 관리 등 주제별 기준	모든 산업에 적용	표준	다중 이해관계자그룹
지속가능성회계기준위원회 Sustainability Accounting Standards Board (SASB: www.sasb.org/)	경제, 환경, 사회 전반에 걸친 다중 공개	산업별 특화	표준	투자자

프레임워크	공시 정보	산업	표준/ 프레임워크/ 가이드라인	수용자
기후변화 관련 재무정보공개 협의체 Task Force on Climate-related Financial Disclosures (TCFD: www.tofdhub.org/)	기후 변화 중심	특정 산업	프레임워크	투자자, 채권자, 보험사
유엔책임투자원칙 United Nations Principles of Responsible Investment (PRI: www.unpri.org/)	재무 및 비재무 문제를 다루는 프레임워크	금융	프레임워크	투자자
유엔지속가능발전목표 United Nations Sustainable Development Goals (SDGs: https://sdgs.un.org/goals)	SDGs 관련 모든 이슈	모든 산업에 적용	가이드라인	다중 이해관계자그룹
세계경제포럼 World Economic Forum (WEF, https://www3.weforum. org/docs/WEF_IBC_Measuring_St akeholder_Capitalism_Report_202 0.pdf)	경제, 환경, 사회 전반에 걸친 다중 공개	모든 산업에 적용	프레임워크	다중 이해관계자그룹

15

ESG 엔드게임(최종단계)에 대한 상세 설명
Elaborating the ESG Endgame

이 장에서는 . . .

✔ ESG가 틈새 시장에서 주류로 진화하는 모습
✔ ESG 데이터, 표준 및 공개의 미래에 집중
✔ ESG 등급 및 순위의 증가하는 영향 조사
✔ 투자자 및 기업을 위한 ESG 교육 개선

책의 앞부분에서는 ESG 환경의 다양한 측면을 주로 설명했습니다. 시작부터 다양한 수단을 통한 투자, 기업 및 자산 소유자를 위한 ESG 철학 적용에 이르기까지 다양합니다. 이 부분의 마지막 장에서는 이러한 요소를 한데 모으고 어떤 플레이어가 협업을 원하는지와 ESG를 프리미어 리그로 승격할 수 있는 방법을 기반으로 시장이 향하는 방향을 요약합니다.

틈새 시장에서 주류 전략으로의 ESG 진화 강조

Highlighting the Evolution of ESG from Niche to Mainstream Strategy

이전 장(특히 7장)을 읽었다면 책임 있는 투자 전략이 새로운 것이 아니라는 것을 알고 계실 것입니다. "ESG"라는 용어는 실제로 2004년에 고안된 반면 사회적 책임투자의 개념은 훨씬 더 오래되었습니다. 그럼에도 불구하고 그러한 전략을 따르는 것이 한때 예외였지만 이제는 100조 달러 이상을 대표하는 3,000명 이상의 서명자가 UN이 지원하는 책임투자 원칙에 서명함으로써 거의 표준이 되었습니다.

위험 감지 및 관리, 비즈니스 기회 발견 및 활용은 자본 시장 중심의 책임투자, 즉 ESG 투자 전략의 두 가지 핵심입니다. ESG 통합이 포트폴리오 수익에 해를 끼치지 않는다는 원칙(사실 더 최근에는 시장 수익률을 능가하고 있음)은 직관적입니다. 우수한 ESG 관행을 가진 기업이 더 안전한 투자를 대표하기 때문입니다. 반대로 ESG 관행이 좋지 않은 기업은 더 위험한 경향이 있습니다.

전통적으로 기관 투자자들은 안정적 거버넌스, 강력한 주주 권리 및 투명성과 같은 신중한 ESG 관행이 모든 회사의 투자자에게 긍정적인 영향을 미친다는 것을 이해했습니다. 그러나 ESG 기준에 따른 지속가능한 투자는 최근까지 새로운 개념이었습니다. 이제는 기관 투자자들 사이에서 거의 표준이 되었습니다. 이는 부분적으로는 긍정적인 사회적 및 환경적 영향과 함께 경쟁력 있는 재무 수익을 실현하는 것에 대한 기관 간의 우려가 커지고 있으며, 부분적으로는 정부 및 규제 기관이 ESG를 기관 투자자의 의제에 훨씬 더 높게 배치했기 때문입니다.

ESG 데이터를 사용하여 투자 결정에 힘을 실어주는 글로벌 자산의 가치는 4년 동안 두 배가 되었고 8년 동안 세 배 이상 증가하여 2020년에는 40조 달러 이상으로 증가했습니다. 지난 10년 동안 ESG가 주류가 되었다면, 다음 10년 동안은 세계 최대 기업으로부터 주주 주도 책임의 새로운 물결이 불어닥칠 것입니다.

긍정적 ESG 영향으로 경쟁력있는 재무수익 달성

Achieving competitive financial returns with positive ESG impact

주식형 펀드를 중심으로 한 자금 유입은 지난 2년 새 지속적으로 증가해 2020년 3분기 지속가능한 오픈엔드펀드와 상장지수펀드(ETF)가 사상 최대인 1조2000억 달러를 기록한 반면 유럽은 사상 처음으로 1조 달러를 넘어섰습니다. 미국은 전 세계 유입의 12%를 차지했으며 유럽은 약 77%로 계속해서 주도하고 있습니다.

한편, ESG ETF(상장지수펀드)의 총 순 유입은 2020년 11월 30일 현재 운용자산(AUM)이 320억 달러로 3배 이상 증가했습니다. 이를 감안하면 ESG ETF가 자산 10억 달러를 달성하는 데 약 2년이 걸렸습니다. 자산 50억 달러에 도달하는 데 12년이 더 걸리고 그후 불과 2년만에 AUM 320억 달러에 도달합니다! 그리고 일반적인 합의는 ESG 전략이 기존 포트폴리오에 비해 열등한 수익을 가져오지 않는다는 것입니다. 실제로 2020년에 주식이 사상 최고치를 경신하는 동시에 역사상 가장 빠른 시장 침체를 보이는 것을 보았을 때 ESG 전략은 가장 인기 있는 기존 패시브 ETF를 대부분 능가했습니다(주식에 대한 자세한 내용은 8장을 참조하십시오.).

또한, ESG 전략은 코로나19 및 2020년 석유 위기로 촉발된 성장주에서 가치 기반 투자로의 새로운 추세로부터 혜택을 받고 있습니다. 또한 투자자들은 2018년부터 2020년까지 역사적 약세와 석유 위기를 통해 ESG 포트폴리오의 성과를 관찰할 수 있었고,그 장기간의 수익도 기존 패시브 지수 및 ETF(상장지수펀드)에 비해 ESG 전략에 유리했습니다. ESG 지향 전략의 성과는 2017년에 저변동성 랠리를 경험했고, 2018년 4분기에 급격한 하락, 2019년 주식 시장의 황금기 중 하나를 거쳐 코로나19 위기로 2020년 1분기에 역사상 가장 빠른 시장 침체를 경험했습니다.

ESG 전략이 그러한 노력의 시간 동안 그렇게 많이 성장하고 강력한 수익을 보여주는 것은 그 내구성에 대한 증거입니다. 책임투자 펀드와 기존 투자 펀드

REMEMBER

의 투자 실적에 실질적인 차이가 없음을 보여주는 연구가 많을수록 ESG 통합
이 계속될 가능성이 높아집니다.

공통 용어의 필요성 강조
Emphasizing the need for common terminology

그러나 할당 및 전략의 변경을 가능하게 하기 위해 자산 소유자는 잠재적인
장기적 위험과 기회의 가격을 올바르게 책정할 수 있는 투자자의 능력에 대한
더 큰 신뢰가 여전히 필요합니다. 규제 기관 및 정책 입안자뿐만 아니라 시장
참여자들은 부문 별 ESG 요소를 식별하고 보다 지속가능한 기업의 자본 변동
을 정량화 할 수 있는 공통 용어 및 표준을 찾고 있습니다.

투명성, 거버넌스 및 환경 영향을 포함하여 전 세계적으로 인정된 원칙과 핵
심성과지표(KPI)를 발전시키는 것은 청정에너지 및 기타 지속가능한 인프라와
같은 영역에 대한 광범위한 임팩트 투자를 가능하게 하는 중요한 원동력입니
다. 투자자가 투자를 평가할 때 동일한 언어를 사용하도록 허용하면 한 자산의
상대적 장점을 다른 자산과 더 잘 비교할 수 있습니다. 당연히 더 많은 정보에
대한 요구는 최근 수십 년 동안 금융 서비스 부문에서 발견된 광범위한 문제에
대한 본질적인 대응입니다. 방대한 데이터 때문에 발생한 의도하지 않은 결과
로 인해 공개 및 투명성이 정책 및 규제의 핵심가치가 되어 중요한 정보가 어디
에 묻혀 있는지가 명확하지 않게 되었습니다. 이로 인해 기업이 중요한 문제를
보다 간결하게 강조하는 올바른 공개를 하고 있는지 여부가 진짜 문제인 경우
너무 많은 공개를 하거나 때로는 너무 적게 공개하는 잘못을 범하게 될 수 있습
니다(데이터, 공개 및 표준에 대해서는 이 장의 뒷부분에서 더 자세히 다룹니다).

이것은 규제가 자체 논리를 개발하고 모든 문제에 대한 해결책으로 볼 수 있
는 경우 자주 발생합니다. 의심 할 여지없이 지속가능성 정보에 대한 수요는
비즈니스 모델이 사회 및 환경 문제에 점점 더 많이 노출됨에 따라 계속해서
증가할 것입니다. 마찬가지로 투자자에게는 기업이 ESG 문제를 관리하는 방법

과 기업의 장기 전망에 미치는 영향을 평가할 수 있는 고품질 정보가 필요합니다. 지속가능성 프레임워크와 표준은 이미 존재하지만 투자자들은 일관성과 비교 가능성을 가져올 단일 프레임워크로의 통합을 요구하고 있습니다.

증가하는 ESG 표준 도입과 사용 관찰
Watching the Growing Use and Acceptance of ESG Standards

ESG 문제가 점차 투자자와 규제 기관의 초점이 되면서 정부간 및 비정부기구(NGO)와 시장 참여자가 생성한 공개 기준이 시장에서 두드러지게 증가했으며 ESG 공개 기준 및 프레임워크의 수가 계속 증가하고 있습니다. 다음에서는 ESG 공개의 미래와 데이터 및 보고 표준에 대해 설명합니다.

공시 내용 파헤치기
Digging into disclosures

많은 ESG 공개가 자발적으로 이루어지지만 규제 기관이 점점 더 적극적으로 대처함에 따라 특히 유럽에서 변경되기 시작했습니다. 따라서 투자자들은 확립된 ESG 프레임워크 내에서 점진적으로 공개를 요구하고 있습니다. 예를 들어, 기업과 도시가 환경에 미치는 영향을 공개하는 데 도움을 주는 글로벌 NGO인 CDP는 2020년 자산 106조 달러를 보유한 515명의 투자자와 4조 달러 이상의 조달 지출을 보유한 147명 이상의 대규모 구매자가 기업에 CDP를 통해 환경 데이터 공개를 요청했다고 보고했습니다.

그러나 ESG 공시 영역의 보고 표준 및 등급 시스템의 수가 증가함에 따라 여러 프레임워크에서 평가해야 할 수 있다는 점을 감안할 때 조직에 새로운 과제가 발생합니다. PRI는 또한 시장이 더 큰 추론과 일관성을 요구하고 있으며 자산 소유자가 보고 표준의 수렴을 포함하여 더 나은 ESG 데이터를 구동하기 위해 PRI가 더 많은 일을 해야 한다고 요청했음을 인정했습니다. PRI는 투자자들에게 기업 보고(www.unpri.org/policy/briefings-and-consultations)에 대한 컨설팅에 참여하고 투자 체인에서 데이터가 사용되는 방식을 고려할 것을 요청했습니다. 또한 새로운 보고 표준이 필요한지 또는 ESG 요구 사항을 기존의 주류 재무 보고에 통합해야 하는지 여부를 물었습니다.

이와는 별도로 시장은 여러 이해관계자의 목적에 부합하는 일관되고 비교 가능한 표준을 일반적으로 수용할지 여부를 결정해야 합니다. 한편, 자산 소유자, 자산 관리자, 대리 자문 회사를 포함한 여러 이해관계자들은 기업이 보다 강력하게 공개하도록 압력을 가하고 있습니다. 시장 지원을 통해 표준을 수립하고 결과를 통합한 다년간의 경험을 가진 회계 표준 설정 주체들 및 신용평가 기관의 접근 방식을 검토하여 교훈을 얻을 수 있습니다.

REMEMBER

또한 기후 관련 및 기타 ESG 문제의 공개는 이제 대부분 자발적이지만 정치적 압력으로 인해 규제 기관이 보다 규범적인 조치로 이동함에 따라 변경될 것입니다. 예를 들어, 유럽의 시장 참여자들은 2021년 3월부터 지속가능한 금융 공개 규정(SFDR, Sustainable Finance Disclosure Regulation)보고 의무를 갖게 될 것입니다. 사회의 여러 부문에서 ESG 주제에 대한 관심이 증가함에 따라 ESG 주제가 점점 더 중요해지고 이러한 추세에 따라 또한 조화된 공개 조치에 대한 더 많은 수요를 예상해야 합니다. 이와 관련하여 일부 주요 공개 프레임워크 제공자가 함께 지속가능한 정보 보고와 관련된 혼란, 중복 및 교육 문제를 해결하는 것을 보는 것은 고무적입니다.

GRI(Global Reporting Initiative), IIRC(International Integrated Reporting Council), SASB(Sustainability Accounting Standards Board), CDP(Carbon Disclosure Project) 및 CDSB(Climate Disclosure Standards Board)는 압도적인 대부분의 양적 및 질적 공개에 대한 관련 보고를 요구하는 기후 관련 재무 공시 태스크 포스(TCFD)의 권장 사항과 함께 기후를 포함한 지속가능성 공개를 위한 프레임워크와 표준을 설정합니다. 이러한 조직은 최근 포괄적인 기업보고 시스템에 대한 접근 방식을 만

들기 위해 노력하고 있다고 발표했습니다. 이 빌딩 블록 접근 방식은 프레임워크와 표준의 미로를 탐색하여 보완적인 방식으로 적용할 수 있는 방법에 대한 시장 지침을 제공합니다.

또한 IOSCO(International Organization of Securities Commissions), IFRS (International Financial Reporting Standards), European Commission 및 World Economic Forum의 International Business Council과 협력하여 일반적으로 인정되는 회계 원칙(GAAP, generally accepted accounting principles)을 보완하는 접근 방식을 결정하고 있습니다. 요컨대, 이러한 모든 공신력 있는 기관에 대한 알파벳 약자를 탐색해보면서 중요한 요소를 현재 재무보고에 통합하는 동시에 보고에 대해 원하는 공통 표준으로 자연스럽게 이끌어 줄 것입니다!

이 글을 쓰는 시점에서는 이 모든 것이 매우 긍정적인 것처럼 들리지만 발전을 위한 출발점이며 NGO도 영리단체는 아니지만 현명한 협업을 방해하기에는 충분한 자존심과 관료적 형식이 있습니다! 더욱이, 어떤 사람들에게는 진전처럼 보이는 것이 여전히 다른 사람들에게는 혼란과 큰 부담으로 이어질 수 있으며, 특히 모든 것을 포괄하는 의무 규정이 위에 겹쳐질 때 더욱 그렇습니다. 필수 보고는 자료를 중요하지 않은 가치와 구별하는 것을 불가능하게 만들려는 의도로 보이는 정보 요청과 함께 "적지 않은(more rather than less)"으로 요약 될 수 있습니다. 회계 원칙에 통합하려면 중요한 가치의 분리가 필요합니다. 그런 다음 해당 값에 대한 명시적 평가를 결정하는 경우입니다.

데이터 일관성 제공
Providing data consistency

따라서 보고 요구 사항이 충족되면 ESG 요소가 회사의 장기적인 성과에 어떤 영향을 미치는지에 대한 명확한 그림을 얻는 것은 사소한 문제입니다! 비교 가능하고 신뢰할 수 있는 정보의 준비가 완료되면 자산 관리자는 이미 존재하는 다양한 데이터 수집기, 분석 제공 업체, 등급 및 인덱스 제공 업체를 통해 더 쉽게 중요한 데이터를 사용할 수 있습니다. 원칙적으로 그들은 ESG 등급이 어떻게 도출되는지 더 잘 이해하고, 그들이 목표로 하는 시장의 ESG 데이터 제공자에 집중할 수 있어야 하며, 그들이 받은 외부 데이터를 향상시키기 위해 필요한 사내 연구를 인식해야 합니다. 단순합니다!

확실히 ESG 등급은 ESG 문제와 인식을 투자 용어에 통합함으로써 지속가능한 투자를 주류화하는 데 도움이 되었습니다. 등급은 ESG 문제에 대한 인식을 높이는 동시에 투자 커뮤니티 및 기타 이해관계자들에게 해당 주제가 비즈니스와 관련된 부분을 교육하는 데 도움이 되었습니다. 또한 ESG 평가 및 분석을 패키지 제품으로 검증하여 신뢰성을 추가하여 지속가능성 주제를 더 많이 통합할 수 있었습니다. 따라서 반대자들은 방법론과 회복탄력성(resilience)에 의문을 제기하지만 ESG 등급은 지속가능성을 주요 투자 주제로 발전시키는 데 도움이 되었습니다.

자산 관리자와 투자자는 투자 결정을 보다 효과적으로 알리기 위해 ESG 평가 등급 사용을 점진적으로 늘려 왔습니다. 그러나, ESG 평가등급을 계산하기 위해 승인된 단일 방법론은 없으며, 다양한 평가가 시장을 주도하기 때문에 (단일 방법론은) 있어서도 안 된다고 주장하는 사람도 있습니다. 또한 비영리 NGO와 달리 ESG 데이터 제공 업체는 방법론의 협력과 표준화를 고려하기보다는 성장하고 분열된 시장에서 경제적 수익을 추출하는데 전적으로 집중하고 있습니다. 18장에서 자세히 설명된 것처럼 통합이 증가함에 따라 이 분야에서 경쟁이 심화되고 있으며 기존 지수 및 신용 등급 제공 업체 중 다수는 기존 상품에 더 많은 ESG 기능을 추가하고 있습니다. 이것은 주어진 주식의 ESG 가격 구성 요소에 대한 "공정한 평가"를 결정할 때 자산 관리자 또는 소유자에게 도움이 되지 않습니다. 따라서 일부 금융기술(FinTech) 회사는 다른 기업에 대해 서로 다른 ESG 점수를 집계하는 방법을 모색하고 있습니다. 하지만 기본 집계를 통해 점수 자체에 대한 기본 동인을 이해하는 것보다 값 간의 확산을 더 명확하게 나타낼 수 있습니까?

이러한 문제를 더욱 복잡하게 만드는 것은 ESG 등급에 사용되는 대부분의 데이터가 역방향으로 되어 있어 보완적인 데이터 분석의 도움 없이는 회사가 미래의 위험에 얼마나 탄력적인지 예측하기 어렵습니다. 또한 많은 투자자들은 ESG 요인에 대한 속보가 주가 변동에 어떻게 통합될 수 있는지, 그리고 뉴스가 포트폴리오에서 회사를 제외하도록 요구하기에 충분한 지 이해하는 데 관심이 있습니다. 자연어 처리(NLP)를 통해 기업은 텍스트 또는 음성과 같은 비정형 데이터를 수집하고, 해석하고, 감정을 측정하고, 데이터에서 중요한 부분을 결정할 수 있습니다. 이를 통해 투자자가 기본 투자와 관련하여 중요한 이벤트를 알 수 있도록 일관되고 편향되지 않은 방식으로 경고를 수신할 수 있습니다.

따라서 미래 등급에 대한 투자자의 기대에는 기존의 재무 보고 및 연구에 통합 할 수 있는 실시간 데이터 제공이 포함됩니다. 그들은 또한 기업이 ESG를 중심으로 추론을 개발하여 투자자가 제품의 영향을 보다 쉽게 평가할 수 있는 중요한 데이터 요소에 초점을 맞출 것으로 예상합니다. 일부 투자자의 경우 이는 공통 점수 또는 등급을 찾기 위해 등급 간의 비교 가능성을 높이는 것으로 해석 될 수 있습니다. 이러한 투자자는 등급 간의 차이를 검토하고 서로 다른 점수에서 자신의 추가 이해를 얻기 위해 내부적으로 사용할 수 있는 리소스가 적습니다. 그러나 다른 투자자들은 특정 회사 또는 주제에 대해 보다 심층적인 조사를 수행하고 평가를 사용하여 해석에 이의를 제기하는 내부 분석가가 있기 때문에 등급의 다양성을 중요하게 생각합니다. 이러한 이분법은 새로운 것이 아닙니다. 오늘날 보다 전통적인 재무 보고에 있어 수동 관리자와 능동적 관리자 간에 유사한 차이가 존재할 수 있기 때문입니다.

국내 및 국제 재무보고 표준 개발
Developing national and international financial reporting standards

앞서 언급했듯이 독립적인 지속가능성 표준 설정 주체들은 통합 보고 프레임워크 제공 업체와 함께 이제 보다 포괄적인 기업 보고 시스템 개발을 위한 기반을 제공하기 위해 협력하고 있습니다. 프레임워크와 표준의 최적 조합은 기업이 보다 완전한 정보를 제공하고 사용자가 수용하는 데 도움이 됩니다. 이 개념의 핵심은 가능한 한 공유된 지속가능성 주제 및 관련 공개 요건에 대한 합의입니다. 이 목표를 달성하면 기업은 주어진 지속가능성 주제에 대한 성과에 대한 정보를 한 번 수집하고 해당 정보를 활용하여 대체 사용자의 요구와 그들의 목표를 충족 할 수 있습니다. 이를 통해 정보 생산자와 사용자에 대한 오해와 비용을 줄이고 기업이 재무 보고와 비교할 수 있는 정보를 확인하는 데 필수적인 강력한 통제 및 시스템에 투자할 수 있습니다.

조직이 여러 이해관계자에게 책임이 있다는 점을 감안할 때 공개는 광범위한 사용자의 요구를 충족하는 표준을 통합해야 하며 관련 공개 요구 사항을 통해 상호 운용성을 달성해야 합니다. 상호 운용성은 GRI의 적법 절차와 같은 공식적인 협력 모델을 통해 달성 될 수 있습니다. 보고 조직은 SASB의 개념적 프레임워크 및 적법 프로세스 필터링 공개 요구 사항을 사용하여 경제, 환경 및 사람에 미치는 중대한 영향을 식별하여 기업 가치 창출과 관련이 있습니다.

SASB와 CDSB는 특히 TCFD 구현 가이드 및 우수 사례 핸드북의 공동 브랜드 간행물을 통해 해당하는 상호 연결 이점을 시장에 이미 전달했습니다 (www.cdsb.net/tcfd-good-practice-handbook 참조). 이 문서는 CDSB의 기본 원칙 및 보고 요구 사항을 SASB의 산업별 측정 기준과 통합하여 TCFD 권장 사항에 따라 보고하려는 회사에 결합된 솔루션을 제공합니다. 또한 기업 가치에 중요한 지속가능성 공시는 연차재무제표에 이미 반영된 정보와 함께 공시되는 게 이상적입니다. 따라서 이를 재무 GAAP와 연결하고 개념적 프레임워크로 통합 보고를 허용하는 것이 목표가 되어야 합니다. 실제로 IOSCO 및 IFRS 재단과 협력하여 이러한 기업 가치 창출이 재무 GAAP와 연결되도록 하는 작업이 진행 중입니다.

흥미롭게도, 더 오래되었음에도 불구하고 지속가능성 공개가 직면한 문제와 유사한 재무보고 공개의 근본적인 문제가 최소한 세 가지 있습니다.

▶ 공개의 관련성과 중요성은 주관적인 판단이며, 관련성이 있고 공개할 자료에 대해 참여자가 동의하지 않는 경우가 항상 있습니다.

▶ 두 경우 모두 공개 보고에는 "자신의 과제를 표시(marking your own home-work)"하는 경우 자체 보고 편향 요소가 있습니다! 재무보고가 엄격하게 규제되는 경우에도 회사의 지속적인 전망에 대해 예측 가능한 정도의 경영 낙관주의를 반영하므로 어느 정도의 편견이 예상될 수 있습니다.

▶ 일부 공개는 경쟁사 또는 계약자에게 귀중한 정보를 강조할 수 있기 때문에 너무 투명하게 하는 것은 회사의 이익이 아닙니다. 이러한 정보는 독점 정보로 간주될 수 있으며 재무보고에서 공개로 인한 손실 또는 이익 감소를 종종 "독점 비용(proprietary costs)"이라고 합니다.

제3자가 보고 보증을 제공하는 정도가 국가마다 다르다는 점을 고려하는 것도 중요합니다. 재무제표는 역사적으로 보고된 재무 숫지에 대한 인증을 제공하는 제3자의 감사 보고서와 함께 제공되었습니다. 또한 지속가능성 보고서와 달리 재무제표는 검증을 거쳐 재무제표를 감사하고 서명할 수 있는 규제 기관에 의해서만 감사될 수 있습니다. 결과적으로 제3자 검증은 보고된 수치의 신뢰성을 높이기 때문에 기업 지속가능성 보고의 중요한 요소가 되어야하며 더 넓은 기업 지배구조 분야가 되어야 합니다. 결과적으로 신뢰도 향상은 이해관계자가 경영 공개에 대한 신뢰 수준을 설정합니다. 그러나 현재 지속가능성 보고서의 인증 과정을 안내하는 보편적으로 인정되는 감사 원칙은 없습니다. 규제 공개에 대한 보증을 요청하는 사용자의 이익이 비용보다 크지 않도록 이 문제를 해결해야 합니다.

유럽의 ESG 리더십 인식

표준화를 향한 모든 움직임에서 의무 보고 책임을 주도하는 유럽의 역할을 인정해야하며 2021년 경험을 통해 교훈을 배워야 합니다. 또한 유럽 집행위원회는 1조 유로의 "그린딜(green deal)"을 제안하는 데 있어 상당한 리더십을 보여 왔습니다. 이는 더 깨끗한 공기와 물, 더 나은 건강, 번영하는 자연 세계를 통해 번영을 저해하지 않고 사람들의 삶의 질을 향상시키면서 27개 국가 블록을 저탄소 경제로 전환하겠다는 약속입니다. 유럽은 명시적인 관할 규제 요구 사항과 함께 글로벌 표준 모델을 달성하는 모든 빌딩 블록을 의무화할 수 있는 최고의 위치에 있습니다.

또한 지속가능한 금융에 대한 EU분류체계는 관할권 요구 사항에 따라 글로벌 표준을 보완할 수 있는 방법에 대한 추가적 예시를 제공합니다. 따라서 유럽을 포함하여 글로벌 솔루션을 달성하는 것은 필수 단계입니다.

증가하는 ESG 등급 및 순위 영향 살펴보기
Looking at the Increasing Impact of ESG Ratings and Rankings

ESG 생태계의 급속한 확장은 ESG 데이터의 새로운 소스를 생성하는 데 도움이 된 기업보고 증가로 인해 추진되었습니다. 예를 들어 2011년부터 2018년까지 지속가능성 보고서를 작성하는 S&P 500 기업 수는 20%에서 86%로 증가했습니다. 평가 기관은 이러한 회사 공개, 공개적으로 액세스 할 수 있는 리소스 및 자체 독점 연구를 조합하여 사용합니다. 일부 제공 업체는 NLP 기술을 사용하여 회사 등급에 영향을 미칠 수 있는 관련 뉴스 및 개발 기사를 인터넷에서 스크랩합니다. 상당한 수의 에이전시(비즈니스 통합으로 인해 숫자가 감소 중)가 있지만, 현재로서는 글로벌 주식에 대한 기존 연구 커버리지에 대해서도 동일하지만 글로벌 커버리지가 있다고 말할 수 있는 기관은 많지 않습니다. 그 결과 일부 새로운 ESG 제공 업체가 중화권 주식에 대한 커버리지를 제공하기 위해 등장하고 있습니다.

한편 더 넓은 시장에서 일부 투자자와 관리자는 ESG 등급 데이터 수집 및 보고에 대한 리소스를 유지하기 위해 고군분투하고 있습니다. 일부 회사는 수백 시간과 여러 명의 전담 직원이 필요할 수 있으며, 이는 대규모 조직에서도 지원하기 어려울 수 있습니다. 따라서 점점 더 많은 투자자들이 중소중견 기업들은 투자자들이 원하는 정보를 생산할 수 없다는 사실을 알게 될 것입니다. 또한 투자자와 자산 관리자는 ESG 등급을 다르게 사용하는 경향이 있습니다. 일부 기업은 ESG를 완전히 내재화한 반면, 다른 기업들은 비교적 임시적인 방식으로 이를 사용하기 시작했습니다. 이러한 접근 방식의 차이는 기업이 ESG 등급을 사용하는 방식의 차이를 강조합니다. 소규모 기업은 제공된 등급에 더 많이 의존하고 대기업은 자체 내부 조사를 보완하기 위해 등급을 참조할 수 있습니다.

확실히, ESG 등급(14장에서 자세히 다룹니다)은 환경을 더 잘 이해하고 기업을 서로 벤치마킹하기 위한 발판으로 사용될 수 있지만, 낮은 등급은 추가 연구를 수행하거나 그러한 기업을 ESG 투자 제품 또는 포트폴리오에서 제외할 필요성을 나타낼 수 있습니다. 일부 운용사는 등급을 사용하여 투자 결정에 직접 정보를 제공할 수 있으며, 이는 ESG 투자 상품에 대한 증가하는 수요를 충족하기 위해 서두르는 데 의해 주도될 수 있습니다. 또는 수동적인 지수 기반 상품을 발행하는 운용사는 지수 제공자가 이미 투자한 상당한 작업의 혜택을 누릴 수 있습니다. 그러나 일부 적극적인 운용사들은 빠르게 생성되고 품질이 떨어지는 제품이 장기적으로 전체 수요를 약화시킬 수 있다고 주장하거나 심지어 "그린워싱"이라고 비난할 수도 있습니다(6장 참조). 많은 적극적 운용사는 회사 등급에 대한 자신의 견해를 설정하기 전에 데이터를 사용하여 내부 조사, KPI 또는 등급평가 방법론을 알릴 수 있습니다.

투자자들은 기업 ESG 등급, 기업 참여, 사내 조사 및 기업 지속가능성 보고서를 가장 가치있는 ESG 정보 소스로 강조합니다. 그들은 여러 의견에 접근하기 위해 여러 평가 기관을 자주 사용하고 어떤 평가 기관을 사용해야 하는지 정기적으로 평가합니다. 제공 업체로부터 그들이 높이 평가하는 몇 가지 요소에는 포함된 회사의 수, 점수 이면의 평가 방법론의 품질 및 공개, 중요한 문제에 대한 더 큰 초점, 데이터 소스의 신뢰성, 연구 팀의 경험과 신뢰성 등이 있습니다. 마찬가지로 투자자는 기업이 더 나은 ESG 데이터 공개를 제공하고, 비즈니스에 가장 중요한 요소에 집중하며, ESG 정보를 재무제표에 더 완벽하게 통합하기를 원합니다. 정기보고, 실시간 정보, ESG 데이터를 한 곳에서, 리더십이 ESG를 통합하는 방법과 회사 전략과 관련하여 어디에 적합한 지에 대한 더 나은 관찰을 결합하여 투자자의 요구를 충족해야 합니다. 독립적으로 기후는 공통 관심사이며 투자자는 TCFD 지침에 따라 기후 노출에 대한 지침을 찾고 있습니다.

자산 관리자와 소유자는 일반적으로 "이상적인(ideal)" 등급 시스템을 찾고 있지만 현실은 아직 아무도 없으며 추구하는 투자 전략, 실행중인 투자 프로세스 및 위험/수익 프로필에 따라 달라질 수 있습니다. 예를 들어, 주로 대규모 다국적 기업에 대한 ESG 등급을 찾기가 더 쉽습니다. 그러나 신흥 시장에 있는 회사의 범위를 찾고 있다면 더 넓은 범위의 데이터를 제공하는 데이터 공급자에 가입하는 것을 포함하여 보다 지역화된 검색을 수행해야 할 수 있습니다. 보다 광범위하게는 포트폴리오 관리자가 투자 결정에 영향을 미칠 수 있는 하나의 소스에 대한 충분한 확신이 없기 때문에 ESG 데이터의 단일 소스에 의존하는 것은 드문 일입니다. 기업은 주식 및 채권에 대한 정보에 입각한 사례를 생성하기 위해 참여/관리 기능의 자료로 제공자 기반 ESG 데이터 세트를 확대하려고 합니다. 현역 관리자는 어떤 ESG 요소가 어떤 부문에서 가장 중요한지에 대해 강한 감각을 가지고 있으며, 회사에 대한 자체 평가를 개발하는 것이 중요합니다.

등급이 향상 되었음에도 불구하고 데이터 오류나 오래된 데이터 또는 역방향 데이터 사용과 관련된 몇 가지 문제가 있으며, 회사를 단일 ESG 점수 또는 하나의 평가 기관으로 분류하는 "만능(silver bullet)" 솔루션은 없습니다. 광범위한 범위에서 기후 범위 또는 거버넌스 점수에 이르기까지 기관마다 강점이 다릅니다. 다음에서는 등급 및 순위와 관련된 두 가지 의사 결정 영역인 질적 및 양적에 대해 설명합니다.

정성적(질적) 결정
Qualitative decisions

정성적 상향식 펀더멘털 분석은 여전히 많은 투자 회사 및 자산 관리자, 특히 활동적인 관리자에게 핵심 접근 방식이며, 기본 ESG 연구의 경우에도 마찬가지인데, 투자자가 자체 KPI를 설정하고 ESG 등급은 더 큰 연구 중 하나의 데이터 포인트인 것입니다. ESG 등급만으로는 투자 결정을 내리지 못합니다. 많은 관리자가 점수 자체보다 ESG 등급 점수의 기초가 되는 데이터에 더 관심이 있기 때문에 등급을 시작점으로 사용하여 더 큰 그림을 볼 수 있습니다. 점수는 추가 연구 또는 회사 참여를 위한 신호로 사용되거나 명시적인 ESG 제품에 대한 동급 최고의 주식을 배제하거나 식별하는 촉매제로 사용될 수 있습니다.

또한, 일부는 수년 동안 모든 산업을 다루었으며 그 안에 있는 회사에 대해 매우 잘 이해하고 있는 은행의 판매 측 분석가가 더 나은 연구 및 평가를 제공한다고 제안합니다. ESG 등급 분석가는 수백 개의 회사를 다루어야 하므로 모두 잘 알 수 없습니다. 다만 인공지능(AI)을 활용하면 데이터를 모두 수집할 수 없거나 본질적으로 주어진 시각에서 회사를 바라보는 데 치우쳐 주류 분석가들이 밝혀낼 수 없는 주어진 관계나 이슈를 집어낼 수 있습니다.

능동적인 관리자는 ESG 요소가 어떤 부문에서 가장 중요한지에 대해 직관적으로 회사에 대한 자체 평가를 개발하는 경향이 있습니다. 그들은 기업 ESG 성과를 완전히 계산하기 위해 자체 KPI, 수단, 방법 및 등급에 의존하며, 주로 외부 ESG 등급이 아닌 모든 투자 결정의 기반을 형성하는 자체 투자 연구입니다. 그러나 이들은 회사를 동종 기업들과 비교하여 벤치마킹하거나, 리더와 후발자를 식별하거나, 특정 부문 내에서 ESG 분야에 대한 일반적인 감각을 얻는 데 사용할 수 있습니다. ESG 문제를 투자 완료로 전환하는 방법을 결정하는 근본적이고 기본적 문제를 이해하는 것은 투자 결과를 결정하는 질적 접근 방식입니다.

투자자는 평가 제공자와 회사 모두 중요한 문제를 강조하고 이러한 문제가 비즈니스 전략과 어떻게 연결되는지 의미있는 방식으로 소통하기를 원합니다. 그들은 회사가 생산하는 제품(긍정적이든 부정적이든 모두)의 실질적인 ESG 영향을 결정하기 위해 등급 제공 업체를 찾고 있습니다. 회사가 하는 일은 운영 방식만큼이나 중요합니다. 따라서 기후 변화와 같은 역동적인 ESG 문제가 회사의 제품 믹스 및 비즈니스 성과에 미치는 영향을 더 잘 합리화하려는 평가가 필요합니다.

정량적 결정
Quantitative decisions

모든 투자자의 도전 과제는 정보가 일관되게 보고되지 않기 때문에 재무 분석가가 정보를 소싱하는 데 익숙한 방식으로 신뢰할 수 있는 지표를 사용할 수 없다는 것입니다. 평가 기관은 다양한 ESG 요소를 모든 회사의 숫자로 결합하여 이 문제를 해결하려고하지만 자세히 살펴보면 기본 데이터가 누락됩니다. 이는 주로 회사에 대한 1차 공개가 신뢰할 수 없으며 이 장의 앞부분에서 언급한 공개 협업이 주관성보다는 일관성과 정확성을 가능하게 하기 전까지는 불가능하기 때문입니다.

더 강력하고 신뢰할 수 있는 보고를 얻을수록 더 나은 ESG 데이터 점수를 통해 투자자에게 더 나은 서비스를 제공할 수 있습니다. 일부 양적 투자자는 결과로 얻은 원시 데이터를 독점 프로세스의 필수 부분으로 체계적으로 사용하기를 원합니다. 따라서 이러한 내부 채점 및 분석 메커니즘을 제공하기 위해 ESG 데이터를 효율적으로 수집해야 합니다.

또한 투자자는 분석가가 정보를 수집하는 데 소요되는 시간을 최소화하는 방식으로 적시에 ESG 데이터를 수집하고 편집하기를 원합니다. 그들은 실시간 의사 결정을 돕기 위해 ESG 등급(특히 논란 등급)이 더 자주 업데이트되기를 원합니다. 또한, 투자자들은 더 높은 품질의 요약과 더 짧고 더 이해하기 쉬운 보고서를 통해 데이터에 더 쉽게 액세스 할 수 있도록 하고 평가 방법론에 대한 투명성을 높이기를 원합니다. 많은 관리자가 여러 등급 제공 업체의 데이터를 구입하고 정확한 것으로 간주되지 않으므로 점수를 버리고 자체 점수를 생성하고 자체 분석을 수행합니다.

여러 투자자들이 엇갈리는 영역은 더 큰 비교 가능성과 등급 표준화를 추진하거나 등급을 차별화하는 것이 더 나은지 여부입니다. 일부는 등급 간의 조화를 주장하며 등급이 더 비슷해질 것으로 기대합니다. 다른 사람들은 각 등급이 회사에 대한 고유한 관점을 생성하고 여러 등급을 스캔할 수 있는 능력이 있지만 다른 유형의 통찰력에 가치가 있다고 주장합니다. 하지만, 동시에 그들은 투자자들에게 등급에 대한 주의사항을 조심하라고 경고합니다.

마지막으로 투자자는 관련 ESG 정보를 재무보고에 더 많이 통합하기를 원하며 그렇게 하는 것이 평가등급의 질을 높이는 데 도움이 될 것이라고 믿습니다. 또한 ESG 정보가 투자 조사를 지원할 수 있도록 신용등급 및 판매 측 분석에 통합되기를 원합니다. 지속가능성과 재정적 영향을 더 잘 연결함으로써 기업과 ESG 연구 제공업체 모두 더 강력한 투자 연구를 강화할 수 있습니다.

교육 개선
Improving Education

책임 있는 투자가 계속 번창하기 위해서는 투자자와 회사 모두가 잘 운영되고 지속가능한 회사의 특성을 식별하는 방법과 ESG 데이터 및 점수를 사용하여 참여를 구축하는 방법에 대해 교육을 받는 것이 중요합니다. 이 두 가지 요소는 이 장의 앞부분에서 다룹니다. 그러나 다음을 포함하여 이 책 전체에서 언급된 다른 요소와 관련하여 추가 교육을 고려해야 합니다.

▸ UN 지속가능개발목표(SDGs, 1장 참조)의 중요성과 ESG 지침에 대한 이해
▸ ESG 요소에 대한 감사(3, 4, 5장 참조 – 특히 넷제로 배출량과 기후 변화), 포용성 및 다양성, 코로나19 감염병 대유행의 파급 효과 및 스튜어드십 역할, 참여

및 회사의 목적

▸ 협업 및 표준화로 이동하는 공개 구조 판에 대한 인식(14장 참조)

▸ 공개 보고를 재무 보고 표준 및 절차에 통합할 수 있는 가능성에 대한 지식

▸ 중요한 문제에 더 중점을 두고 ESG 등급의 정확성, 투명성 및 채택에 대한 변화의 영향으로 제공되는 기회를 수용

▸ 지속가능성 및 ESG 투자를 통해 지속적으로 성장하는 관리 자산을 모니터링하고 그 인식으로부터 혜택을 받음

다음에서는 개인 투자자와 기업 모두를 위한 ESG 교육에 대해 설명합니다.

투자자들은 무엇이 중요하다 생각합니까

What do investors believe is important?

REMEMBER

일반적으로 투자자는 주어진 기업에 대해 ESG 등급을 결정하는 요인에 대해 가능한 한 많은 정보를 원하고 등급이 어떻게 매겨 지는지에 대한 보다 명확한 정보를 원합니다. 특히 'E', 'S', 'G'의 개별 요소가 하나의 종합 점수로 제시되는 경우 해당 등급을 유도하는 요인이 무엇인지 이해하기 어렵습니다. 따라서 회사가 서로 다른 등급 평가등급제공 업체로부터 상당히 다양한 등급을 받는 시기를 모니터링하고 이를 신호로 사용하여 서로 다른 ESG 등급의 원인을 조사하는 것이 좋습니다. 이것이 바로 많은 자산 관리자가 등급을 분석 지침으로 사용하고 자신의 데이터와 KPI를 사용하여 위치를 더 잘 이해하도록 제안하는 이유입니다.

또 다른 접근 방식은 회사의 주요 투자자가 ESG 등급 및 연구를 사용하여 회사와 부문에 필수적이라고 생각하는 문제와 이를 결정하는 데 사용하는 데이터를 인식하는 방법을 이해하는 것입니다. 자산 관리자는 특히 성과에 상당한 차이가 발생할 때 동료와 비교하여 분석에 어떻게 접근하고 있는지 모니터링합니다. 또한 회사의 ESG 등급의 변화를 모니터링하고 이로 인해 회사가 특정

부문 내에서 동종 기업들 중 최하위 또는 상위권으로 나아가는지 여부를 모니터링하는 것도 중요합니다. 특정 지수에서 회사가 제외 될 수 있거나 특정 ESG 투자 상품에 대한 규칙으로 인해 특히 그렇습니다.

투자자는 문제에 대한 회사의 입장이 급격히 변하거나 성과가 좋지 않은 경우 특히 어떤 형태의 논란이 있을 때 문제 해결 계획을 이해하기 위해 사전에 회사와 소통해야 합니다. 공개적으로 보고된 ESG 등급은 www.msci com/our‑solutions/esg‑investing/esg‑ratings/esg‑ratings‑corporatesearch‑tool 및 www.sustainalytics.com/esg‑ratings에서 확인할 수 있습니다.

패시브 지수/ETF(상장지수펀드) 상품의 투자자는 지수 제공 업체의 방법론과 관행에 의존합니다. 그들의 방법론이 무엇인지, 그리고 그들의 등급이 동종 기업들과 크게 달라지는 원인을 이해하면 이러한 투자자들은 처음부터 프로세스에 적응할 수 있습니다. 대부분의 주요 국가 또는 부문 지역에는 다양한 지수 제공 업체가 제시하는 ESG 상품이 있습니다. 예를 들어, 미국의 주요 기업은 S&P 500의 적용을 받지만 다른 관점이 필요한 경우 지수의 변형을 살펴보는 것이 유용할 수 있습니다. 그렇지 않으면 지수 벤치마크를 따를 때 투자자는 공급자의 방법론을 따르거나 해당 제품에서 매각하는 것 외에 다른 옵션이 없습니다.

특정 국가 또는 부문 벤치마크에서 대부분의 유동성은 특정 제품에 집중될 수 있지만 기본 성과는 각 비용과 유사할 수 있습니다. 특히, 오픈/마감 포지션에 대한 매수/매도 범위는 다를 수 있습니다. 이것은 당신이 한동안 매수 및 보유 투자자인 경우보다 자주 포지션을 변경하는 적극적인 투자자인 경우 더 중요한 문제입니다.

기업은 ESG 등급에 대해 무엇을 알아야 합니까

What should a company know about its ESG rating?

기업은 등급이 포지셔닝에 유용한 방법과 이유를 이해하고 조직의 등급 전망을 유도하는 데 가장 유용한 문제의 우선순위를 정해야 합니다. 초기 고려 사항은 'E', 'S' 및 'G' 등급에 영향을 미치기 위해 할 수 있는 일과 그중 어떤 것이 특정 비즈니스에 가장 중요한지입니다.

▶ 대부분 서비스 회사이기 때문에 환경 점수에 영향을 미칠 수 있는 위치에 있지 않다고 생각하지만 배출량의 상당 부분은 대형 건물에서 발생하므로 건물이 제대로 관리, 운영되고 있는지 확인하면 더 많은 것을 친환경적으로 달성할 수 있습니다.

▶ 코로나19 대유행 이후 모든 기업은 개선할 수 있는 중요한 사회적 요인을 인식 할 것입니다. 예를 들어 직원의 정신적 건강, 안전보건과 같이 이전에는 명확하지 않았을 수 있습니다.

▶ 'G'요소는 일반적으로 대부분의 회사가 따르고 있지만 모든 비즈니스에 영향을 미치는 요소입니다. 예를 들어 여성과 유색 인종을 위한 동등한 보상과 사회적 이동성을 들 수 있습니다.

어떤 평가 회사가 귀하의 회사를 팔로우하고 평가에 방법론을 적용하는지 이해하는 것이 중요합니다. 이는 평가 회사가 지수 구성 요소가 될 것인지 여부를 결정하는 지수 제공자이기도 한 경우 특히 관련이 있을 수 있습니다. 최근의 대표적인 예는 테슬라가 S&P 500에 포함된 것입니다. 그러나 더 작은 예는 특정 ESG 지수에 포함시킬 수 있습니다. 또한, 직접 공개/보고 및 평가 기관 및 직접 투자자와의 참여가 중요합니다. 회사에서 평가등급을 사용하여 ESG 성과에 대한 투자자를 업데이트하려는 경우 일부 제공업체는 MSCI 또는 Sustainalytics(현재 Morningstar의 일부)와 같은 주식에 대해 더 많은 범위를 보유하고 일부 제공 업체는 ISS 품질 점수와 같은 거버넌스 문제에 더 중점을 둘 것입니다. 그리고 다른 것들은 CDP와 같은 배출 보고에 특정한 것입니다.

회사가 ESG 보고를 처음 사용하는 경우 S&P에서 제공하는 CSA(Corporate Sustainability Assessment)에 응답하는 프로세스는 내부 이해관계자를 교육하고 내부 프로세스를 개발하여 ESG 데이터를 수집하며 이사회 수준에서 ESG 문제에 대한 토론을 시작하는 데 도움이 될 수 있습니다. 그러나 완료하는 데 상당한 시간과 노력이 필요합니다. 따라서 다른 회사는 더 나은 ESG 성과 또는 투자자 참여를 달성하기 위해 자원을 할애할 수 있습니다.

또한 기업은 누락되거나 오래된 데이터로 인해 실수가 발생할 수 있으므로 자체 ESG 등급을 정기적으로 검토하고 분석 및 등급에 동의하는지 여부와 차이가 있을 수 있는 부분을 확인해야 합니다. 특히 주요 투자자가 사용하는 주요 등급의 경우 더욱 그렇습니다. 보다 명시적으로, 그들은 주요 투자자들에게 투자 접근 방식에서 그러한 도구를 어떻게 활용하는지 물어볼 수 있습니다. 그들의 대답은 회사의 ESG 데이터 공개보고에 도움이 될 것입니다.

Part

4

ESG 관련 10가지
THE PART OF TENS

쉽게 이해하고 적용하는 ESG 투자와 경영
ESG Investing (for dummies) by Brendan Bradley

여기에서는 . . .

✔ 개별 장의 핵심 사항을 참조하는 자주 묻는 질문과 함께 책의 핵심 요소에
   대한 요약을 찾으십시오.
✔ ESG 포트폴리오를 구성하고 유지하는 데 필요한 기본 요소를 적용합니다.
✔ ESG 투자 성장에 영향을 미치는 주요 요인을 분석합니다.

16

ESG 접근 방식에 대해 자주 묻는 10가지 질문
Ten Frequently Asked Questions for an ESG Approach

이 장에서는 . . .

✔ ESG 투자 기본 사항에 대한 질문
✔ ESG 투자의 미래 보기

ESG 투자의 세계에 들어가면 많은 질문이 있을 것이지만 걱정하지 마십시오! 많은 약어, 문구 및 개념은 여전히 진화하는 중이므로 많은 친구와 동료에게도 역시 새로운 것입니다. 이 장에서는 ESG 경영과 투자에 대해 가장 자주묻는 10가지 질문(FAQ)을 제공하므로 기억해야 할 주요 문제를 참조할 수 있습니다.

ESG 투자란 무엇입니까

What Is ESG Investing?

REMEMBER

　"ESG 투자"(1장에서 소개)라는 용어는 종종 지속가능성 또는 임팩트 투자와 같은 의미로 사용되지만 긍정적인 영향을 주는 독립형 투자 전략은 아닙니다. ESG(환경, 사회 및 거버넌스의 약자)는 규칙 기반 접근 방식을 사용하여 긍정적인 ESG 요소에 대한 약속을 기반으로 기업을 평가하는 프레임워크이며 투자 분석의 기본 부분이 되었습니다.

　투자자들은 ESG 관련 위험을 식별하고 완화하기 위해 이러한 비재무적이지만 중요한 요소를 점점 더 많이 적용하고 있습니다. 따라서 ESG 통합은 ESG 관련 위험을 더 잘 이해하기 위해 기존의 재무 지표를 넘어 모든 관련 정보를 고려하는 관리자의 신탁 의무 및 투자 실사 프로세스와 일치합니다. ESG 프레임워크는 주류 ESG 투자로의 전환을 지원하는 동시에 보다 구체적인 SRI(사회적 책임투자) 및 직접 영향 투자의 기반이 되는 데 중요합니다.

　임팩트 투자는 운용사가 목표로 하는 투자 유형에 관한 것이며 ESG 요소는 투자 평가 프로세스의 일부입니다. 또한 임팩트 투자는 펀드 매니저가 구매하는 투자로 측정 가능하고 긍정적인 환경적/사회적 효과를 창출하고자 하는 반면, ESG는 자산의 가치에 중요한 영향을 미칠 수 있는 비재무적 위험을 식별하는 "목표를 위한 수단"입니다. 따라서 ESG의 직접적인 지속가능성 영향은 없지만 원칙의 채택은 계속 진화하고 있으며 가상 지속가능성 로드맵에서 회사의 입장을 평가하는 데 핵심 요소인 몇 가지 특정 추세가 나타났습니다.

▶ 현재 기후 변화와 2050년까지 온실 가스 넷제로 배출을 향한 움직임이 환경 측면의 의제를 지배했습니다.

▶ 한편 코로나 바이러스 감염병은 지속가능성과 금융 시스템 간의 상호 연결에 대한 협의를 증가시켰으며, 특히 사회적 측면을 강조하여 다양성과 포용을 옹호하는 동시에 임직원 및 지역사회에 완전히 참여하는 회사를 강조

했습니다.

▶ 마지막으로, 거버넌스 측면, 특히 이사회 구성, 경영진 보상 및 지속가능성 보고 프로세스에 참여하려는 의지에 대해서도 강조되었습니다.

6장에서 설명된 바와 같이 ESG 투자 상품이 전 세계의 질병에 대한 해결책이나 투자자에게 수익을 제공하는 동시에 지속가능한 영향을 주는 유사 자선 기부로 판매되는 "그린워싱"의 가능성에 주의하십시오. 좋은 ESG 점수를 획득하는 것은 회사가 지속가능한 경영 접근 방식을 가지고 있다는 긍정적인 표시이지만, 그 자체로 지속가능한 임팩트를 달성할 수 있음을 의미하지는 않습니다.

어떤 지속가능성 목표를 따라야 합니까

Which Sustainability Goals Should Be Followed?

빈곤을 종식시키고 지구를 보호하며 모든 사람들이 평화와 번영을 누릴 수 있도록 보장하는 UN지속가능발전목표(SDGs, 1장 참조)는 지속가능한 투자에 대한 새로운 초점을 뒷받침하는 자극제로 볼 수 있습니다. 2020년 코로나19 팬데믹은 세계가 이러한 목표를 달성할 수 있는 궤도에 아직 있지 않다는 사실을 완전히 상기시켜주었고, 전 세계 지도자들은 노력을 강화해야 합니다.

그러나 모든 사람은 자신의 역할을 다해야 하며, 자신의 노하우, 기술 및 재정적 자원으로 비용을 절감하는 데 있어 비즈니스(기업)보다 더 뛰어난 사람이 어디 있을까요? 목표는 삶을 바꾸는 몇 가지 "제로"이며, 책임 있는 투자자는 현재 배출량을 제로로 하고 피부색과 성별에 대한 차별을 종식시키는 데 집중하고 있습니다. 이러한 목표가 통합되고 한 영역에서의 조치가 다른 영역의 결과에 영향을 미치므로 사회적, 경제적 및 환경적 지속가능성의 균형을 유지해야 한다는 점을 기억하는 것이 중요합니다.

SDGs는 2030년까지 달성하는 것을 목표로 하고 있으며, 넷제로 탄소 배출량과 같은 보다 구체적인 목표는 2050년까지 충족될 예정이며 일부 국가에서는 조기 목표 달성을 위해 더 적극적으로 추진합니다. 배출 목표와 관련하여 2020년의 주요 진전에는 미국의 민주당의 집권이 포함되었으며, 조 바이든 대통령은 미국이 파리 협정 서명국으로 남아 있기로 수용했습니다. 또한 중국 시진핑 주석은 2030년까지 온실 가스 배출량을 정점으로 2060년까지 넷제로 배출량을 달성하겠다고 약속했습니다. 중국은 현재 주요 오염 국가이므로 이는 기후변화 완화를 위한 더욱 긍정적인 조치입니다.

ESG 회사는 어떤 특징을 가지고 있나요
What Are the Characteristics of an ESG Company?

REMEMBER

기업은 ESG 관련 위험을 효과적으로 관리하고 있음을 보여주는 일련의 표준을 비즈니스 운영 내에서 보여야 합니다.

▶ 회사의 에너지 사용, 폐기물, 오염 및 천연 자원 보존을 포함한 환경 기준은 친환경의 선의의 관리자로서의 성과를 강조합니다.

▶ 직원, 공급 업체, 고객 및 활동하는 지역 사회와의 관계를 관리하는 방법을 구성하는 사회적 기준은 모든 이해관계자와 상호 작용하는 방식을 강조합니다.

▶ 회사가 정확하고 투명한 회계 방법을 사용하는 방법을 통합하고 주주에게 중요한 문제에 의결권 행사기회를 제공하고 회사의 리더십이 어떻게 운영되는지 강조하며 감사, 임원 급여, 불법 관행, 내부 통제에 대한 정책을 통해 추가 조사를 받을 수 있는 거버넌스 기준 및 주주 권리를 포함합니다.

REMEMBER

어떤 회사도 각 카테고리의 모든 기준을 통과할 수 없다고 말하는 것이 타당합니다. 그러나 투자자는 자신의 가치와 가장 관련이 있는 요소를 결정하고 회사와의 관계를 통해 ESG 기준을 확인해야 합니다. 긍정적인 측면에서 ESG 표준에 대한 인식과 수용이 증가함에 따라 기업은 앞서 설명한 요구 사항을 준수해야 합니다. 기업이 재무 및 비재무적 위험을 관리하는 방법은 기관 투자자의 결정에서 점점 더 중요한 요소가 되었습니다. 더욱이, 설득력 있는 ESG 관행을 가진 기업이 더 나은 기업 재무 성과로 이어진다는 수많은 연구가 있습니다.

기관 투자자가 기업 투자에 대한 제한으로 간주하는 주요 ESG 원칙에는 분쟁 위험이 있는 지역에서 사업을 수행하거나 제재 목록에 나타나는 것, 논란이 되는 무기의 제조가 포함됩니다. 한편, 설문 조사에 따르면 대다수의 자금 관리자가 고객의 요구, 위험 및 수익 요인, 기업의 사회적 이익에 대응하고 있는 것으로 나타났습니다. ESG 회사의 "성격, 특징(personality)"에 대한 자세한 내용을 보려면 2장을 참고하십시오.

ESG 회사는 어떻게 평가됩니까
How Is an ESG Company Rated?

일반적으로 ESG 점수는 데이터를 기반으로 하는데, 가장 중요한 산업 지표에 대해 보고하며, 이는 한계(marginal) 회사 규모와 투명성에 대한 선입견으로 부문별로 다를 수 있습니다. 점수는 회사 부문('E'와 'S'의 경우) 및 법인이 설립된 국가('G'의 경우) 내 ESG 요소의 상대적 성과를 기반으로 할 수 있습니다. 그러나 ESG 점수는 회사가 운영되는 산업과 무관하며 더 넓은 산업 등급이 낮을 경우 잠재적으로 강력한 등급을 가질 수 있으며 그 반대의 경우도 마찬가지입니다.

회사 공개에 대한 명확성은 모든 방법론의 중요한 구성 요소이므로 중요한 요소에 대한 공개가 보고되지 않으면 잠재적으로 부정적인 가중치가 적용될 수 있기 때문에 중요합니다. 보증과 관련된 회사의 활동을 확인하고 중요한 이벤트가 전체 ESG 점수에 미치는 영향을 확대하려면 회사의 참여가 필요합니다. 일부 접근 방식은 대기업이 경험하는 시가 총액 편향을 해결할 수 있습니다. 회사의 규모에 따라 논쟁의 심각성이 악화 될 수 있다는 점을 감안할 때 BP와 폭스바겐(Volkswagen)이 두 가지 예입니다. 업계 및 국가 벤치마크를 고려하여 동종 기업 그룹 내에서 동등한 분석을 수행할 수도 있습니다.

ESG 성과를 측정하고 보고하는 보편적인 접근 방식은 없습니다. 회사의 점수는 회사별 및 일반 산업 ESG 위험에 대한 노출과 이러한 위험을 관리하는 방법을 기반으로 합니다. 점수는 회사의 글로벌 동종 업계의 지속가능성 표준 및 성과를 기준으로 계산할 수 있지만 일반적으로 회사의 전체 ESG 등급은 관리되지 않는 각 ESG 위험의 가중치 점수를 합산하여 계산됩니다. 등급에 대한 자세한 내용은 2장과 14장을 참조하십시오.

ESG 점수를 계산할 때 핵심적인 유사점이 있지만, 이러한 데이터 포인트를 분석하는 데 사용되는 정확한 방법론은 등급 평가기관마다 다릅니다. 이로 인해 평가기관마다 점수가 크게 차이가 나며, 서로 강한 상관관계도 없습니다. 모든 투자자가 내부 분석을 유지할 자원이 있는 것은 아니지만, 투자자는 따를 평가 제공자를 결정할 때 그리고 점수를 자체 내부 대리인과 비교해야 하는지 여부를 결정할 때 이를 고려해야 합니다.

ESG에 어떤 투자 원칙을 채택해야 합니까
What Investing Principles Should Be Adopted for ESG?

ESG 원칙을 적용하면 투자자가 사회의 더 광범위한 목표에 더 잘 부합해야 합니다. 또한 기관 투자자는 수혜자의 장기적인 이익을 위해 행동할 의무가 있습니다. 책임투자에 대한 UN 원칙(PRI, United Nations Principles for Responsible

Investment)을 따르려면 ESG 관련 도구, 지표 및 분석의 개발을 지원하는 동시에 투자 정책 성명서에 ESG 문제 해결을 포함해야 합니다. 그들은 적극적인 소유자가 되어야 하고 ESG 문제를 소유권 정책 및 관행에 통합하는 동시에 의결권을 행사하거나 의결권 정책 준수를 모니터링해야 합니다(아웃소싱하는 경우). 여기에는 참여 능력을 개발하고 ESG 문제를 연간 재무 보고서에 통합하도록 요청하는 것이 포함되어야 합니다. 투자 의무, 모니터링 절차, 성과 지표 및 인센티브 구조의 조정을 적절히 검토해야 합니다. 마지막으로 이러한 원칙을 더욱 촉진하기 위해 적절한 협력 이니셔티브를 개발하거나 지원해야 합니다.

그러나 ESG를 구성하는 것은 다른 방식으로 해석될 수 있기 때문에 사회적으로 책임이 있는 투자자는 자신의 원칙을 정의해야 합니다. 한 가지 예는 원자력입니다. 체르노빌(Chernobyl)이나 쓰리 마일 섬(Three Mile Island)과 같은 원전 사고의 잠재적 영향을 고려한다면 운영자가 직면하는 사회적 및 평판적 피해는 상당하기 때문에 원자력은 ESG 투자로 볼 수 없습니다. 하지만 화석 연료를 보다 환경 친화적으로 대체하는 에너지 제공 업체로 본다면 사회적 책임투자로 완벽하게 수용할 수 있습니다.

또한 ESG 제공 업체마다 문제에 대해 서로 다른 원칙을 가지고 있습니다. 일부 펀드는 마이크로소프트와 같은 회사에 투자하지 않기로 결정합니다. 마이크로소프트가 윤리적으로 무책임하기 때문이 아니라 마이크로소프트의 "경쟁력(competitive dynamics)"에 의문을 제기하기 때문입니다. 이것은 투자자들로 하여금 막대한 수익을 낸 주식에 대한 투자를 놓치는 것을 의미할 수 있습니다. 그러나 다른 사람들은 이러한 원칙이 페이스북과 같이 동의없이 수백만 명의 사용자의 개인 데이터를 정치광고에 주로 사용한 캠브리지 애널리티카(Cambridge Analytica)에 판매하는 경우에 정당화된다고 말할 것입니다.

7장에서는 ESG 투자 원칙에 대한 주제를 더 자세히 소개합니다.

스튜어드십이란 무엇입니까

What Is Stewardship?

REMEMBER

초기 실사가 관리되고 ESG 투자가 완료되면 후속 과제는 처음에 예상되는 ESG 기준을 설정할 수 있는 방식으로 투자가 계속해서 수행되도록 보호하는 것입니다. 스튜어드십은 고객과 수혜자를 위한 장기적인 가치를 확립하여 경제, 환경 및 사회에 지속가능한 이익을 가져 오는 자본의 책임있는 할당, 관리 및 감독으로 정의 될 수 있습니다. 최근에 스튜어드십은 정기주주 총회(AGM, annual general meeting)에서 의결권을 행사하고 목소리를 높이는 데 중점을 두었으며 회사 경영진과의 지속적인 대화를 통해 지표, 표준 및 성과에 대해 참여했습니다.

자산 소유자와 관리자는 자신의 책임을 위임할 수 없으며 효과적인 관리에 대한 책임이 있습니다. 주요 활동 중 일부에는 투자 의사 결정, 자산 및 서비스 제공 업체를 면밀히 조사하고 발행자와 관계를 맺고 중요한 문제에 대해 설명하고 다른 사람들과 협력하고 권리와 책임을 행사하는 것이 포함됩니다. 펀드는 투자자가 다양한 조건과 투자 단계, 권리 및 통제 수준을 갖는 다양한 자산군에 투자됩니다. 그들은 자본이 어떻게 투자되는지에 관계없이 스튜어드십을 구현하기 위해 접근 가능한 자원, 권리 및 영향력을 사용해야 합니다.

협력적으로 또는 개별적으로 수행되는 참여는 회사와 회사가 직면한 주요 위험을 더 잘 이해하는 데 중요합니다. 회사 고위 경영진과의 빈번한 토론을 통해 대규모 투자자는 데이터 제공 업체와 소규모 투자자가 간과할 수 있는 주요 관찰 사항을 발견할 수 있습니다. 투자자는 ESG 테마가 고려되고 구현되고 있는지에 대해 고위 경영진이 책임을 지게 할 수 있습니다. 또한 투자자는 간과되었을 수 있는 ESG 위험을 식별하고 고위 경영진에게 미리 경고할 수 있습니다. 참여(및 의결권 행사)를 통해 축적된 인식은 투자 프로세스에 피드백되고 지속적인 연구를 강화할 수 있습니다. 기업과의 지속적인 참여는 ESG 기업 거버넌스 기능의 일부이며, AGM은 발생할 수 있는 특정 ESG 문제를 대상으로 하고 다른 자산 소유자와 협력하는 도구로 사용됩니다. 투자 팀, 펀드 매니저 및 분석가는 각 회사 및 부문에 대해 가장 깊은 지식을 보유하고 있으므로 참여를 직접 가정해야 합니다. 13장에서는 참여 및 스튜어드십의 주제를 더 자세히 다룹니다.

자산 소유자를 위한 ESG 접근 방식은 어떻게 구현됩니까
How Is an ESG Approach for Asset Owners Implemented?

REMEMBER

ESG 투자 개념에 비교적 새로운 자산 소유자는 재무 목표를 타협하지 않고 ESG 접근 방식을 가장 잘 통합 할 수 있는 방법에 어려움을 겪을 수 있습니다. 접근 방식은 자산 소유자의 투자 신념, 가치, 재무 및 지속가능성 목표를 반영하고 내부 및 외부 관리자를 위한 자산 등급별 지속가능한 투자 지침을 고려해야 합니다. 특정 접근 방식 중 일부에는 통합, 기존 재무 분석보다 더 넓은 관점에서 관찰, ESG 동인과 관련된 일련의 위험 및 기회에 대한 분석이 포함됩니다. 또는 부정적인 심사를 통해 알코올 및 도박과 같은 특정 산업에 참여하는 회사를 제외함으로써 투자자의 도덕 원칙을 통합할 수 있습니다.

이러한 접근 방식의 경우 현금 주식을 통한 ESG 투자가 단연코 가장 확립된 접근 방식입니다. ESG 요소가 회사 수준에서 더 쉽게 적용될 수 있고 주식에 대한 기관 투자자 할당이 전통적으로 가장 강력했다는 점을 감안할 때 이는 자연스러운 발전이며 전체 자산 할당 구성이 조만간 변경될 것 같지 않습니다. 그러나 고정 수익 투자자 할당은 전통적으로 두 번째로 인기있는 투자 선택이며 ESG에 대한 고정 수익 할당에 상당한 관심이 있었습니다. 회사채 관점에서 ESG 요소에 대한 회사 노출에 대한 매우 유사한 고려 사항이 적용됩니다. 그러나 국채 투자의 경우 ESG 요인은 부문 위험보다는 국가를 다룰 것입니다. 8장과 9장에서는 ESG 전략을 구현하기 위한 주식 및 채권 상품 사용에 대한 추가 분석을 제공합니다.

환경이나 인구 통계와 같은 특정 트렌드와 주제에 집중할 수 있는 주제별 접근 방식을 따르는 자산 소유자의 경우 녹색 및 지속가능한 채권 발행이 더 많아졌습니다. 이 접근법은 채권의 적절한 수준의 지속가능성, 특히 채권 발행과 관련된 지속가능한 프로젝트의 유효성에 대한 더 많은 실사를 필요로 합니다.

벤치마크와 성과 측정은 ESG에 어떻게 통합됩니까

How Are Benchmarks and Performance Measurement Incorporated in ESG?

많은 적극적인 투자자들은 ESG 편향으로 계속해서 "주식 선택(stock pick)"을 할 것 입니다. 예를 들어, "동급 최고" 주식을 매수하고 주어진 주식을 제외하는 대신 긍정적인 선별을 사용합니다. 채권 분야에서는 전통적인 채권 배분보다는 친환경 및 지속가능성 채권에서 얻을 수 있는 더 큰 사회적 영향에 훨씬 더 많은 관심이 있었습니다. 그러나 채권 발행 규모가 일반적으로 더 작고 이후 채권을 매도할 때 유동성이 낮은 채권 배분을 보장하는 데 문제가 있을 수 있습니다. 수동적 투자자의 경우 주요 벤치마크에서 ESG 등가 지수가 등장하면서 ETF(Exchange Traded Fund)를 사용하여 ESG 노출을 복제하거나 오버레이할 수 있게 되었습니다. 또는 거래소 상장 ESG 선물 및 옵션 계약의 가용성이 증가하는 추세가 있으며, ESG 선물 및 옵션 계약은 특히 전술적 자산 할당을 위해 수동적 노출을 얻기 위한 일반적인 접근 방식입니다(이러한 모든 수단에 대한 자세한 내용은 8장, 9장 및 10장을 참조하십시오).

대부분의 투자자는 역사적으로 시장이 잘 알고 있는 확립된 지수에 대해 자신의 성과를 벤치마킹했습니다. 관리 중인 지속가능한 자산의 기하급수적인 증가를 감안할 때, ESG 지수가 2030년까지 기존의 지수를 능가할 것이라고 제안할 수 있습니다. 지속가능한 투자 측정으로의 전환은 이미 빠르게 가속화되고 있으며 일본의 정부 연금과 같은 주요 기관 투자자 투자 펀드와 재보험 거대 기업인 Swiss Re는 이미 ESG에 초점을 맞춘 벤치마크 지수 버전으로 전환함으로써 이미 급증했습니다.

다양한 ESG 평가 회사를 통해 ESG 성과를 보다 정확하게 정량화하려는 끊임없는 움직임이 있습니다. ESG는 주어진 ESG 벤치마크와 비교하여 기업의 등급을 매기고 지속가능성 척도에서 성과를 측정합니다. 다양한 출처에서 대조되는 데이터를 수집하고 ESG 위험에 대한 섹터 또는 국가 노출에 따른 상대적 가중치를 허용함으로써 지수에 대해 개별적으로 또는 집합적으로 점수를 생성하여 ESG 성과를 표현할 수 있습니다.

도입된 벤치마크 관련 ESG 등가 지수의 숫자들과 관리하에 있는 약 40조 달러의 자산으로 이어진 "돈의 장벽(wall of money)"을 고려할 때 기존 ESG 벤치마크에서 "신규" ESG 벤치마크로 전환 할 수 있어야 합니다. 다른 자산군의 경우 주식만큼 간단하지 않을 수 있지만 새로운 표준화된 보고 프레임워크가 이러한 문제를 해결하는 데 도움이 될 것입니다.

REMEMBER

공개 및 보고에 대한 최신 정보는 무엇입니까
What's the Latest on Disclosures and Reporting?

일부 사람들이 터무니없는 주제로 간주 할 수 있는 것에 대해 최근 공개 및 보고 분야에서 흥분할 정도까지는 아니더라도 많은 조치가 있었습니다(14장에서 자세히 설명됨). 분명히, 다른 제공 업체의 ESG 등급 점수 간의 불일치는 양단의 규제 기관이 보다 표준화된 프레임워크를 만들고 더 많은 투명성을 가져오도록 동기를 부여했습니다. 표준화가 더 조화로운 ESG 등급을 보장할 수는 없지만 최소한 등급 사용자는 보다 일반적인 기본 입력을 참조할 수 있습니다. ESG

등급에 대한 불확실성이 중요한 지속가능성 문제를 결정하는 과정을 더디게 하는 반면, 그린워싱(6장 참조)에 대한 암시와 함께 개인 투자자에 대한 ESG 상품의 가용성 증가로 인해 규제 기관이 조치를 취해야 한다는 견해가 있습니다. 확실히, 기업이 보고 요구 사항을 심각하게 받아들이지 않으면 오래된 속담인 "무가치한 데이터를 넣으면 무가치한 결과가 나온다(garbage in, garbage out)"가 사실로 들릴 수 있으며, 이는 누구에게도 도움이 되지 않는 가짜 ESG 등급으로 이어질 수 있습니다.

현재 미국에서 공개 및 보고 요구 사항 변경은 의무적인 증권거래위원회(SEC) 공개 보다는 기존 표준 설정 주체들의 자발적 공개 표준 준수를 강화하는 데 집중되어 있습니다. 반대로 유럽 측에서는 2020년에 NFRD(Non-Financial Reporting Directive), 분류체계 규정 및 SFDR(Sustainable Finance Disclosure Regulation)로 구성된 세 가지 상호 연결된 규제 접근 방식이 도입되었습니다. 한편, 세계경제포럼은 기업이 장기적인 가치 창출과 SDG에 대한 기여도를 입증하는 데 도움이 되는 보편적인 "이해관계자 자본주의 지표(stakeholder capital-ism metrics)"를 발표했습니다. 이러한 지표는 산업별 ESG 지표를 대체하기 위한 것이 아닙니다. 투자자들이 이미 사용하고 있지만 오히려 보완적입니다.

혼란스러운가요? 이러한 서류 작업과 지침의 쓰나미에 직면한 많은 기업들이 포기할 수도 있습니다. 실제로 SEC 조사 결과에 따르면 다양한 공시 방법이 어떤 방법을 사용할지 불확실해져 투자자가 기업 전반에 걸쳐 ESG 성과를 비교하기 어렵게 만듭니다. GRI(Global Reporting Initiative)와 SASB(Sustainability Accounting Standards Board)가 "지속가능성 환경의 명확성과 호환성을 촉진"하기 위해 협력할 새로운 프로젝트를 발표함에 따라 터널 끝에 빛이 있을 수 있습니다. 또한 일부 표준 설정 주체들은 "배출이 많은(emissions heavy)" 산업 부문에 더 적용할 수 있는 기후 관련 재무 공개 태스크포스(TCFD)와 같은 특정 중요 문제에 더 초점을 맞추고 있습니다. 더 큰 확실성이 필요하므로 요약하면 "계속 지켜봐 주십시오(watch this space)"입니다.

ESG 투자의 미래는 어떻습니까

What's the Future of ESG Investing?

PwC(PricewaterhouseCoopers)의 조사에 따르면 ESG 관련 투자에서 유럽 자산이 차지하는 비율은 2025년까지 15%에서 57%로 거의 4배가 될 것으로 예상됩니다. 또한 연금 기금 및 보험을 포함하여 설문 조사에 참여한 투자자의 3/4 이상이 기업들은 전통적인 펀드를 구매하지 않고 2022년까지 ESG 상품에 집중할 것이라고 암시했습니다. ESG에 대한 투자는 미래 보장 수익에 초점을 맞추는 것 같지만 자신의 평판을 보호하는 기업도 마찬가지입니다. 또한 코로나 19는 기업과 투자자가 ESG를 예외가 아닌 표준으로 수용해야 할 필요성을 인식하면서 추세에 더 많은 모멘텀을 추가했습니다.

그러나 기업에 영향을 미치는 주요 ESG 문제에 대한 합의 부족, ESG에 대한 지역적 접근 방식의 일관성 부족, 주요 ESG 등급 및 데이터 포인트의 표준화 부족이 있습니다. 한편, 이와 관련하여 고려해야 할 과다한 공개 및 보고 요구사항(이전 부분 참조)과 함께 추가 의무 규정이 있습니다. 또한, 다양한 자산 소유자 및 관리자가 수행하는 다양한 참여도와 의결권 행사 참여 정도와 함께 스튜어드십(이 장의 앞부분에서 다룹니다)과 관련된 새로운 추세가 있습니다.

물론, 그 배경에는 당시 정부가 직면한 환경, 사회 및 거버넌스 문제에 대한 근본적인 관심사가 있습니다. 유럽 집행위원회가 지구 온난화의 더 큰 위협에 대처하기 위해 코로나 바이러스에 영향을 받은 경제의 재건에 초점을 맞춘 것으로 보이는 주요 친환경 복구 패키지를 추구하면서 유럽이 앞장서고 있는 것 같습니다. 한편, 미국의 새 행정부는 긍정적인 정책을 내고 있으며, 중국은 2060년까지 순 배출량 제로를 목표로 약속했습니다.

요컨대, ESG 프레임워크 하에서 사회적 책임투자에 대한 투자자들의 열의를 높이는 데 기여한 ESG를 더욱 촉진하기 위한 많은 자극제가 있습니다. 아마도 머신 러닝(ML)과 인공 지능의 발전은 ESG 데이터의 분석을 강화할 것입니다. 그러나 데이터가 적절한 공개 및 보고 표준을 통해 검증되지 않은 경우 "무가

REMEMBER

치한 데이터를 넣으면 무가치한 결과가 나온다(garbage in, garbage out)"이라는 이전 문구를 기억해야 합니다. 2020년에는 ESG 등급 공간이 통합되고 보고 표준 설정 주체들 간의 협력이 강화되었으며 새로운 주체가 토론에 의견을 추가했습니다. 지속가능성에 대한 욕구를 만족시킬 재료가 부족하지 않을 것입니다! 시장이 어떤 방향으로 나아가든 ESG는 적어도 향후 10년 동안 지속 가능한 투자를 위한 중심점이 될 것이며, 보편적인 수용으로 인해 더 이상 "ESG 투자"라고 말할 필요가 없어질 것입니다.

17

ESG 포트폴리오 구축과 관련된 10가지 문제
Ten Issues Surrounding ESG Portfolio Construction

이 장에서는 . . .

✔ 평가 점수와 중요성에 대한 생각
✔ 양적 및 질적 접근법 비교
✔ 규정, 위험 및 보상 살펴보기
✔ 파생 상품, 대체 수단 및 좌초 자산 입문
✔ 지속가능성 지수 조사

이 장에서는 ESG 포트폴리오 구성과 관련하여 자주 제기되는 10가지 문제를 확인합니다. 이러한 문제는 서로 다른 평가 기관의 ESG 점수에 대한 견해 간의 차이가 어디에 있는지 이해하는 것에서 부터 지속가능성 지수를 사용하여 책임 있는 투자에 대한 노출을 나타내는 것까지 다양합니다.

평가 기관 간에 ESG 점수가 다른 이유
Reasons for Varying ESG Scores between Rating Agencies

책임있는 투자에 대한 인식이 높아짐에 따라 기업의 ESG 성과를 평가하기 위한 몇 가지 접근 방식이 개발되었습니다. 관련 등급 시스템은 ESG 요소의 범위, 측정 및 가중치에 따라 다르기 때문에 방법론을 비교하거나 일부 기관이 동일한 회사를 다른 방식으로 평가하는 이유를 이해하기가 어렵습니다.

ESG 접근 방식이 효과적이려면 투자자는 관리자와 배분자가 자산을 평가하는 방법론을 이해해야 합니다. 평가 기관의 방법론이 서로 다른 부분을 인식하는 것은 기관이 ESG 전략을 개선하는 데 도움이 되는 필수 도구입니다. 기관의 평가 프로세스 간의 주요 차이는 각 ESG 요소를 측정하는 방법에 영향을 받는 것으로 보입니다. 따라서 두 개의 평가 기관이 무엇을 측정해야 하는지에 대해 동의하더라도 평가 방식에 따라 등급이 다를 수 있습니다.

연구에 따르면 평가에 포함된 요소와 평가 방법이 전체 ESG 점수를 구성 할 때 가중치를 부여하는 방법보다 더 중요합니다. 그들이 사용하는 ESG 요소에 대한 기관 간의 상당한 차이는 종종 전체 점수가 다른 곳에서 중요한 역할을 하여 책임 있는 투자에서 어떤 문제가 중요한지에 대한 광범위한 견해를 드러냅니다. 서로 다른 등급 접근 방식을 분석할 때, 특히 인권 및 제품 안전과 같은 주제에서 일부 등급에 대한 상관관계가 좋지 않은 것으로 보입니다. 흥미롭게도 상대적으로 적은 수의 지표가 모든 평가 기관에서 사용되며 유사한 지표는 몇 개의 기관에서만 사용됩니다.

이는 특정 지표가 순전히 수치적 평가가 아닌 판단 요소를 필요로 하기 때문에 값과 "소프트(효과를 측정하거나 수량화하기 어려운)" 데이터를 기반으로 하는 경향이 있어 평가 및 비교가 더 어렵습니다. 결과적으로, 평가가 평가하는 팀에 의존할 가능성이 있으며, 이는 편향이 있을 수 있으며 한 ESG 범주에서 회사의 성과가 다른 ESG 범주의 점수에 영향을 미칠 수 있습니다. 또한 기관은 ESG 점수의 범위를 변경하는 다양한 소스에 기초한 데이터를 기반으로 할 수 있습니다. ESG 등급 및 순위에 대한 자세한 내용은 14장을 참조하십시오.

통합 ESG 점수 생성에 사용되는 기준
Criteria Used in Creating a Combined ESG Score

MSCI의 연구에 따르면 'E'(환경) 및 'S'(사회적) 문제는 산업별로 더욱 다르며 'G'(거버넌스) 문제와 비교할 때 더 장기간 동안 재무 측정에 나타나는 경향이 있습니다. 현역 관리자는 이러한 데이터를 사용하여 회사를 더 자세히 분석합니다. 그러나 많은 투자자들은 하나의 선행 지표에 의존하기보다 'E', 'S', 'G' 이슈를 종합 점수로 결합하는 데 더 관심이 있습니다. 따라서 일부 투자자는 결합된 ESG 점수를 생성하는 가장 좋은 방법을 알고 싶어합니다.

원칙적으로 이 문제에 접근하기 위한 동일 가중치, 과거 데이터를 기반으로 한 최적화 가중치 또는 산업별 가중치 사용 등 세 가지 확립된 방법이 있습니다:

▶ 균등 가중치는 단순하고 투명하며 산업 전반에 걸쳐 비교 가능한 이점이 있습니다. 투자자가 ESG 이슈의 상대적 중요성에 대해 구체적인 견해를 가지고 있지 않다면 이 간단한 접근 방식이 적절할 수 있습니다.

▶ 과거 데이터를 기반으로 최적화된 가중치는 데이터가 역사적 중요성을 기반으로 최적의 가중치를 안내할 수 있도록 특정 관점이 없는 투자자에게도 적용될 수 있습니다. 그러나 결과는 'G' 요인에 가장 많은 가중치를 두고 'S' 요인에 가장 적은 가중치를 두는 것이 'G' 요인에 70%, 'E' 요인에 25%, 'S' 요인에 5%의 가중치를 부여하여 재무 변수에 가장 많이 노출되는 것으로 나타났습니다.

▶ 각 산업(MSCI ESG 등급을 생성하는 데 사용되는 접근 방식)에 대한 ESG 문제를 선

택하고 가중치를 부여하는 것은 ESG 위험에 대한 산업 노출을 보다 정확하게 반영합니다. 잠재적인 단점은 ESG 가중치가 시간이 지남에 따라 상당히 달라질 수 있는 산업 부문 전반에 걸쳐 복잡성이 증가하고 비교 가능성이 낮아진다는 것입니다. 그러나 장기 평균 가중치는 'E'에 30%, 'S'에 39%, 'G'에 31%를 할당한 것으로 나타났습니다.

인생의 대부분과 마찬가지로 단기 또는 장기 접근 방식에서 더 높은 성과를 받아 들여야 하는지 여부에 따라 총 ESG 점수를 사용하는 투자자에게는 절충안이 있습니다. 또한 분석 결과 'E'와 'S' 문제는 산업별로 특화되어 'G' 문제보다 장기적으로 재무 조치에 더 많은 영향을 미치는 것으로 나타났습니다. ESG 점수에 대한 자세한 내용은 14장을 참조하십시오.

ESG 중요성을 이끄는 트렌드
Trends Driving ESG Materiality

모든 ESG 요소가 모든 비즈니스와 부문에 중요한 것은 아니기 때문에 회사와 투자자 모두 중요한 요소를 식별 및 관리하고 미래에 중요해질 수 있는 요소를 인식하는 것이 필수적입니다. 즉, 재무적으로 중요한 것은 시간이 지남에 따라 속도가 증가함에 따라 변할 것입니다. 이를 위해서는 ESG 문제를 시간이 지남에 따라 재무적으로 중요하게 만드는 요소를 이해하고 변화에 적응할 수 있는 능력이 필요합니다. 중요성의 새로운 시대에 투자자는 ESG 요소를 이해하고 이러한 추세를 보다 민첩한 방식으로 투자 의사 결정에 통합하기 위해 적극적으로 노력해야 합니다. 개별 ESG 요소가 재무적으로 중요한 시기가 되는 기간은 다양하지만 모두 특정 추세(특히 투명성, 이해관계자 행동주의, 사회적 기대, ESG에 대한 투자자 강조)의 영향을 받는 경향이 있습니다.

중요성의 진화는 또한 주요 의사 결정자의 지도(guidance)를 통해 이루어집니다. 입법을 결정하는 정책 입안자이든, 구매를 선택하는 소비자이든, 특정 회사에서 일하기로 결정한 직원이든, 이러한 영향 요인은 회사의 수익성에 직접적인 영향을 미칠 수 있습니다. 마찬가지로 투자자는 ESG 관점에서 기업을 평가하고 그 결과를 사용하여 포트폴리오 구성에 정보를 제공함으로써 이슈가 중요한 프로세스를 촉진할 수 있습니다. 또한 특정 문제에 대한 대중의 인식을 높이는 영향력있는 투자자는 경영진의 관심을 끌 수 있습니다.

투자자는 지속가능한 투자 능력과 중대성 변화를 보다 빠르고 유연하게 예측하고 대응하는 요령과 균형을 이루어야 합니다. 이를 위해서는 ESG 문제의 재정적 중요성이 부문 및 산업별로 어떻게 진화할지 예측하고 회사보고 및 ESG 점수를 넘어서는 새로운 정보와 데이터를 사용하여 이러한 예측을 자주 업데이트 할 수 있는 능력이 필요합니다. 결과적으로 이러한 예측은 보안 선택 및 포트폴리오 구성에 대한 정보를 제공하고, 미래의 중요한 문제에 대한 전략에 대한 경영진의 참여를 유도하고, 투명한 보고 및 공개를 통해 중요성의 역동성을 이해하려는 더 광범위한 시도에 기여할 수 있습니다. 중요성(materiality)에 대한 소개는 2장을 참조하십시오.

ESG 분석에 대한 정량적 접근 방식
Quantitative Approaches to ESG Analysis

ESG 요소의 통합은 역사적으로 기본 전략으로의 통합과만 관련이 있었지만 이는 변화하고 있습니다. ESG 제품에 대한 욕구가 계속 증가함에 따라 양적 (quantitative) 관리자는 알파(alpha)를 생성할 가능성이 있는 ESG 특성이 강하거나 개선된 주식을 식별할 수 있는 신뢰할 수 있는 방법을 찾는 데 어려움을 겪고 있습니다. 양적 투자 프로세스가 ESG 데이터를 통합하는 데 가장 효율적일

가능성이 높기 때문에 투자할 ESG 주식을 식별하는 체계적인 방법을 찾는 데 많은 작업이 진행되고 있습니다.

그러나 ESG는 주식의 위험과 수익을 설명하는 정량화 가능한 기능 집합으로 정의할 수 없기 때문에 전통적인 의미의 요소가 아닙니다. 오랜 기간 동안 다양한 지역과 시장 조건에서 테스트된 전통적인 요소는 강력합니다. 또한 그들은 잘 문서화되어 있으며 투자자마다 다르게 정의되지만 기본 정의에 대한 합의 견해가 있습니다. 데이터가 위험을 주도하고 체계적인 방식으로 수익을 창출하는 요인이라고 단호하게 말할 수 있을 만큼 충분히 되돌아가지 않기 때문에 ESG에는 해당되지 않습니다. ESG 데이터 범위는 개선되었지만 기존 재무 요소에서 사용할 수 있는 데이터와 비교할 때 여전히 드물며 투자 가능한 세계의 일부 기업에서만 사용할 수 있습니다. 또한 기존 ESG 채점 방법론이 기존 요인 모델에 맞지 않는다는 점을 고려해야 합니다.

예를 들어 대기업은 소규모 기업에 비해 기업 지배구조 및 공개 정책이 더 나은 경향이 있으며 (규제 요건으로 인해) 유럽 기업은 북미 기업보다 더 투명합니다. 이 모든 것이 최종 ESG 점수에 영향을 미칩니다. 더 많은 회사가 동료와 유사한 지표를 사용하여 더 많은 ESG 데이터를 공개하고 ESG 데이터를 보다 정기적으로 감사 및 공개할 수 있다면 투자자는 ESG 지표를 사용하여 알파 기회를 더 잘 식별할 수 있습니다.

더욱이 연구 결과에 따르면 ESG 점수가 더 좋은 회사는 ESG 점수가 낮은 회사와 비슷한 수익률을 보입니다. 이는 성과에 영향을 주지 않으면서 더 나은 점수를 받는 회사로 포트폴리오를 체계적으로 기울일 수 있어야 함을 시사합니다.

파악하기 어려운 ESG 요소를 찾는 것은 계속되지만 그 동안 회사가 수행하는 노력(예: 정책 및 위원회)에 덜 집중하고 행동의 측정 가능한 영향에 더 집중하는 것이 도움이 될 것입니다. 여기서 대체(또는 빅) 데이터는 필요한 ESG 통찰력을 생성하는 데 도움이 될 수 있습니다. 사실, 주어진 시간 동안, 정량적 분석은 투자 산업이 ESG를 바라보는 방식과 보다 구체적인 ESG 요건을 충족하는 주식을 식별하는 투자자의 능력을 근본적으로 개편할 수 있습니다. 정량 분석에 대한 자세한 내용은 15장을 참조하십시오.

귀중한 ESG 통찰력을 수집하는 능력을 변화시킬 "비정형 데이터"를 사용할 수 있는 좋은 기회가 있습니다. 이 구조화되지 않은 데이터에는 직원들이 익명으로 회사를 검토하고 급여 정보를 공유할 수 있는 포럼인 글래스도어 (Glassdoor)와 같은 웹 사이트와 소셜 미디어 매체에서 가져온 정보가 포함될 수 있습니다. 회사의 내부 업무에 대해 직원들로부터 솔직한 통찰력을 체계적으로 수집하는 능력은 회사가 공식적으로 공개할 가능성이 있는 것보다 기업의 사회적 책임 프로그램과 관련하여 훨씬 더 빛을 발할 수 있습니다.

정성적 분석: 정량적 분석을 검증 및 보충하기

Qualitative Analysis: Verifying and Supplementing Quantitative Analysis

전통적인 금융 시장 조사와 마찬가지로 회사별, 산업 부문 기반 또는 일반적인 시장 변화에 대한 데이터가 어떻게 발전했는지에 대한 정량적 견해가 시장 분석에서 점점 더 영향력 있는 부분이 되었습니다. 따라서 ESG 요소에 대한 정량적 분석이 대부분의 투자자가 ESG 투자의 우선순위를 정할 수 있는 필수 요소로 발전했다는 사실은 놀라운 일이 아닙니다.

그러나 고객 자산의 관리인으로서 증권의 투자 수익에 영향을 미치는 모든 측면을 이해하는 것도 자산 관리자의 신탁 의무입니다. ESG는 매우 많은 비재무적 문제를 통합하기 때문에 기본적인 연구 접근 방식을 사용하여 질적 분석과 ESG 요소의 정량적 평가를 혼합하면 투자자가 증권의 내재 가치에 대해 보다 정보에 입각한 평가를 할 수 있습니다.

많은 자산 관리자는 양적 분석과 정성적 판단을 조합하여 발행자와 주권자의 ESG 프로필을 평가합니다. 많은 사람들은 독립적인 정량적 측정이 기업의 진정한 ESG 성과를 평가하는 데 불충분하다고 생각합니다. 왜냐하면 그들은 과거를 향한 것이고 회사가 미래에 어떻게 수행 할 것인지를 알려주지 않기 때문입니다. 또한 때로는 최신이 아니거나 선택 편향(selection bias)의 영향을 받거나 동료 그룹의 다른 회사가 제공하는 지표와 직접 비교할 수 없습니다.

정성적 연구의 목적은 특정 회사의 ESG 자격 증명에 대한 통찰력을 이해하기 위해 추가로 조사하는 것입니다. 다른 연구 분야와 마찬가지로 정량적 연구는 ESG 행동의 "무엇(what)"을 결정하는 것으로 간주 될 수 있으며, 정성적 연구는"이유(why)"를 밝혀냅니다. 기업의 사회적 책임(CSR) 관리자 및 고위 경영진과의 인터뷰를 통해 기업과의 관계는 식별된 모든 ESG 위험을 심층적으로 탐색하고 평가 과정에서 지금까지 식별되지 않은 잠재적 위험을 감지하도록 설계되어야 합니다. 정성 분석에 대한 자세한 내용은 15장을 참조하십시오.

ESG 규정
ESG Regulations

주어진 기술이 현재 기대치 및 시간과 관련하여 어디에 위치하는지를 그래픽으로 식별하는 데 사용되는 가트너 하이프 사이클(Gartner Hype Cycle)의 유추를 사용하려면 ESG가 "부풀려진 기대치의 최고점"에 있어야 하며, 많은 사람들이 이것이 정점이 되어야 한다고 제안합니다. 책임투자 환경이 더욱 변화하는 시기입니다. 테크놀로지와는 달리, 이후 "환멸의 저점(trough of disillusionment)"이 발생할 가능성은 없는 것 같지만 시장은 현재 위치에서 유지하고 성장하기 위해 수행해야 할 추가 작업이 있음을 인식합니다.

ESG 시장의 참여자들은 서로 다른 관할권에서 지속가능성 보고의 서로 다른 요소와 관련 법규 사이의 인터페이스에 대한 우려가 있기 때문에 공통 표준에 대한 추가 개발을 강력히 지지합니다. 자산 소유자는 점점 더 자신의 ESG 투자를 분석하고 더 많은 보고, 의미있는 영향, 기존 ESG 표준 및 시장 모범 사례와의 연계를 원합니다. ESG 환경은 더욱 규제되고 있으며 자산 관리자는 일반화된 ESG 원칙보다 더 많은 준비가 필요하다는 것을 인식하고 있습니다.

반대로, 글로벌 규정의 차이는 여전한 과제입니다. SASB(Sustainability Accounting Standards Board) 또는 GRI(Global Reporting Initiative)의 광범위한 보고 요구 사항 또는 영국의 탄소 공개 프로젝트(CDP)의 보다 구체적인 요구 사항 등 자발적 ESG 공개에 대한 다양한 표준이 있습니다. 그들은 모두 보고 응용 프로그램과 관련하여 서로 다른 요구 사항과 원칙을 가지고 있으며 표준이 무엇이어야 하는지에 대한 이해를 갖고 있기 때문에 이러한 배경에서 자금과 고객 포트폴리오를 관리해야 하는 자산 관리자에게 문제가 발생합니다. 최근 IOSCO(International Organization of Securities Commissions)는 보다 일관된 형태의 ESG 공개를 만들기 위해 다양한 표준 간의 공통점을 검토하는 태스크 포스를 발표했습니다(1장에서는 표준에 대해 소개합니다). 또한 국제 재무보고기준(IFRS) 관리위원회는 지속가능성 보고에 관한 자문 문서를 발간하여 글로벌 지속가능성 표준이 필요한지 여부와 이러한 표준을 통합하는 데 어떤 역할을 해야 하는지 결정했습니다.

또한 시장은 ESG 등급 및 평가의 다양한 환경과 경쟁해야 합니다(14장 참조). 이 책 전체에서 언급하고 있듯이 ESG 등급 제공 업체는 여러 가지 요소를 측정하고 있으므로 ESG 등급이 반드시 서로 상관관계가 있는 것은 아닙니다. 이는 또한 자산 관리자가 고려해야 할 ESG 요소와 그 결과 적용할 ESG 등급을 파악하기 어렵게 만듭니다. 따라서 업계에서 가장 유용하다고 생각하는 유형의 정보임에도 불구하고 일반적으로 ESG 투자 요인의 성과 귀속을 볼 수 없습니다. 결과적으로 ESG 산업의 다양한 측면에서 표준화에 대한 전반적인 추진은 계속될 것입니다.

위험과 보상
Risk and Reward

ESG 포트폴리오는 순전히 재무적 요인에 기반한 포트폴리오보다 더 복잡하고 불투명 할 수 있지만 궁극적으로 기존 포트폴리오와 동일한 타협으로 귀결됩니다. 위험과 보상 사이에 균형이 있어야 합니다. ESG 의미에서 이것은 "해를 끼치지 않는 것(doing no harm)"과 예상되는 재정적 수익이 혼합된 것입니다.

REMEMBER

또한 포트폴리오 구성은 각 ESG 투자자의 목표에 따라 달라집니다. 투자를 통해 사회적 변화를 달성하는 것은 어려울 수 있지만 적어도 ESG 투자자는 목표에 부합하는 전략을 추구할 수 있습니다. 이러한 목표를 장래의 포트폴리오와 일치시킬 때 모든 경우에 투자자가 각 방법에 대해 주어진 위험 성향을 갖는다고 가정하고 다음과 같은 건설적 접근법을 고려합니다.

▶ 제외(Exclusion): 이는 일반적으로 자본화 가중 배제(저위험 회피) 또는 최적화된 배제(고위험 회피)를 통해 허용 불가능한 증권을 포트폴리오에서 제외하는 전통적인 접근 방식입니다.

▶ 조정된 제외(Exclusion with strings): 이는 기존 접근 방식의 변화이며 ESG 등급을 적용하여 최대 ESG 점수(저위험 회피) 또는 최소 리스크(고위험 회피) 기대치를 기준으로 제외할 증권을 결정합니다. 이는 투자자의 특정 주제에 따라 포트폴리오를 효과적으로 한 방향으로 기울입니다.

▶ 제외 및 ESG 점수(Exclusion and ESG scoring): ESG 점수 및 제외의 이러한 조합을 통해 투자자는 포트폴리오를 테마로 기울이고 포트폴리오에서 허용되지 않는 증권을 제외할 수 있습니다.

그런 다음 모든 분석은 더 높은 추적 오류, 벤치마크 지수 수익률 및 허용할 수 없는 노출 간의 절충에 초점을 맞춰야 합니다. 허용되지 않는 유가 증권이 제외되거나 비중이 낮아지면 위험 최소화의 부산물로 인해 일반적으로 제외된 유가 증권과 상관관계가 있는 유가 증권의 비중이 높아지며, 이는 추적 오류 또는 위험 목표를 줄이기 위해 가까운 대체물이 포함되어 있기 때문에 ESG 목 표와 충돌할 수도 있습니다. 또는 대체품이 포트폴리오에 포함되지 않으면 포 트폴리오가 덜 분산되어 전체 위험이 높아질 수 있습니다. 그러나 항상 벤치마 크 포트폴리오 위험 및 수익에서 약간의 움직임이 있을 것이며, 투자자는 궁극 적으로 자산 관리자가 규정된 범위 내에서 제공할 수 있는 것을 수용해야 합니 다. 자세한 내용은 7장을 참조하십시오.

파생 상품 및 대체 상품
Derivative and Alternative Instruments

특정 상품 영역에 대한 관심이 많고 관리 대상 자산이 비례적으로 증가하고 있다는 확실한 징후 중 하나는 대형 파생 상품 거래소가 상품에 선물 및 옵션 계약을 상장하기로 결정할 때입니다. 유럽 최대 파생상품 거래소인 유렉스 익 스체인지(Eurex Exchange)는 운용자산이 가장 많은 유럽에서 가장 확립된 방법 론인 제외 접근 방식(exclusions approach)을 기반으로 2019년 첫 계약을 STOXX Europe 600에 상장했습니다. 자산운용사는 기본 전략에서 제외가 가장 많았던 제외 항목에 대한 표준화에 이어 ESG−X 지수 상품을 도입하여 유럽에 대한 광범위한 벤치마크를 제공했습니다.

제품에 대한 추가 연구에 따르면 자산 관리자는 추적 오류가 낮도록 벤치마 크 지수에 가까운 위험 및 성과 매개 변수를 원했습니다. 이는 또한 기존의 유 동성 상품에 대한 노출을 쉽게 헤지할 수 있다는 점에서 시장 조성자들의 초기 유동성과 가격 제공을 보장했습니다. Eurex는 2020년 3월에 도입된 주요 지역 및 글로벌 MSCI 벤치마크의 선별된 버전을 통해 ESG 파생 상품 부문을 유럽 을 넘어 확장했습니다. 또한 ESG 통합 수준이 높은 제품은 2020년 11월에

DAX 및 EURO STOXX 50 인덱스의 ESG 버전으로 확장되어 추가되었습니다.

Eurex가 회사의 탄소 발자국을 기반으로 한 상품을 도입했으며 더 많은 지역 지수가 있을 가능성이 높으며 유럽에서 도입되는 새로운 규정 중 일부에 대해 더 명확해지면 다른 상품이 나올 수 있으므로 계속 지켜봐 주십시오. 파생 및 대체 상품에 대한 자세한 내용은 10장을 참조하십시오.

좌초 자산
Stranded Assets

이 장은 주로 ESG 요소를 기반으로 지속가능한 포트폴리오를 구축하는 방법에 중점을 두었지만 이 부분에서는 기존 포트폴리오에 대한 잠재적 결과 중 하나의 현실을 강조합니다. 좌초된 자산은 경제적 수명이 끝나기 전(탄광의 수명을 가정) 어느 시점에서 더 이상 경제적 수익을 얻을 수 없는(예: 회사의 내부 수익률 요건 충족) 자산입니다. 이는 일반적으로 저탄소 경제로의 전환과 관련된 변화(예상보다 낮은 수요 또는 가격 창출)로 인해 어려움을 겪는 기업과 관련이 있습니다. 이러한 자산은 파리 협정에 따라 넷제로 배출 환경으로의 전환과 관련된 변화로 인해 예상보다 가치가 낮아집니다.

기존 자산의 경우 이미 저탄소 전환에 의해 좌초자산이 된 탄광, 석탄 및 가스 발전소 및 기타 탄화수소 매장량의 예가 있습니다. 특히 영향을 받는 하위 부문의 유형은 다음과 같습니다.

▶ 자원: 석유 및 가스 회사가 현재 재생 가능 에너지에 대한 지원을 고려할 때 매장량을 포함하여 생산을 기다리는 자원을 보유하고 있는 경우
▶ 탐사 및 개발 자산: 자원 추출을 용이하게 하기 위해 관련 시추 장비 또는 지진 선박을 제공하는 회사

▶ 생산 및 처리 시설: 추출 된 자원에 대한 처리 터미널을 제공하는 회사
▶ 유통 인프라: 화석 연료를 유통하기 위해 파이프라인과 탱커를 제공하는 회사

좌초된 자산 개념은 다음과 같은 일련의 다양한 요소를 포함하는 것으로 이해되었습니다.

▶ 경제적 좌초(Economic stranding): 영향을 받는 상품의 비교 비용이나 가격의 변화로 인해 발생
▶ 물리적 좌초(Physical stranding): 홍수나 가뭄과 같은 지구 온난화로 인한 변화 또는 자산의 물리적 위치로 인해
▶ 규제 좌초(Regulatory stranding): 비즈니스를 비경제적이거나 열등감을 주는 정책, 법률 또는 규정의 변경 결과

잠재적인 신규 투자에 대한 연구는 세계가 탈탄소화 함에 따라 자본 지출이 다른 투자에 할당될 수 있는 곳을 인식함으로써 발생하는 좌초 자산을 방지하는 것을 목표로 해야 합니다. 많은 자산 소유자와 관리자가 핵심 포트폴리오에서 그러한 주식을 제외했지만 탈탄소화의 완전한 영향이 시작되는 데는 시간이 걸리며 영향을 받은 주식은 현재 주가가 0으로 떨어지지 않습니다. 또한, 많은 화석 연료 회사는 "사업을 정리하고" 재생 에너지로 전환하면서 더 나은 ESG 점수를 받고 있습니다. 따라서 자본 낭비를 방지하기 위해 지속적인 자본 관리에 초점을 맞출 필요가 있습니다. 자세한 내용은 1장을 참조하십시오.

지속가능한 투자
Sustainable Investing

좌초된 자산은 포트폴리오에 대한 책임 있는 투자의 부정적인 영향을 처리하는 반면(이전 부분 참조), 지속가능한 투자는 ESG 투자 프레임워크를 사용할 때 항상 명시적이지는 않더라도 보다 실질적인 긍정적인 영향으로 이어져야 합니다. 이는 "아무 해를 끼치지 않는"(not "doing any harm")것이 아니라 보다 지속가능한 수익을 달성하기 위해 주제별 또는 임팩트 투자에 더 많은 초점을 두면 바로 잡을 수 있습니다. 많은 투자자들에게 어떤 투자가 적용될 수 있는지 명확하지 않습니다. 따라서 다른 투자와 마찬가지로 적극적인 관리자와 함께 사전 예방적 접근 방식을 취하거나 지속가능한 인덱스 펀드를 통해 수동적 접근 방식을 취할 수 있습니다. 이 부분에서는 인덱스 펀드 접근 방식에 중점을 둡니다.

지속가능한 투자는 투자자 마다 다른 의미를 지닐 수 있기 때문에 모든 것을 다룰 수 있는 방법이 아닙니다. 일반적으로 ETF(상장지수펀드, Exchange Traded Fund)를 통해 인덱싱 방식을 채택할 때의 한 가지 이점은 다양한 인덱스를 선택할 수 있으며, 이를 통해 포트폴리오를 보완하는 접근방식을 따를 수 있다는 것입니다. 그러나 인덱스가 다루는 내용을 정확하게 이해하는 것이 중요하므로 인덱스는 본질적으로 규칙 기반이고 수행한 ESG 접근방식에 대해 투명해야 하며 자산 클래스나 노출에 관계없이 반복 가능한 연습이 되어야 합니다. 또한 이 접근 방식은 기존 접근 방식을 보완하려는 경우 포트폴리오 전체에서 지속가능성을 일관된 방식으로 표현하는 데 도움이 됩니다. 인덱스에 대한 자세한 내용은 9장을 참조하십시오.

18

ESG 투자 성장에 영향을 미치는 10가지 요인
Ten Factors Influencing the Growth of ESG Investing

이 장에서는 . . .

✔ 기후 변화와 기타 환경 및 사회 문제 살펴보기
✔ 스튜어드십, 회계, 공개 및 규정 논의
✔ 데이터, 기술 및 등급 통합 조사
✔ 임팩트 투자 및 지정학적 문제 조사

이 장에서는 ESG 투자 성장에 영향을 미치는 10가지 주요 요인에 대해 설명
합니다. 여기에는 기후 변화에 대한 편재적(omnipresent, 어디에나 존재하는) 우려의
발전을 이해하는 것에서 부터 일반적으로 지속가능한 투자에 영향을 미칠 수
있는 일부 정치적 영향에 이르기까지 다양합니다.

지난 10년 동안의 개발은 이 새로운 10년 동안 보다 정보에 입각한 ESG 환
경을 위한 길을 마련했으며, 이는 ESG 관련 관행의 광범위한 구현을 촉진할
것으로 예상됩니다. ESG 프레임워크를 개발하지 못한 회사, 투자자 및 정부는   REMEMBER
ESG 리더와 비교할 때 더 큰 위험에 직면하고 상당한 기회를 놓칠 수 있습니
다. ESG에서 리더십을 발휘하는 것은 민간 및 공공 부문의 기업에게 차별화
요소가 될 것이며 얼리 어답터는 동료보다 경쟁 우위를 갖게 될 것입니다.

기후 변화: 넷제로로 가는 길
Climate Change: The Route to Net Zero

기후 변화는 전 세계 정부가 더 많은 기후 관련 규제를 발표함에 따라 ESG 투자의 지배적인 주제입니다. 그 결과 기업과 투자자가 넷제로 배출량을 충족하겠다는 약속은 2020년대 말까지 표준 관행이 될 것입니다. 기업들이 기후 위험에 능동적으로 대처하는 것과 관련된 위험과 기회를 인정하기 때문에 배출집중 분야를 포함한 모든 부문이 저탄소 경제로의 전환에 동참할 것입니다. 수많은 기업이 새로운 비즈니스 기회를 포착하고 기후 리더로 자신을 홍보할 것입니다. 한편 투자자들은 기후 변화에 대한 참여를 강화하고 기후 위험을 의결권 행사 정책에 통합하기 시작하여 느리게 움직이는 회사의 이사회에 적극적으로 영향력을 끼치도록 의결권 행사할 것입니다.

정부의 기후 자문가들은 2050년까지 "탄소중립" 배출량을 목표로 하는 국가 목표에 따라 법적 구속력이 있는 "탄소 예산"을 제안하기 시작했습니다. 영국은 2021년에 유엔 기후 변화 회의(COP26)를 개최했습니다. 국제 기후 리더로 자리 매김하는 것을 목표로 합니다. 일반적으로 대부분의 국가의 현재 계획이 여전히 파리협정의 요건에 크게 못 미치는 것으로 데이터에 나타나기 때문에 2030년대는 휘발유나 디젤차 등 고탄소 기술이 단계적으로 폐지되면서 배출량이 현저하게 급감하는 국면을 보일 필요가 있습니다. 목표는 2035년까지 완전히 탈탄소화된 전력 시스템에 도달하는 것입니다. 국가들은 또한 국제 항공 및 해운 배출량의 몫을 설명해야 한다는 사실을 깨닫기 시작했습니다.

미화 9조 달러가 넘는 자산을 관리하는 세계 최대 30개 투자기관들은 기후 위기를 억제하기 위한 투쟁의 일환으로 2050년까지 투자 포트폴리오 전체에서 탄소 배출량을 완전히 없애는 목표를 세웠습니다. 기후 변화에 대한 자세한 내용은 3장을 참조하십시오.

다가오는 환경 및 사회 문제

Environmental and Social Issues Coming to the Fore

기존 기업 지배구조('G')가 이사회 수준, 주주권리 및 경영 인센티브 구조 개선을 위한 제안과 관련하여 계속 주목의 대상이 되겠지만, 투자자와 이사회는 환경('E')과 사회('S') 이슈의 지배구조가 중심이 될 것입니다. 'E' 및 'S' 리스크 관리는 포괄적인 기업 지배구조 관행의 새로운 표준으로 부상했습니다. 기업의 사회적 책임 노력은 사회 환원을 넘어 체계적으로 위험을 관리하고 장기적인 주주 가치를 창출하는 수단으로 지속가능성을 통합할 것입니다. 또한 기업이 환경과 사회에 미치는 영향을 인식하는 것은 이사회 차원에서 필요한 전문 지식이 될 것이며, 지속가능성 전문가는 많은 이사회에 초빙될 것입니다.

ESG의 'E'는 일반적으로 기후 변화 영향으로 인해 ESG에서 가장 중요한 요소로 간주되어 왔으며 코로나19 대유행으로 인해 'S'에 대한 관심이 증가했지만 지구 온난화 사건의 결과에 대한 인식은 보장되었습니다. 넷제로 배출을 추구하는 가운데 환경 문제는 여전히 논의의 중심에 있습니다. 이러한 추진력을 감안할 때 기업은 환경에 대한 관리 의무를 간과할 경우 상당한 재정적 위험에 노출될 수 있음을 인식합니다. 탄소 배출을 제한하기 위한 적절한 조치를 취하지 않는 기업은 정부 또는 규제의 제재뿐만 아니라 평판 손상에 직면할 수 있습니다.

따라서 자산 관리자는 "뉴노멀(new normal)"에 적응하면서 ESG 의제를 높게 잡았습니다. 'E'와 'G'가 'S'에 비해 스포트라이트를 장악하고 있는 반면, 대유행으로 인한 사회 변화의 비할 데 없는 속도로 인해 'S'에 이목이 집중되었습니다.

REMEMBER

그러나 사회 문제는 일반적으로 덜 이해되고 다른 ESG 구성 요소 보다 쉽게 정량화하거나 측정 할 수 없다는 것이 분명합니다. 책임투자에 대한 UN 원칙 (PRI) 기관조차도 ESG 문제의 사회적 요소가 투자자가 평가하기 가장 어려울 수 있음을 인정했습니다. 이것도 변경해야 합니다. 환경, 사회 및 거버넌스 문제에 대한 소개는 3장, 4장, 5장을 참조하십시오.

변화의 동인으로서의 스튜어드십

Stewardship as a Driver for Change

오늘날 시행되는 많은 거버넌스 구조는 1990년대 기업 스캔들과 실패에서 비롯되었습니다. 투자 회사는 회사 이사회가 급여에 대한 책임을 지고 소수 주주의 이익을 보호할 필요성을 인식하기 시작했습니다. 이전 부분에서 설명했듯이 이것은 환경 및 사회 정책을 포함하도록 성장했습니다. 글로벌 금융 위기의 여파로 2006년 PRI와 2010년 영국 스튜어드십 코드가 출시되면서 일본(2014년)과 미국(2018년)을 포함한 스튜어드십 코드가 전 세계적으로 채택되었습니다. 2019년 영국 스튜어드십 코드는 더욱 실질적인 업데이트를 거쳤으며 책임있는 투자에 대한 요구가 증가함에 따라 더 많은 것을 기대할 수 있습니다.

거버넌스는 규칙(rule book, 규범과 행동이 구조화되고 규제되고 책임을 지는 방식)으로 간주될 수 있으며, 스튜어드십은 플레이북(playbook, 자본에 대한 책임있는 배분, 관리 및 감독이 경제, 사회, 환경에 대한 지속가능한 이익을 이끄는 방식)입니다.

초점은 기업 지배구조와 공개에서 사회와 환경에 미치는 영향과 긍정적인 결과로 바뀌어야 합니다. 투자 관리자는 자신이 취하고 있는 명시적인 관리 조치에 대해 보다 직접적이어야 합니다. 궁극적으로 적극적인 스튜어드십은 투자 관리 산업이 운영할 수 있는 사회적 라이센스입니다. 더욱이 ESG 요소를 통합하고 긍정적인 사회적 결과에 참여해야 한다는 압력이 증가함에 따라 투자자와 피투자 회사와의 참여의 중요성은 매우 중요합니다.

스튜어드십의 다음 단계는 긍정적인 결과를 배양하는 것입니다. 투자 관리자는 기업 경영진과 협력하여 지속가능한 부를 제공하기 위한 조치를 취할 수 있도록 명시적으로 권한을 부여하는 동시에 회사의 장기적인 지속가능한 가치를 파괴할 수 있는 단기 재정 압력에 도전하도록 촉구해야 합니다. 많은 사람들은 적극적이고 자원이 풍부한 현지 투자자가 없는 시장에서 참여의 양과 질이 열악하다고 제안합니다. 다가오는 규정과 UN 지속가능발전목표(SDGs, 1장 참조)가 추가적인 추진력을 제공하는 반면, 2020년대에 스튜어드십의 잠재력을 최대한 발휘하려면 보다 급진적인 변화가 필요합니다. 변경이 성공하려면 자산 소유자의 지원과 격려를 받아 자산 관리 업계에서 가져와야합니다. 스튜어드십에 대한 자세한 내용은 5장과 13장을 참조하십시오.

ESG 공시
ESG Disclosures

대부분의 기업이 다루기에는 너무 많은 공개 및 보고 프레임워크가 있으므로 동원 자산이 적은 회사일수록 보고내용이 더 줄어들 수 있습니다(필수 요구 사항이 없는 한). 기업과 투자자의 압력 증가가 변화의 주요 촉매 역할을 하기 때문에 지속가능성 및 중요한 요소에 대한 공개는 표준화되고 공통되어야 합니다. 증가하는 규제는 새로운 준수 또는 설명 체제의 중요한 부분이 될 것이며, 증가하는 환경 및 사회적 문제를 해결하기 위한 모범 사례를 추진할 것입니다. 기업 공개에 대한 이러한 규제 이니셔티브는 현재 유럽에서 더 널리 퍼져 있지만 다른 관할권에서 더 널리 퍼지기까지는 확실히 시간문제입니다. 다양한 관할권이 모범사례 거버넌스 표준을 구현함에 따라 기업 거버넌스 코드, 임원 보상 공개 및 이사회 성 다양성 요구 사항이 전 세계적으로 빠르게 확산되었습니다.

기존 보고 표준은 지속가능성 회계 기준 위원회(SASB, 1장 참조) 및 기후 관련 재무 공시에 관한 태스크포스(TCFD)와 같은 투자 커뮤니티의 요구를 충족하기 위한 보고 표준을 포함하여 의무 보고의 청사진 역할을 합니다. 보다 광범위한 이해관계자 대상(예: GRI)을 다루는 보고 프레임워크도 명확한 로드맵을 제공합니다. 또한, SASB와 IRC(International Integrated Reporting Council)의 합병과 같은 과도한 보고 주체를 통합하려는 움직임이 있으며, 이에 따라 SASB와 GRI 협업이 포괄적 보고 이니셔티브에 따라 다른 보고 주체로 확장되고 있습니다.

많은 기관이 자체 데이터 수집에 의존하지만 시장이 보다 투명한 ESG 등급을 가능하게 하기 위해 공개의 확인 및 정확성에 대한 확신을 추구하기 때문에 단일의 일관된 글로벌 보고 표준 세트의 비전은 "몽상(꿈같은 계획, pipe dream)"이 아닐 수 있습니다. 평가를 개발하고 수집된 모든 데이터를 자체 방법론에 덮어 쓰게 합니다. 따라서 개별 등급의 불일치는 여전히 존재합니다. 보고에 대한 자세한 내용은 14장을 참조하십시오.

회계
Accounting

이제 지속가능성이 많은 관리자, 투자자 및 소비자의 핵심 관심사이지만 ESG 모멘텀에는 주요 제약이 남아 있습니다. 기업이 지속가능성 성과를 측정하고 보고하는 방법에 대해 보편적으로 채택된 표준이 없다는 것입니다. 여러 비정부기구(NGO)가 독립적으로 지속가능성 보고 표준을 개발하고 있으며, 이는 기업과 투자자에게 복잡성과 혼란을 야기하고 있지만 회계 커뮤니티에서 추가 변경이 필요합니다. 따라서 전 세계 대부분의 기업에 대한 재무보고 요건을 설정하는 데 있어 IASB(International Accounting Standards Board) 업무를 감독하는 기관인 IFRS(International Financial Reporting Standards) 재단이 다음 문제를 해결하기 위한 이니셔티브를 시작했다는 소식을 들으면 긍정적입니다. 이 문제와 병행하는 지속가능성 표준위원회(SSB)의 생성을 제안했습니다.

그들은 표준화 절차에 대한 전문 지식, 기업 및 투자자 커뮤니티의 권한, 전 세계 규제 기관의 지원을 감안할 때 그러한 제안을 할 수 있는 좋은 위치에 있습니다. 제안이 채택되면 투자자 및 기타 이해관계자는 재무성과를 보는 방식과 유사하게 회사의 지속가능성 성과를 더 명확하게 볼 수 있어야 합니다. 이미 여러 기업이 지속가능성 보고서를 발행하고 있지만 재무 보고서에서 분리되어 재무 성과와 지속가능성 성과 간의 관계를 파악하기 어렵습니다. SSB

제안은 커뮤니티가 보고를 통합하고 더 투명성을 확보할 수 있도록 합니다 (www.ifrs.org/projects/work−plan/sustainability−reporting/ 참조). 이 제안은 또한 IFRS 및 미국 증권거래위원회(SEC)의 지속가능성 보고를 위한 캘리포니아 공무원연금(CalPERS)과 같은 투자 및 기업 커뮤니티의 일부 큰손들의 지지를 받고 있습니다.

지속가능성보고 기준의 효과는 엄청납니다. 기업은 기업 재무성과의 지속가능성을 보장하면서 관련 문제의 우선순위를 지정하는 표준을 사용하여 지속가능성 문제를 전략 및 자본 할당 결정에 반영할 수 있습니다. 경영진은 지속가능성을 이사회가 집중해야 할 주요 이슈로 인식하고 지속가능성 관리에 가장 효과적인 기업은 투자자에게 더 매력적일 것입니다. 지속가능성 성과는 재무성과의 선행 지표로 볼 수 있습니다. 따라서 투자자는 현재 재무보고를 분석하는 방법과 유사한 방식으로 회사의 지속가능성보고를 더 잘 분석할 수 있습니다. 보상이 회사의 재무 성과뿐만 아니라 지속가능성 지표와 연계되어 있다면 이러한 변화는 더욱 지원될 것입니다. 예를 들어, 독일 최대 은행인 Deutsche Bank는 ESG 표준을 준수하는 비즈니스 활동에 대한 헌신을 강화하기 위해 최고 경영진의 보수를 2021년부터 지속가능성 목표에 연결한다고 발표했습니다.

규제 및 국제 표준

Regulation and International Standards

지속가능성과 책임있는 투자는 연기금, 보험사 및 기타 투자자의 주요 우선순위가 되고 있습니다. 자산 운용사는 이러한 우선순위를 충족하는 펀드 상품으로 대응하고 있으며 지속가능성 관련 공개에 중점을 둔 규제를 준비하고 있습니다. 예를 들어, 두 가지 새로운 EU 규제 이니셔티브는 2021년 3월에 법으로 시행되는 지속가능한 금융 공개 규정(SFDR, Sustainable Finance Disclosure

Regulation)과 이미 법으로 제정된 분류법입니다.

▶ SFDR은 대체 투자펀드 매니저(AIFMs, alternative investment fund managers)를 운영하는 펀드 매니저에게 실사를 포함하여 프로세스에 지속가능성을 통합한 방법과 펀드투자 재무수익에 중대한 부정적인 영향을 미칠 수 있는 모든 관련 지속가능성 위험에 대한 평가를 공개하도록 요구합니다. 펀드 투자의 재정적 수익. 관리자는 지속가능성 위험에 대한 투자의 영향과 관련된 주요 부정적 영향을 정량화하거나 설명해야 합니다. 또한 2021년 3월 이후 EU 내에서 판매되는 모든 펀드 상품은 해당 상품의 마케팅에 대한 SFDR 준수를 보장해야 합니다. 효과적으로, 관리자는 적용할 "주요 악영향(principla adverse impacts)"(투자 결정이 환경 및 사회적 기준에 미치는 해로운 영향)을 고려하지 않는 이유를 준수하거나 설명할 의무가 있습니다. 그러나 직원이 500명 이상인 관리자는 규정 준수 또는 설명 체제에 의존할 자격이 없으며 웹사이트 및 참여 정책 요약에 대한 주요 부정적 영향을 공개해야 합니다.

또한 각 관리자는 마케팅 문서를 검토하고 문서가 SFDR의 필수 공개와 모순되지 않는지 확인해야 합니다. 또한 각 제품을 평가하고 해당되는 경우 지정된 SFDR 기사를 참조하여 추가 제품 공개를 제공해야 합니다.

▶ 분류법(Taxonomy Regulation)은 환경적으로 지속가능한 경제 활동에 대한 벤치마크를 도입하고 투자가 'E' 또는 'S' 문제를 의미있게 다루지 않는 '그린워싱'을 방지하는 것을 목표로 합니다.

규정 및 국제 표준에 대한 자세한 내용은 11장을 참조하십시오.

임팩트 투자: 적극적으로 좋은 일을 하는 것 vs "해를 끼치지 않는 것"

Impact Investing: Actively Do Good versus "Do No Harm"

전 세계 기관 투자자들은 재생 가능 에너지 인프라에 대한 할당을 거의 두 배로 할 계획이지만, 국제 재생 에너지기구에 따르면 전 세계의 탈탄소화 및 기후 목표를 달성하기 위해 재생 에너지에 대한 연간 투자는 2050년까지 8,000억 달러로 거의 3배가 될 것입니다. 한편 미국에서 조 바이든(2021년 1월 취임) 대통령은 10년 동안 청정에너지와 혁신에 미화 4,000억 달러를 투자하고 오염원에게 책임을 물을 것을 약속했습니다. 최근 코로나19에 대한 관심을 감안할 때 기후 변화의 장기적인 위협이 관심의 중심에 남아있는 것이 중요합니다. 이러한 새로운 초점은 정부, 자산 관리자 및 소유주, 에너지 회사가 협력하기 시작하면보다 지속가능한 미래를 위한 촉매제가 될 수 있습니다.

재생 가능 에너지의 가장 큰 증가는 최근 몇 년 동안 비용이 크게 감소한 풍력 및 태양열 발전소에 계획되어 있습니다. 태양 에너지는 2025년까지 전 세계적으로 재생 가능 에너지에 대한 신규 추가의 60%를 차지할 것으로 예상되는 재생 가능 에너지 투자에 대한 관심 증가의 혜택을 받을 것입니다. 미국 태양열 산업의 성장은 주로 비용 경쟁력에 의해 주도됩니다. 태양열은 대부분의 국가에서 가장 저렴한 신축 발전 형태입니다. 이는 국가가 화석 연료를 멀리하고 청정에너지를 향한 결정적인 조치를 취하더라도 전기 비용을 낮추는 데 도움이 됩니다.

또한 바이든 대통령은 재임 기간 동안 파리 협정에 재가입 할 것을 약속했으며, 이는 기후 계획 및 녹색 금융에 대한 글로벌 협력 강화의 문을 열 것입니다. 국제적으로 승인되고 합의된 표준의 잠재적인 채택을 통해 글로벌 친환경 금융 표준에 대한 협력은 투자자와 발행자에게 규제 확실성을 제공하고 친환경 및 지속가능한 채권 시장을 전반적으로 성장시키는 데 도움이 될 것입니다.

친환경 채권이 대부분의 헤드라인을 장식하고 있지만, 코로나19를 둘러싼 상황을 감안할 때 사회 및 지속가능성 채권은 친환경 채권보다 더 발전하고 있습니다. 친환경 채권은 긍정적인 환경적 영향을 바탕으로 프로젝트 자금을 조달하는 데 사용되는 반면, 사회 채권은 본질적으로 사회적 지속가능성과 관련된 활동에 자금을 지원합니다. 진행중인 코로나19 대유행으로 인한 경제적 손실로 인해 지속가능성 금융에 대한 관심은 계속해서 강합니다. 지속가능 채권(친환경 채권 및 사회 채권 포함)은 2020년 2분기에 총 999억 달러로 새로운 기록을 세웠습니다. 이러한 성장은 주로 전염병으로 인한 문제를 해결하기 위해 사회적 유대 발행을 증가시켰으며, 일부 발행자는 특히 코로나19 전용 사회적 유대를 만들고 발행자는 총 330억 달러 상당의 사회적 유대를 모금했습니다. 임팩트 투자에 대한 소개는 7장을, 친환경, 사회 및 지속가능성 채권에 대한 자세한 내용은 9장을 참조하십시오.

데이터 및 기술
Data and Technology

데이터와 기술은 ESG 요소를 측정, 계산 및 모니터링하고 그 중요성과 장기적 가치 창출에 미치는 영향을 평가하는 능력에 의미있는 변화를 가져올 것입니다. 따라서 ESG를 위한 하나의 글로벌 언어 개념에 대한 요구가 있습니다. 그럼에도 불구하고 이 작업은 간단하거나 빠르게 달성할 수 없습니다. 이 복잡하고 진화하는 환경을 관리하려면 변화하는 데이터 소스, 표준 및 보고 메커니즘에 쉽게 적응할 수 있는 민첩하고 유연한 도구가 필요합니다. 이 솔루션을 사용하려면 오늘날 사용 가능한 조각난 그림이 아니라 다양하고 다양한 형태의 데이터를 그려 단일 보기로 표시할 수 있어야 합니다.

지속가능한 투자가 증가함에 따라 최근 몇 년 동안 ESG 요인에 대한 데이터 쓰나미가 발생했습니다. 또한 자산 관리자가 저탄소 배출 및 성별 다양성과 같은 ESG 요소를 투자 분석 및 의사 결정 프로세스에 통합하려는 노력으로 ESG 데이터에 대한 수요가 증가하고 있습니다. 전통적으로 이러한 ESG 데이터는 회사에서 자체 제공한 보고에서 가져온 다음에 분석가가 주관적 렌즈를 통해 조사했습니다. 이로 인해 소규모 금융 기술(FinTech) 회사가 AI(인공지능)를 배포하여 회사의 재무성과에 중대한 영향을 미칠 수 있는 객관적인 ESG 문제를 발견하는 보다 정확한 데이터 및 지표에 대한 요구가 지속되었습니다. 목표는 일관된 방식으로 실행 가능한 통찰력을 제공하여 업계를 ESG의 보다 표준화된 미래로 이동시키는 것입니다.

이상적으로 필요한 것은 산업별로 잠재적인 중요한 문제를 식별하는 공통 공개 보고 도구(예: SASB의 중요성 프레임워크 materiality famework)를 사용하여 모든 회사에 객관적으로 적용하여 동시 정보를 제공하는 접근 방식입니다. 이 접근 방식은 일반적으로 AI를 사용하고 특히 머신러닝(ML)을 사용하여 산업 내 기업의 재무 또는 운영 성과에 영향을 미칠 수 있는 지속가능성 문제를 식별할 수 있습니다. 또한 개선되고 표준화된 공개는 투자자에게 ESG 요소가 평가에 미치는 영향을 추가로 평가할 수 있는 능력을 제공할 수 있습니다. AI는 경제성과를 ESG 요소에 연결하는 패턴을 식별하는 데 중요한 역할을 하는 동시에 기업이 더 나은 자본 배분 결정을 내릴 수 있도록 합니다.

빅데이터를 수집하고 처리하는 것이 더 쉽고 저렴해졌습니다. 스마트 알고리즘을 사용하면 비전통적인 재무 정보(인터넷의 비정형 데이터 소스 포함) 또는 회사가 보고하지 않은 규제 파일, 트위터 기사 및 NGO 보고서를 더 잘 해석 할 수 있습니다. NLP(Natural Language Processing) 소프트웨어는 긍정적이고 부정적인 감정을 수집하는 데 사용되며, 이를 통해 여러 잠재적 예측 지표를 생성 할 수 있습니다. 이러한 모든 요소가 결합되어 투자 분석을 위한 새로운 데이터 세트를 구성할 수 있었습니다. ESG의 데이터 및 기술에 대한 자세한 내용은 15장을 참조하십시오.

ESG 평가 회사의 통합

Consolidation of the ESG Ratings Companies

Bloomberg, FTSE Russell, MSCI 및 Refinitiv와 같은 전통적인 시장 데이터 및 지수 제공 업체는 공개 기업에 대한 ESG 지표 및 등급의 주요 공급 업체가 되었습니다. 그러나 지난 10년 이상 동안 ESG 지표에 특별히 초점을 맞추고 생성되는 예측 분석을 발전시키기 위해 새로운 기술과 데이터 과학 도구를 수용할 수 있는 혁신적인 FinTech 회사가 많이 등장했습니다. 작년에 대규모 조직은 더 작고 민첩한 라이벌을 포괄했습니다.

증권거래소 그룹은 시장 참여자가 지연 시간이 짧은 알고리즘으로 실행 능력을 지속적으로 개발함에 따라 더 큰 실시간 데이터 수수료 및 수익 흐름을 크게 향상시킨 관련 새로운 데이터 제품의 이점을 얻었습니다. 일부 거래소는 순수한 데이터 회사 인수를 통해 데이터 공간으로 더욱 다각화함으로써 이를 한 단계 더 발전시켰습니다.

앞으로 몇 년 안에 다음 인수 합병(M&A) 후보가 될 수 있는 새로운 대상들을 주시하고 싶을 것입니다. 흥미롭게도 전문 FinTech 벤처캐피탈 회사인 Illuminate Financial은 2020년 4분기에 다음과 같은 두개의 서로 다른 ESG 스타트업의 소수 지분을 매입했습니다(https://medium.com/illuminate−financial 참조).

▶ Yves Blue: 이질적이고 증가하는 ESG 및 영향 데이터 소스를 통합하여 포트폴리오에 포함된 회사의 영향 특성에 대한 상세하고 통합된 보기를 제공합니다(www.yves.blue).

▶ Net Purpose: 데이터를 사용하여 UN SDG(지속가능개발목표) 및 기타 영향 측정 표준(www.netpurpose.com)에 대한 포트폴리오의 성과를 평가합니다.

정치적 영향: 지정학 및 대중의 압력
Political Impacts: Geopolitics and Public Pressure

지정학적 긴장, 포퓰리즘 및 무역 전쟁이 기업 행동에 영향을 미치기 때문에 정치는 ESG 환경을 결정하는 데 계속해서 증가하는 역할을 할 것입니다. 에너지, 산업 및 기술 부문에서 국가안보 문제는 비즈니스 파트너십과 인수합병에 영향을 미칠 수 있으며 일부 동맹은 대통령 행정 명령에 의해 차단되기도 합니다. 국가 차원의 정치는 기업 지배구조에 직접적인 영향을 미칠 수 있습니다(이 글을 쓰는 시점에 미국 연방 통상위원회(Federal Trade Commission)는 페이스북을 상대로 회사가 소셜 미디어 독점을 유지하기 위해 불법적인 반경쟁적 행위를 했다고 주장하는 소송을 제기했습니다!). 또한 특정 개인 및 기업에 대한 제재 조치를 취했습니다. 국가는 절대 곧 사라지지 않습니다.

광범위한 사회 및 환경 문제에 대한 대중의 압력은 ESG 문제와 관련하여 기업과 주주에게 추가적인 규제 압력을 가할 수 있습니다. ESG에서 리더십을 확립하는 것은 공공 및 민간 부문의 기업을 차별화하는 요소가 될 것이며 시장 참여자는 경쟁 우위의 일부로 ESG 관리를 수용함으로써 얻을 수 있습니다.

2020년 한 해에만, ESG에 영향을 미칠 여러 이벤트가 전 대륙에서 진행되었으며, 여기에는 코로나19가 포함되지 않았습니다.

▶ 유럽에서 영국이 EU에서 탈퇴한 마지막 날은 잠재적으로 예상치 못한 지속가능성에 영향을 미칩니다. 일부 논평가들은 경기 침체기에 EU 외부의 영국 환경 정책에 대해 미래가 어떻게 될지에 대해 회의적입니다. 영국이 2021년에 UN 기후 변화 회의(COP26)를 주최했기 때문에 이는 지속가능성 자격을 유지하는 촉매제가 될 수 있습니다. 또한 영국은 스튜어드십 코드를 선도해 왔으며 EU에서 통과한 많은 금융 규제 요건을 유지해야 합니다.

▶ EU 자체는 ESG 의제를 뒷받침하는 일련의 규제 요건을 지속적으로 발표하면서 지속가능성을 수용하는 빛나는 사례로 보입니다. 또한 유럽위원회

(Europe Commission)가 코로나 바이러스 전염병으로부터 유럽의 경제 회복의 중심이 될 기후 변화와의 싸움을 만들 것이라고 말한 거대한 부양책을 비준했습니다.

▶ 한편, 조 바이든 대통령이 집권한 미국은 이미 파리 협정 재가입에 대해 논의하고 있으며, 청정 에너지와 혁신을 위해 예산이 투입되고 오염자들에게 책임을 물을 수 있다는 긍정적인 소리를 내고 있습니다. 그러나 앞으로 나아갈수록 트럼프 행정부 하에서 행해졌던 비 ESG 활동에서 미국을 풀어내는 데 많은 시간을 할애해야 할 수도 있습니다. 금융 시장의 관점에서 미국 SIF(The Forum for Sustainable and Responsible Investment) 재단은 SEC와 노동부 정책의 반전을 보기를 원했습니다. SEC가 주주 제안에 대한 제한을 되돌리고 독립적인 대리 자문에 접근할 수 있기를 바랍니다. 한편 노동부는 퇴직 계획에 ESG 요소를 포함시키는 것을 특별히 제한하는 용어를 삭제했으며, 계획 수탁자는 ESG 관련 여부에 관계없이 투자를 평가할 때 "금전적(pecuniary)" 요소에 초점을 맞춰야 한다고 강조했습니다.

▶ 아시아는 지속가능성 책임에서 여전히 수수께끼(enigma)입니다. 아시아의 급속한 경제 발전은 대체로 변화가 필요하다는 인식을 불러 일으켰습니다. 더욱이 아시아 태평양은 태풍, 쓰나미 및 기타 기상 현상이 악화되는 반면 도시화 속도와 대기 및 수질 오염 증가는 다른 지역보다 더 두드러집니다. 한편 중국은 점점 더 많은 시민들이 더 나은 환경과 더 포용적인 사회를 원하기 때문에 지속가능성을 추구하고 있습니다. 시진핑 주석은 안정과 발전의 중요성을 감안할 때 지속가능성이 국가의 최우선 과제임을 분명히 밝혔으며 2030년까지 온실가스 배출량을 정점화하고 2060년까지 넷제로 배출량에 도달 할 것을 약속하면서 "녹색 혁명(green revolution)"의 필요성을 강조했습니다. 마지막으로 홍콩 증권선물 위원회(Securities and Futures Commission)는 전 세계적으로 이 길을 주도했으며 상장 기업이 모든 지속가능성 자격 증명을 공개하도록 의무화했습니다. 중국 본토는 곧 이에 따라 상장기업이 2020년부터 ESG 위험을 보고해야 합니다.

부록

ESG 경영, 투자 관련 주요 문헌, 출처
APPENDIX: GREAT RESOURCES FOR ESG INVESTING

이 장에서는 . . .

✔ ESG 포트폴리오 구축에 대한 기본 사항 얻기
✔ 공개, 보고 및 참여에 대한 도움 찾기
✔ 자산 클래스에 대한 더 많은 정보를 찾기

ESG 투자의 원칙은 모든 투자자에게 공통적이지만 이 책의 초점은 기관 투자자를 대상으로 한 것이므로 이 부록은 개인 투자자에 초점을 맞추고 있습니다. 포트폴리오 구축의 기본 사항, ESG 제품이 가치를 충족하는지 여부를 확인하기 위해 투자자가 자원을 찾는 방법, 목표를 달성하기 위해 사용할 수 있는 제품을 강조합니다.

소매 ESG 포트폴리오 구축의 기본 사항

The Basics of Building a Retail ESG Portfolio

여러 면에서 ESG 포트폴리오를 구축하는 것은 일반 포트폴리오를 구축하는 것과 다르지 않습니다. 투자를 시작하기 전에 다음을 수행하십시오.

▶ 목표에 대해 생각하고 은퇴를 위해 또는 자녀의 교육 자금을 위해 무엇을 투자하고 있는지 결정하십시오. 투자 목표는 위험 허용 범위와 공격적, 보통 또는 보수적 포트폴리오를 고려할지 여부에 영향을 주는 경향이 있습니다.

▶ 주식, 채권 및 기타 자산을 통합하는지 여부를 포함하여 원하는 자산 배분을 고려하십시오. 예를 들어 주식에 초점을 맞추면서 대형, 중형 및 소형주를 고려하거나 다른 지역 관할권의 주식을 포함할 수도 있습니다.

▶ 포트폴리오를 능동적으로 관리할지 수동적으로 관리할지 또는 둘을 조합하여 관리할 지 결정합니다. 이것은 뮤추얼펀드, ETF(상장지수펀드, exchange-traded fund) 또는 개인 주식 선택을 통해 달성될 수 있습니다.

다음에서는 ESG 투자와 관련된 모든 고려사항(및 그 이상)에 대한 세부 정보를 제공합니다.

정보에 근거한 의사결정

Making informed decisions

고려할 수 있는 책임있는 투자 유형을 결정하기 전에 ESG 프레임워크에 영향을 미칠 수 있는 몇 가지 주요 문제에 대해 스스로 공부하는 것이 중요합니다. 다음 링크는 특정 책임투자 기준에 대한 이해를 넓히는 데 유용합니다.

부록: ESG 경영, 투자 관련 주요 문헌, 출처

▶ www.unpri.org/pri/about−the−pri

▶ www.unglobalcompact.org/sdgs

보다 심층적인 교육, 훈련을 위해 다음 정보 리소스를 고려하십시오.

▶ www.cfauk.org/about−the−esg−certificate−in−investing

▶ https://priacademy.org/pages/academy−syllabus

책임있는 투자 상품 선택

Choosing responsible investment products

이전 부분에서 설명한 내용들을 통해 기본 사항을 다듬은 후 ESG 중심 포트폴리오를 구축하는 다음 단계는 포트폴리오가 얼마나 책임감 있고 지속가능해야 하는지 결정하는 것입니다. 자신의 가치가 있는 곳에 돈을 투자하기로 결정한 투자자는 더 작지만 빠르게 성장하는 뮤추얼펀드, ETF(상장지수펀드, ex−change−traded fund) 중에서 선택할 수 있습니다. 그러나 ESG 투자가 모든 사람에게 적합한 것은 아니며 이러한 제품이 나타내는 특정 위험을 이해하면서 지수 또는 펀드의 목표가 자신의 가치와 일치하는지 고려해야 합니다.

다음 링크는 특정 책임투자 또는 ESG 기준을 충족하는 ETF(상장지수펀드) 또는 뮤추얼펀드의 범위에 대한 인식을 확장하는 데 유용해야 합니다.

▶ www.etf.com/etfanalytics/etf−comparison−tool

▶ www.etfdb.com/tool/etf−comparison/

▶ www.justetf.com/uk/tutorial/etf−search/compare−etfs−in−etfscreener.
html

▶ www.morningstar.com/start−investing

▶ https://charts.ussif.org/mfpc/

▸ https://mutualfunds.com/geography – categories/europe – fundsand –
etfs/

윤리는 개인적이며 책임 있는 상품은 다양한 방식으로 투자할 수 있습니다. 따라서 개별 재고 구성 요소와 각 상품의 전반적인 목표를 확인하여 가치를 충족하는지 확인하는 것이 중요합니다. 그렇지 않으면 다른 곳에서 정기적인 투자 상품에 투자할 수 있습니다. 하지만 책임 있는 상품으로 포트폴리오를 구축하는 것은 쉽지 않습니다. ESG 친화적인 포트폴리오를 확보하기 위해 섹터 베팅이나 개별 주식 포지션에 대한 더 큰 가중치 등 일부 상품이 특정 위험을 감수한다는 점을 포함하여 각 상품이 취하는 접근 방식을 이해하는 데 시간이 걸릴 수 있습니다. 여기에는 예외가 포함될 수 있습니다. 예를 들어 화석 연료를 생산하는 회사를 소유하고 싶지 않은 경우 S&P 500 또는 FTSE 100 지수와 같은 광범위한 시장 벤치마크와 비교하여 포트폴리오에 매우 다양한 부문 포지셔닝을 제공할 수 있습니다.

Technical Stuff

Morningstar의 데이터에 따르면 지속가능한 펀드 상품에 대한 투자는 2020년 3분기에 전 세계적으로 증가했으며, 모든 주요 시장에서 유입되어 총 ESG 펀드 자산이 1조 2천억 달러, 유럽에서만 8,000억 달러라는 새로운 최고치를 기록했습니다.

수동적, 능동적 익스포저 이해
Understanding passive versus active exposure

많은 상품, 특히 특정 기본 지수에 초점을 맞춘 상품은 확립된 시장 벤치마크에 비해 추적 오류를 줄이는 것을 목표로 합니다. 따라서 상품은 시장 벤치마크와 일치하는 성과를 유지하고 동시에 ESG 특성을 통합하는 동시에 지수와 유사한 성과를 제공함으로써 "양쪽 세계의 최고"를 목표로 합니다. 대부분의 ETF(상장지수펀드) 또는 지수 트래커(tracker) 포트폴리오는 이 방법을 사용하여

ESG 투자에 보다 수동적인 접근 방식을 취하는 동시에 수익률 기울기에 초점을 맞춘 가치보다는 ESG 기울기에 더 집중하는 경향이 있습니다. 또한 수동적으로 관리되는 상품은 표준화된 접근 방식으로 인해 비용이 더 낮은 경향이 있습니다.

그럼에도 불구하고 일부 패시브 상품은 다른 상품보다 더 구체적인 ESG 편향을 가질 수 있으므로 귀하의 가치에 더 잘 맞는 상품을 찾는 동시에 관리중인 총 자산 또는 일일 거래량과 같은 측면을 고려하여 얼마나 쉬운지 판단하는 것이 좋습니다. 시간이 지남에 따라 보유 자산을 사고 팔 수 있습니다.

반면 뮤추얼 펀드 포트폴리오는 보다 적극적으로 관리되는 편향을 갖는 경향이 있습니다. 이러한 상품은 펀드에 따라 더 많은 가치 기반의 초점을 가질 수 있습니다. 그러나 그 특성상 벤치마크에 비해 추적 오류가 더 높습니다. 다시 말하지만, 각 펀드를 분석하여 ESG 및 투자 목표에 가장 근접한 자금을 찾아야 합니다.

자신의 상향식(bottom-up) 조사를 고려할 시간이 더 많은 투자자는 서로 다른 뮤추얼 펀드의 주요 보유 지분을 비교하고 차이를 조정한 다음 기준에 맞는 개별 주식을 구매하는 것을 고려할 수 있습니다. 그러나 물론 그들은 포트폴리오 관리자가 변경 사항을 모니터링하지 않기 때문에 해당 주식을 면밀히 주시해야 합니다. 또한 일부 중개 계좌(brokerage accounts)는 무료 거래를 제공하므로 뮤추얼 펀드 수수료를 무시하고 비용을 최소화 할 수 있지만 이는 적극적인 투자자에게만 적합합니다.

ESG 지표 적용

Applying ESG metrics

수동적이든 능동적이든 (이전 부분 설명 참조) 각 회사에 부여된 등급 또는 점수를 고려하여 회사가 ESG 친화적인 것으로 간주되는 방식을 결정해야 합니다. 다음 링크를 사용하면 공개적으로 표시하는 두 개의 주요 평가 공급자가 제공한 평가를 볼 수 있지만 다른 공급자의 경우 해당 데이터 피드를 구독해야 합니다.

▶ www.sustainalytics.com/esg-ratings/
▶ www.msci.com/our-solutions/esg-investing/esg-ratings

채권 발행자가 신용 등급을 요청하고 신용 등급이 발표되기 전에 회사와의 여러 인터뷰를 통해 관련 정보를 수집하는 신용 등급과 달리 ESG 등급은 대부분의 경우 요청하지 않은 등급이라는 점을 인식해야 합니다. ESG 평가 기관은 일반적으로 기업 지속가능성 보고서 및 기업 웹 사이트의 정보를 포함하여 공개 된 정보를 기반으로 평가를 합니다. 일부 기관은 설문지를 회사에 보내고 최종 결정 전에 등급을 검토하고 의견을 제시할 수 있습니다.

투자자는 세 가지 ESG 범주(환경, 사회 및 지배구조)에서 회사가 점수를 받는 방식을 모니터링 할 수 있습니다. 이러한 테마 중 하나는 석유 및 가스 회사의 환경과 같은 특정 산업 부문의 회사와 더 관련이 있을 수 있기 때문입니다. 그런 다음 투자자는 동종 업계와 비교하여 회사 등급을 비교할 수 있습니다. 일반적으로 높은 거버넌스 점수는 회사가 잘 운영되고 지속가능한 방식으로 운영되고 있음을 의미하고, 높은 사회적 점수는 모든 직원에게 가장 광범위한 정의에서 안전한 작업 환경을 의미합니다. 높은 점수를 받은 회사는 일반적으로 코로나19 감염병과 같은 광범위한 문제에 더 잘 대응하므로 2020년 1분기 이후에 발생한 비 ESG 회사보다 재정적으로 더 나은 성과를 냅니다.

성과와 관련된 ESG지표 살펴보기
Looking at ESG metrics related to performance

귀하의 정보, 지수 트래커 또는 특정 지수를 따르는 ETF(상장지수펀드)는 탄소 배출 수준, 회사 이사회의 여성 수 또는 임원 급여에 대한 공개 품질 등 다양한

ESG 기준에서 좋은 점수를 받은 회사에 대한 투자에 비중을 두는 경향이 있습니다. 마찬가지로, 그들은 또한 이러한 측정에서 낮은 점수를 받은 회사에 비중을 두는 경향이 있습니다. 이를 통해 이러한 공급자는 주어진 시장 조건에서 잠재적으로 우수한 성과를 제공하면서 복제 중인 기존 벤치마크 지수를 추적할 수 있습니다. 예를 들어, 이러한 펀드 중 상당수는 유가가 하락하고 화석 연료 에너지 재고에 대한 노출이 제한되어 2020년 1분기 시장 붕괴 동안 보상을 받았습니다.

일부 뮤추얼 펀드는 순수 석탄 생산자, 논란의 여지가 있는 무기 제조업체, 담배 회사 또는 인권, 노동, 환경 그리고 반부패를 포함한 UN 글로벌 콤팩트 원칙의 지속적인 위반자와 같은 부문에 대한 투자를 적극적으로 배제함으로써 한 걸음 더 나아 갔을 것입니다. 그러나 화석 연료 회사를 사지 않는 데 초점이 맞춰졌지만 'S'와 'G' 요소는 코로나 바이러스 전염병, 사회 문제로 인해 공중 보건, 의료에 자금이 집중됨에 따라 계속해서 더 큰 영향력을 미치기 때문에 잊혀서는 안됩니다. Black Lives Matter 항의 시위, 이사회 다양성 및 임원 급여와 관련된 거버넌스 문제로 강조되었습니다.

기술 주식은 일반적으로 ESG 요소에서 높은 점수를 받는다는 점에 유의해야 합니다. 패시브 펀드나 뮤추얼 펀드가 2020년에 높은 ESG 점수를 바탕으로 "동종 최고의" 기업을 대표한다는 이유로 그러한 기업을 과대평가했다면, 투자자들은 FAANG(페이스북, 아마존, 애플, 넷플릭스, 구글) 주식을 능가하는 성과를 누리게 될 것입니다. 그러나 다른 투자와 마찬가지로 "성과를 위한 성과(performance for performance's sake)"을 추구하지 않는 것을 기억하는 것이 중요합니다. 일부 논평가들은 잠재적인 가치 평가 측면에서 "ESG 거품(bubble)"을 "기술 거품"과 연관시켰으며 ESG는 확실히 기술 평가 모멘텀의 혜택을 받았습니다.

공시, 보고 및 참여

Disclosure, Reporting, and Engagement

ESG 사고를 주류로 끌어 올리는 데 도움이 되는 추가 원칙과 표준이 작성되고 많은 ESG 지원 조직이 비즈니스와 투자자에게 지침과 실질적인 지원을 제공함에 따라 ESG 환경은 이미 근본적으로 변경되었습니다.

투자자는 종종 많은 회사가 따르는 일부 공개 및 보고 요건을 이해하기를 원합니다. 많은 국가에서 그러한 정보를 제공하도록 강제하는 요구 사항이 없으며, 이는 평가기관의 점수에 대한 지침도 제공한다는 점을 고려할 때, 다음 기업들은 참고할만한 공신력 있는 조직입니다.

▶ www.globalreporting.org/public – policy – partnerships/the – reporting landscape/

▶ www.sasb.org/standards – overview/materiality – map/

▶ www.cdp.net/en/companies – discloser

기업과의 직접적인 참여는 기업의 ESG 자격 증명(credentials)을 더 깊이 이해하기 위한 주요 접근 방식입니다. 또한 회사 자체를 비판하는 데 관심이 있는 투자자는 회사 연례 회의에 앞서 경영진 또는 다른 투자자가 제출한 제안에 대해 적극적으로 의결권 행사할 수 있는 방법을 고려하거나 대리인이 대리 의결권 행사를 제출하도록 해야 합니다. 의결권 행사에 대한 민주적 권리를 행사하는 것과 유사하게, 주어진 제안에 대해 어떻게 의결권 행사를 해야 하는지 고려하기 위해 연간 위임 자료를 주의 깊게 검토해야 합니다. 예를 들어, 현재 많은 투자자들이 기후 변화와 같은 문제에 대한 주주 결의안에 협력하고 있습니다.

이러한 접근 방식은 직접 투자자에게 공개적으로 사용 가능한 반면, ETF 또는 뮤추얼 펀드를 통해 투자하는 투자자들은 이러한 의결권 행사 요건에 대한 펀드 매니저의 반응을 모니터링할 수 있습니다. 이러한 의결권 행사 요구 사항

부록: ESG 경영, 투자 관련 주요 문헌, 출처

이 펀드 자체의 목적에 따라 귀사의 가치를 나타내는지 확인해야 합니다. ESG 통합의 핵심은 자산 관리자와 협력하여 시간이 지남에 따라 ESG 통합 관행을 개선할 의지가 있음을 확인하고, 우수한 기업 거버넌스, 환경 정책 및 사회 관행을 지원하는 방식으로 자사의 행동에 영향을 미칠 수 있도록 기본 회사 관리 팀과 협력하는 것입니다. 자세한 내용은 https://partnerscap.com/publications/a-framework-for-responsible-investing을 참고하십시오.

추가 자산 클래스 정보
Further Asset Class Information

이 부록의 앞부분에서 제가 제공한 정보는 주식 중심 투자에 대한 각 회사, 산업 및 부문의 주요 ESG 위험과 기회를 식별하고 이해하는 관리자의 접근 방식에 중점을 둡니다. 회사채에 초점을 맞춘 자금 중에서 선택할 수 있는 자금은 적지만 ESG 등급은 채권 노출에 동일하게 적용될 수 있습니다. 또한 특정 국가의 국채에 대한 ESG 자격 증명에 대한 질문이 있을 수 있습니다.

자원 효율성, 지속가능한 운송, 교육 및 웰빙을 포함한 특정 지속가능한 투자 주제에 따라 투자하는 자금도 있습니다. 펀드의 초점이 중소기업으로 이동하는 모든 접근 방식은 투자자가 편안해야 할 위험을 추가할 수 있으며 펀드 선택이 더 적다는 점에 유의해야 합니다.

그러나 자신의 ESG 포트폴리오를 통합하려는 대부분의 투자자는 전문적인 지침을 얻거나 재무 전문 자문과 협력하는 것을 고려해야 합니다. 일부 금융 투자 전문가는 ESG 투자에 대한 이해를 높이고 있으므로 개인 투자자는 도움을 구하는 것에 대해 걱정하지 않아도 됩니다.

쉽게 이해하고 적용하는 ESG 투자와 경영

초판발행	2022년 4월 29일
중판발행	2023년 10월 5일
지은이	Brendan Bradley
옮긴이	김효석·박윤진·윤진수·류종기
펴낸이	안종만·안상준
편 집	탁종민
기획/마케팅	정성혁
표지디자인	이소연
제 작	고철민·조영환
펴낸곳	(주) **박영사**
	서울특별시 금천구 가산디지털2로 53, 210호(가산동, 한라시그마밸리)
	등록 1959. 3. 11. 제300-1959-1호(倫)
전 화	02)733-6771
f a x	02)736-4818
e-mail	pys@pybook.co.kr
homepage	www.pybook.co.kr
ISBN	979-11-303-1511-9 93320

* 파본은 구입하신 곳에서 교환해 드립니다. 본서의 무단복제행위를 금합니다.

정 가	26,000원